Steinnudeln

Europäische Hochschulschriften

Publications Universitaires Européennes
European University Studies

Reihe XXVII
Asiatische und Afrikanische Studien

Série XXVII Series XXVII
Etudes asiatiques et africaines
Asian and African Studies

Bd./Vol. 100

PETER LANG
Frankfurt am Main · Berlin · Bern · Bruxelles · New York · Oxford · Wien

Felix Wemheuer

Steinnudeln

Ländliche Erinnerungen und staatliche Vergangenheitsbewältigung der „Großen Sprung“-Hungersnot in der chinesischen Provinz Henan

PETER LANG
Internationaler Verlag der Wissenschaften

Bibliografische Information der Deutschen Nationalbibliothek
Die Deutsche Nationalbibliothek verzeichnet diese Publikation in der Deutschen Nationalbibliografie; detaillierte bibliografische Daten sind im Internet über <http://www.d-nb.de> abrufbar.

ISSN 0721-3581
ISBN 978-3-631-56279-6

www.peterlang.de

Danksagung

An dieser Stelle möchte ich mich bei meiner Betreuerin Frau Prof. Weigelin-Schwiedrzik herzlich bedanken, die meine Forschung für die Dissertation in China und die Teilnahme an internationalen Konferenzen tatkräftig unterstützte sowie mich durch den intellektuellen Austausch anspornte, das Niveau der Arbeit zu erhöhen. Mit der Vergabe der Stelle als Universitätsassistent an der Sinologie der Universität Wien machte sie mir die Promotion finanziell möglich. Von der Universität Wien wurden meine Auslandsaufenthalte großzügig unterstützt. Außerdem möchte ich meinen Dank gegenüber meiner Zweitgutachterin Julia Strauss (School of Oriental and African Studies / London) ausdrücken, die sich die Mühe machte, meine Dissertation auf Deutsch zu lesen.

Vor allem möchte ich mich bei meinen Interviewpartnern bedanken, die sich die Zeit nahmen und den Mut fanden, über die Hungersnot zu sprechen. In China traf ich immer wieder auf Menschen, sowohl einfache Bauern als auch Professoren, die mein Anliegen unterstützten und mir halfen, Interviewpartner zu finden. Diskussionen mit Gao Wangling und Xin Yi (Volksuniversität / Beijing) sowie Prof. Ralph Thaxton (Brandeis University / USA) und Kimberly Manning (Cocordia University / Kanada) regten meine Forschung an und forderten mich heraus.

Zuletzt möchte ich noch meiner Frau Li Xiaoqing danken, die als Nachgeborene der Hungersnot viel Verständnis für meine Interessen aufbrachte.

„Meine Vergangenheit brach ihre Gräber, manch lebendig begrabner Schmerz wachte auf -: ausgeschlafen hatte er sich nur, versteckt in Leichen-Gewänder. Also rief mir alles in Zeichen zu: „es ist Zeit!“ Aber ich –hörte nicht: bis endlich mein Abgrund sich rührte und mein Gedanke mich biß. Ach, abgründlicher Gedanke, der du mein Gedanke! Wann finde ich die Stärke, dich begraben zu hören und nicht mehr zu zittern? Bis zur Kehle klopft mir das Herz, wenn ich dich begraben höre! Dein Schweigen noch will mich würgen, du abgründlich Schweigender!“

Friedrich Nietzsche: Zarathustra (2003: 168)

„Das Staunen darüber, dass die Dinge, die wir erleben, im zwanzigsten Jahrhundert ‚noch' möglich sind, ist *kein* philosophisches. Es steht nicht am Anfang einer Erkenntnis, es sei denn der, dass die Vorstellung von Geschichte, aus der es stammt, nicht zu halten ist.“

Walter Benjamin: Geschichtsphilosophische Thesen (1969: 272)

Diese Arbeit widme ich allen Bauern und Kadern, die als kleine „Peng Dehais“ wagten, ihre Stimme gegen Hunger und Zerstörung zu erheben

Inhaltsverzeichnis

Einleitung: Steinnudeln

„Lang lebe der Vorsitzende Mao! Wir müssen Schlange stehen, um Steinnudeln zu essen"[1] (Henan Ribao, 4.7.1958). Diese Worte wurden dem 1958 als „Rechtsabweichler" gestürzten Parteiführer der Provinz Henan, Pan Fusheng, von seinen Gegnern in den Mund gelegt. Pan Fusheng stellte sich 1957 auf die Seite der Bauern, die gegen die hohen Quoten des staatlichen Zwangsaufkaufs von Getreide und die schnelle Kollektivierung rebellierten. Pan kritisierte, dass die Bauern im Kreis Yichuan Steinnudeln essen müssten, da der Staat ihnen zu viel Getreide abnehmen würde. Seine Aussage, dass die Bauern nicht genug zu Essen hätten und ihr Leben sehr bitter sei, wurde von seinem Nachfolger und radikalem Verfechter des „Großen Sprungs nach vorne", Wu Zhipu, als eines seiner „rechtsopportunistischen Verbrechen" gebrandmarkt (zzpl, Nr.1, 1.7.1958: 6). Parallel mit dem „Großen Sprung nach vorne" (1958-1961) startete die neue Provinzführung in Henan im Sommer 1958 eine Säuberungskampagne gegen „Rechtsopportunisten" in der Partei mit gewaltigem Ausmaß. Wu Zhipu und seine Modellprovinz wurden in der nationalen Presse gefeiert und von Mao Zedong hofiert.

Als im Frühjahr 1959 in einigen Gebieten Henans die Hungersnot ausbrach, war es ein politisches Tabu, die Leiden der Bauern anzusprechen. Der Traum der Provinzführung, in vier Jahren in die kommunistische Gesellschaft einzutreten, endete in einem Desaster. Nach offiziellen Angaben verhungerten allein in dieser Provinz über 2 Millionen Menschen (Zhang Linnan 1993: 323). Für ganz China werden die Hungertoten auf 15 bis 45 Millionen geschätzt. Die „Große Sprung"-Hungersnot ist eine der größten Hungersnöte in der chinesischen Geschichte, wenn nicht sogar der Menschheitsgeschichte. 1961 leitete die chinesische Regierung eine neue Politik ein. Nach der Wiederzulassung der Parzellen zur privaten Nutzung, der Senkung der Agrarsteuern und massiven Getreideimporten, ging die Hungersnot zu Ende. In der Modellprovinz Henan wurde die Führung von der Zentralregierung ausgetauscht.

Als ich 2005 Dörfer in Henan besuchte, erzählten mir Bauern, dass sie während des „Großen Sprungs nach vorne" Steinnudeln essen mussten. Sie zerrieben Steine und Erde und versuchten, daraus Nudeln zu machen. Die Menschen waren so hungrig, dass sie Blätter und Gras essen mussten, oder in den Feldern heimlich unreife Süßkartoffeln aus dem Boden zogen, abbissen, und sie wieder zurück in die Erde steckten. Viele Bauern starben, weil sie Ungenießbares hinunterschlangen, das nicht mehr verdaut werden konnte. In dem Dorf Judong[2] im Kreis Runan zeigte die alte Bäuerin Li Xinghong mit ihrem Gehstock in die

---

[1] „毛主席万岁, 吃石头面站队."

[2] Der Name des Dorfes wurde zum Schutz der Informanten geändert.

Blätter der schattigen Bäume: „Das haben wir damals gegessen. Die Blätter waren abgefressen und die Baumrinden abgenagt. So hungrig waren wir." Weinend berichtete sie, dass alle ihre fünf Kinder verhungert sind und ihr Mann von Kadern in der Volksküche so schlimm geschlagen wurde, dass er an den Folgen starb.

Ich habe für diese Dissertation den Titel „Steinnudeln" gewählt, weil dieses „Gericht" das Leiden der Bauern in der Hungersnot und ihren Überlebenskampf symbolisiert. Diese Arbeit analysiert, wie die chinesische Gesellschaft und die Provinz Henan im Besonderen die große Hungersnot aufgearbeitet haben. Dabei werden die staatliche Geschichtsschreibung und die Erinnerungen einfacher Dorfbewohner verglichen. Der weitverbreitete Mythos, dass in China keine Aufarbeitung der Geschichte stattfindet, wird ein für alle Mal widerlegt.

Die einzelnen Forschungsfragen werden in den Kapiteln genauer erläutert. Diese Dissertation beginnt im 1. Kapitel mit einer kritischen Darstellung des Forschungsstandes zum „Großen Sprung" im Westen. Vor dem Hintergrund der Mängel und Lücken in der bisherigen Forschung werden eigene Fragestellungen entwickelt. Die bisherige Forschung konzentriert sich entweder auf die Politik der Zentralregierung oder die Geschichte eines Dorfes. In dieser Arbeit werden die Aufarbeitung der Geschichte und die Erinnerungen auf den verschiedenen Ebenen des Staatsapparates und ausgesuchter Dörfer verglichen und analysiert. Die Ebenen der Untersuchung sind der Zentralstaat, die Provinz Henan, drei ausgesuchte Kreise und die Dörfer, wo ich die *Oral History*-Interviews durchführte.

Das 2. Kapitel, der Theorieteil der Arbeit, schafft die theoretischen Grundlagen zur Analyse von individuellen sowie kollektiven Erinnerungen sowie der staatlichen Vergangenheitsbewältigung. Das 3. Kapitel analysiert die Vergangenheitsbewältigung auf der Ebene der Zentralregierung in Beijing seit 1962 und den offiziellen staatlichen Kanon, der durch die Parteigeschichtsschreibung geschaffen wird. Die Unterschiede zwischen offiziellen und inoffiziellen Erinnerungen sowie Erinnerungsmuster werden herausgearbeitet. Das 4. Kapitel behandelt die Entwicklung des ausgewählten Fallbeispiels, der Provinz Henan. Es werden die Fragen beantwortet, warum ausgerechnet Henan zur chinesischen Modellprovinz wurde und die Hungersnot hier ein besonders schlimmes Ausmaß annahm. Im 5. Kapitel wird die Bewältigung der Hungersnot auf Provinzebene seit 1962 analysiert. Durch Interviews mit regionalen Parteihistorikern wird deren Bewertung der Geschichte hinterfragt. Die Kreisebene und ihre Geschichtsschreibung als letzte Bastion der Staatsbürokratie werden im 6. Kapitel beleuchtet. Der Vergleich der Dokumente eines Kreisarchivs mit den Erinnerungen der Dorfbewohner wirft ein neues Licht auf die Beziehungen zwischen Staat und Dorf in China. Im 7. Kapitel folgt eine Auseinandersetzung mit theoretischen und methodischen Fragen zu *Oral History*-Interviews. Außerdem wird das Verhältnis zwischen den Interview- und Forschungsfragen erläutert. Durch *Oral History* können die Zeitzeugen selber zu Wort kommen und ihre Sicht der Hungersnot darstellen.

2005 besuchte ich drei Dörfer in Henan, um in einer Feldstudie Interviews mit Zeitzeugen, sowohl alten Bauern als auch lokalen Kadern, durchzuführen. Diese Erinnerungen der Dorfbewohner werden im 8. und 9. Kapitel analysiert. Dabei werden verschiedene soziale Gruppen wie Kader, Bauern und Dorfintellektuelle miteinander verglichen. Am Ende folgt ein Vergleich der Erinnerungen auf allen Ebenen der Gesellschaft. Aus dieser Analyse werden allgemeine theoretische Schlussfolgerungen zum kollektiven Gedächtnis gezogen.

Die Hungersnot in China war nicht die erste im Staatssozialismus. Deshalb soll in einem Ausblick und durch einen Vergleich mit der Aufarbeitung der Hungersnot von 1932/33 in der heutigen Ukraine im 10. Kapitel die Bedeutung der Erinnerungen an die Hungersnot des „Großen Sprungs“ in China für die Zukunft analysiert werden. Es wird die Frage aufgeworfen, ob diese Geister der Vergangenheit als Racheengel der Geschichte die Herrschaft der Kommunistischen Partei Chinas gefährden können. Am Ende folgt eine kurze Zusammenfassung der kompletten Arbeit.

Diese Arbeit ist allen Bauern und Kadern gewidmet, die den Mut hatten, trotz Repressionen als „kleine Peng Dehuai's“ auf die Hungersnot aufmerksam zu machen. Der Verteidigungsminister Peng Dehuai gehörte zu den wenigen führenden Kadern, die es wagten, auf der Lushan-Konferenz im Sommer 1959 den „Großen Sprung nach vorne“ und damit auch Mao Zedong zu kritisieren. Peng Dehuai bezahlte für diese Kritik mit seiner Absetzung als Verteidigungsminister und schließlich während der „Kulturrevolution“ 1974 mit dem Tod.

Ich hoffe, diese Dissertation ist ein kleiner Beitrag, die „Große Sprung“-Hungersnot als eine der größten Katastrophen des 20. Jahrhunderts im kollektiven Gedächtnis der globalisierten Weltgesellschaft zu etablieren.

1. Der Forschungsstand zum „Großen Sprung nach vorne“ im Westen

Jahrzehnte spielten der „Große Sprung nach vorne“ und die Hungersnot in der akademischen Forschung und in den Medien der westlichen Welt keine bedeutende Rolle. Bis Anfang der 60er Jahre nahmen viele westliche Beobachter China noch als Teil des sowjetischen Blocks wahr und ordneten die Entwicklung häufig in den Rahmen der Totalitarismus-Theorie des „Kalten Krieges“ ein (siehe z.B. Domes 1964). Zum einen versuchte die chinesische Regierung, das Massensterben auf den Dörfern vor der Weltöffentlichkeit geheim zu halten. Zum anderen war das Interesse der China-Experten an diesem Thema nicht besonders groß. Mit der aufkommenden China-Begeisterung während der „Kulturrevolution“ wurde die Aufmerksamkeit auf den chinesischen Weg zum Sozialismus und das aktuelle Geschehen gelenkt, aber nicht auf die Kampagnen der 50er Jahre. So produzierten die Sinologen Berge von Büchern zur „Kulturrevolution“, aber nicht zum „Großen Sprung“. Jasper Becker zeigt in seinem Buch „Hungry Ghost“ eindrucksvoll, wie die Hungersnot von US-amerikanischen und europäischen Wissenschaftlern lange ignoriert oder sogar bagatellisiert wurde (Becker 1996: 287-305).

Eine Ausnahme der westlichen Publikationen während der „Kulturrevolution“ stellt das Buch „Maos neue Kleider – Hinter den Kulissen der Weltmacht China“ von Simon Leys aus dem Jahr 1971 dar. Auf Grundlage der damals spärlichen Quellen stellte Leys die These auf, dass Mao durch den Rückschlag des „Großen Sprungs“ in der Partei die Macht verloren habe (Leys 1972: 14 f.). Die „Kulturrevolution“ wäre ein Versuch, seine Macht zurückzuerobern und praktisch des Kaisers neue Kleider, um seine Niederlage des „Großen Sprungs“ zu verdeckten. Leys Thesen gingen in der stark politisierten Auseinandersetzung aber unter.

Die Legende, dass unter Mao Zedong kein Chinese hungern musste, hielt sich auch noch, nachdem die kulturrevolutionären Illusionen der westlichen Intellektuellen längst verflogen waren. Eine kritische Aufarbeitung der Hungersnot begann erst in den 80er Jahren. Mit der „Resolution über einige Fragen der Geschichte der KP Chinas seit 1949“ hatte die chinesische Regierung 1981 eine negative Bewertung des „Großen Sprungs“ vorgenommen. Die Volkszählung von 1982 brachte den Umfang des Massensterbens ans Tageslicht. Die riesige Lücke der Geburten in den Jahrgängen 1959 bis 1961 wurde deutlich. So konnten Demographen versuchen, den Bevölkerungsverlust zu errechnen. Roberick MacFarqhuar veröffentlichte 1983 die erste Monographie zum „Großen Sprung“. Er behandelt diese Krise wie auch die Anti-Rechtskampagne von 1957 unter dem Paradigma „Ursprünge der Kulturrevolution“.

Erst seit der Debatte um die Rolle Mao Zedongs Anfang der 90er Jahre wird der „Große Sprung“ auch als eigenständiges Ereignis wahrgenommen. Yang Dali stellt die Erfahrungen mit der Hungersnot in den direkten Zusammenhang mit der Dekollektivierung zu Beginn der 60er Jahre und der Reformpolitik in den 80er Jahren. Bauern und lokale Kader machten durch die Hungersnot schlechte Erfahrungen mit der Volkskommune. Provinzen mit besonders vielen Toten wie Anhui waren die Vorreiter bei der Dekollektivierung (Yang 1996: 7).

An dieser Stelle soll eine kurze Übersicht über die verschiedenen Zugänge und Erklärungsansätze gegeben werden. Unterschieden wird zwischen Geschichtsschreibung, die sich auf die Regierungs- sowie Dorfebene konzentriert und *Oral History*, in der die Zeitzeugen selber zu Wort kommen. Am Schluss werden die Probleme und Lücken im gegenwärtigen Forschungsstand dargestellt und eigene Fragestellungen entwickelt.

1.1. Geschichte von oben: Kurze Übersicht des Forschungsstandes bezüglich der Regierungsebene

1.1.1. Die Debatte um den Mao-Faktor und bürokratische Koalitionen

Bisher konzentriert sich der Großteil der akademischen Forschung im Westen auf den „Großen Sprung nach vorne“ und nicht auf die Hungersnot. In einer Debatte wird die Frage nach den Urhebern der Politik des „Großen Sprungs“ in der Elite und den Prozess des Decision-Makings diskutiert. 1991 erklärt David Bachman auf dem Boden des Theorieansatzes des new institutionalism die Entwicklung des „Großen Sprungs“ aus dem Kampf bürokratischer Fraktionen im Staatsapparat. Die Fraktionen gruppierten sich um Ministerien, die jeweils ihre bürokratischen Eigeninteressen vertraten. Die Idee, China mit einem forcierten Schwerindustrie-Programm in die Moderne zu katapultieren, stammt laut Bachman von der Planer- und Schwerindustrie-Koalition um Li Fuchun, Bo Yibo sowie den Ministerien für Maschinenbau und Hüttenindustrie (Bachman 1991: 98). Die Finanzkoalition um Chen Yun, bestehend aus den Ministerien für Landwirtschaft, Finanzen, Leichtindustrie und Außenhandel, vertrat dagegen ein Programm der ausgewogenen Entwicklung aller Sektoren, das langfristig Wirkung zeigen sollte (ebenda: 60). Die Partei sieht Bachman als Vertreterin einer schnellen sozialen Transformation gestützt auf Massenbewegungen. Mao stellte sich erst im Frühjahr 1958 auf die Seite der Schwerindustrie-Koalition und verhalf ihr damit zum Durchbruch. Der „Große Sprung“ könne aber nicht als maoistisches Entwicklungsmodell bezeichnet werden, sondern als Programm der Schwerindustrie (ebenda: 217).

Nach der Veröffentlichung vormals interner Quellen in China wie *Manuskripte und Entwürfe von Mao Zedong nach der Staatsgründung* (mzdwg) haben Teiwes und Sun (1999) versucht, die Bewegung aus dem Verhältnis der Akteure Mao Zedong sowie zentraler und regionaler Führer zu begreifen. Wie schon MacFarquhar (1983) halten sie den „Mao-Faktor“ für ausschlaggebend. Sein „Hofstaat“ stand aus Loyalität und Angst hinter Mao. Von Mao gingen alle wichtigen Entscheidungen von der Implementierung der Politik bis zu ihrer Ausrichtung und Kehrtwende zur neuen Politik von 1961 aus. Die Politik der Massenmobilisierung und die Ignorierung der ökonomischen Gesetzmäßigkeiten seien weder im Interesse der Planer noch der Finanzpolitiker gewesen (Teiwes / Sun 1999: 66). Katastrophale Auswirkungen hatte vor allem die Übergabe der industriellen Verwaltung an die Provinzen, die keine Erfahrungen hatten und mit ihren Falschmeldungen Mao die Planziele immer höher setzen ließen (Teiwes 2003: 275). Alfred Chan unterstützt (2001) diese Thesen von Teiwes und Sun, indem er am Beispiel der Ministerien für Hüttenindustrie und Landwirtschaft sowie der Provinz Guangdong nachzuweisen versucht, dass diese Bürokratien kein Eigeninteresse wahren konnten und Maos Vorgaben umsetzen mussten (Chan 2001: 288).

1.1.2. Die Ursachen und der Umfang der Hungersnot

Internationale Aufmerksamkeit zog die Hungersnot erst mit dem Buch „The Hungry Ghost“ des Journalisten Jasper Becker (1996) auf sich. Becker besuchte die Hauptschauplätze des Massensterbens, das Xinyang-Gebiet in der Provinz Henan und den Kreis Fengyang in der Provinz Anhui, und interviewte Bauern. Erst mit seinem Buch wurde das Ausmaß der menschlichen Leiden deutlich.

Demographen hatten schon in den 80er Jahren versucht, auf Grundlage der Volkszählung von 1982 den Umfang des Massensterbens zu errechnen. Peng Xizhe schätzt auf der Datenbasis von 14 Provinzen die Zahl der Toten auf 23 Millionen (Peng 1987: 649). Ansley Coale gibt die vorsichtigere Schätzung von 16,5 Millionen ab (Ashton 1984: 614) und Basil Ashton kommt auf ca. 30 Millionen sowie 33 Millionen ausgebliebene Geburten (ebenda: 614). In der VR China wird nun häufiger die Zahl eines Bevölkerungsverlustes von 40 Millionen genannt, was aber auch die ausgebliebenen Geburten einschließt, geschätzt auf Grundlage der Entwicklung der Vorjahre (Jiang / Zhou / Jiu 1998: 1).

Die Debatte um die Ursachen der Hungersnot ist ebenso vielfältig wie kontrovers. Naturkatastrophen macht heute kein ernstzunehmender Wissenschaftler in China und im Westen mehr verantwortlich. Yang Dali (1996) sowie Wen und Chang (1997) sehen in erster Linie die Einführung der Volksküchen als Grund für die Hungersnot. Für Yang stellen die Volksküchen den Indikator des Radikalismus dar: Je größer die Teilnahmequote der Bevölkerung auf Provinzebene, desto schlimmer die Hungersnot (Yang 1996: 62). Gerade Provinzen mit einem niedrigen Anteil der Bevölkerung an den Parteimitgliedern versuchten durch besondere Radikalität der Zentrale in Beijing ihre Loyalität zu beweisen. Laut Wen und Chang wurde durch die Volksküchen der rationale Getreidekonsum aufgegeben und durch Verschwendung die Hungersnot ausgelöst (Wen / Chang 1997: 2). Justin Yifu Lin und Dennis Tao Yang (1998) widersprechen dieser These und sehen den massiven Getreideexport aus Sichuan und Henan als Hauptgrund für den Ausbruch der Hungersnot in diesen Provinzen. Den Rückgang der Agrarproduktion erklärt Lin mit dem Verlust des Austrittsrechts der Bauern aus den Genossenschaften, weil die Kollektive so nicht mehr zum Erfolg verpflichtet waren.

Als weitere Gründe für den Ausbruch der Hungersnot werden die Vernachlässigung der Landwirtschaft durch die Stahlkampagne, der hohe Getreideexport ins Ausland und die internationale Isolierung, welche die Annahme einer effektiven Hilfe verhinderte, sowie die Ignoranz des Westens angesehen (siehe Wemheuer 2004: 32 f.). Kenneth Walker versucht nachzuweisen, dass der „Große Sprung" das vormals relativ erfolgreiche System des staatlichen Getreideaufkaufs und der Verteilung des Getreides zwischen den Provinzen aus dem Gleichgewicht brachte. Trotz Rückgangs der Produktion zog der Staat immer mehr Getreide von den Dörfern ab und legte so den Teich trocken, um Fische zu fangen, wie Mao später selbst zugab (Walker 1984: 155).

Die Forschung zur Erklärung der Hungersnot steht noch am Anfang. Zum jetzigen Zeitpunkt halte ich es für verfrüht, eine Ursache als die entscheidende hinzustellen.

1.2. Geschichte von unten: Das Dorf während des „Großen Sprungs nach vorne"

Erst seit Anfang der 80er Jahre wurde es westlichen Wissenschaftlern überhaupt möglich, auf chinesischen Dörfern Feldstudien zu betreiben. Bisher existiert noch keine anthropologische Studie, die sich schwerpunktmäßig mit dem „Großen Sprung" und der Hungersnot auseinandersetzt. Dennoch soll an dieser Stelle die Darstellung dieser Ereignisse in den bisherigen Studien zusammengefasst und bewertet werden.

1.2.1. Dörfer so still wie ein Grab

Eine der ersten westlichen Feldstudien nach der „Kulturrevolution" waren die Untersuchungen von Anita Chan, Richard Madsen und Jonathan Unger (1992) über das südchinesische Dorf Chen in der Provinz Guangdong.[3] Mitte der 70er Jahre begannen die Autoren mit Interviews von Emigranten aus Chen, die nach Hongkong ausgewandert waren. Erst Ende der 80er Jahre durften sie das Dorf schließlich besuchen und führten über 300 Interviews durch. Dem „Großen Sprung" werden in ihrem Buch ganze drei Seiten gewidmet. Zu Beginn der Einführung der Volkskommune wären die Bauern aus Chen sehr enthusiastisch gewesen und hätten immer noch einige „süße" Erinnerungen an diese Zeit, als alle zusammen arbeiteten, von Ort zu Ort zogen und dick vom vielen Essen in den Volksküchen wurden. Die Dorfbewohner glaubten, dass es Kommunismus sei, wenn man überall kostenloses Essen bekommen würde (Chan / Madsen / Unger 1992: 25). Nach kurzer Zeit ging die Begeisterung im bürokratischen Chaos unter. Laut eines Interviewpartners waren in Folge falscher Anbaumethoden, Verschwendung und Enteignungen die Speicher und Bauernhäuser leer und es konnte nichts geerntet werden. Einige Bauern wurden krank und ältere starben sogar. Das Dorf sei still wie ein Grab gewesen (ebenda: 25). Die Bauern glaubten nicht, dass sie irgendetwas für ihre Arbeit als Gegenleistung bekommen würden, und ließen die Felder verwildern (ebenda: 26). Erzählten die Bauern aus Chen nicht mehr über die Hungersnot, oder haben die Autoren sie nicht danach gefragt?

1.2.2. „Krieg gegen die Natur" als Grundlage für den Aufschwung in den frühen 60er Jahren

Sulamith und Jack Potter (1990) untersuchten die Brigade Zhengbu im Dongguan Kreis in der Provinz Guangdong. In der ersten Hälfte der 80er Jahre besuchten sie die Region mehrfach, um den Übergang von der „maoistischen zur postmaoistischen" Gesellschaft zu analysieren. Durch Interviews mit Kadern und Bauern sowie Auswertung lokaler Archivmaterialien versuchten Potter und Potter die Geschichte von Zhengbu von der Bodenreform bis Anfang der 80er Jahre nachzuzeichnen. Der „Große Sprung" wird zwar behandeltet, aber es scheint, dass Potter und Potter ihn keineswegs als ein Schlüsselereignis betrachten.

Zhengbu wurde im Herbst 1958 einer Volkskommune mit über 100.000 Bauern angeschlossen. Die durchschnittliche Größe einer Volkskommune lag landesweit zwischen 20.000 und 30.000 (Potter / Potter 1990: 68). Abgesehen von

---

[3] Der Name wurde zum Schutz der Interviewpartner geändert (Chen / Madsen / Unger 1992: 1).

den Häusern ging jeder Besitz in die Kommune über. Zu Beginn des „Großen Sprungs" sollen die Bauern sehr idealistisch gewesen sein. In den Volksküchen konnten sie soviel essen, wie sie wollten – sogar bis zu sechs Mahlzeiten am Tag (ebenda: 71). Die Euphorie währte jedoch nicht lange. Die Bauern waren unzufrieden, weil sie glaubten, dass andere Dörfer in der großen Kommune ungerechterweise von ihrer harten Arbeit profitieren würden (ebenda: 72). Auch innerhalb von Zhengbu gab es wegen der egalitären Verteilung Neid zwischen den unterschiedlich qualifizierten Arbeitskräften. Unsinnige Anbaumethoden, die Verschwendung von Nahrungsmitteln in den Volksküchen und die Zerstörung der eigenen Subsistenzgrundlagen sowie das Verbot lokaler Märkte führten zu Hunger und Nahrungsmittelknappheit.

Von Hungertoten berichten Potter und Potter allerdings nicht. Die Bauern mussten sich jedoch von Süßkartoffeln, dann von Reisschleim und Gras ernähren und erkrankten dadurch an Wassersucht. Durch die Fischteiche hatten die Bauern noch die Möglichkeit, etwas proteinhaltige Nahrung zu sich zu nehmen. Mitte 1959 waren die Kader und Bauern völlig desillusioniert (ebenda: 73). Für die großen Dammprojekte von 1960 wurden in Zhengbu Ahnenhallen und Tempel abgerissen, um Baumaterialien zu bekommen. Diese Projekte hätten den Bauern zwar einiges abverlangt, aber laut Potter und Potter die Grundlage dafür gelegt, dass Zhengbu 1962 nicht mehr arm und sumpfig gewesen sei sowie sicher vor Überschwemmungen. Die Reisproduktion sei in Folge drastisch gestiegen (ebenda: 78). Die Kommune hätte sich von einer Reisdefizit- in eine Reisüberschussregion verwandelt. In den Erinnerungen der Bauern wurde die Periode von 1962 bis 1966 als die „goldenen Jahre" dargestellt. Die Grundlagen dafür seien während des „Großen Sprungs" gelegt worden und die moderatere Agrarpolitik der chinesischen Regierung nach 1962 hätte den Bauern ermöglicht, nun von dem Aufschwung zu profitieren. Liest man die Darstellung von Potter und Potter so könnte man meinen, die Parole der chinesischen Regierung „In drei Jahren bitteren Kriegs werden wir Chinas Antlitz verändern" wäre in Zhengbu in die Realität umgesetzt worden.

1.2.3. Pragmatismus in Jiangxi

Eine weitere Dorfstudie, die dem „Großen Sprung nach vorne" ein Kapitel widmet, ist „Gao Village" von Gao Mobo (1999) über sein Heimatdorf in der Provinz Jiangxi. Seine Untersuchungen basieren auf Beobachtung, den eigenen Erfahrungen während seiner Jugend, statistischem Material und Interviews als Hintergrundinformationen. Gao Mobo möchte besonders den westlichen Lesern darlegen, dass Bilder von kleinen Hochöfen, die nutzlosen Stahl produzieren, schlagenden Roten Garden oder Panzern der Volksbefreiungsarmee, die über demonstrierende Studenten rollen, nicht geeignet sind, die Geschichte seines Dorfes zu verstehen (Gao Mobo 1999: 255). Die Bauern aus Gao seien weder fanatische Maoisten noch rückständig gewesen, sondern hätten pragmatisch versucht, ihren schwierigen Alltag zu meistern (ebenda: 256).

Die Ernährungskrise brach im Dorf Gao erst 1960 aus. Trotz großer Schwierigkeiten der damaligen Dorfbevölkerung sich zu ernähren, sind laut Gao Mobo nur zwei Todesfälle im Zusammenhang mit der Hungersnot bekannt. Auch die Statistiken zur Bevölkerungsentwicklung zeigen keine Unregelmäßigkeiten in diesen Jahren auf (ebenda: 129). Mit der Hungersnot kamen die Bewohner von Gao vor allem durch die Flüchtlinge aus der Provinz Anhui in Berührung. Die radikale Politik des „Großen Sprungs", wie die Einführung der Volksküchen und die Abschaffung des privaten Eigentums, wurde in Gao nur ansatzweise durchgeführt. Stahlproduktion wurde in der näheren Umgebung nicht betrieben. Bei der Analyse der Gründe für die Krise meint Gao Mobo, dass nach Aussagen seiner Interviewpartner keine Verschwendung von Getreide in den Volksküchen vorkam (ebenda: 138). Der Staat hätte die Bauern auch nicht gezwungen, mehr Getreide abzugeben. Die Gründe für den Rückgang der Produktion sieht er in arbeitsaufwendigem und unproduktiv dichtem Pflanzen von Reis. Die Bauern seien außerdem nicht auf den rasanten sozialen, politischen und technischen Wandel vorbereitet gewesen. Diese Überforderung habe zu Missmanagement geführt (ebenda: 140). Da ganz China von der Hungersnot betroffen war, konnte die Regierung im Gegensatz zu den 70er Jahren den Bauern nicht helfen.

Gao Mobo beschreibt die Lage während des „Großen Sprungs" in einer Provinz im Süden, in der die Politik der Zentrale weniger radikal als in Henan oder Anhui umgesetzt wurde und daher auch die Hungersnot weniger schlimme Ausmaße erreicht hat. Gerade bei der Analyse der Gründe für die Krise scheint Gao Mobo etwas naiv mit dem gesunden Menschenverstand von heute zu argumentieren – ohne die damalige politische Stimmung und auch ihre Irrationalität zu berücksichtigen. Er hält es einfach nicht für überzeugend, dass unproduktive Methoden wie tiefes Pflügen lange angewandt wurden, oder Bauern und Kader die Ernte verrotten ließen, als sie hungerten. Aber diese Maßnahmen wurden in vielen Provinzen angewandt, wenn vielleicht auch nicht im Dorf Gao. Wenn die chinesische Regierung die Ablieferungsquoten für Getreide so drastisch erhöht hätte, würde sich die Frage stellen, wo all das Getreide geblieben sei, zweifelt der Autor (ebenda: 137 f.). Die Städte wurden auch in der Hungersnot noch mit Getreide versorgt und es starben keinesfalls in allen Provinzen massenhaft Menschen.

1.2.4. Die „wilden Geister“ der Toten

Erik Mueggler (2001) untersucht in seiner ethnographischen Studie über Dörfer der Yi Minderheit in der Provinz Yunnan die Ursprünge der Gewalt dieser Gemeinschaft. Dabei legt er einen besonderen Schwerpunkt auf die Gebräuche der Geisterbeschwörung und die daraus resultierenden gesellschaftlichen Strukturen. Über die Hungersnot wollten nur wenige Dorfbewohner mit Mueggler sprechen (Mueggler 2001: 189). In ihren Erinnerungen spielen die Produktionsschlachten, an denen sie Tag und Nacht arbeiten und in den Feldern schlafen mussten, eine große Rolle. Frauen mussten ihre Haare abschneiden und Hunde wurden getötet, um daraus Dünger zu machen (ebenda: 184). Zu Beginn des „Großen Sprungs“ konnten die Bauern noch von einer Volksküche zur anderen gehen und den ganzen Tag mit Essen verbringen. Die Volksküchen konkurrierten um das leckerste Essen (ebenda: 178). Auf Dauer produzierten die aufwendigen Produktionsschlachten und „Sputnik-Felder“ aber kaum Nahrung, sondern vor allem Stichwörter für die staatliche Propaganda. Nach wenigen Monaten begann die Hungersnot, die einen „Roten Banner-Kreis“ am härtesten traf, wahrscheinlich weil dort die Politik des „Großen Sprungs“ am radikalsten durchgeführt worden war (ebenda: 188). Die Dorfbewohner erinnern sich daran, dass die Kader korrupt waren und trotz der Hungersnot noch Fleisch, Reis und Eier essen konnten (ebenda: 190).

Zwei Dorfbewohner, die für Opferzeremonien und Geisterbeschwörung zuständig waren, wurden verhaftet. Einer von ihnen glaubte, dass die Toten der Hungersnot als „wilde Geister“ umherziehen (ebenda: 194). Trauer war während der Hungersnot nicht möglich und die meisten Toten konnten erst nach 1978 gemäß den Gebräuchen begraben werden.

1.2.5. Der „Große Sprung“ als gescheiterte „Miniatur Kulturrevolution“

Friedman, Pickowicz und Selden (1991) untersuchten das Verhältnis des sozialistischen Staates zur dörflichen Gesellschaft am Beispiel des Dorfes Wugong in der Provinz Hebei. Schon 1956 kam es vor dem Hintergrund von Flutkatastrophen in Wugong zu einer Hungersnot. Für die Autoren sind die schlimmen Auswirkungen der Naturkatastrophe auch ein Resultat der Kollektivierung der Landwirtschaft. Zusätzliches Einkommen aus Handwerks- und Dienstleistungsgewerbe, die für das Überleben der Bauern von großer Bedeutung waren, fielen durch die radikale Politik der Kollektivierung weg (Friedman / Pickowicz / Selden 1991: 201). So wurden die Bauern zu illegalen wirtschaftlichen Aktivitäten gezwungen oder mussten auf die Wohlfahrt der Kollektive hoffen. Wasserwege, die für den Austausch mit der Außenwelt wichtig waren, blockierte der Staat aus Angst vor „kapitalistischen Aktivitäten", wie freiem Handel, und strebte stattdessen die Selbstversorgung der Dörfer an (ebenda: 203).

Die Autoren arbeiten besonders den Krieg des Staates gegen die Dorfkultur heraus, wenn sie den „Großen Sprung" als eine „Miniatur Kulturrevolution" titulieren (ebenda: 234). Tempel wurden abgerissen, eine katholische Kirche in eine Fabrik verwandelt und sogar während des „revolutionären" Frühlingsfestes 1959 mussten die Bauern arbeiten. Auch die populäre Hebei-Oper kam fast zum Erliegen (ebenda: 235). Grabsteine wurden versetzt oder für Bewässerungsanlagen genutzt, was besonders zum Unmut der älteren Bauern führte. Der Kampf des Staates gegen die dörflichen Traditionen führte laut den Autoren zu kontraproduktiven Ergebnissen.

Noch 1984 dominierten Blutsverwandtschaft und Familienbande die Machtstrukturen des Dorfes (ebenda: 268). Die marktfeindliche Politik der Ära der Kollektivwirtschaft habe die Bauern an das Dorf gefesselt und sie mussten sich auf die traditionellen Familienstrukturen stützen, um zu überleben (ebenda: 270). So habe der Staat indirekt die autokratischen, gewalttätigen und patriarchalen Strukturen der Bauernkultur konserviert. Der Terror während der Bodenreform oder des „Großen Sprungs" verstärkte die grausamen Elemente dieser Kultur. Positive Traditionen wie Nebengewerbe, Überlebensstrategien in der Hungersnot oder sinnvoller Umgang mit natürlichen Ressourcen, habe der Staat hingegen unterdrückt.

Der „Große Sprung nach vorne" spielt in der Analyse des Verhältnisses zwischen Staat und Dorf bei Friedman, Pickowicz und Selden eine wichtige Rolle. Anfang der 50er Jahre, die Zeit des „*honeymoon*" zwischen Partei und Bauern, bauten die ersten Kollektivierungsbemühungen noch auf den „positiven" Seiten der lokalen Kultur auf. Besonders arme und junge Bauernsöhne fühlten sich von Nationalismus und Miliz angezogen und waren die loyale Basis der Kommunistischen Partei. Die Hungersnot untergrub jedoch diese Loyalität (ebenda: 272). Die Bauern waren unzufrieden, weil ihnen trotz des Hungers Nebengewerbe und sogar Betteln untersagt war, hofften aber, dass Mao, das Symbol der chinesischen Nation, von ihrem Leid erfahren und sie retten würde (ebenda: 273).

1.3. Geschichte aus Sicht der Zeitzeugen: Oral History-Untersuchungen zur „Großen Sprung"-Hungersnot

Die Erforschung des „Großen Sprungs" mit den Methoden der *Oral History* steckt noch in den Anfängen. Erst seit den 90er Jahren ist es möglich, auf chinesischen Dörfern Interviews mit Zeitzeugen zum Thema Hungersnot durchzuführen – natürlich nur inoffiziell. Der amerikanische Politikwissenschaftler Ralph

Thaxton und Kimberley Manning haben auf diesem Gebiet Pionierarbeit geleistet.

1.3.1. Die versteckte Legitimationskrise durch die Hungersnot

Ralph Thaxton befragte in dem Dorf Da Fo[4] im Norden der Provinz Henan im Laufe mehrerer Jahre über 400 Bauern und Kader zu der Hungersnot und dem „Großen Sprung". In dieser Region waren die Bauern auf den lokalen Salzhandel angewiesen, um durch zusätzliche Einnahmen ihre Grundbedürfnisse abzudecken. Das Verbot dieses Handels wie die Ignoranz gegenüber lokalen Anbaumethoden während des „Großen Sprungs", richteten schweren Schaden an.

Thaxtons Buch „China's Hidden Crisis" (2005) ist bisher noch nicht veröffentlicht. Es ist die ausführlichste Darstellung der Geschichte eines chinesischen Dorfes von den 20er bis in die 90er Jahre, das bisher geschrieben wurde. Eine der Hauptthesen des Buches ist, dass die KPCh durch die Hungersnot in eine Legitimitätskrise auf dem Dorf stürzte, von der sie sich bis heute nicht erholt hat. Die Erinnerungen der Bauern an das Massensterben und den Terror durch die Kader während des „Großen Sprungs" sind eine Antriebskraft bei alltäglichen Widerstandsstrategien gegen den Staat: Aus Angst vor einer möglichen neuen Hungersnot sabotierten die Bauern in Da Fo die Ein-Kind-Politik in den 80er und 90er Jahren, weil beim Tod des einzigen Kindes der Fortbestand der Familie nicht gesichert gewesen wäre. Steuerrevolten wurden durch die Erinnerung angetrieben, dass der Staat ihnen während des „Großen Sprungs" so viel nahm, dass ihr Überleben nicht mehr gesichert werden konnte, so Thaxton.

Er revolutioniert mit seinem Buch die Forschung zur Geschichte der Volksrepublik. Nicht mehr die „Kulturrevolution" wie bei MacFarquhar (1983 und 1997) wird zum Ausgangspunkt die Geschichte zu analysieren, sondern die Hungersnot. Im Gegensatz zu Weigelin-Schwiedrzik (2003), die das Trauma der Hungersnot als Grund für Schweigen und Tabuisierung ansieht, ist es für Thaxton der entscheidende Antrieb im Handeln und für den Überlebenskampf der Bauern.

Anders als Wen und Chang (1997) glaubt Thaxton nicht, dass die Einführung der Volksküchen als solche Grund für die Hungersnot war, sondern dass die Korruption und Unterschlagung von Getreide durch die Kader und Angestellte der Volksküchen die Krise verstärkte (Thaxton 2004: 16). Die Bauern sahen das Essen in den Volksküchen in der Hochphase des „Großen Sprungs" nicht als kostenlos an, da es zuvor von den Kadern aus ihren Vorräten konfisziert worden

---

[4] Der Name wurde geändert.

war. Die Erinnerungen der Dorfbewohner spiegelten den „Großen Sprung“ nicht als eine Zeit der Gleichmacherei wider, sondern die soziale Ungerechtigkeit durch die Privilegierung der Kader, als es um Leben und Tod ging. Die Kader nutzten den Hunger als Waffe, um die Dorfbewohner bis zur Erschöpfung in den Feldern und auf den Baustellen arbeiten zu lassen (ebenda: 27). Viele Bauern arbeiteten sich so im wahrsten Sinne des Wortes zu Tode. Frauen konnten nicht mehr schwanger werden und 1960 wurden keine Kinder geboren. Die traditionellen Überlebensstrategien in Hungersnöten, wie die Arbeitsleistung zu senken, sich von Rüben und Süßkartoffeln zu ernähren, sein Land oder Familieneigentum zu verkaufen oder zu fliehen, konnten während des „Großen Sprungs“ nicht mehr angewandt werden (ebenda: 39). Das Eigentum ging komplett in den Besitz der Kommune über und die Kader unterdrückten Flüchtlinge, Diebe und Bettler.

Thaxton weist auch auf die historischen Folgen der Hungersnot hin. Während der „Kulturrevolution“ nahmen in dem Dorf Da Fo Bauern Rache an den Kadern, die für ihr Leiden während der Hungersnot verantwortlich waren (ebenda: 47). Viele der Kader blieben noch bis Ende der 80er Jahre in verantwortlichen Positionen. Auch in Verbindung mit der heutigen Korruption sieht Thaxton in den Erinnerungen an den „Großen Sprung“ politischen Sprengstoff und eine Gefährdung für die Herrschaft der KPCh.

Thaxton widerlegt mit seiner Forschung die auch in China weit verbreitete Legende, dass es in der Mao-Ära keine Korruption und Unterschlagung gegeben hätte. Die Erinnerungen der Bauern weisen auf große soziale Ungleichheit hin. Politischen Terror gab es im Alltag auch schon vor der „Kulturrevolution“. Thaxton stellt die Kader und die Bauern als relativ geschlossene Gruppen gegenüber und verteilt die Rollen von Gut und Böse klar. Im Überlebenskampf mussten sich aber auch viele Bauern egoistisch verhalten und konnten sich häufig nur auf Kosten anderer retten. Auch sie sind moralisch in die Hungersnot verstrickt. Auf der anderen Seite hatten auch Kader große Angst vor Repressionen von oben. Thaxton neigt in seiner Forschung zu einer Idealisierung der Bauern und reflektiert ihre Erinnerungen nicht kritisch genug.

Er behandelt die Erinnerungen der Dorfbewohner nicht als soziale Rekonstruktionen aus heutiger Sicht. Seine methodischen Überlegungen zielen vielmehr darauf, bei der Durchführung der Interviews der Kontrolle durch lokale Kader und andere Begleiter zu entgehen (Thaxton 2005). Durch Interviews mit möglichst vielen Dorfbewohnern und wiederholten Besuchen versucht Thaxton, möglichst zuverlässige Aussagen zur Hungersnot zu bekommen. Zu Recht weist er darauf hin, dass in den Archiven des Staates viele alltägliche Handlungen der Bauern nie aufgezeichnet wurden. Die Frage, die ich später noch behandeln werde, ist, inwiefern Erinnerungen überhaupt historische Ereignisse widerspiegeln können.

Trotz dieser methodischen Differenzen ist das Buch von Thaxton im wahrsten Sinne des Wortes ein „Großer Sprung nach vorne“ in der China-Forschung.

1.3.2. Erinnerungen von ländlichen Frauen

Kimberly Manning (2005a/b) untersucht hingegen die Erinnerungen von ländlichen Frauen an den „Großen Sprung nach vorne“. Sie interviewte über 75 Frauen in den Provinzen Henan und Jiangsu. Davon waren ein Drittel ehemalige Kader der staatlichen Frauenorganisation. Manning stellt die Frage, ob die Einrichtung der Volksküchen und die Mobilisierung für die Stahl- und Bewässerungskampagnen Frauen neue Freiheiten brachten. Die Partei propagierte 1958 die große Befreiung der Frau, indem sie von Hausarbeit und Kinderaufsicht für die Teilnahme an der Produktion befreit werden sollte. Die männlich dominierte Partei habe in den 50er Jahren Frauenpolitik unter dem Ansatz eines „*marxist maternalism*“ betrieben. Zwar wurde die geschlechtliche Gleichberechtigung propagiert, doch sah die KPCh die Frau als ein schwächeres Wesen an, das vom Staat geschützt werden müsse. Die Erhaltung der Gesundheit der Frauen und der Familie wurde als Kernpunkt des nationalen Aufbaus angesehen (Manning 2005a: 85). Der Radikalismus des „Großen Sprungs“, der auch von weiblichen Kadern forciert worden sei, hätte darin bestanden, den Schutz der weiblichen Gesundheit und Gebärfähigkeit zu missachten, um Produktionserfolge zu erzielen (Manning 2000b: 5).

Frauen bekamen auf den Dörfern Posten in der Frauenorganisation oder Produktionsgruppen vor allem, wenn sie zu „Parteifamilien“ gehörten und ihr Mann oder Bruder auch als Kader arbeitete. So waren es eher diese „Kaderfrauen“, die in den Interviews den „Großen Sprung“ als die goldene Zeit der Gleichheit und Befreiung von häuslicher Enge thematisierten (Manning 2005a: 90). Bauersfrauen, die außerhalb der dörflichen Machtelite standen, beschwerten sich in den Interviews über Privilegien der Kaderfrauen, von denen sie zum Teil drangsaliert wurden. Für sie und besonders für Frauen mit vielen Kindern war der „Große Sprung“ eine Zeit des Leidens. Manning unterstreicht, dass die Erinnerungen individuell sehr verschieden sind. Manche junge Frauen flohen von den Baustellen nach Hause, andere nutzten die Gelegenheit von zu Hause wegzurennen, um zu arbeiten (ebenda: 103). Bisher seien die ländlichen Frauen in der Forschung nur als passive Objekte, entweder des patriarchalen Parteiapparates oder des vom Staat forcierten Emanzipationsprojekts, betrachtet worden. Die Rolle von selbstbewussten weiblichen Kadern, die auch andere Frauen mobilisierten oder sogar terrorisierten, könne so nicht erklärt werden (Manning 2005b: 38).

Manning bringt mit den ländlichen Frauen eine Gruppe in die Debatte, die bisher ignoriert wurde. Sie reflektiert die Interaktion in den Interviews und versucht Widersprüche in den Aussagen zu thematisieren. Eine Theorie, was Erinnerungen überhaupt sind und ob sie einen geschlechtlichen Charakter haben, hat sie bisher noch nicht formuliert. Da sie kaum Männer interviewte, muss die Frage offen bleiben, ob Erinnerungen geschlechtsspezifisch sind. Im chinesischen Kontext wurde diese Frage meiner Kenntnis nach noch nicht untersucht. Mannings Zugang und Fragestellung ist sehr von der Perspektive des staatlichen Frauenprogramms der KP China beeinflusst. Indem sie die Frauen fragt, ob sie sich 1958 befreit fühlten, spricht sie die Bäuerinnen im Parteijargon an. Daraus resultiert die Gefahr, dass diese dann auch im Parteijargon antworten. Diese Gefahr ist besonders groß, weil es sich bei vielen Interviewpartnerinnen um Funktionsträgerinnen der staatlichen Frauenorganisation handelt. Die westliche Forscherin gibt so vielleicht unbewusst die Fokussierung die Frauenemanzipation und auf den „*marxist maternalism*" vor. So könnte es passieren, dass man über die eigenen Zugänge der Bäuerinnen, wie zum Beispiel ihr Leben als sinnloses Leiden zu sehen, nichts erfährt. Diese Kritik soll kein Plädoyer für sehr offene Fragen sein. Bäuerinnen erzählten Hershatter (2002) nicht viel Konkretes über den „Großen Sprung", weil sie wahrscheinlich nicht danach fragte.

Die Auseinandersetzung mit Frauen als Trägerinnen von Erinnerungen ist für die China-Forschung von großer Bedeutung, da jeder, der auf Dörfern Interviews zu Themen macht, die sich auf die Zeit von vor 1961 beziehen, feststellen wird, dass mehr weibliche als männliche Zeitzeugen noch am Leben sind. Manning beschreitet hier Neuland. Sinnvoll wäre es, ihren Gedanken, dass Parteifamilien die Dörfer dominierten, systematischer zu erforschen und Erinnerungen von Männern und Frauen zu vergleichen.

1.4. Die Hungersnot als Trauma

Die Hungersnot des „Großen Sprungs nach vorne" war nicht die einzige Katastrophe, welche die Chinesen im 20. Jahrhundert durchmachen mussten. Wie konnten die Menschen diese Erfahrungen verarbeiten? Susanne Weigelin-Schwiedrzik (2003) hat den Begriff Trauma in die Debatte eingeführt, um diese Frage zu beantworten.

1.4.1. Schweigen und Tabu durch Traumatisierung

Doch zunächst soll der Begriff Trauma definiert werden: Nach Allen kann ein lebensbedrohliches Ereignis oder ein Schock ein Trauma verursachen wie z.B. der Tod eines Familienmitgliedes, Scheidung der Eltern, ein Autounfall, ein Kriegserlebnis, politische Gewalt, Vergewaltigung oder der unerwartete Zusammenbruch eines politischen Systems (Allen 1995: 5 ff.). Bei einem traumatischen Ereignis wird die Identität des Überlebenden gefährdet, weil es ihm unerklärlich erscheint und er es nicht in einen Bedeutungszusammenhang einordnen kann. Er muss seine Erinnerungen verdrängen, um emotional überleben zu können. Der Trauma-Begriff bestimmter psychoanalytischer Schulrichtungen, nach dem die menschliche Entwicklung durch den Akt der Geburt, infantile Anhängigkeit oder Entdeckung der Geschlechtsunterschiede per se als traumatisch betrachtet wird (Ehlert-Balzer 2000: 730), interessiert im Zusammenhang dieser Arbeit nicht.

Schon im Zuge des 1. Weltkrieges beschäftigten sich Psychologen in Zusammenhang mit dem „Shell Shock"-Phänomen verstärkt mit Traumatisierungen. Soldaten trugen durch Schocks bei Granatenexplosionen psychische Schäden davon. Große Bedeutung in der öffentlichen Debatte erlangte der Begriff Trauma vor allem durch den Holocaust, der zum universellen Symbol für Trauma wurde. Posttraumatische Stresssyndrome wurden durch den Vietnam-Krieg ein öffentliches Thema. Tausende von US-Veteranen leiden unter diesen Störungen. Im Bereich der Psychiatrie ist der Begriff Trauma relativ neu und wurde erst 1980 in das Amerikanische Handbuch der Psychiatrie eingetragen (A. Assmann 2005).

Die Verdrängung eines Traumas ist nur selten erfolgreich, da es trotzdem im Körper gespeichert bleibt, gerade bei Gewalterfahrungen. (Douglass / Vogler 2003: 13). So schreibt Ruth Klüger, die Auschwitz überlebte, über die Probleme ihres Vetters, die Folterungen durch die Nazis zu beschreiben: „Und doch ebnen seine Einzelheiten diese Qual ein, und nur aus dem Tonfall hört man das Anders-, Fremd-, und Bösartige heraus. Denn die Folter verlässt den Gefolterten nicht, niemals, das ganze Leben nicht" (zitiert nach A. Assmann 2003: 259). Das posttraumatische Stress-Syndrom oder auch Belastungssyndrom ist eine von vielen psychologischen Folgen, die ein Trauma verursachen kann. Erinnerung und Aufarbeitung des traumatischen Ereignisses wird als schmerzhafter Weg gesehen, das Trauma zu überwinden. Laut Seidler hinterlassen von Menschen verursachte Traumatisierungen schlimmere Spuren als Naturkatastrophen (Seidler 2005). Durch Naturkatastrophen kommt es häufig zur Bildung von Schicksalsgemeinschaften, während bei Gewalt, die durch Menschen ausgeübt wird, soziale Bande zerreißen und Einzelne aus der Gemeinschaft herausfallen.

Auch eine Hungersnot kann bei den Überlebenden ein lebenslanges Trauma auslösen. Die Bauern in Henan sahen, wie die Leichen auf den Straßen lagen und die Menschen im Überlebenskampf verrohten. Bei den *Oral History*-Interviews muss sich der Forscher im Klaren darüber sein, dass er eventuell mit traumatisierten Menschen spricht. Dazu folgen einige methodische Überlegungen im 7. Kapitel.

Weigelin-Schwiedrzik behandelte in ihrem Artikel über „Trauma und Erinnerungen“ den „Großen Sprung“ vom Standpunkt der Trauma-Bewältigung aus. Sie meint, dass die Hungerkatastrophe über 30 Jahre lang ein Tabuthema in der öffentlichen Diskussion war und stellt die Frage, warum nach dieser langen Periode des Schweigens die Hungerkatastrophe plötzlich in China thematisiert wird (Weigelin-Schwiedrzik 2003: 46).

Zum einen führt sie den Faktor Zeit an, da, wie auch das Beispiel des Holocaust gezeigt hat, die Opfer nicht in der Lage sind, ihr Trauma sofort zu thematisieren (ebenda: 47). Die politischen Rahmenbedingungen sind somit nicht der einzige Faktor, der darüber entscheidet, ob Opfer wie Täter schweigen. Die Generation der Kinder der Opfer ist es meistens, die dieses Tabu durchbricht. Bei der Hungersnot in Folge des „Großen Sprungs“ kam hinzu, dass dieses Thema eng mit dem Machtkampf in der KPCh verknüpft war (ebenda: 49). Mao Zedong verfolgte die Kritiker des „Sprungs“ und verbot jede Diskussion darüber. Deng Xiaoping, der an der Umsetzung des „Großen Sprungs“ als damaliger Generalsekretär der Partei direkt beteiligt war, starb erst 1997. Die KPCh hatte aber auch noch andere Gründe die Diskussion über dieses Thema nur in Grenzen zuzulassen: Die Hungersnot macht die Privilegierung der Stadtbewohner im politischen System deutlich (ebenda: 50). Ähnlich wie Joseph (1986) schreibt auch Weigelin-Schwiedrzik: Die „Kulturrevolution“ wurde deshalb entschiedener verurteilt und intensiver diskutiert, weil Intellektuelle und führende Kader der Partei selbst Opfer waren, während es sich bei den Toten der Hungersnot „nur“ um Bauern handelte.

Da die offizielle Geschichtsschreibung, die laut der Autorin eine Geschichte von Bürokraten für Bürokraten ist, unfähig sei, über Leiden zu schreiben (Weigelin-Schwiedrzik 2003b: 10), haben Romanautoren wie Mo Yan und Yu Hua versucht, die traumatischen Ereignisse literarisch zu verarbeiten. Weigelin-Schwiedrzik versucht deshalb das Verhalten der chinesischen Bauern in Katastrophen, wie es in diesen Romanen dargestellt wird, zu kategorisieren: Zhi Liang (1994) schreibt von einem tierischen Überlebenskampf, in dem jeder nur versucht, seine eigene Haut zu retten (Weigelin-Schwiedrzik 2003: 53). In Yu Huas (1992) Roman akzeptieren die Personen jede Katastrophe und Tote als Schicksalsschlag, solange die männliche Linie der Familie weiter fortgeführt werden kann. Bei Mo Yan (2001) verschwimmen Opfer und Täter in einer dörflichen Gesellschaft, die geprägt ist von Brutalität, zufälliger Gewalt und Rache. Literatur und Filme können deshalb ein Zugang sein, die traumatischen Erfahrungen der Chinesen besser zu verstehen, so Weigelin-Schwiedrzik.

1.4.2. „Kulturrevolution" als kulturelles Trauma

2005 geht Weigelin-Schwiedrzik noch einen Schritt weiter und versucht, den Begriff des kulturellen Traumas auf die Aufarbeitung der „Kulturrevolution" anzuwenden. Für viele Rotgardisten, Rebellen oder auch Opfer aus der alten Elite wirkten Ereignisse der „Kulturrevolution" traumatisierend, weil sie diese in keinen Erklärungszusammenhang einordnen konnten. An den Erinnerungen eines alten Kader wird deutlich, dass vor dem Hintergrund der Spaltung der Arbeitseinheiten in viele Fraktionen, die sich gegenseitig unterdrückten, Schweigen die Voraussetzung nach dem Ende der „Kulturrevolution" war, um überhaupt noch zusammenarbeiten zu können (Weigelin-Schwiedrzik 2005a: 22). Heute, wo sich im Internet oder in Erinnerungsliteratur Aktivisten der diversen Fraktionen zu Wort melden, wird deutlich, dass die Fraktionierung von damals sich auch weiter in den Erinnerungen widerspiegelt. Das Trauma begrenzt auf diese Weise eine Möglichkeit der historischen Aufarbeitung. Alle sehen sich selbst als Opfer und sind unfähig, die Leiden der anderen wahrzunehmen. Selbstviktimisierung sieht Weigelin-Schwiedrzik in Anlehnung an das Buch „Die Unfähigkeit zu Trauern" von Mitscherlich und Mitscherlich (1968), die sich mit der Aufarbeitung des Traumas des Nationalsozialismus der Deutschen befassten, als Überlebensstrategie, um nicht in Melancholie zu verfallen (Weigelin-Schwiedrzik 2005b: 8). Es ist auch gleichzeitig der Ausdruck der Unfähigkeit über den Verlust des vormals verehrten Führers zu trauern. Durch die Selbstviktimisierung wird die eigene Komplizenschaft ausgeblendet.

Die politischen Morde sind in den Erinnerungen an die „Kulturrevolution" ein Tabuthema, das sowohl in den inoffiziellen Erinnerungen wie auch von der Partei kaum thematisiert wird (ebenda: 32). Der Kampf von damals wird auf diese Weise in den fragmentierten Erinnerungen weitergeführt. Die chinesische Gesellschaft kann so das Trauma der „Kulturrevolution" nicht überwinden und ist noch nicht in der Lage, die Frage nach ihrer moralischen Integrität zu stellen, die durch die Ereignisse der „Kulturrevolution" zerstört wurde.

Um die Fragmentierung der Erinnerungen zu erklären, knüpft Weigelin-Schwiedrzik an die US-amerikanische Debatte um den Begriff des kulturellen Traumas an. Nach Alexander liegt ein kulturelles Trauma vor, wenn ein Kollektiv fühlt, dass sich ein Ereignis für immer im Gruppenbewusstsein eingebrannt hat und seine Identität bestimmt (Alexander / Eyerman 2004: 1). Im Unterschied zu einem individuellen Trauma, das die Identität gefährdet, wird beim kulturellen Trauma ein negatives Ereignis genutzt, um durch Erinnerungen eine kollektive Identität zu schaffen. Eyerman führt die Bedeutung der Erinnerung an die Sklaverei bei der Schaffung einer neuen afroamerikanischen Identität durch die schwarze Bürgerrechtsbewegung in den USA der 60er Jahre an. Für Eyerman ist die Erinnerung an dieses Trauma von jeder Generation immer wieder neu interpretiert und den Bedürfnissen der Gegenwart angepasst worden (Eyerman 2004: 75). Die unmittelbare Leiderfahrung ist nicht unbedingt notwendig, um die Identität, die durch das kulturelle Trauma bestimmt wird, zu übernehmen. Dieser konstruktivistische Ansatz erinnert stark an Halbswachs (1985), auch wenn dieser den Begriff Trauma nicht verwendete. Damit ein Ereignis zum kulturellen Trauma werden kann, bedarf es häufig Intellektueller, die für die *„carrier group"* der schmerzhaften Erinnerungen in der Öffentlichkeit das Wort ergreifen und die Aufarbeitung des Ereignisses einfordern. Häufig wird diese Rolle von Regisseuren, Literaten, Professoren, prominenten Überlebenden oder auch Aktivisten der Bewegung übernommen, so Eyerman (ebenda: 63). Die Trägergruppe der Erinnerungen, wie zum Beispiel eine Armeeeinheit oder ein Dorf, ist in der Regel nicht in der Lage ihre Erinnerungen über den eigenen Rahmen hinauszutragen.

Im Prozess der Schaffung des kulturellen Traumas findet ein Kampf um Bedeutungen statt. Bestimmt werden soll, wer zur Opfergruppe dazugehört und wer nicht, ebenso, wer als Täter die Verantwortung trägt. Nach Alexander wird diese Auseinandersetzung auf verschiedenen Ebenen wie Ethik, in Literatur und Film, Massenmedien oder der staatlichen Bürokratie ausgetragen (Alexander / Eyerman 2004: 15-21).

Weigelin-Schwiedrzik meint, dass die publizierten Erinnerungen zur „Kulturrevolution" bei weitem die Publikationen zum „Großen Sprung" übersteigen, weil die Bauern in China im Gegensatz zu den Intellektuellen weder einen Zugang zur öffentlichen Sphäre haben, noch die Intellektuellen sich zum Sprachrohr der schmerzhaften Erinnerungen der Bauern machen (Weigelin-Schwiedrzik 2006: 12).

Der Begriff des kulturellen Traumas trifft in China meiner Meinung nach auch auf die Erinnerung an den Krieg mit Japan zu. Die offizielle Propaganda bedient sich einer Selbstviktimisierung der Chinesen. Gerade die Thematisierung des Leidens und der erfahrenen Demütigung soll die nationalistische Identität stärken. In den ersten Jahrzehnten nach dem Krieg wurde die heroische Seite des Kampfes in den Vordergrund gestellt. Heute wird eine negative Erfahrung und Erinnerungen an Leid benutzt, um die Notwendigkeit der Stärkung von Staat und Militär zu rechtfertigen.

Auch wenn die Theorien über Trauma nur am Rande dieser Arbeit eine Rolle spielen, soll am Ende die Frage aufgeworfen werden, ob die Hungersnot in China auch zu einem solchen kulturellen Trauma im Sinne Alexanders werden kann.

1.4.3. Die Übertragbarkeit in den chinesischen Kontext

An dieser Stelle soll bewertet werden, ob der Begriff Trauma auch für die Analyse der Aufarbeitung des „Großen Sprungs“ sinnvoll ist. Sicher ist es nützlich den Trauma-Begriff in die Debatte miteinfließen zu lassen. Bedenklich würde ich es jedoch finden, die Geschichte Chinas im 20. Jahrhundert unter einem Trauma-Narrativ neu schreiben zu wollen. Ein Versuch in diese Richtung ist die Schwerpunktnummer der Zeitschrift „History and Memory“ zum Thema „Traumatic Memory in Chinese History“ (Struve 2004). Das Problem der Übertragbarkeit des Begriffs auf die chinesische Gesellschaft wird von den meisten Autoren fast gar nicht thematisiert. Der Trauma-Ansatz wurde von außen herangetragen, ohne zunächst einen Bezug zu Debatten in China zu haben. Der Begriff wird von chinesischen Autoren in Zusammenhang mit der Geschichte nur selten benutzt und es gibt auch keine adäquate Übersetzung, wie Weigelin-Schwiedrzik sich selbst bewusst ist (Weigelin-Schwiedrzik 2006: 2). Alexander geht davon aus, dass seine Theorie des kulturellen Traumas auf die ganze Welt übertragbar ist, da auch in nicht westlichen Gesellschaften Kriege und Genozide im 20. Jahrhundert stattgefunden haben und menschliches Leiden universell ist (Alexander / Eyerman 2004: 24 f.). Dass kulturelle Traumata in einigen Ländern nicht zur Bildung von kollektiven Identitäten geführt haben, erklärt er damit, dass die Trägergruppen nicht stark genug waren sich in der Öffentlichkeit zu etablieren. Auch wenn Schmerzen universell sind, ist der Umgang damit kulturell verschieden, könnte man Alexander entgegnen.

Weigelin-Schwiedrzik versucht durch die Analyse von Literatur spezifische chinesische Umgangsweisen mit traumatischen Ereignissen herauszuarbeiten. Wir wissen jedoch im Moment noch viel zu wenig über den chinesischen Umgang mit Leid und Tod und deren Verarbeitung, um daraus allgemeine Schlüsse ableiten zu können. Eine Studie wie „Night of Stone“ von Merridale (2000) zum Umgang mit dem Tod in der russischen Erinnerungskultur besitzen wir bezogen auf China noch nicht. Während ein kulturelles Trauma am Beispiel der sich selbst zu Opfern erklärenden Intellektuellen noch einfach zu diagnostizieren ist, wird es bei dem individuellen Trauma schwieriger. Hier wären psychoanalytische Untersuchungen mit einzelnen Bauern notwendig, um zu erforschen, ob und wie sie durch die Hungersnot traumatisiert sind. Eine solche Forschung ist aber im Moment nicht möglich. Catherine Merridale berichtet von ihren Interviews mit russischen Kriegsveteranen, dass diese sich energisch dagegen wehrten, als Traumatisierte betrachtet zu werden (Merridale 2000a: 47). Manche behaupteten, sie seien eben härter als die Menschen im Westen. Wer hat das Recht dazu, einem Zeitzeugen ein Trauma zu diagnostizieren? Die Glorifizierung des Sieges der Roten Armee über Nazideutschland hat sicher außerdem dazu beitragen, dem

Leiden der russischen Soldaten einen Sinn zu geben. Gerade die Unfähigkeit, eine Bedeutung zu finden, kann zur Traumatisierung führen.

Die zweite Gefahr bei dem Zugang über den Begriff Trauma liegt in der Beliebigkeit. Studien in den USA haben ergeben, dass fast 40 Prozent der untersuchten Personen einer traumatisierenden Situationen ausgesetzt waren, bei Frauen sogar 69 Prozent (Allen 1995: 5). Seidler schätzt die Zahl der Menschen, die in Deutschland unter posttraumatischen Belastungsstörungen leiden, vorsichtig auf 1 Prozent (Seidler 2005).

Die chinesische Geschichte im 20. Jahrhundert ist eine einzige Kette von schmerzhaften Ereignissen. So besteht die Gefahr, dass am Ende alles zum Trauma wird und jeder zum Traumatisierten. Das kann zu einer Psychologisierung der Geschichte führen, wo Zusammenhänge, Ursachen, Verantwortung und die Trennung zwischen Opfer und Täter in den Hintergrund gedrängt werden. Gerade in Deutschland ist meiner Meinung nach der Ansatz populär, deutsche Soldaten und kleinere Nazi-Täter, die durch Krieg, Bomben und Leid auch traumatisiert wurden, zu Opfern zu erklären. Aleida Assmann, die selber mit dem Trauma-Begriff arbeitet, versucht dieser Tendenz entgegenzutreten, indem sie meint, dass nur Opfer aber nicht Täter traumatisiert werden könnten (A. Assmann 2005). Kann ein KZ-Aufseher wirklich so ideologisch gefestigt sein, dass seine Seele dieses Grauen unbeschadet übersteht?

Außerdem gibt es kaum einen Begriff in den Diskursen in Europa, der einer so starken Politisierung ausgesetzt ist wie Trauma. Franziska Lamott behauptet, dass Trauma zum symbolischen und moralischen Kapital geworden ist, das Opfergruppen einsetzen müssen, um die Unterstützung des Westens zu bekommen. Besonders während des Jugoslawien-Krieges von 1999 wurde die Unterstützung für die traumatisierten Kosovoalbaner zur Rechtfertigung des Militäreinsatzes der NATO benutzt. Flüchtlinge und Kriegsopfer mussten die Verwendung der Symbolsysteme und die damit verbundene Rhetorik des westlichen Trauma-Diskurses lernen, um überhaupt als Opfer oder als Asylbewerber anerkannt zu werden, so Lamott. Wichtiger als Authentizität der Erinnerungen sei dabei die Erlernung der kulturellen Präsentationsformen, die es den professionellen Helfern erlauben, das Erlittene zu dechiffrieren und eine Operationalisierung zu ermöglichen (Lamott 2003: 56). Der Westen habe so den Balkan mit einem Trauma-Netz kolonialisiert, wessen eigene psychologische Ressourcen geschwächt und somit die Abhängigkeit der Region gestärkt (ebenda: 61). Radikale Kosovoalbaner würden außerdem versuchen, das Trauma zu konservieren, um ein Recht auf Rache zu legitimieren (ebenda: 69). Nicht wenige chinesische Studenten träumen von einem Angriff auf Japan, um sich für die Demütigungen zu rächen.

Weigelin-Schwiedrzik ist sicherlich die Letzte, die die chinesische Geschichte in ein Trauma-Narrativ einzwängen und die Frage nach Schuld und Verantwortung relativieren möchte. Die Gefahr, einem Eurozentrismus zu verfallen, besteht immer, wenn westliche Theorien auf China angewandt werden sollen. Trotzdem haben wir kaum andere Theorien und Methoden, die uns zur Verfügung stehen, weil es in der Volksrepublik China keine eigenen Erinnerungstheorien gibt und man gerade erst beginnt, sich den Forschungsstand des Westens anzueignen. Erinnerungstheorien aus den westlichen Sozial- und Geschichtswissenschaften sollen in dieser Arbeit helfen, Fragestellungen zu entwickeln. Ihre Hypothesen werden an den Feldstudien in China getestet und Überlegungen werden angestellt, inwiefern diese Theorien zutreffen, modifiziert oder weiterentwickelt werden müssen.

Zusammenfassung: Mängel und Lücken in den bisherigen Untersuchungen

Nun soll der Forschungsstand zusammengefasst werden. Durch die Analyse der Lücken wird der eigene Ansatz herausgearbeitet:

Die Hungersnot spielt bei der Debatte um den Mao-Faktor keine große Rolle. Die Autoren behandeln den Prozess zur Entstehung des „Großen Sprungs" getrennt von seinen katastrophalen Auswirkungen. Beides zu verbinden, findet in der neuen Wortkreation *„great leap famine"*[5] („Große Sprung"-Hungersnot) seinen Ausdruck.

Bei der Diskussion um die Gründe der Hungersnot werden mehrere Faktoren angeführt, die die Autoren unterschiedlich gewichten. Yang sieht in den Volksküchen sowie den Loyalitätsbeweisen von Provinzen mit niedrigem Anteil der Bevölkerung in der Partei die Indikatoren für die Radikalität der Politik und die daraus resultierende Hungersnot (Yang 1996). Wen und Chang (1997) machen die Abkehr von einem rationalen Lebensmittelverbrauch und Management in den Volksküchen für die Katastrophe verantwortlich sowie Lin und Yang (1998) die umfangreichen Getreidetransporte aus Sichuan und Henan. Die Debatte um die Gründe der Hungersnot steht ebenso am Anfang wie die Erforschung der Opferzahlen, die zwischen 15 und 45 Millionen geschätzt werden.

Zusammenfassend lässt sich feststellen, dass der „Große Sprung nach vorne" als die große menschliche Katastrophe mit Massensterben und völliger Verrohung der Gesellschaft in den anthropologischen Dorfuntersuchungen außer bei Friedman, Pickowicz und Selden nicht vorkommt. Woran mag das liegen? Fast

[5] Dieser Begriff wird z.B. von Ralph Thaxton verwendet: Internationaler Workshop 'The Great Leap Famine', Brandeis University (USA), 6-7.4.2005.

alle Untersuchungen fanden in Südchina statt und nicht in den Zentren des Massensterbens wie Henan oder Anhui. Hatte im Süden die Hungersnot wirklich so ein geringes Ausmaß, oder wussten die westlichen Wissenschaftler in den 80er Jahren und Anfang der 90er Jahre noch zu wenig über das Ausmaß der Hungersnot, um sie in ihren Interviews und Beobachtungen genügend zu berücksichtigen? Problematisch ist sicher bei allen hier genannten Studien, dass kaum jemand über die Analyse und Verwertbarkeit von Interviews mit Zeitzeugen tiefer reflektiert. Die Aussagen der Interviewpartner werden viel mehr als Hintergrundinformation zu den eigenen Beobachtungen gesehen. Nur bei Potter und Potter (1990) finden sich längere theoretische sozialanthropologische Reflexionen zu Familie, Gefühlen oder sozialen Strukturen auf dem Dorf. Sehr selten führen die Autoren längere Zitate der Aussagen der Interviewpartner an. Der Leser bekommt weder einen Eindruck von den O-Tönen, noch kann er sich selbst ein Bild von den Aussagen der Zeitzeugen machen.

Die Forscher, die in den letzten Jahren die Methoden von *Oral History* anwandten, waren sich über die Bedeutung der Hungersnot bewusst und fokussierten daher ihre Fragen auf dieses Thema. Manning (2005a) zeigt, wie ländliche Frauen sich an die Kampagnen des „Großen Sprungs" erinnern. Einige empfanden die Arbeitseinsätze als Befreiung von der häuslichen Enge. Andere flohen hingegen nach Hause, um der gesundheitsschädlichen Arbeit zu entkommen. Frauen, die aus Parteifamilien stammten und damit zur dörflichen Elite gehörten, erinnerten sich oft nostalgisch an den „Großen Sprung". Thaxton (2004) entdeckte durch die Interviews Korruption und soziale Ungerechtigkeit während der Hungersnot. Kader aßen Getreiderationen der Bauern und verstärkten durch ihre Unterschlagungen die Ernährungskrise. Gleichzeitig setzten sie ihre Macht ein, um Überlebensstrategien der Bauern wie Flucht oder Betteln zu unterbinden. Problematisch an beiden Untersuchungen ist, dass Manning und Thaxton keine Theorie besitzen, was Erinnerungen überhaupt sind. Die Bauern betrachtet Thaxton im Grunde als die Informanten für die wahre Geschichte im Gegensatz zur staatlichen Vertuschung. Er neigt zur Viktimisierung der Bauern und thematisiert ihre moralischen Verstrickungen mit dem System oder Widersprüchen in Erinnerungen kaum. Trotz dieser Kritik soll unterstrichen werden, dass Ralph Thaxton mit seinen Dorfuntersuchungen die Bauern und ihre Erzählungen als Erster in den wissenschaftlichen Diskurs eingebracht hat. Durch seine Untersuchungen ist das Ausmaß der menschlichen Katastrophe erst deutlich geworden.

Aus dieser Kritik ergibt sich für meinen eigenen Ansatz Folgendes: Bisher wurde in der Forschung die Regierungsebene mit der Dorfebene nicht verbunden. Die Debatte um den Mao-Faktor beschäftigt sich nicht mit der Frage, welche Auswirkung die Politik der Zentrale auf die Dörfer hatte und wie sich die

Bauern und lokalen Kader dazu verhielten. Auf der anderen Seite haben Forscher, die mit anthropologischen Methoden oder mit *Oral History* arbeiten, die staatliche Ebene nicht genügend berücksichtigt. Ohne die Kenntnis der Politik der Zentrale und der Besonderheiten der untersuchten Provinz sowie der offiziellen geschichtlichen Aufarbeitung, lassen sich die Aussagen der Dorfbewohner in keinen Kontext einordnen. Diese fehlenden Verbindungen spiegeln sich auch im Quellenmaterial wider. Die Debatte um den Mao-Faktor stützt sich nur auf gedruckte Regierungsquellen und nationale Zeitungen, während sich die Dorfuntersuchungen fast nur auf Interviews beschränken. Damit kann nicht eingeordnet werden, welche Ereignisse, die für die Bauern überlebenswichtig waren, vom Staat nicht aufgezeichnet wurden oder immer noch verschwiegen werden. Ebenso wenig ist es möglich, den Einfluss der offiziellen und inoffiziellen Geschichtsaufarbeitung auf die Erinnerungen der Bauern zu untersuchen. Ohne die Einbeziehung der Untersuchung der oberen Ebene kann nicht genügend evaluiert werden, was die Bauern vergessen haben oder verschweigen. Die Erinnerungen der Dorfbewohner sollen in dieser Arbeit in den Kontext der Vergangenheitsbewältigung der chinesischen Gesellschaft gestellt werden. Im Vordergrund stehen dabei der offizielle Kanon, die Parteigeschichtsschreibung, sowie die Bewältigung des „Großen Sprungs“ auf den verschiedenen Ebenen des Staatsapparates.

In dieser Dissertation sollen deshalb die verschiedenen Ebenen (Zentralregierung, Provinz, Kreis und Dorf) zusammengeführt werden. Auch der theoretische Mangel der bisherigen Untersuchungen soll in dieser Arbeit behoben werden. Eine Darstellung von Theorien zu dem Verhältnis von Staat und Gedächtnis bietet den Rahmen für die Analyse der Aufarbeitung der Vergangenheit auf nationaler Ebene und in Henan. Um die Aussage der Zeitzeugen zu analysieren, erfolgt eine Auseinandersetzung mit Theorien zum kollektiven Gedächtnis und Interviewmethoden.

Ich hoffe, mit der Verbindung der staatlichen, regionalen und lokalen Ebene sowie der Bearbeitung von mündlichen und schriftlichen Quellen die Lücke in der Forschung zu schließen und eine neue Tür aufzustoßen, um Licht in eines der dunkelsten Kapitel der chinesischen Geschichte zu bringen.

2. Theorien zum kollektiven Gedächtnis und Herrschaft

In diesem Kapitel wird theoretisch erörtert, was Erinnerungen und Gedächtnis überhaut sind. Anknüpfend an die Theorien des französischen Soziologen Maurice Halbwachs wird das Spannungsverhältnis zwischen individuellem und kollektivem Gedächtnis erörtert. Den Staat berücksichtigt Halbwachs in seinen Überlegungen kaum, sondern er versucht zu begreifen, wie sich Gruppen wie Familien, Klassen oder religiöse Vereinigungen ihr kollektives Gedächtnis schaffen. In den 90er Jahre widersprachen Historiker wie Wischermann der These vom kollektiven Gedächtnis und meinten, dass es in der postmodernen Gesellschaft zu einer Individualisierung der Erinnerungen gekommen sei. Außerdem soll das Verhältnis von Staat und Gedächtnis theoretisch dargestellt und in erster Linie an den Ägyptologen Jan Assmann und den deutschen Philosophen Friedrich Nietzsche angeknüpft werden. Daraufhin folgen theoretische Überlegungen zum Thema Staatssozialismus und Erinnerungen. So wird ein theoretischer Hintergrund für die Analyse der Aufarbeitung der Vergangenheit in China sowie der individuellen und kollektiven Erinnerungen geschaffen.

2.1. Das kollektive Gedächtnis und seine sozialen Rahmenbedingungen

Das Gedächtnis ist keine Festplatte, auf der Ereignisse wirklichkeitsgetreu abgespeichert werden und per Klick wieder abgerufen werden können. In Abgrenzung zu Freud und seinem ehemaligen Lehrer Henry Bergson entwickelte der französische Soziologe Maurice Halbwachs (1877-1945) eine Theorie des kollektiven Gedächtnisses. In seiner zentralen Schrift „Das Gedächtnis und seine sozialen Bedingungen“ von 1925 kommt er zu dem Schluss, dass „das gesellschaftliche Denken wesentlich ein Gedächtnis ist, und dass dessen ganzer Inhalt nur aus kollektiven Erinnerungen besteht, dass aber nur diejenigen von ihnen und nur das an ihnen bleibt, was die Gesellschaft in jeder Epoche mit ihrem gegenwärtigen Bezugsrahmen rekonstruieren kann“ (Halbwachs 1985: 390). Geschichte wird von jeder Epoche neu konstruiert, um sie den aktuellen Bedürfnissen der Menschen und ihren Geschichtsvorstellungen anzugleichen (ebenda: 231). Verschiedene Gruppen der Gesellschaft, wie Familie, Religionsgemeinschaften oder Klassen, besitzen ihr eigenes kollektives Gedächtnis. Das Individuum kann sich nur innerhalb dieses sozialen Rahmens erinnern und übernimmt den Standpunkt der Gruppe (ebenda: 199). Zerfällt eine dieser Erinnerungsgruppen, können die mit ihr verbundenen Erinnerungen nicht mehr abgerufen werden. Die Konstruktion der Erinnerungen passt sich immer den veränderten sozialen Rahmen an (ebenda: 350). Die Erinnerungen nehmen eine solche Form an, dass sich die

Mitglieder der Gruppe mit ihnen identifizieren können und sie ihren Konventionen entsprechen.

Jede Familie braucht ihre eigenen Erinnerungen für ihre Identität, um sich von anderen zu unterscheiden. Religiöse Gemeinschaften rekonstruieren ihre Vergangenheit durch Rituale, Texte und Traditionen (ebenda: 296). Durch rituelle Wiederholung des Abendmahls in der Kirche werden zum Beispiel die Gläubigen immer wieder an dieses Ereignis erinnert. Als Grundpfeiler des kollektiven Gedächtnisses sieht Halbwachs, bezogen auf die gesellschaftlichen Klassen, den Adel während des *ancien regimes* in Frankreich. Der Titel und die damit verbundene Familiengeschichte wurden von Generation zu Generation weiter vererbt. Über ihre Abstammung legitimierte sich diese Klasse (ebenda: 378). Auch dem aufsteigenden Bürgertum blieb zunächst nicht erspart sich zu legitimieren, indem es sich eine glorreiche Familiengeschichte zulegte.

Halbwachs' Schrift „Stätten der Verkündigung im Heiligen Land"[6] ist eine radikale Anwendung der Theorie des kollektiven Gedächtnisses. An Beispielen von Orten aus der biblischen Geschichte zeigt Halbwachs, wie sich die Erinnerungen der Christen an diese Orte sowie Einzelheiten aus dem Leben Jesu immer wieder den zeitgenössischen Anforderungen und Bedürfnissen des Christentums angepasst haben (Halbwachs 2003: 210). Im kollektiven Gedächtnis wurden Orte verschoben, bekamen neue Namen und Handlungen wurden verändert. Da abstrakte Wahrheiten oder Prinzipen keinen sicheren Halt im Gedächtnis haben, müssen sie die konkrete Gestalt eines Ortes oder Menschen annehmen (ebenda: 163). Die heiligen Orte werden symbolische Bilder, die die Glaubensvorstellungen der Gruppe im Gedächtnis verankern (ebenda: 170). Das Abstrakte kann sich im Gedächtnis immer nur im Konkreten manifestieren. Ganze Epochen würden sich oft in einem Jahr oder Abfolgen von Handlungen und Begebenheiten in bestimmten Menschen verdichten (ebenda: 194).

Historische Überlieferungen sind dabei eine Schnittstelle zwischen der wahrgenommenen Wirklichkeit und der Gemeinschaft. Jede Zeugenschaft muss aber widersprüchliche Notwendigkeiten befriedigen. Der Zeuge muss aus der Gruppe heraustreten, um die sinnlich erfahrbaren Tatbestände wahrzunehmen. Damit er berichten kann, tritt er aber wieder in die Gruppe ein und muss als Teil von ihr denken und fühlen (ebenda: 156). Je weiter sich das Ereignis entfernt oder die damit verbundenen Orte sich verändern, desto mehr muss die Gruppe das Bild vervollständigen und umgestalten. „Während die Menschen sich für gewöhnlich einem Gegenstand nähern, um ihre Wahrnehmung zu überprüfen, war es hier offenbar nötig, dass sie sich von ihm entfernen, um eine kollektive Erinnerung

[6] Der Titel der Schrift wurde auch mit „Die legendäre Topographie der Evangelien im Heiligen Land" übersetzt.

über sie auszubilden" (ebenda: 158). So ist die Trennung der Christen von den heiligen Orten gerade die Grundlage dafür, dass sie zur Topographie ihres Glaubens werden konnte. Natürlich gab es zeitweise auch unterschiedliche Vorstellungen von den Heiligen Stätten bei den Christen. Diese Unterschiede wurden aber nur solange geduldet, wie es für die Harmonie der Gruppe notwendig war und keiner die Oberhand gewann (ebenda: 197).

In dieser Schrift macht Halbwachs eine Anmerkung, wie Konflikte durch Erinnerungen auftreten können. Er nimmt an, dass die Gegner des Christentums Orte zerstörten, die zum Zeichen des christlichen Glaubens wurden. „Es wäre dies ein ganz ähnlicher Vorgang wie jener, bei dem eine Ordnungsmacht in einer früher aufrührerischen Großstadt ganze Viertel zerstört, Herde des Aufstands oder Schauplätze revolutionärer Kämpfe, die dort breite Prachtstraßen anlegt, große öffentliche Gebäude errichtet, um alle Erinnerungen auszulöschen, die diese Orte überschatten" (ebenda: 166 f.). Diese Stelle spielt auf die Entwicklung in Paris nach der Niederschlagung der Pariser Kommune von 1871 an. Aufstände geraten in Vergessenheit, wenn die mit ihnen verbundenen Orte zerstört werden.

In seiner Schrift „Das kollektive Gedächtnis" versucht Halbwachs (1967), seine Theorie noch einmal zu untermauern sowie zu popularisieren. Sie blieb aber trotz mehrfacher Bearbeitung unvollendet und wurde erst nach seinem Tod veröffentlicht. Es gibt einen Streit darum, ob Halbwachs' drei Schriften zum kollektiven Gedächtnis in einer inhaltlichen Kontinuität stehen oder ob „Das kollektive Gedächtnis" einen Bruch mit seinen früheren Methoden darstellt (Halbwachs 2003: 253f). Meiner Meinung nach gibt es eine Kontinuität der Hauptthesen in den drei Schriften. Halbwachs untersucht in dieser Schrift nun auch das Verhältnis von kollektivem und historischem Gedächtnis. Die Geschichte sei nicht das universelle Gedächtnis der Menschheit, weil jedes kollektive Gedächtnis eine räumlich und zeitlich begrenzte Gruppe als Träger hat (Halbwachs 1967: 72). Damit unterscheidet sich Halbwachs von Jan Assmann, der universelle Geschichte als kulturelles Gedächtnis auffasst.

Halbwachs unterstreicht die räumliche Einbettung des Gedächtnisses. Geht ein Gewerkschaftsfunktionär zum Beispiel an einer Fabrik vorbei, so erinnert ihn dieser Raum an Lohnverträge und Streiks. Die Fabrik ist für ihn nur ein Teil eines ausgedehnten Raumes, der die Fabriken als Institution repräsentiert (ebenda: 140). Eine besondere Rolle spielt die räumliche Bindung von Erinnerung in Agrargesellschaften. Die Erinnerungen von Bauern sind an den Boden und den Familienbesitz gebunden. Ihre Erinnerungen bleiben besonders gut erhalten, weil sich die Umgebung kaum verändert, mit der sie verbunden sind (ebenda: 139). Auch eine Familie richtet ihr Haus oder ihre Wohnung so ein, dass Gegenstände wie Bilder, Andenken oder Erbstücke die eigene Geschichte repräsentieren.

Wenn von außen versucht wird, diese Ordnung zu verändern, zum Beispiel durch den Abriss von Häusern und Straßen, wird sich die Gruppe dagegen wehren. Sie möchte nicht, dass die Räumlichkeit, welche die Macht der lokalen Traditionen und Erinnerung repräsentiert, zerstört wird (ebenda: 134).

Wenn wir annehmen, dass Gedächtnis nur im Zusammenhang mit räumlichen und sozialen Rahmen existieren kann, dann müssen sich die Dorfbewohner besser an den „Großen Sprung“ erinnern als die städtischen Intellektuellen, die ich für meine Magisterarbeit interviewte. Die von mir interviewten Bauern in Baotou wohnen noch in den gleichen Häusern wie 1958. Die Familien in diesen Gassen waren alle Mitglieder der gleichen Produktionsgruppe (生产队) der Volkskommune. Auch wenn die Häuser ausgebaut oder renoviert wurden, so befinden sich die Bauern immer noch an dem gleichen Ort, an dem sie gehungert hatten. Die Familien bestehen als feste Kollektive weiter. Neue Mitglieder sind hinzugekommen, andere verstorben. Fast alles, was sie erlebt haben, fand in diesem kleinen räumlichen Rahmen statt. Die urbanen Intellektuellen haben die Dörfer vor über 40 Jahren verlassen. Sie sind von den Geschehnissen des dörflichen „Großen Sprungs“ räumlich getrennt. Das Kollektiv, mit dem sie auf die Dörfer gingen, ist jedoch weit verstreut. Oft haben die pensionierten Lehrer nur noch zu einer Handvoll Leute Kontakt, obwohl sie zusammen mit hunderten Kollegen auf die Dörfer gingen. Halbwachs vertritt auch die Ansicht, dass abstrakte geschichtliche Prozesse nur als konkrete Orte, Personen oder Gegenstände im kollektiven Gedächtnis haften bleiben. Mit Personen wie den Dorfkadern kamen die Intellektuellen nur relativ kurze Zeit in Berührung. Gegenstände wurden selten mitgenommen. Die Bauern hingegen mussten oft noch Jahrzehnte mit den Kadern zusammen arbeiten, die sie in die Hungersnot geführt hatten.

Halbwachs überträgt hier nicht den Gedanken von Marx, dass das gesellschaftliche Sein auch das Bewusstsein bestimmt, auf den Bereich der Erinnerungen. Er war von Emil Durkheim stark beeinflusst und gemäßigter Sozialist. Die These vom sozialen Charakter von Erinnerungen heißt keinesfalls, dass Erinnerungen Klassencharakter hätten und um das Gedächtnis ein Klassenkampf toben würde. In Halbwachs' Konzept sind die sozialen Gruppen abgeschlossene Zirkel. Ihr gesellschaftliches Sein wird in dem Bewusstsein, sprich für Halbwachs Gedächtnis, nicht einfach widergespiegelt. Das Individuum kann durch die Kommunikation mit der Gruppe sein Gedächtnis überhaupt erst herstellen. Erinnerungen haben für Halbwachs ein relativ geringes Konfliktpotential. Sie werden ja immer so konstruiert, dass sie den aktuellen Vorstellungen und Konventionen der Gruppen entsprechen – scheinbar ohne Beeinflussung von außen. Auch in stark hierarchischen Organisationen wie den christlichen Kirchen, schafft sich die Gruppe, sprich die Gemeinde, nach Halbwachs ihr Gedächtnis. Er unterscheidet nicht zwischen oben und unten, also zwischen Experten und Laien. Konflikte entwickeln sich erst, wenn räumliche und soziale Bezugsrahmen von außen zerstört werden.

Wie sehr symbolische Orte mit Gedächtnis verbunden sind, zeigt auch das Beispiel des „Platz des Himmlischen Friedens" in Beijing. Für viele Ausländer und oppositionelle Chinesen ist dieser Platz unwiderruflich mit dem Massaker von 1989 verbunden. Deshalb hagelte es auch internationale Proteste, als die chinesische Regierung über 10 Jahre später dort ein Beachvolleyball-Turnier veranstalten wollte. Andere Orte, an denen die Volksbefreiungsarmee in Beijing damals viel mehr Menschen erschoss, werden dagegen nicht mit dem Massaker in Verbindung gebracht. Die Worte *Tian'an men* bleiben wie ein Schandmal auf dem Gesicht der KPCh eingebrannt. Sie versucht deshalb, dem symbolisch aufgeladenen Platz eine positive Bedeutung als Ort der Ausrufung der Volksrepublik China zu geben.

Halbwachs' Gedächtnis-Theorie wurde mit der Welle von *Oral History*- und Biographieforschung in den 80er Jahren international neu diskutiert. Wichtige Einwände und Weiterentwicklungen sollen hier dargestellt werden.

2.1.1. Halbwachs' Theorie – Konstruktion oder Dekonstruktion von kollektiven Erinnerungen?

Lutz Niethammer setzte sich als einer der führenden *Oral History*-Forscher in Deutschland intensiv mit der Theorie des kollektiven Gedächtnisses von Halbwachs auseinander und unterwarf sie einer umfassenden Kritik. Niethammer glaubt, dass wir trotz aller Fortschritte in der Gedächtnis-Forschung immer noch nicht über ein wirkliches Verständnis des Zusammenhangs von Kultur und Natur sowie Individuellem und Kollektivem im menschlichen Gedächtnis verfügen (Niethammer 2002: 160). An Halbwachs Beitrag zur Gedächtnis-Theorie hebt er 2002 positiv hervor, dass er das kollektive und kulturelle Gedächtnis als soziale Konstruktion entlarvte und „ihre Vereinnahmung heiliger Orte und öffentlicher Räume als etwas darstellte, das gegenüber alternativen Erinnerungen und historischen Argumenten im wesentlichen immun ist" (ebenda: 165). Eine positive Interpretation Halbwachs', die sich hauptsächlich auf seine Schrift „Stätten der Verkündigung im Heiligen Land" stützen kann, wäre ihn als unbeugsamen Aufklärer gegen die irrationale Manipulierbarkeit des kollektiven Gedächtnisses zu sehen. Diese Schrift sei verdeckt gegen den „kulturellen Totalitarismus" von Hitler und Stalin gerichtet. So findet es Niethammer zweifelhaft, wenn sich heute ausgerechtet diejenigen auf Halbwachs berufen, die sich über den Verlust des kollektiven Gedächtnisses in der Moderne beklagen.

Das ist aber auch schon alles, was Niethammer an Halbwachs positiv findet. In seinem Buch „Kollektive Identität" (2000) unterzieht Niethammer Halbwachs' Gesamtwerk einer radikalen Kritik. Er möchte darin die Schattenseiten der „kollektiven Identität" entlarven und zieht in diesem Zusammenhang nicht nur gegen den Marxisten Georg Lukas und den Konservativen Carl Schmidt, sondern auch gegen die „kollektiven Erinnerungen" von Halbwachs zu Felde. Niethammer wirft zunächst die Frage auf, ob es sich bei dem Gebot, sich an das Vergangene zu erinnern, um eine jüdische Tradition handle (Niethammer 2000: 338 f.). Alle Pioniere der kulturwissenschaftlichen Gedächtnisforschung im 20. Jahrhundert (Freud, Bergson, Halbwachs, Warburg und Walter Benjamin) seien schließlich assimilierte Juden gewesen. Diese Behauptung wirft zumindest für Sinologen die Fragen auf, ob es in der chinesischen Kultur der Antike und Moderne so etwas wie ein Erinnerungsgebot gibt und ob die Auseinandersetzung um Erinnerung, Schuld, Vergebung und Bestrafung in Bezug auf Vergangenheit etwas typisch Europäisches ist.

Niethammer wirft Halbwachs vor, er würde das Kind mit dem Bade ausschütten, indem er Gedächtnis auf eine reine Konstruktion der Gegenwart reduzieren würde (ebenda: 348). Gerade mit seiner Entmythologisierung des religiösen Gedächtnisses könne Halbswachs für den Glauben selbst keine Erklärung liefern. Die Kriterienlosigkeit seiner Gedächtniskonstruktion wird so zu einem Instrument der inhaltlichen Entleerung und Beliebigkeit der Gegenerinnerungen. Über Erinnerungen selbst hätte Halbwachs wenig zu sagen und würde stattdessen nur Aussagen über ihre sozialen Bedingungen machen (ebenda: 553). Im Vordergrund stünde ein Erinnernder, der sich mit seinem Gedächtnis eine kollektive Identität schaffe. In Halbwachs sieht Niethammer deshalb einen positivistischen Geburtshelfer kollektiver Identitätsvorstellungen, die in hermeneutischen Zirkeln stattfinden und an die kein Maßstab der Objektivität angelegt werden könnte, da sie ja nur von der sozialen Gruppe konstruiert sind. Eine solche Theorie könne leicht zur unkritischen Identitätsstiftung missbraucht werden. Halbwachs' Kritik an den Vorstellungen von Freud und Bergson über ein inneres und unwillkürliches Gedächtnis gingen außerdem ins Leere, da er den Begriff der Erinnerungen viel zu eng setzen würde (ebenda: 350). Letztlich gestand Halbwachs in der Schrift „Das kollektive Gedächtnis" doch ein, dass es auch ein individuelles Gedächtnis gäbe. Außerdem reduziere er das menschliche Bewusstsein auf das Gedächtnis.

Niethammer schlägt 2000 und 2002 also zwei unterschiedliche und auch widersprüchliche Lesarten von Halbwachs vor: Durch seine Theorie der sozialen Konstruktion von Erinnerungen ist er einmal Geburtshelfer von nicht hinterfragbaren kollektiven Identitäten und einmal kritischer Aufklärer gegen ihren Missbrauch. Zum Teil sind diese Lesearten meiner Meinung nach in Halbwachs' Werk selbst angelegt, da er in „Das Gedächtnis und seine sozialen Bedingungen" und „Stätten der Verkündigung im Heiligen Land" viel kritischer mit dem Begriff des kollektiven Gedächtnisses umgeht, als in dem erst nach seinem Tod veröffentlichten „Das kollektive Gedächtnis", auch wenn die Theorie die gleiche ist.

Dass Halbwachs' widersprüchlicher und „extrem spröder Text" in den 80er Jahren des 20. Jahrhunderts plötzlich zum internationalen Klassiker aufstieg, erklärt sich Niethammer zum einen damit, dass die damals in Mode gekommene *Oral History*- und Biographieforschung nach einem theoretischen Referenzhorizont suchte (ebenda: 363). Zum anderen ergab der Diskurs zwischen Natur- und Geisteswissenschaft, dass man das Gedächtnis nicht als leeren Speicher, sondern als zentrale Instanz von Wahrnehmungen und Denken sehen sollte. Andere, wie z.B. Pierre Nora (1998), sahen das Kulturgedächtnis durch die mediale Modernisierung bedroht, beklagten das Verschwinden von Erinnerungen und Identität und setzten sich deshalb mit Halbwachs auseinander.

2.1.2. Die Individualisierung der Erinnerungen

Für Halbwachs spielte das individuelle Gedächtnis keine eigenständige Rolle, da es nur im Bezug zu einem Kollektiv konstruiert werden konnte. In den 90er Jahren wurde diese Auffassung in Deutschland in zwei von Clemens Wischermann herausgegebenen Sammelbänden (1996 und 2002) in Frage gestellt. In der heutigen Zeit habe ein Paradigmawechsel vom kollektiven Gedächtnis zur Individualisierung der Erinnerungen stattgefunden. Wischermann versucht zunächst die Begriffe Gedächtnis und Erinnerungen voneinander abzugrenzen. Unter Gedächtnis verstehe man heute überwiegend die Anteilnahme an einer gemeinschaftlichen Sicht der Vergangenheit, während Erinnerungen hingegen als aktive Auseinandersetzung zwischen Gegenwart und Vergangenheit gesehen würden, deren Träger der einzelne Mensch sei (Wischermann 1996: 15). Anknüpfend an den Soziologen Ulrich Beck, glaubt Wischermann, dass die Menschen durch die Individualisierungsprozesse von den kollektiven Identitäten und Strukturen der industriellen Gesellschaft wie ständisch geprägten Klassenstrukturen, Kleinfamilie oder nationaler Identität frei gesetzt wurden. Somit wird der Einzelne zur „lebensweltlichen Reproduktionseinheit des Sozialen" (zit. nach Wischermann 1996: 82). Die halbwachsschen Kollektive der Gedächtniskonstruktion spielten somit nicht mehr die ausschlaggebende Rolle. Die Idee eines kollektiven Gedächtnisses verortet Wischermann in der Epoche, als neue Nationalstaaten versuchten, nationale Identitäten zu schaffen (ebenda: 64).

Der Umgang mit der Vergangenheit und die Erinnerungskompetenz würde heute dem Individuum selbst verantwortet werden. Nur die ältere Generation und die traditionellen Historiker hielten weiter an der Vorstellung eines kollektiven Gedächtnisses fest (ebenda: 83). Katja Patzel vertritt die Ansicht, dass die individualisierte Erinnerungsform es dem Einzelnen ermögliche, sich unterschiedlichen Gemeinschaften zuzuordnen (ebenda: 194).

Der Ansatz der Autoren des Sammelbandes bleibt trotz der Ablehnung von Halbwachs konstruktivistisch. Autobiographisches Erinnern wird als „Flussbegradigung" angesehen. „In der Rückschau wird der nahezu unüberschaubar mäandrierende, sich in einer Vielzahl von Seitenarmen ergießende, mal aufgestaute und dann wieder voranstürzende Strom des eigenen Lebens kanalisiert zu einem breiten, geraden und gleichmäßig dahin fließenden Wasserlauf" (ebenda: 94). Auch die Erinnerungen des Individuums sind eine Konstruktion der Vergangenheit vom gegenwärtigen Standpunkt aus. Sie kreieren eine eigene Identität, in der Diskontinuitäten und Widersprüche meistens ausgeblendet werden. Die Lebensgeschichte würde in den Erinnerungen immer wieder neu zusammengesetzt werden (ebenda: 77).

An dieser Stelle sei einmal dahin gestellt, ob die Individualisierungs-Thesen von Beck in dieser Form für die modernen westlichen Gesellschaften zutreffen. Da es sich bei dieser Arbeit um die Untersuchung von Erinnerungen chinesischer Dorfbewohner handelt, können diese Thesen nicht einfach übertragen werden. Die Familie als eine Erinnerungseinheit des kollektiven Gedächtnisses ist in China noch intakt. Ihre ökonomischen Funktionen sind durch die Wiedereinführung der Familienwirtschaft auf staatlichem Boden seit Anfang der 80er Jahre (家庭联产承包责任制) und durch das weitgehende Fehlen eines Sozialstaates gestärkt worden. Die Bilder der Ahnen hingen noch in den Zimmern der Bauern, die ich besucht habe. Mindestens zwei Generationen leben noch unter einem Dach. Bei meinen Interviews waren zeitweise Vertreter von drei Generationen im Raum. Die Häuser der Familien in Baotou, in denen meine Interviewpartner wohnten, waren noch genauso angeordnet wie die Produktionsgruppe zur Zeit der Volkskommune. Der räumliche Rahmen der Erinnerungen und die Nachbarn als ehemalige Produktionsgruppenmitglieder sind immer noch da. Die Schichtenstruktur auf dem Dorf hat sich im Laufe der Einführung der Marktwirtschaft geändert. Im Laufe der Arbeit wird noch untersucht, inwiefern die Schichtenstrukturen einen Einfluss auf die Erinnerungen haben und wie sich der Einzelne darin selber darstellt.

Außerdem existiert in China immer noch ein Staat, der sehr darauf bedacht ist, ein einheitliches geschichtliches Gedächtnis zu schaffen. Aus einer Auswahl von verschiedenen Erinnerungsangeboten auszuwählen, davon kann für die Dorfbewohner nur sehr begrenzt die Rede sein.

2. 2. Staat und Gedächtnis: Erinnerungen als Herrschaftsinstrument

Nachdem das Spannungsverhältnis zwischen kollektivem und individuellem Gedächtnis erörtert wurde, folgt nun die Auseinandersetzung mit dem Verhältnis von Gedächtnis und der Rolle des Staates. Kein Staat der Welt kann auf die Vergangenheit als Herrschaftsinstrument verzichten. Die herrschenden Eliten können bestimmte Ereignisse glorifizieren oder versuchen, sie vergessen zu machen. Um zu bestimmen, was in den staatlichen Geschichtskanon aufgenommen wird und was nicht, muss jeder Staat einen Diskurs darüber führen. In den modernen westlichen Demokratien kann sich im Idealfall die gesamte Öffentlichkeit daran beteiligen. Auch ein autoritärer Staat kommt an dieser Debatte nicht vorbei. Er wird sie jedoch nur in den internen Machtzirkel führen oder der akademischen Welt und der Öffentlichkeit einen engen Rahmen vorgeben. Selten gelingt es dem Staat der Gesellschaft ein Denk- und Sprechverbot aufzulegen. Einzelne Individuen oder Gruppen versuchen immer wieder die vom Staat festgelegten Grenzen auszutesten und zu überschreiten. Wie sich Menschen im persönlichen Rahmen erinnern, kann auch ein noch so autoritärer Staat nicht vollständig kontrollieren.

Die KPCh mahnt die Chinesen immer wieder: „Nicht die Geschichte vergessen!" (不能忘记历史). Diese Parole ist natürlich nicht auf die Hungersnot oder auf die „Kulturrevolution" bezogen, sondern auf den Widerstandskrieg gegen Japan. Die Partei legitimiert ihre Herrschaft auch noch heute geschichtlich. Sie habe China vom japanischen Imperialismus befreit und das „Neue China" geschaffen. Im Zusammenhang der Theorie der „Drei Vertretungen" (三个代表) von Jiang Zemin präsentiert sich die Partei als Erbin der kulturellen Errungenschaften der chinesischen Zivilisation von Konfuzius bis Lu Xun.

Selbst negative Ereignisse konnte die Partei nicht ausklammern, da sie um die Reformpolitik zu legitimieren, ein Urteil über die „Kulturrevolution" fällen musste. Nach dem Ende der „Kulturrevolution" sah sich die Partei gezwungen, eine allgemein verbindliche Interpretation in der „Resolution über einige Fragen zur Geschichte der KP China seit 1949" festzulegen und damit eine Phase der offeneren Diskussion zu beenden. Die chinesischen Bauern haben die schreckliche Erfahrung der Hungersnot nicht vergessen, wie ich bei den Interviews immer wieder feststellen konnte. Bis heute haben sie weder eine Entschuldigung noch Erklärung oder gar eine Entschädigung für den millionenfachen Tod bekommen.

2.2.1. Das kulturelle und kommunikative Gedächtnis

Der Staat spielt in der Gedächtnis-Theorie von Jan Assmann eine wichtige Rolle (1997). Der Ägyptologe stellt in seinem Buch „Das kulturelle Gedächtnis" die Erinnerungen in den frühen Hochkulturen Ägyptens, Israels und Griechenlands unter besonderer Berücksichtigung der Rolle der Schrift dar. Er entwickelt die Theorie von Maurice Halbwachs weiter und arbeitet heraus, welche Elemente davon heute noch brauchbar sind. Assmann übernimmt von Halbwachs vor allem, den „sozial-konstruktivistischen" Ansatz (J. Assmann 1997: 47) von der sozialen Bedingtheit der Vergangenheit. Die Menschen müssen ihr Gedächtnis in einen gesellschaftlichen Bezugsrahmen stellen (ebenda: 35). Fällt dieser Rahmen weg, tritt das Vergessen ein. Nur durch Kommunikation und Interaktion im Rahmen einer sozialen Gruppe kann es leben und sich erhalten. Dazu braucht das Gedächtnis einen Raum- und Zeitbezug sowie einen Gruppenbezug (ebenda: 38 f.). Das Gedächtnis kann die Vergangenheit nicht als solche bewahren, sondern nur, was es im Bezug auf die fortschreitende Gegenwart rekonstruieren kann. Geschichte beginnt erst dann, wenn sich Traditionen und Gedächtnis zu bestimmten Ereignissen auflösen (ebenda: 44).

Jan Assmann merkt kritisch zu den Arbeiten Halbwachs' an, dass er die Rolle der Schrift als Speicher kollektiver Erinnerungen ignoriert hat. Auch Nietzsches Überlegungen zu Gedächtnis und Vergessen werden bei Halbwachs nicht erwähnt (ebenda: 46). Jan Assmann nimmt Halbwachs aber gegen Kritiker in Schutz, die den Begriff des kollektiven Gedächtnisses für eine sozialpsychologische Metapher halten. „Die Tatsache, dass nur Individuen auf Grund ihrer neuronalen Ausstattung ein Gedächtnis haben können, ändert nichts an der Abhängigkeit dieses individuellen Gedächtnisses von sozialen ‚Rahmen'" (ebenda: 47). Bei diesem Begriff von Halbwachs würde es sich keinesfalls um eine Theorie des kollektiven Unterbewusstseins wie des Psychoanalytikers Jung handeln, das biologisch vererbt sei. Vielmehr konstruieren soziale Gruppen ihr Gedächtnis in Bezug auf die Gegenwart immer wieder neu.

Anknüpfend an diese Erkenntnisse differenziert Assmann den Begriff des kollektiven Gedächtnisses weiter aus. Der Ethnologe Jan Vansina (1985) entdeckte bei Kulturen, die auf mündlicher Weitergabe von Erinnerungen basieren, ein „*Floating Gap*". Das heißt, es gibt im historischen Bewusstsein eine Lücke. Über die Ursprungszeit der Gemeinschaft und über die jüngste Gegenwart gibt es eine Fülle von Informationen, dazwischen klafft eine Lücke des Unwissens. Diese beiden Vergangenheitsregister, Ursprungszeit und jüngere Gegenwart, entsprechen laut Assmann zwei Gedächtnis-Rahmen: dem kulturellen und dem kommunikativen Gedächtnis (siehe Tabelle 1.1.).

Das kommunikative Gedächtnis entspringt aus der Interaktion zwischen Individuen. Zeitzeugen erzählen Geschichten, die wiederum weiter erzählt werden. Das kommunikative Gedächtnis ist wenig geformt und nicht kanonisiert, da es meist mündlich weitergegeben wird. Es kann häufig nur eine Geschichte von höchstens 80 bis 100 Jahren rekapitulieren. Mit dem Tod derer, die sich erinnern können, verschwindet auch das kommunikative Gedächtnis (J. Assmann 1997: 50). „Die Teilhabe der Gruppe am kommunikativen Gedächtnis ist diffus. Zwar wissen die einen mehr, die anderen weniger, und das Gedächtnis der Alten reicht weiter zurück als das der Jungen. Aber es gibt keine Spezialisten und Experten solcher informellen Überlieferung, auch wenn Einzelne mehr und besser erinnern als andere“ (ebenda: 53).

Im Gegensatz zum kommunikativen Gedächtnis ist das kulturelle Gedächtnis hierarchisch organisiert. Seine Träger sind „Experten“ wie Schamanen, Künstler, Priester oder Geschichtsprofessoren. Diese Eliten versuchen jenseits des Alltags eine universelle Geschichte zu schaffen und zu konservieren. In Gesellschaften, die über keine Schrift verfügen, spielen Mythen, Feste und Riten eine wichtige Rolle bei der Festigung des kulturellen Gedächtnisses. Allgemein ist Schriftlichkeit wichtig für die Herausbildung eines kulturellen Gedächtnisses. Mit Verschriftlichung von Geschichte wird die Interpretation der Texte notwendig, die von Experten vorgenommen wird.

Tabelle 2.1.

Kommunikatives und kulturelles Gedächtnis nach Jan Assmann

	Kommunikatives Gedächtnis	**Kulturelles Gedächtnis**
Inhalt	Geschichtserfahrungen im Rahmen indiv. Biographien	Mythische Urgeschichte, Ereignisse einer absoluten Vergangenheit
Formen	Informell, wenig geformt, naturwüchsig, entstehend durch Interaktion, Alltag	Gestiftet, hoher Grad an Geformtheit, zeremonielle Kommunikation, Fest
Medien	Lebendige Erinnerungen in organischen Gedächtnissen, Erfahrungen und Hörensagen	Feste Objektivationen, traditionelle symbolische Kodierung/Inszenierung in Wort, Bild, Tanz u.s.w.
Zeitstruktur	80-100 Jahre, mit der Gegenwart mitwandernder Zeithorizont von 3-4 Generationen	Absolute Vergangenheit einer mythischen Urzeit
Träger	Unspezifisch, Zeitzeugen einer Erinnerungsgemeinschaft	Spezialisierte Traditionsträger

Quelle: J. Assmann 1997: 56

Jan Assmann weist auch auf den besonderen Zusammenhang zwischen Schrift und Staat hin. So glaubte man im ägyptischen Altertum, dass ohne den Staat, der das Vergessen unter Strafe stellte, die schriftlich fixierten Gesetze der Mitmenschlichkeit aus dem Gedächtnis verschwinden würden. Gedächtnis ist so auch mit sozialen Verpflichtungen für die Menschen der Gegenwart verbunden. Verlust von Vergangenheit bedeutet demnach Verlust von Tugenden, Gemeinsinn und Gerechtigkeit.

Die Begriffe von Assmann können auch im chinesischen Kontext angewandt werden: In der Volksrepublik China entspricht dem kulturellen Gedächtnis in einigen Punkten die offizielle Parteigeschichtsschreibung und die patriotische Geschichtserziehung in Schulen und Medien. Sie ist stark kanonisiert und ihre Interpretation ist wenigen Kadern und Historikern vorbehalten. Es gibt in der

Parteigeschichtsschreibung zwar keine mythische Urzeit, dafür aber Gründungsmythen aus der Revolutionsgeschichte wie das Yan'an Modell oder der Anti-Japanische Widerstandskrieg. Der „Geist von Yan'an" wird in der Propaganda beschworen, wenn die Kader ermahnt werden, den Kontakt zum Volk nicht zu verlieren. Die Riten einer leninistischen Kaderpartei können aber nur schwer mit denen aus dem ägyptischen Altertum verglichen werden.

Seit den 90er Jahren lernen alle chinesischen Kinder in der Schule, dass sie Erben einer glorreichen 5000-jährigen Zivilisationsgeschichte sind. In unzähligen Fernsehnserien und Filmen wird das Erbe des Kaiserreiches in einem positiven Licht dargestellt. Aus diesen Erinnerungen an die eigene Herkunft versucht die chinesische Regierung für ihre Bürger Verpflichtungen abzuleiten. Sie sollen ihr Land und die Partei lieben. Indem sie sich „zivilisiert" verhalten, entsprechen sie dem großen kulturellen Erbe. Trotz der Modernisierung und Öffnung zum Weltmarkt sollen die konfuzianischen Tugenden wie Harmonie oder Respekt vor dem Alter nicht vergessen werden.

Dem kommunikativen Gedächtnis entspricht die Geschichte, die in den Erinnerungen der Zeitzeugen und Familien erhalten geblieben ist. Themen wie die „Kulturrevolution" oder der „Große Sprung nach vorne", die der Staat lange nicht thematisierte, sind in den Erinnerungen der Menschen noch lebendig. Dieses Gedächtnis geht in den meisten Familien sicher nicht weiter als bis in die 20er Jahre des 20. Jahrhunderts zurück.

Eins zu eins können die Begriffe von Jan Assmann jedoch nicht auf China übertragen werden. Weigelin-Schwiedrzik weist darauf hin, dass es in China so etwas wie ein *„Floating Gap"* nicht gibt. Die traditionelle chinesische Historiographie des Kaiserreichs schuf eine kanonische Geschichte von 24 Dynastien, die nicht umgeschrieben, sondern nur neu interpretiert werden konnte. Auch die Kommunistische Partei betrachte, mit Assmanns Worten ausgedrückt, ihren Kanon als nationales kulturelles Gedächtnis. Weder der „Beschluss über einige Fragen der Geschichte unserer Partei" von 1945 noch die „Resolution über einige Fragen zur Geschichte der KP Chinas seit 1949" wurden jemals geändert (Weigelin-Schwiedrzik 2006: 3 f.).

2.2.3. Herrschaft, Erinnerungen und Vergessen

Im nächsten Schritt soll das Verhältnis von Herrschaft, Erinnerung und Vergessen erörtert werden. Der deutsche Philosoph Nietzsche beschäftigte sich in mehreren seiner Schriften mit diesem Thema. Da Nietzsche einen Zusammenhang zwischen Erinnerung und Verpflichtung gegenüber Staat und Gesellschaft sieht, will er die Menschen aus diesen Verstrickungen befreien. Seiner Meinung nach wird den Menschen ihr Gedächtnis durch Rituale, Verstümmelungen und

Opfer eingebrannt (Nietzsche 1999: 295). In der Schrift „Genealogie der Moral" von 1887 preist Nietzsche die Vergesslichkeit, weil durch Vergessen wieder Platz für Neues und Lebendiges geschaffen wird (ebenda: 291 f.). Vergessen sei eine „Aufrechterhalterin der seelischen Ordnung", ohne die es weder Glück noch Gegenwart gäbe. Ein Mensch, dessen Hemmungsapparat beschädigt werde, wird mit nichts mehr fertig. Nietzsche sieht Erinnerungen so wie das schlechte Gewissen, welche beide durch Strafen geschaffen wurden, als ein Mittel an, die natürlichen Instinkte des Menschen nicht mehr nach außen zu verlagern, sondern nach innen. Die Instinkte werden unterdrückt und das Individuum richtet sie gegen sich selbst (ebenda: 322). Auf diese Weise schaffe sich der Staat furchtbare Bollwerke gegen die Instinkte, die nach Freiheit streben. Nur was nicht aufhört weh zu tun, wird ins Gedächtnis eingebrannt, so Nietzsche. „Es ging niemals ohne Blut, Martern, Opfer ab, wenn der Mensch es nötig hielt, sich ein Gedächtnis zu machen; die schauerlichsten Opfer und Pfänder (wohin die Erstlingsopfer gehören), die widerlichsten Verstümmelungen (zum Beispiel die Castrationen), die grausamsten Ritualformen aller religiösen Culte (und alle Religionen sind auf dem untersten Grund Systeme von Grausamkeiten) – alles Das hat in jenen Instinkten seinen Ursprung, welcher im Schmerz das mächtigste Hülfsmittel der Mnemonik errieth" (ebenda: 295).

Nietzsche formuliert hier einen Theorieansatz, der später vom postmodernen Diskurs wieder aufgegriffen wird: Den Körper als Speicher von Erinnerung und Machtstrukturen sowie die Internalisierung der staatlichen Gewalt durch die Menschen selbst. Auch den Gedanken von Adorno und Horkheimer, dass der Mensch sich Furchtbares antun musste, bevor er zum zivilisierten Wesen wurde, hat Nietzsche hier in Ansätzen umrissen. Wichtig in diesem Zusammenhang ist, dass Nietzsche schlechtes Gewissen durch Erinnerungen mit Strafen in Zusammenhang bringt. Besonders die Deutschen hätten sich mit furchtbaren Mitteln ein Gedächtnis geschaffen, um pöbelhaften Grund-Instinkten und brutaler Plumpheit Herr zu werden (ebenda: 296). Nur ein Mensch, der die Zwangsjacke des Gedächtnisses und des schlechten Gewissens abstreifen kann, hat die Fähigkeit und den Willen zur Macht.

In der Abhandlung „Vom Nutzen und Nachteil der Historie für das Leben" setzte sich Nietzsche mit der Funktion von Erinnerungen auseinander. Er wetterte gegen die Mumisierung des Lebens durch die Historie. Das Leben selbst soll Gericht über die Historie halten und in seinem Interesse mit unnützer Vergangenheit brechen, anstatt sie wie eine Kuh immer wiederzukäuen. Hier spricht sich Nietzsche für ein aktives Vergessen aus. Der Mensch soll bewusst versuchen, ganze Perioden und Ideen aus seinem Gedächtnis zu eliminieren: „Mitunter aber verlangt eben dasselbe Leben, dass die Vergangenheit braucht, die zeitweilige Vernichtung dieser Vergessenheit; dann soll es eben gerade klarwerden, wie ungerecht die Existenz irgendeines Dinges, eines Privilegiums, einer Kaste, einer Dynastie zum Beispiel ist, wie sehr dieses Ding den Untergang verdient. Dann wird die Vergangenheit kritisch behandelt, dann greift man mit dem Messer an seine Wurzel, dann schreitet man grausam über alle Pietäten hinweg" (Nietzsche 2000: 119). Nietzsche sieht im Prozess des aktiven Vergessens aber für die Menschen auch eine Gefahr, da auch sie Produkte dieser Vergangenheit sind. Nietzsche möchte nicht, dass die neue Natur des Menschen schwächer als die alte ist.

Jan Assmann wirft Nietzsche vor, dass er die Möglichkeit eines rettenden Charakters von Erinnerungen nicht erkannt habe. Nur bezüglich eines staatlich festgelegten verbindlichen Kanons, heißt erinnern automatisch auch gehorchen. Ein Volk oder eine Gruppe, die sich der staatlichen Ordnung widersetzt, muss sich auch durch die Geschichte legitimieren und ihre Gegenerinnerung schaffen. So kann normative Erinnerung einen befreienden Charakter haben, in dem sie das Volk als geschichtliches Subjekt legitimiert. Jan Assmann bezieht sich hier vornämlich auf die jüdische Erinnerungskultur, die auch er mehrfach untersuchte. Auch andere Gruppen, die Herrschaft in Frage stellen, schaffen sich eine Welt der Gegenerinnerung, suchen gerade in der Geschichte nach möglichen Alternativen und greifen Traditionen des Widerstandes auf.

Assmann könnte man entgegnen, dass gerade die Herrschaft die Erinnerung an die Tradition braucht. Sie argumentiert, dass alles so sein muss, wie es ist, weil es schon immer so war und nie anders sein könnte.

Nietzsche wollte mit der Bevorzugung des Vergessens gerade das Individuum vor der Macht des Staates schützen und eine Einschreibung dieser Macht in seinen Körper und sein Gewissen verhindern. Gerade nach dem Holocaust ist deutlich geworden, dass Vergessen auch im Interesse von Tätern liegen kann. Aleida Assmann warnt, dass bei Verbrechen gegen die Menschlichkeit, wie dem Holocaust, nicht von der heilenden Kraft des Vergessens gesprochen werden kann. Das Schweigen hilft den Tätern ihre Verbrechen zu vertuschen. Opfer, die erst einen Genozid erlitten, würden dann noch durch einen „Memozid" dem Vergessen ausgeliefert werden (A. Assmann 2005).

Auch im Falle der chinesischen Geschichte seit 1949 kann Nietzsches These nicht zugestimmt werden. Das Todschweigen und Vergessen von Ereignissen wie dem „Großen Sprung nach vorne" und der „Kulturrevolution" liegt im Interesse der Machterhaltung der KPCh. Gerade das unkontrollierte Erinnern kann diese Herrschaft in Frage stellen. Da die Partei ihre Diktatur auch geschichtlich legitimiert, würde in China eine Oppositionsbewegung ohne Gegenerinnerungen zur offiziellen Historiographie nicht auskommen.

Nietzsches Ansatz, dass der Körper über den Schmerz Erinnerungen speichert, ist trotzdem äußerster fruchtbar. Die Hungersnot während des „Großen Sprungs“ oder auch das Massaker am „Platz des Himmlischen Friedens“ von 1989 haben sich sicher in das Gedächtnis der damals Beteiligten schmerzhaft eingebrannt. Ein Teilnehmer, Zhang Jian, der heute in Paris als evangelischer Pfarrer lebt, hat sich bis heute die Kugel aus seinem Bein nicht heraus operieren lassen und zeigt sie auf Veranstaltungen als Beweis für den Schießbefehl vor. Viele Überlebende der Hungersnot erkrankten damals an der Wasserkrankheit. Später soll untersucht werden, welche Rolle die Schmerzen des Hungers bei der Erinnerung der Zeitzeugen spielen.

2.3. Erinnerungen und Geschichte im chinesischen Staatssozialismus

Nach den allgemeinen Ausführungen zu Herrschaft und Gedächtnis stellt sich die Frage zur Rolle von Geschichte und Erinnerungen im Staatssozialismus im Allgemeinen und in der Volksrepublik China im Besonderen.

In sozialistischen Staaten spielte die Legitimierung der Herrschaft der Partei durch die Geschichte eine zentrale Rolle. Vor dem Hintergrund der Theorie des historischen und dialektischen Materialismus stalinscher Lesart glaubten die Kommunistischen Parteien, sie würden eine historische Mission der Menschheitsgeschichte vollstrecken. Auf dem Boden der geschichtlichen Gesetzmäßigkeiten musste der Kapitalismus vom Sozialismus abgelöst werden, wie dieser den Feudalismus ersetzt hatte. Das 5-Stufen-Modell (Urgesellschaft, Sklavenhaltergesellschaft, Feudalismus, Kapitalismus, Sozialismus) bekam in den 30er Jahren in der Sowjetunion eine universelle Bedeutung und wurde auf die ganze Welt übertragen (Zentralkomitee der KPdSU (B) 1952: 156 f.). Auch die chinesischen Marxisten-Leninisten lehnten alle Theorien ab, die Regionen die Möglichkeit eines Sonderweges zugesprochen haben – wie die der „asiatischen Produktionsweise“ von Marx – und pressten die chinesische Geschichte in das stalinsche 5-Stufen-Modell. Erst in den 80er Jahren durften erste Zweifel an der Feudalität des chinesischen Kaiserreiches geäußert werden. Die Geschichtsschreibung kam in eine Krise.

Die Auseinandersetzung mit Geschichte war deshalb in den sozialistischen Staaten eher Zukunftslegitimation als Vergangenheitsbewältigung. Die Kommunistischen Parteien glaubten, die Geschichte kämpfe quasi auf ihrer Seite mit.

2.3.1. Offizielle und geheime Geschichte im Staatssozialismus

Sowohl in der Sowjetunion als auch in China wurde eine kanonisierte staatliche Geschichtsschreibung per Parteibeschluss verfasst, die für Historiker als Richtlinie zu gelten hatte. Geschichtsschreibung hatte dem Klassenkampf zu dienen und die Herrschaft der Kommunistischen Partei zu legitimieren. Da die Politik der Regierung in der Gegenwart sich veränderte, mussten sich auch die festgelegte Geschichtsschreibung und das kulturelle Gedächtnis mit ihnen ändern. Ein Witz aus der Sowjetunion brachte das Problem auf den Punkt: Das Armenische Radio wurde gefragt, ob es möglich sei, die Zukunft vorauszusagen. Es antwortete, das sei kein Problem, da man exakt wüsste, wie sie aussehe. Das Problem sei aber die Vergangenheit, weil sie sich ständig verändern würde (Watson 1994: 1).

So schreibt Ruby Watson (1994) in dem Vorwort zu ihrem Sammelband zu Geschichte und Erinnerungen im Staatssozialismus, dass es den Herrschenden in Osteuropa und China nie vollständig gelungen sei, ihre Interpretation der Vergangenheit der Gesellschaft aufzuzwingen. In Jan Assmanns Worten: Dem Staat gelang es nicht, das kulturelle Gedächtnis mit dem kommunikativen identisch zu machen. In der Schattenwelt des Untergrunds lebten alternative Erinnerungen weiter. Diese geheime Geschichte konnte während der Krise des Ostblocks Ende der 80er Jahre die Grundlage für eine neue Historiographie bilden (ebenda: 4). Totalitarismus-Modelle versagen hier bei der Erklärung, da die staatliche Kontrolle im Staatssozialismus nie so effektiv war, wie es sich die „Kalten Krieger" aus dem Westen vorstellten. Ereignisse, die vergessen werden sollten, lebten in den Erinnerungen weiter, festgelegten Interpretationen wurden alternative entgegengesetzt. Der tschechische Literat Milan Kundera sieht in „Das Buch vom Lachen und Vergessen" (1992), deshalb im Kampf der Erinnerungen gegen das Vergessen den Kampf der Menschen gegen die Macht (Watson 1994: 55).

Für alternative Formen der Erinnerung in China nennt Watson dörfliche Trauerrituale- und Gesänge bei Beerdigungen, wo die Trauernden ihr Leid, wenn auch in klausulierten Formen, herauslassen. Der Staat versuchte besonders während der „Kulturrevolution" diese Formen der Trauer zu kontrollieren, indem beim Tod von „Konterrevolutionären" oder Selbstmördern die Asche den Angehörigen nicht ausgehändigt wurde (ebenda: 66). Trauer für Opfer des Terrors durfte es nicht geben. Die bisher größten Rebellionen gegen die Parteiführungen fanden nach spontanen Trauerfeiern für verstorbene politische Führer statt. 1976 nutzten die Massen die von der „Vierer-Bande" nicht unterstützten Trauerfeiern für Zhou Enlai, um gegen die „Kulturrevolution" zu demonstrieren. 1989 waren die spontanen Trauerfeiern für den verstorbenen und 1987 abgesetzten Parteichef

Hu Yaobang der Auftakt für die Massendemonstrationen für Demokratie. So scheint es in China einen Zusammenhang zwischen alternativen Erinnerungen bei Trauerfeiern und subversiven Bewegungen zu geben.

Im Folgenden sollen einige Überlegungen zur Erinnerungspolitik der Kommunistischen Partei Chinas vor dem Hintergrund der Theorien Jan Assmanns gemacht werden.

2.3.2. Das gelobte Land und die Vergangenheit der Sklaverei: Gemeinsamkeiten zwischen jüdischem und chinesischem kulturellen Gedächtnis

Jan Assmanns Untersuchungen zur jüdischen Gedächtniskultur sind auch für die Analyse des Erinnerns in der Volksrepublik China interessant, da es bestimmte Gemeinsamkeiten gibt. Assmann spricht bei der jüdischen Erinnerungskultur von einem Sonderfall, in dem ein Gestern gegenwärtig gehalten wird, das im Widerspruch zum Heute steht. Nach der Überquerung des Jordans sind die Juden unter der Führung von Moses der ägyptischen Sklaverei entflohen und im Gelobten Land Israel angekommen, so das Alte Testament. In ihrem neuen Leben in Wohlstand und Überschuss sollen sie niemals den Herren vergessen, der sie aus der Sklaverei und Wüste befreit hat und ihren Kindern und Enkeln davon erzählen (Moses 5, 4.9 und 6.10-12).

Auch die offizielle chinesische Historiographie teilt die Geschichte in zwei Teile: „Vor der Befreiung" (解放以前), als das chinesische Volk im „Alten China" (旧中国) von Großgrundbesitzern, Kapitalisten und Imperialisten geknechtet wurde und „Nach der Befreiung" (解放以后), als das Leben im „Neuen China" (新中国) begann. Die staatliche Gedächtnispolitik ist bemüht, dass die Chinesen niemals vergessen, welcher Herr sie aus der Sklaverei befreit hat. Diese Gemeinsamkeiten sind Vera Schwarcz (1998), die auch einen solchen Vergleich anstellte, leider entgangen.

Bis heute wird die Parole „Ohne die Kommunistische Partei würde es kein Neues China geben (没有中国共产党, 就没有新中国) gebetsmühlenartig wiederholt und ist wohl das strengste Erinnerungsgebot in der Volksrepublik. In der Mao-Ära wurden regelmäßig Versammlungen mit alten Menschen organisiert, die den Kindern von der Bitternis des „Alten Chinas" erzählten (诉苦). Für Kinder, die nach 1949 geboren wurden, war es sicher nicht einfach, sich eine Gesellschaft ohne kommunistische Führung überhaupt vorzustellen. Mit einem Leben im Überschuss war es vor allem auf dem Land nicht weit her. So standen die Armut des Alltags und die Hungersnot während des „Großen Sprungs" im Widerspruch zwischen der Zweiteilung der Geschichte in ein „Altes China" der Finsternis und des Sonnenaufgangs des „Neuen Chinas". So bestand bei der offiziellen Abrufung von Erinnerungen der Menschen an die Vergangenheit immer die Gefahr, dass sie die „Bitternis“ des Alten und Neuen Chinas vermischten oder gar verglichen. Radikal stellten dieses Geschichtsbild die demonstrierenden Studenten der Demokratiebewegung von 1989 in Frage, als sie sangen „Ohne die Kommunistische Partei würde es kein Neues China geben“ und damit beides zum Teufel wünschten.

Auch die von Mao 1962 ausgegebene Parole „Niemals den Klassenkampf vergessen“ (千万不要忘记阶级斗争) war ein Erinnerungsgebot. Damit war nicht nur gemeint, dass die KPCh weiter den Klassenkampf führen sollte, anstatt auf eine evolutionäre Veränderung durch die Entwicklung der Produktivkräfte zu vertrauen. Das chinesische Volk sollte auch die vergangenen Klassenkämpfe nicht vergessen, da die Geschichte durch die Gefahr der Restauration des Kapitalismus wiederkommen könne. So war auch die Gegenwart zweigeteilt und verschränkt zugleich: Das in die Zukunft schreitende „Neue China“ wurde von innen durch die angeblich noch existierenden alten Ausbeuterklassen und deren Widerstand gegen den sozialistischen Weg, der sich auch innerhalb der Partei widerspiegelte, bedroht. Restauration der kapitalistischen Vergangenheit oder Sieg der sozialistischen Zukunft, eine dritte Wahl gab es in diesem Konzept nicht. Die korrekten Erinnerungen an das Alte und Neue China waren laut dem Historiker Ci Jiwei auch mit einer Technologie der Schuld verbunden. Der Erinnernde sollte sich auch seine eigenen Verfehlungen, wie Egoismus oder Abweichung von den Mao Zedong-Ideen, ins Gedächtnis rufen und gestehen (Watson 1994: 55).

Die Rituale der Auseinandersetzung mit Vergangenheit in der Mao-Ära sind wichtig, um die heutigen Erinnerungen analysieren zu können. Chinesische *Oral History*-Forscher haben oft mit dem Problem zu kämpfen, dass die Bauern sie für Vertreter des Staates halten. Fang Huirong weist darauf hin, dass die Bauern durch seine Fragen zu Erinnerungen an „Bitternis“, an die Untersuchungskommissionen der Mao-Ära erinnert wurden (Fang Huirong 2001: 467). Schon während der Bodenreform (1947-1951) sollten die Kader Kontakt zu den Bauern aufnehmen, indem sie ihren Geschichten über die „Bitternis“ des Lebens unter den Großgrundbesitzern zuhörten (ebenda: 528). Der Einfluss der vom Staat inszenierten Erinnerungsrituale der Mao-Ära ist bis heute spürbar.

Die Menschen sollten die Trennung der Geschichte in Gut und Böse von vor und nach der Befreiung gemäß des staatlichen Geschichtsbildes verinnerlichen. Gleichzeitig sollte diese Darstellung für die nach 1949 Geborenen glaubwürdiger erscheinen, da sie aus dem Mund ihrer Väter und Mütter hörten, wie schlimm es vor der kommunistischen Machtübernahme gewesen war.

Zusammenfassung

Zusammenfassend lässt sich zu den Theorien zum kollektiven Gedächtnis feststellen: Maurice Halbwachs glaubt, dass jede Gruppe ihr kollektives Gedächtnis nach aktuellen Bedürfnissen konstruiert. Das Individuum braucht diesen Bezug der Kommunikation mit der Gruppe, um sich erinnern zu können. Mit seinem konstruktivistischen Ansatz, wie man heute sagen würde, zeigt Halbwachs, dass Erinnern keine Speicherung von Ereignissen ist, sondern eine aktive Handlung, die von der gegenwärtigen Lebenssituation der sich erinnernden Person geprägt ist. Auf den chinesischen Dörfern ist der Prozess der Individualisierung noch nicht so fortgeschritten wie in den westlichen Industrieländern. Deshalb ist Wischermanns These von der Individualisierung der Erinnerungen nicht übertragbar. Die Erinnerungskollektive wie Familien und das Dorf als der räumliche Rahmen der Erinnerungen sind noch intakt. Ein Mangel an Halbwachs' Ansatz ist, dass er den Staat und seine Geschichtsexperten nicht genügend berücksichtig hat. Gerade in China versucht die Regierung die Erinnerungen der Bevölkerung zu prägen. Die Theorie von Halbwachs alleine reicht nicht aus, um Erinnerungen von Dorfbewohnern zu verstehen.

Um die staatliche Aufarbeitung der Geschichte in China zu erklären, ist es sinnvoll mit den Begriffen von Jan Assmann des kulturellen und kommunikativen Gedächtnisses zu arbeiten. Das kulturelle Gedächtnis entspricht dem staatlichen Kanon einer universellen Geschichtsschreibung, die von Experten wie Historikern geschaffen wird. Das kulturelle Gedächtnis entspricht in China weitgehend der Parteigeschichtsschreibung. Im Gegensatz dazu wird das kommunikative Gedächtnis durch mündliche Weitergabe in Familien und Gruppen geschaffen. Es ist weniger geformt und reicht meist nur 80 bis 100 Jahre zurück. Durch Interviews mit Dorfbewohnern soll in dieser Arbeit deren kulturelles und kommunikatives Gedächtnis untersucht werden.

Auch an den Gedanken Nietzsches soll hier angeknüpft werden, dass Herrschaft Gedächtnis braucht, um sich zu legitimieren und den Unterworfenen moralische Verpflichtungen aufzuerlegen. Nietzsche erkannte als einer der Ersten, dass der Körper ein wichtiger Speicher von Erinnerungen ist, der vom Staat durch Rituale und Strafen geformt wird. Mit Erinnerungen an die „5000-jährige Zivilisationsgeschichte", die „glorreiche Revolutionsgeschichte" und den Anti-Japanischen Widerstandskrieg versucht die KP China, die Bevölkerung zur Unterstützung des gegenwärtigen Systems zu verpflichten.

Die Kommunistische Partei legitimiert sich auch damit, dass sie ähnlich wie die Erinnerungskultur des Judentums die Geschichte in eine Zeit vor und nach der Befreiung teilt. Sie habe China befreit, deshalb seien die Chinesen ihr die

Unterstützung schuldig. Ereignisse wie die große Hungersnot stellen diese Geschichtsdarstellung in Frage.

Dass die Durchsetzung der staatlichen Geschichtsinterpretation in den sozialistischen Staaten Osteuropas gescheitert ist, zeigt Ruby Watson. Im Untergrund hielten die Menschen ihre eigenen Erinnerungen lebendig, die Grundlage für Oppositionsbewegungen und Regimewechsel wurden. In dieser Arbeit soll deshalb der Frage nachgegangen werden, wie sich kulturelles und kommunikatives Gedächtnis in China bezüglich des „Großen Sprungs nach vorne" unterscheiden. Erinnerungen können nicht nur einen verpflichtenden, sondern auch einen subversiven Charakter haben. Das wirft die Frage auf, ob in China Erinnerungen an die Vergangenheit systemsprengenden Charakter haben können.

3. Vergangenheitsbewältigung des „Großen Sprungs" in China

In diesem Kapitel soll die Aufarbeitung der „Großen Sprung"-Hungersnot in China dargestellt werden. Dabei steht zunächst die nationale Ebene im Vordergrund. Zu Beginn wird eine Übersicht über die verschiedenen Perioden der staatlichen Auseinandersetzung gegeben.

Es soll unterschieden werden zwischen der offiziellen Parteigeschichtsschreibung, alternativer akademischer Forschung und inoffiziellen Erinnerungen. Unter Parteigeschichtsschreibung werden Publikationen verstanden, die eng an die 1981er Resolution anknüpfen und von Parteihistorikern oder führenden Kadern geschrieben wurden. In Verlagen, die nicht auf Politik spezialisiert sind, und populärwissenschaftlichen historischen Zeitschriften werden seit den 90er Jahren auch Erinnerungen publiziert, die versuchen, um den staatlichen Kanon herum zu schreiben, indem sie Lücken ausfüllen oder sich nur auf die untere Ebene der Gesellschaft konzentrieren. Diese Erinnerungen, die meistens von Intellektuellen oder lokalen Kadern geschrieben werden, nenne ich inoffiziell.[7] An chinesischen Universitäten schreiben einige Akademiker die Geschichte der Hungersnot aus Sicht der Bauern neu. Ihre Forschungen können bisher nur im Internet oder in Hongkong veröffentlicht werden. Mit ihren neuen Blickwinkeln auf die Vergangenheit, könnten sie die Grundlage für eine alternative Geschichtsschreibung legen, die sich vom staatlichen Kanon unterscheidet.

An dieser Stelle soll es eine Übersicht über die Beschäftigung mit dem „Großen Sprung" in China geben und die Frage aufgeworfen werden, ob und in welchem Ausmaß eine Vergangenheitsbewältigung stattfindet. Im Westen wird häufig bestritten, dass es in China überhaupt eine Aufarbeitung der Vergangenheit gibt.

Besondere Aufmerksamkeit wird den Fragen geschenkt, wie Parteigeschichtsschreibung, alternative Forschung und autobiographische Artikel das Ereignis der „Großen Sprung"-Hungersnot darstellen. Bei der Analyse der Texte wurden folgende Fragen gestellt:

- Welche Darstellungs- und Erklärungsmuster gibt der offizielle Kanon der Parteigeschichtsschreibung vor? Wie werden die Verantwortung der Partei und die Verstrickung der Bevölkerung bestimmt?

---

[7] Weigelin-Schwiedrzik führte 2001 die Unterscheidung zwischen der offiziellen akademischen Parteigeschichtsschreibung und inoffziellen Geschichtsschreibungen ein, die ausserhalb des akademischen Feldes in Filmen, Romanen, Dokumentationen uws. stattfindet (Weigelin-Schwiedrzik 2006: 4).

- Wie übernehmen Autoren von persönlichen Erinnerungen diese Muster und wie weichen sie davon ab? Wie thematisieren sie ihre eigene Rolle und eigene Verantwortung?
- Mit welchen neuen Zugängen versuchen Wissenschaftler, die sich nicht an die Vorgaben des Kanons halten, die Hungersnot und die Rolle von Partei und Bauern zu erklären? Auf welche Quellen können sie sich dabei stützen?

Die Aufarbeitung des „Großen Sprungs“ und der Hungersnot möchte ich in folgende Phasen einteilen:

- Fehlerdiskussion im Rahmen der Readjustierungspolitik (1961-1962)
- Tabuisierung der Hungersnot und Verfolgung der Kritiker des „Großen Sprungs“ (1966-1976)
- Geschichtsschreibung auf dem Boden der ZK-Resolution zur Geschichte der KP China nach 1949 (1981 bis Anfang der 90er Jahre)
- Parallelität offizieller Parteigeschichtsschreibung und inoffizieller Erinnerungen (seit den 90er Jahren)

3.1. Fehlerdiskussion im Rahmen der Readjustierungspolitik (1961-1965) (Phase I)

Mit dem Ende des „Großen Sprungs“ versuchte die Führung in Beijing im Zuge der Neuformulierung der Parteilinie einen Überblick über das Ausmaß der Katastrophe zu bekommen und nach Ursachen zu fragen. 1961 verabschiedete das ZK eine Reihe von Resolutionen für Bereiche wie Gesundheit, Volksmiliz oder Getreideverteilung, in denen die Missstände kurz beschrieben und die neue Politik formuliert wurde (siehe jgyl, 1997, Band 15). Die Debatte um die Ursachen der Krise fand in erster Line auf der so genannten 7000-Kaderkonferenz im Januar 1962 in Beijing statt.

Dort hielt der Staatspräsident Liu Shaoqi das Hauptreferat. Liu zitierte damals einen Bauern aus Hunan, der ihm gesagt hatte, dass die Krise zu 70 Prozent menschliche und 30 Prozent klimatische Ursachen hätte (三分天灾, 七分人祸) (jgyl Band 15, 1997: 88 f.). Damit machte der Bauer deutlich, dass die falsche Regierungspolitik und nicht die Naturkatastrophen die Hauptursache für die Hungersnot waren. Liu sagte, in manchen Gegenden wären die politischen Fehler die Hauptursache, in anderen die Naturkatastrophen. Eine abschließende Bewertung könne aber erst in drei bis fünf Jahren vorgenommen werden (ebenda: 89).

Obwohl in den Jahren 1961/62 eine neue Politik eingeleitet wurde, wollte Liu die „drei roten Banner“ (Großer Sprung nach vorne, Volkskommune und Generallinie) noch nicht offiziell verwerfen. In seinem Referat betonte er, dass an den „drei roten Bannern“ weiter festgehalten werden müsse (ebenda: 95). Die Partei entschied sich dagegen, die Politik der Jahre 1958 bis 1960 völlig zu verdammen und Mao Zedong als Hauptverantwortlichen zu entmachten. Über den Machtkampf hinter den Kulissen haben wir heute noch zu wenig zuverlässige Informationen. Liu Shaoqi, der auf dem 7. Parteitag 1945 den Personenkult um Mao in der Partei etablierte, stärkte in seinem Referat auf der 7000-Kader-Konferenz jedenfalls Mao den Rücken, indem er Maos Kritik an „linken" Fehlern während der Ausrichtungsphase vom Frühjahr 1959 und Ende 1960 immer wieder zitierte (ebenda: 29). In einigen Sätzen umriss Liu die Leiden des Volkes, indem er sagte, es habe nicht genug zu essen und Anzuziehen (ebenda: 87).

Einen Schwerpunkt des Referats bildet die Kritik an der Dezentralisierung und Delegierung von Macht und Verantwortung an die unteren Ebenen des Staatsapparates (权力下放), die seit 1958 vorgenommen wurde. Die zentralistische Leitung der Wirtschaft sei mit schlimmen Folgen für das ganze Volk zerstört worden (ebenda: 16). Die Führung der Zentralregierung müsse wieder gestärkt sowie Anarchismus bekämpft werden (ebenda: 27). Ebenso forderte Liu, die Parteidisziplin wieder zu stärken und den Apparat einer einheitlichen Führung zu unterwerfen. Ohne konkrete Beispiele zu nennen, griff Liu aber auch mangelnde demokratische Praktiken in der Partei an und kritisierte einen „GMD-Arbeitsstil" (国民党作风) mit dem einige Kader die Massen unterdrücken würden (ebenda: 39). Liu forderte ein, wieder auf die Massenlinie zu achten und die „Wahrheit in den Tatsachen zu suchen." Als Lehre aus der Niederlage unterstrich Liu erneut die Kritik an der „Gleichmacherei" beim Verteilungssystem, den „Wind des Kommunismus" und der „Übertreibung", die schon während der Ausrichtung im Frühjahr 1959 formuliert wurde.

Lius Lehre aus dem Scheitern des „Großen Sprungs" war im Wesentlichen zum Arbeitstil von vor 1958 wieder zurückzukehren und die Ordnung in Wirtschaft und Partei durch Stärkung der zentralistischen Führung erneut herzustellen. Besonders beachtlich ist eigentlich nur das vorsichtige Eingeständnis, dass die Naturkatastrophen nicht der Hauptgrund für die Krisen waren. Das Referat von Lui Shaoqi ist von großer Bedeutung, da seine Analyse bis heute von großen Teilen der Parteihistoriker übernommen wird.

Mao Zedong übernahm als Führer der Partei auf der 7000-Kader-Konferenz die formale Verantwortung für das Scheitern – also auf Grund seiner Position (Bo Yibo Band II, 1993: 1027). In seinem Referat sprach er jedoch über allgemeine Themen wie demokratischen Zentralismus und war an einer detaillierten Fehleranalyse nicht interessiert. Bisher sind die Reden dieser wichtigen Parteikonferenz nur teilweise veröffentlicht worden. Die Mehrzahl der während des „Großen Sprungs" als „Rechtsopportunisten" verfolgten Parteimitglieder wurde rehabilitiert, nicht jedoch der Verteidigungsminister Peng Dehuai. Die Partei zog mit ihrer internen Fehleranalyse vorerst einen Schlussstrich unter die Aufarbeitung der Hungersnot. Eine offene Debatte in der Gesellschaft wurde nicht zugelassen.

Dagegen nutzten einige Intellektuelle den ab 1962 wieder größer gewordenen künstlerischen Freiraum, um in Prosa, Fabeln oder Theaterstücken die Politik des „Großen Sprungs", die Ausbeutung der Bauern oder Maos persönliche Verantwortung mehr oder weniger offen zu kritisieren (siehe Glaubitz 1969 und Goldman 1970). Die bekanntesten Stücke dieser Art sind „Huai Rui wird entlassen" (海瑞罢官) des Beijinger Vize-Bürgermeister Wu Han oder „Notizen aus dem Drei-Familien-Dorf" (三家村) des zeitweiligen Chefredakteurs der „Volkszeitung" Deng Tuo. Beide versteckten ihre Kritik in geschichtlichen Parabeln der konfuzianischen Vergangenheit. Diese Kritik wurde zunächst geduldet, aber schließlich im November 1965 scharf angegriffen.

3.2. Tabuisierung und Verfolgung der Kritiker des „Großen Sprungs" (1966-1977) (Phase II)

Die „Kulturrevolution" begann nicht zufällig mit einem Angriff auf das Stück von Wu Han und einer brutalen Kampagne gegen die kritischen Intellektuellen der Phase von 1962 bis 1965. Der „Cheftheoretiker" der „Vierer-Bande", Yao Wenyuan, warf Wu Han vor, mit seinem Theaterstück Peng Dehuai zu unterstützen und konterrevolutionäres Gift zu versprühen (Wenhuibao 10.11.1965 und 10.5.1966). Während des Machtkampfes in der Partei wurden die wichtigsten Kritiker des „Großen Sprungs" wie Peng Dehuai, Zhang Wentian, Liu Shaoqi, Wu Han und Deng Tuo ausgeschaltet oder sogar ermordet.

Die kulturrevolutionäre Linke legte eine neue Interpretation des „Großen Sprungs" vor. Die gesamte Parteigeschichte wurde nun als Kampf zwischen der proletarischen Linie Mao Zedongs und der bürgerlich revisionistischen Linie Liu Shaoqis erklärt. In einer 1969 veröffentlichten Chronologie des Kampfes zweier Linien innerhalb der Partei wurden für die radikalsten Maßnahmen des „Großen Sprungs" („Wind des Kommunismus", Abschaffung der Verteilung nach Leistung sowie astronomische Produktionsplanungen) Liu Shaoqi und seine Anhänger verantwortlich gemacht (Mao zhuxi de geming lunxian shengli wansui 1969: 270 ff.). Die Anschuldigungen wurden von der Tatsache gestützt, dass Liu 1958 zu den linken Kräften gehört hatte (MacFarquhar 1983: 334). Völlig verschwiegen wurde dabei jedoch die Tatsache, dass Mao diese Politik voll unterstützt und maßgeblich formuliert hatte. Der Ausspruch Maos, dass auf der Lushan-Konferenz ein Klassenkampf zwischen Bourgeoisie und Proletariat stattgefunden habe, wurde damals zu den „höchsten Anweisungen des Vorsitzenden" gezählt

(Mao zhuxi de geming lunxian shengli wansui 1969: 3f.). Peng Dehuai war eines der meist zitierten Beispiele für die „Konterrevolution“ innerhalb der Partei.

Während der „Kulturrevolution“ gab es keinen ZK-Beschluss wie die Geschichte nach 1949 zu interpretieren sei. Trotzdem bildete sich vor dem Hintergrund des siegreichen Machtkampfes Mao Zedongs über Liu Shaoqi ein neuer Kanon heraus. 1971 wurde anlässlich des 50. Jahrestag der Gründung der KPCh von den Redaktionen der „Roten Fahne“, „Volkszeitung“ und „Jiefang Ribao“ eine gemeinsame Abhandlung zur Parteigeschichte veröffentlicht, die unter dem Paradigma des Kampfes zweier Linien stand. Die linksradikalen Auswüchse des „Großen Sprungs“ wurden wieder Liu Shaoqi zugeschrieben. Mit seinem ultralinken Plan der Negation der Warenproduktion und des Wertgesetzes hätte er versucht, die Volkskommunenbewegung zu unterminieren (Jiefang Ribao 1.7.1971). Mao hätte dann, gestützt auf die Massen, die Bewegung wieder in richtige Bahnen gelenkt. Im August 1959 hätte Peng Dehuai „vom Wahnsinn besessen“ den „Großen Sprung“ attackiert. Die Kritiker wurden so beurteilt: „Dieses Pack Leute übertrieben mit allen Mitteln die vorübergehenden wirtschaftlichen Schwierigkeiten, die sich durch die Naturkatastrophen dreier Jahre ergeben hatten, sowie dadurch, dass die sowjetrevisionistische Renegatenclique Verträge zerriss und Spezialisten zurückberief; diese Leute verneinten, dass das ganze Volk unter Führung des Vorsitzenden Mao (...) imstande war und begonnen hatte, die Schwierigkeiten zu überwinden“ (Jiefang Ribao 1.7.1971). Liu Shaoqi hätte dann eine offen konterrevolutionäre Politik der Ausweitung des Marktes und der Parzellen zur privaten Nutzung betrieben.

Mit einer solchen Festlegung wurde die Hungersnot während der „Kulturrevolution“ zu einem Tabuthema in den staatlichen Medien und Verlagen. Das Wetter sowie chinesische und sowjetische „Revisionisten“ wurden für die „drei schwierigen Jahre“ verantwortlich gemacht. So dauerte es bis zum Tod Maos und der Rehabilitierung der Kritiker des „Großen Sprungs“, bis eine Neubewertung vorgenommen werden konnte.

3.3. Geschichtsschreibung auf dem Boden der ZK-Resolution zur Geschichte nach 1949 (Phase III)

Die „Resolution über einige Fragen zur Geschichte der KP China seit 1949“ von 1981 ist der bis heute offiziell gültige Kanon zur Geschichte der VR China. Nach dem Ende der „Kulturrevolution“ und dem Sieg der Reformer über die Gruppe um Hua Guofeng wollte die Parteiführung der Diskussion über die Geschichte ein Ende setzen, sowie – trotz der teilweise kritischen Bewertung Maos – die Mao Zedong-Ideen retten.

3.3.1. Exkurs: Parteigeschichte

An dieser Stelle soll kurz der Charakter der chinesischen Parteigeschichtsschreibung (中共党史) erläutert werden: Die Geschichtsschreibung in China ist immer noch einer starken staatlichen Kontrolle unterworfen. Auch wenn Geschichtsschreibung von der Kommunistischen Partei nicht mehr als Instrument im Klassenkampf verstanden wird, so dient sie immer noch der politischen Erziehung zu „Patriotismus" und Loyalität zu Partei und Staat. Den einzelnen Perioden und historischen Persönlichkeiten der Geschichte werden festgelegte Bewertungen (定义) zugeordnet. Weigelin-Schwiedrzik unterstreicht die starke Hierarchisierung der Parteigeschichtsschreibung. Die führenden Parteihistoriker bekleiden wichtige Positionen an Eliteinstituten- und Universitäten und sind sehr loyal (Weigelin-Schwiedrzik 1993: 158). Nur sie haben Zugang zu wichtigen Archiven und direkte Kontakte zu den Führungsgremien des Staates. Parteihistoriker, die in der Hierarchie weiter unten stehen, müssen sich häufig mit öffentlich zugänglichen Materialen (公开资料) begnügen.

Die Parteigeschichtsschreibung schafft mit ihrem Kanon ein standardisiertes und abprüfbares Wissen, das Teil der Bildung und Ausbildung der Funktionäre ist. Die Partei hat so eine Möglichkeit, die Übernahme von Werten, Interpretationen und Sprachregelungen ihrer Kandidaten zu überprüfen (Weigelin-Schwiedrzik 1984: 106 f).

Obwohl Weigelin-Schwiedrzik die Parteigeschichtsschreibung sicher richtig als Geschichtsschreibung von Bürokraten für Bürokraten bezeichnet, so darf man jedoch ihre breite Wirkung auf die Gesellschaft nicht unterschätzen. Die von den Parteihistorikern festgelegten Bewertungen von Ereignissen und Persönlichkeiten werden auch in Prüfungsfragen für Gymnasiasten und Studenten übernommen sowie in Fernsehdokumentationen wiederholt. Aufgabe der Historiker ist in erster Linie, den Kanon immer wieder zu bestätigen und mit neuen Fakten zu untermauern. Fakten, die den Kanon in Frage stellen könnten, werden hingegen ausgelassen.

Weigelin-Schwiedrzik betont die große Bedeutung der Parteigeschichte nach dem Ende der „Kulturrevolution", da die Partei auf Grund von mangelnden Zukunftskonzepten stärker auf die Vergangenheit zur Legitimation setzte (ebenda: 97). Auch heute, wo die KP China die Zukunft des Landes in rosigen Farben als Weltmacht des 21. Jahrhuderts ausmalt, hat die Bedeutung der Parteigeschichtsschreibung nicht abgenommen. Noch immer sieht die Partei die Prüfung des geschichtlichen Kanons als unerlässlich für die Rekrutierung des Kadernachwuchses an.

Eine Öffnung der Archive sowie eine pluralistische Geschichtswissenschaft würde daher das Ende der Parteigeschichtsschreibung in der heutigen Form bedeuten. Trotzdem gibt es auch bei der Parteigeschichtsschreibung einen gewissen Spielraum. Weigelin-Schwiedrzik stellte 1984 in ihrer Dissertation „Zur Parteigeschichtsschreibung in der Volksrepublik China“ die These auf, dass Neuerungen in erster Linie von Parteihistorikern ersten Ranges kommen, da sie auf Grund ihrer Zugehörigkeit zu den führenden Gremien der Partei als loyal gelten. In Fachzeitschriften versuchten sie sich von machtpolitischen Motivationen zu lösen und in Detailfragen auch eigene Bewertungen vorzunehmen (ebenda: 25). Die Parteihistoriker, die in der Hierarchie weiter unter stehen, wären viel stärker von der jeweiligen Machtkonstellation in der Partei abhängig und würden sich daher enger an den Kanon anlehnen (ebenda: 110).

In diesem Kapitel soll über 20 Jahre später die These überprüft und die Frage aufgeworfen werden, ob es hohe Kader und Historiker sind, die vom Kanon abweichen oder solche, die in der Hierarchie weiter unten stehen.

3.3.2. Die Analyse des gültigen Kanons

Doch nun zur Analyse der Darstellung des „Großen Sprungs“ in der Resolution. Das erste Mal, wo der „Große Sprung“ im Text auftaucht, wird er gleich im Zusammenhang mit der versuchten Ausrichtung der „linken Fehler“ durch Mao genannt (Kritik an der Gleichmacherei, Verteidigung der Warenproduktion usw.). Bevor überhaupt die Folgen des „Sprungs“ erläutert werden, hebt der Text lobend die Beiträge zur „Ausrichtung“ von Führern wie Lui Shaoqi, Zhou Enlai, Zhu De, Deng Xiaoping hervor (Verlag für fremdsprachige Literatur (Hrsg.) 1981: 28). Diese Korrekturen seien auch für die Jahre danach von großer Bedeutung gewesen (ebenda: 29). Die materielle und technische Basis für die Modernisierung von heute sei in der Zeit von 1956 bis 1966 gelegt worden (ebenda: 30). Nicht weiter konkretisierte „Fehlschläge“ werden mit mangelhaftem Verständnis der Gesetzmäßigkeiten der ökonomischen Entwicklung, fehlenden Untersuchungen vor Ort, sowie „Erfolgshascherei“ durch die überheblich gewordenen führenden Genossen erklärt (ebenda: 31). Die Ausrichtung der Fehler sei von dem Machtkampf auf der Lushan-Konferenz zunichte gemacht worden. „In erster Linie die Fehler während des ‚Großen Sprungs nach vorne‘ und im Kampf gegen die ‚rechte Abweichung‘, zudem aber auch die Naturkatastrophen in ununterbrochener Folge und das Zerreißen der Abkommen durch die wortbrüchige sowjetische Regierung, stürzten unsere Volkswirtschaft zwischen 1959 und 1961 in ernste Schwierigkeiten und brachten unserem Land und Volk großen Schaden“ (ebenda: 32). Von Hungersnot ist in dem Dokument keine Rede. Die Hauptverantwortung trage Mao Zedong und die kollektive Führung des Zentralkomitees habe eine Mitverantwortung.

Genauso hatte Mao 1962 selbst die Verantwortung auf der 7000-Kader-Konferenz definiert (Bo Yibo, Band II, 1993: 1027). Die Resolution bewegt sich im Rahmen des Referats von Liu Shaoqi auf dieser Konferenz, da sie die positive Rolle von Mao Zedong bei der Ausrichtung der Fehler besonders hervorhebt. Außerdem wurde der „Große Sprung" wegen vermeintlicher Erfolge bei der Industrialisierung nicht komplett verworfen. Im Gegensatz zu Liu war die Parteiführung 1981 aber nicht bereit einzugestehen, dass die Katastrophe in erster Linie politische Ursachen hatte. Den Hunger wollte sie nicht ansprechen.

So wird der „Große Sprung" im Vergleich zur „Kulturrevolution" relativ milde kritisiert. Die Zeit von 1966 bis 1976 habe Partei, Land und Volk „die schwerwiegendsten Rückschläge und Verluste" seit 1949 gebracht (ebenda: 36). In diesem Zusammenhang wird sogar von „unzähligen, verheerenden Verbrechen an Volk und Land" gesprochen, die aber von der „Vierer-Bande" und Lin Biao „hinter dem Rücken" Maos begangen worden sein sollen (ebenda: 37).

William A. Joseph (1986) versucht wie Weigelin-Schwiedrzik (2003) die Frage zu beantworten, warum in der Resolution der „Große Sprung" weniger Platz einnimmt und positiver als die „Kulturrevolution" bewertet wurde. Joseph meint, dass zum einen die Erinnerungen an die „Kulturrevolution" damals noch frisch im Gedächtnis gewesen seien. Auch wenn der „Große Sprung" zu einem ökonomischen Kollaps führte, so brachte er nicht die sozialen Antagonismen, Chaos und Anarchie in der Gesellschaft wie die „Kulturrevolution" hervor (Joseph 1986: 449). Obwohl die „Vierer-Bande" ausgeschaltet war, fürchtete sich die Parteiführung vor Anhängern der kulturrevolutionären Politik in Partei und Armee. Diesen Einfluss galt es zu eliminieren (ebenda: 448). Joseph wie auch Weigelin-Schwiedrzik unterstreichen, dass die Opfer der großen Hungersnot die Bauern waren, während von den Repressionen der „Kulturrevolution" hauptsächlich Kader und Intellektuelle betroffen waren. Schließlich glaubten viele Parteiführer, die KPCh könne bei der Legitimation ihrer Herrschaft nicht auf Triumphe der Vergangenheit verzichten und versuchten deshalb, das Ansehen Maos zu retten. Trotz seiner Fehler sollte an seiner Mission, China zum Sozialismus zu führen, festgehalten werden, so Joseph (ebenda: 451).

Joseph untersuchte auch die Aufarbeitung des „Großen Sprungs" nach der Verabschiedung der Resolution. Die Parteihistoriker in der ersten Hälfte der 80er Jahre periodisierten die Geschichte der Volksrepublik vor der „Kulturrevolution" wie folgt: Bis 1957 sei die Linie der Partei korrekt gewesen, in den Jahren 1958 bis 1960 wurden Fehler gemacht und diese seien in der Periode von 1961 bis 1966 korrigiert worden (Joseph 1986: 421). Während in der Resolution noch kein Zusammenhang zwischen der schnellen Kollektivierung von 1955, der Anti-Rechtskampagne von 1957 und dem „Großen Sprung" gesehen wurde, stellten die Parteihistoriker diesen jetzt her. Die Grundidee des „Großen Sprungs“ sei während der rasanten Kollektivierung in dem von Mao herausgegebenen Buch „Der sozialistische Aufschwung im chinesischen Dorf“ entwickelt worden (ebenda: 427). Auch wenn die Anti-Rechtskampagne trotz „Überspitzungen“ von den Parteihistorikern noch als korrekt bewertet wurde, hätte sie die Parteimitglieder eingeschüchtert, die Wahrheit zu sagen.

Alle Fehler seien letztlich in guter Absicht begangen worden, dass ist laut Joseph die zentrale Botschaft der Parteigeschichtsschreibung.

3.3.3. „Linker Radikalismus“, der sich den Übergang zum Kommunismus zu leicht vorstellte

Die Resolution zur Parteigeschichte lieferte nur ein Fragment der Interpretation, das später noch ausgefüllt werden musste. Für den „Großen Sprung“ setzen nicht Historiker, sondern die Zeitzeugen Bo Yibo, einer der führenden Wirtschaftsplaner der Jahre vor der „Kulturrevolution“ und Li Rui, der Sekretär Maos von 1959, die Maßstäbe. Ihre Darstellungen und Argumente werden sowohl in wissenschaftlichen als auch populärwissenschaftlichen Büchern immer wieder zitiert.

Eines der wichtigsten Werke, das an den offiziellen Kanon anschließt, ist das zweibändige Werk „Rückblick auf einige wichtige Entscheidungen und Ereignisse“ von Bo Yibo aus dem Jahr 1993. Das Buch behandelt nur die Zeit von 1949 bis 1965 und liest sich wie ein ausführlicher Kommentar zur Resolution. Der „Große Sprung“ nimmt mehrere Kapitel ein und wird damit detailliert geschildert. Der Schwerpunkt des Buches liegt auch auf der Kritik des „Linken Radikalismus“.

Bo Yibo versucht, die Ursprünge der Ideologie des „Großen Sprungs“ zu erklären und nicht die Folgen für die Bevölkerung zu beschreiben. Warum der Staats- und Parteiführung 1958 der Sinn für die Realität abhanden kam und sie glaubte, die Morgenröte des Kommunismus würde anbrechen, ist seine Leitfrage. Bo argumentiert wie folgt: Die Partei sah den Aufbau des Sozialismus in einem armen Land als eine zu einfache Sache an. Man brauche nur die Führung der Partei und die politische Propagandaarbeit zu intensivieren, sowie Massenbewegungen zu organisieren und schon könne China nach „drei Jahren bitterem Krieg” *(三年苦战)* in den Kommunismus eintreten (Bo Yibo 1993, Band II: 720). Die Methoden des Bürgerkrieges und der Revolution setzte die Partei auch für den wirtschaftlichen Aufbau ein. Diese Auffassungen, die sich z.B. in der Stahlkampagne und Militarisierung der Arbeit widerspiegelten, richteten großen Schaden an, schreibt Bo.

Die Linken in der Partei negierten damals grundsätzlich die Warenproduktion und wollten sie durch eine staatliche Verteilung der Produkte ersetzen. Die Kritik von Marx und Lenin am bürgerlichen Recht wurde simplifiziert und falsch verstanden. Statt das „bürgerliche Recht“ – sprich Bezahlung nach der Arbeitsleistung – als Maßstab beim Aufbau des Sozialismus beizubehalten, wollte die Partei es abschaffen (ebenda: 771). Die Ablehnung des „bürgerlichen Rechts" war auch ein Resultat der Idealisierung des Versorgungssystems der Armee während der Bürgerkriegszeit (ebenda: 771 f.).

Bo geht auch der Frage nach, welche Einflüsse dazu führten, den Übergang zum Kommunismus 1958 auf die Tagesordnung zu setzen. Neben dem Einfluss des „linken Radikalismus“ der Sowjetunion, nennt Bo noch den „utopischen Sozialismus“ Maos. Mao war laut Bo noch von den Idealen der neuen Dorfbewegung (新村运动) seiner Jugendzeit beeinflusst (ebenda: 772 f.). 1919 schreibt Mao von einem neuen Dorf, das über folgende Institutionen verfügen sollte: „Öffentliche Kindergärten, öffentliche Kreißsäle, öffentliche Schulen, öffentliche Büchereien, öffentliche Banken, öffentliche Farmen, öffentliche Fabriken, öffentliche Konsumgenossenschaften, öffentliche Opernhäuser, öffentliche Krankenhäuser und Parks, sowie Museen und Selbstverwaltungskomitees. Zusammen mit all diesem bildet die neue Schule und neue Gesellschaft ein ‚neues Dorf‘“ (Mao Zedong 1990: 454). Dieses Dorf kommt der „kommunistischen" Volkskommune von 1958 sehr nahe. Ein anderer „utopischer“ Einfluss auf Mao seien die Ideen des daoistischen Rebellen Zhan Lu und Kang Youweis „Großen Gemeinschaft" (大同) gewesen.

Bo Yibo untersucht, warum die chinesische Regierung so lange brauchte, die Strategie des „Großen Sprungs" abzubrechen. Auch hier wird wieder „linker“ Realitätsverlust angeführt. Seit 1958 gaben die Parteiführer die Tradition auf, selbst vor Ort Untersuchungen durchzuführen, meint Bo Yibo (Bo Yibo, Band II, 1993: 724). Die Korrekturen der Parteilinie seien besonders schwer gewesen, weil damals in der Partei die Stimmung vorherrschte, dass „linke" Abweichungen „rechten" vorzuziehen seien (ebenda: 720 f.). Die Kader übertrafen sich gegenseitig mit den Erfolgsmeldungen, weil keiner als „Rechter" gelten wollte.

Der Gebrauch der Begriffe des „Linken Radikalismus“ und utopischen Sozialismus stehen ganz in der Tradition eines orthodoxen Marxismus-Leninismus. Lenin kritisierte in seiner Schrift „Der ‘linke Radikalismus’, die Kinderkrankheit des Kommunismus" von 1920 revolutionären Übereifer, der die realen Möglichkeiten und objektiven Verhältnisse überschätzt, politische Kompromisse ablehnt und deshalb Niederlagen der kommunistischen Bewegung verursacht. Lenin hoffte diese „Kinderkrankheit“ überwinden zu können. Den rechten Doktrinarismus schätzte er dagegen als tausendmal gefährlicher und folgenreicher ein (Lenin 1970: 99 f.).

Der Begriff utopischer Sozialismus, den sowohl Bo als auch Li benutzen, spielt auf Friedrich Engels Schrift „Die Entwicklung des Sozialismus von der Utopie zur Wissenschaft" (1988) von 1880 an. Utopische Sozialisten wie Robert Owen und Fourier hätten zwar aufrichtige Pläne für eine bessere Gesellschaft entwickelt, aber die objektiven Entwicklungsgesetze des Kapitalismus und die historische Rolle des Proletariats nicht erkannt. Erst durch Marx sei der Sozialismus eine Wissenschaft geworden.

Mit der Überwindung der linksradikalen Vergangenheit und der Vorstellung des utopischen Sozialismus hat laut Bo die KPCh wieder zur korrekten Linie beim Aufbau des Sozialismus und zu einer wissenschaftlichen Weltanschauung zurückgefunden. Kritik an vergangenen Fehlern der KPCh dient immer auch der Rechtfertigung der gegenwärtigen Politik.

3.3.4. Falsche Theorie vom Klassenkampf in der Partei als Ursache des Scheiterns

Auch der damalige Sekretär von Mao, Li Rui, hat mit seinen Erinnerungen an die Lushan-Konferenz von Juni 1959 ein Standardwerk geschaffen, das immer wieder zitiert wird. Li Rui fordert heute eine Neubewertung von Mao und stellt damit die 1981er Resolution in Frage. Sein Buch über die Lushan-Konferenz stand noch ganz im Zeichen der Kritik des „Linken Radikalismus". Li Rui macht darin deutlich, dass der Umfang der Katastrophe zu Beginn der Konferenz offen thematisiert wurde.

Erst durch die Kritik des Verteidigungsministers Peng Dehuai fühlte Mao sich angegriffen. In der Parteigeschichtsschreibung spielt die Lushan-Konferenz eine wichtige Rolle. Wenn man die Geschichte des „Großen Sprungs" als die eines Machtkampfes schreiben will, ist sie das Schlüsselereignis. Die Kritiker wurden durch die folgende Kampagne gegen den „Rechtsopportunismus" zum Schweigen gebracht.

Im analytischen Teil versucht Li Rui ideologische Gründe für den Gegenschlag Maos zu erklären: Selbst die Kritiker Peng Dehuai und Zhang Wentian zeigten sich selbst noch stark von der linksradikalen Ideologie geprägt (Li Rui 1989: 365 f.). So kritisierte Peng Dehuai die Stahlkampagne in erster Linie nicht als linken Radikalismus, sondern als „kleinbürgerlichen Fanatismus" (小资产阶级狂人性). Mao konnte diese Kritik nicht annehmen, weil er glaubte, die „Rechtsopportunisten" würden vom Standpunkt der Bourgeoise gegen die Partei und die Diktatur des Proletariats kämpfen (mzdwg, 1992, Band 8: 431). Durch die linksradikale Vorstellung des Klassenkampfes innerhalb der Partei mussten alle Parteimitglieder, die die Fehlentwicklungen des „Großen Sprungs" kritisierten, fürchten, als Vertreter der Bourgeoisie gebrandmarkt zu werden, so Li. Durch Maos Vorgehensweise wurde die innerparteiliche Demokratie zerstört und der Zentralismus auf eine Person ausgerichtet (Li Rui 1989: 369 f.).

Der Kampf gegen den „Rechtsopportunismus" auf der Lushan-Konferenz verursachte laut Li Rui nicht nur die wirtschaftlichen Schwierigkeiten der Jahre 1959 bis 1961, sondern verstärkte auch eine falsche Theorie und Praxis von Klassenkampf und sozialistischer Revolution, die schließlich in das Chaos der „Kulturrevolution" mündete (ebenda: 377).

3.3.5. Die „Fünf Winde": Lokale Kader als Sündenböcke

Machtmissbrauch und Terror werden auch in einzelnen Publikationen der Parteigeschichtsschreibung thematisiert, aber immer den lokalen Kadern angelastet. In der Parteigeschichtsschreibung wird die „linksradikale" Politik vom Herbst als „Fünf Winde" (五风) bezeichnet. Dieser Begriff stammt aus der Ausrichtungsphase von November 1958 bis Sommer 1959 und 1961.[8]

Mit dem „Wind des Kommunismus" (共产风) wurden Geflügel, Privatgegenstände, Lebensmittelreserven, Möbel und Häuser der Bauern enteignet. Der Besitz der einzelnen Produktionsgruppen wurde häufig neu aufgeteilt. Die Parolen dieser Enteignung waren: „Erstens Gleichheit, zweitens unentgeltliche Ausnutzung von Arbeitskräften und Produktionsmitteln, drittens Abhebung der Kontobeträge" (一平二调三收款). Mao sah die „Fünf Winde" in erster Linie als ein Problem des Arbeitsstils der unteren Kader auf Kreis- und Kommuneebene (Martin 1974: 129).

Die Meldung von falschen Produktionsergebnissen wird als „Wind der Übertreibungen" (浮夸风) bezeichnet. Völlig überhöhte und gefälschte Produktionsergebnisse führten zu höheren staatlichen Aufkaufsquoten und zogen Nahrungsmittelknappheit nach sich. Auch der „Wind des Kommandierens" (强迫命令风) sowie der „Wind der blinden Anweisungen in der Produktion" (生产瞎指挥风) fügten der Landwirtschaft großen Schaden zu. Ohne die Massenlinie und lokale Verhältnisse zu berücksichtigen, setzten Kader die Politik durch bloßes Kommandieren und Befehlen um. Bauprojekte wurden fortgeführt, auch wenn hunderte Tagelöhner an Hunger und Krankheit starben (Wang Gengjin 1989: Band I, 183). Der „Wind der Privilegierung im alltäglichen Leben" (生活特殊化风) betraf die Privilegierung der Kader gegenüber den Bauern in der Lebensmittelversorgung während der Hungersnot. Die Studie über den Kreis Fengyang in der

---

[8] Zusammenfassung der Kritik an den „Fünf Winden": Siehe Joseph 1984: 95-101. Eine beeindruckende Darstellung dieses Arbeitsstils findet sich in: Wang Gengjin 1989, Band I: 177-186.

Provinz Anhui ist bisher eines der beeindruckensten Dokumente über die Ära der Volkskommune und berichtet über das große Ausmaß von Machtmissbrauch, Verschwendung, Korruption und sexuellem Missbrauch durch Kader (ebenda: 185).

Das in Hongkong erschienene Buch von Ding Shu „Eine von Menschen gemachte Katastrophe – Der ‚Große Sprung nach vorne' und die große Hungersnot" beschreibt einige regionale Beispiele, wo auf Kreisebene Kader tausende Bauern schlugen und hunderte sogar totschlugen (Ding Shu 1996: 149 f.). Körperliche Misshandlungen waren keine Einzelfälle und zogen auch Diskussionen auf höchster staatlicher Ebene nach sich.

In der chinesischen Parteigeschichtsschreibung ist es nicht möglich, die Frage nach der Verantwortung der Parteiführung für solche Exzesse zu stellen. Die lokalen Kader werden weiter als die Sündenböcke hingestellt oder die Frage nach der Verantwortung wird einfach ausgeklammert. Joseph weist darauf hin, dass Mao die „Fünf Winde" zwar verurteilte, aber glaubte, alle hätten in der guten Absicht gehandelt, den Sozialismus aufzubauen (Joseph 1984: 103).

3.3.6. „Gleichmacherei" als bäuerliche Tradition

Die Parteigeschichtsschreibung hat bisher wenig dazu beigetragen, gesellschaftliche Ursprünge und Folgen von Regierungspolitik zu untersuchen. Die Bauern erscheinen oft nur als Statisten, die die richtigen oder falschen Beschlüsse der Partei ausführten. Bo Yibo stellt in seinem Buch die Frage nach den gesellschaftlichen Ursprüngen der „linksradikalen" Politik des „Windes des Kommunismus" (共产风). Er sei Resultat der absoluten Gleichmacherei der Bauern (农民绝对平均主义) (Bo Yibo 1993, Band II: 1284). Was damals nicht wenige Bauern und Parteimitglieder unter Sozialismus und Kommunismus verstanden, sei in Wirklichkeit die Gleichmacherei der Bauern, die von der bäuerlichen Kleinproduktion produziert wird, behauptet Bo Yibo (ebenda: 1285).

Der „Wind des Kommunismus" verursachte aber auch in der Stadt große Schäden. Während der demokratischen Etappe der Revolution gegen die „halbfeudalen" Kräfte habe die Ideologie der Gleichmacherei noch einige positive Funktionen, seit dem Aufbau des Sozialismus aber nur negative (ebenda: 1286). Als eine der wichtigen Lehren der ländlichen Volkskommunenbewegung sieht Bo, dass die Partei zwischen der reaktionären bäuerlichen Gleichmacherei und dem Sozialismus eine klare Trennungslinie ziehen müsse.

Auch andere Parteihistoriker wie Liao Gailong konstatierten schon in den 80er Jahren, die Basis des „linken Radikalismus" und des egalitären Verteilungskommunismus während des „Großen Sprungs" sei die Utopie der Gleichmacherei der Bauernschaft gewesen (Joseph 1986: 432). Die Fehler der Kollektivierung und des „Sprungs“ wären die Folgen des Einflusses der sozialen Basis dieser Bewegungen. Die Parteiführer hätten den Fehler begangen, den armen Bauern die Rolle des modernen Proletariats zuzuschreiben.

Untersucht haben weder Bo noch Liao die Hoffnungen und Wünsche der Bauern von 1958. Sie geben nur eine These von Stalin wieder. Stalin sagte 1932 vor dem Hintergrund einer rasanten Urbanisierung und Proletarisierung der Bauern, die Gleichmacherei würde von den Bauern in die Fabriken und damit in das Proletariat getragen. „Die Quelle der Gleichmacherei ist die individuelle bäuerliche Denkweise, dass alle Güter gleichmäßig verteilt werden müssten, die Mentalität eines primitiven Bauern'kommunismus'. Gleichmacherei hat nichts gemein mit dem marxistischen Sozialismus“ (Stalin 1950, Band 13: 105).

Die Parteihistoriker konstruieren eine Komplizenschaft der Bauern für die falsche Parteilinie von 1958, die katastrophale Folgen hatte. Die lokalen Kader werden als Sündenböcke für Machtmissbrauch sowie Terror hingestellt. Die „bäuerliche Gleichmacherei“ gilt als Ursache der völligen Enteignung. Sicher mögen sich einige arme Bauern gefreut haben, als sie hörten, dass das Essen in den Volksküchen nun kostenlos sei. Die Militarisierung der Arbeit war aber offensichtlich ein Programm, das dem Dorf von außen aufgezwungen wurde.

Die Parteigeschichtsschreibung zeigt sich unfähig, das Leiden der chinesischen Bevölkerung zu thematisieren. Ihr Zugang zur Geschichte ist machtpolitisch. Konferenzen, politische Führer und Theorien stehen im Mittelpunkt. Vor diesem Hintergrund wird der „Große Sprung“ als falsche Politik, nicht aber die Hungersnot wahrgenommen. Bo Yibo kommt nach seinen Ausführungen zum „Großen Sprung“ zu dem Schluss, dass die Errungenschaften in der Zeit von 1956 bis 1966 gegenüber den Fehlern überwiegen (Bo Yibo 1993, Band II: 1252). Das Kriterium zur Bewertung der Geschichte ist nicht das Massensterben der Bauern, sondern die erhaltene Macht der Partei und ihre Fortschritte bei der Industrialisierung.

3.4. Parallelität offizieller Parteigeschichtsschreibung und inoffizieller Erinnerungen (Phase IV)

Seit den 90er Jahren ist die Hungersnot kein Staatsgeheimnis mehr. Die Zahl eines Bevölkerungsverlustes von 40 Millionen wird häufig in Publikationen angegeben (Jiang / Zhou / Jiu 1998: 1). Was zu diesem Wandel geführt hat, ist unklar. Mit der Veröffentlichung von Jasper Beckers „The Hungry Ghost“ (1996) ist die internationale Öffentlichkeit verstärkt auf die Hungersnot aufmerksam geworden. Internationaler Druck ist aber für die chinesische Regierung längst noch kein Grund sich zu historischen Fehlern zu bekennen. Entweder wurde die Zensur zumindest in diesem Bereich bewusst etwas gelockert, oder der

Apparat der KPCh ist nicht mehr in der Lage, die Medien und Verlage hundertprozentig zu kontrollieren.

Während die Parteigeschichtsschreibung in den meisten Fällen die Thesen von Bo Yibo und Li Rui wiederholt und in den 90er Jahren nicht viel Neues gebracht hat, wird in inoffiziellen Erinnerungen die Hungersnot neu thematisiert. Im akademischen Bereich haben Wissenschaftler wie Gao Wangling und einige seiner Schüler und Schülerinnen die Hungersnot in einem neuen Licht betrachtet und den Überlebenskampf der Bauern in den Vordergrund gestellt. Solche Artikel können bisher nur im Internet oder in Hongkong veröffentlicht werden, nicht aber in den immer noch staatlichen Verlagen.

An dieser Stelle soll diese alternative akademische Aufarbeitung dargestellt werden. Außerdem werden autobiographische Erinnerungen von Kadern und Intellektuellen sowie populärwissenschaftliche Literatur untersucht und Muster herausgearbeitet.

3.4.1. Jenseits der offiziellen Parteigeschichtsschreibung: Unveröffentlichte Dorfuntersuchungen in China

Eine alternative Betrachtungsweise zur offiziellen chinesischen Parteigeschichtsschreibung entwickelte in den 90er Jahren Gao Wangling von der Volksuniversität in Beijing durch eigenständige Feldforschung auf Dörfern und *Oral History*-Interviews. Vom offiziellen Kanon unterscheidet sich Gaos Ansatz dadurch, dass er nicht die Partei, sondern die Bauern in den Vordergrund stellt. Nur wenige chinesische Forscher gehen für Forschung zur Geschichte nach 1949 auf die unterste Ebene der Gesellschaft.

Gao Wanglings Artikel „Das Gefühl des großen Traums“ ist eine Untersuchung der Reaktion der Bauern aus dem Kreis Taigu in der Provinz Shanxi, die sich hauptsächlich auf Dokumente aus dem Kreisarchiv stützt, die während der Ausrichtung nach der 2. Zhengzhou-Konferenz im Frühjahr 1959 angefertigt worden sind. Die Bauern beklagten sich während der „Ausrichtung“ vor allem über ihre völlige Machtlosigkeit, die aus der Einführung der Volkskommune resultierte (Gao 2004a). Das Verwaltungschaos nach der Etablierung der Volkskommunen führte zu Verantwortungslosigkeit und zerstörte die Arbeitsmoral. Tod durch Überarbeitung der Bauern wurde von den Kadern in Kauf genommen, da sie glaubten, sich in einem Krieg zu befinden. Wegen des Abrisses vieler Bauernhäuser, der vollständigen Enteignung, sagten damals Bauern, die KP sei schlimmer als die japanische Besatzungsarmee.

Durch diese Erfahrungen hätten die Bauern Ende 1958 den Glauben an die Kollektivwirtschaft verloren und schließlich durch Arbeitsverweigerung sowie absichtliche Senkung der Produktivität der Partei Widerstand geleistet. Bauern und Partei standen sich in den folgenden drei Jahren wie zwei kampfbereite Armeen gegenüber, schreibt Gao. In seinen Gedanken zu den Ursachen der Hungersnot meint er, dass die Partei mit der Militarisierung der Arbeitskräfte, der Einführung der Volkskommunen und Produktionsarmeen, dem Abriss und der Zusammenlegung der Häuser sowie der Vernichtung der Familien einen Krieg gegen die Bauern eröffnet hätte (Gao 2004a).

In seinem Artikel über die Gegenmaßnahmen (反行为) konkretisiert Gao (2004b) seine Untersuchungen zu den alltäglichen Widerstandsformen der Bauern. Um überleben zu können, waren die Bauern zu Gegenmaßnahmen gegen die staatliche Politik gezwungen. Anhand von Dokumenten der parteiinternen Zeitschrift „Neibu Cankao" (内部参考) versucht er nachzuweisen, dass Widerstandsformen wie „Weniger berichten, um heimlich zu verteilen" (瞒产私分) oder Diebstahl im ganzen Land weit verbreitet waren. Erfolg konnten diese Maßnahmen nur haben, wenn sie von lokalen Kadern der Produktionsgruppen gedeckt wurden. Gao Wangling ist somit einer der Ersten, die die Bauern als handelnde Subjekte in die Historiographie des „Großen Sprungs" einführen und sie nicht nur als passive Opfer betrachten. Er zeigt auf, dass sich Partei und Bauern gegenseitig misstrauten. Die Partei versuchte durch den staatlichen Getreideaufkauf und die Einführung der Kommune die Kontrolle über das Dorf auszudehnen und die Bauern antworteten mit Gegenmaßnahmen, um dieser Kontrolle zu entkommen, oder sie zu schwächen.

Wang Yanni, eine Studentin von Gao Wangling, hat in ihrer unveröffentlichten Masterarbeit an der Chinesischen Volksuniversität die Einführung der Volkskommune im Kreis Macheng in Hubei untersucht und legt den Schwerpunkt auf die ersten Monaten nach Gründung der Kommunen. Das ABC dieser auf Dorfebene bisher kaum untersuchten Umwälzung und wie die Bauern darauf reagierten, soll herausgearbeitet werden (Wang Yanni 2004: 3). Als Grundlage dieser Untersuchung dienen Dokumente aus dem Kreisarchiv, sowie einige Interviews mit Zeitzeugen als Hintergrundinformationen.

Erstaunlich ist der große Umfang des Abrisses der Bauernhäuser für die Einrichtung der Volksküchen, Altenheime und Kinderkrippen. Außerdem wurden viele Familien auseinandergerissen, um die Produktionsgruppen zusammenzulegen. Ein Zeitzeuge erklärte, dass in seinem Dorf ca. 40 Prozent der Häuser abgerissen worden sind (ebenda: 7). In den Dokumenten tauchen die Ziffern von 41.000 bis 80.000 abgerissenen Häusern im Kreis auf (ebenda: 8). Entschädigungen wurden, wenn überhaupt, nur sehr geringe gezahlt. Große Obdachlosigkeit war die Folge. Wenn sich Bauern weigerten umzuziehen, drohten die Kader mit Nahrungsentzug (ebenda: 7). Die Trennung der Eheleute durch die Einführung von geschlechtlich getrennten Unterkünften bei den Stoßbrigaden sowie die schlechten Zustände in diesen neuen Massenunterkünften führten zu großem Unmut bei den Bauern (ebenda: 9). Die Verwandlung der Friedhöfe in Gärten verstimmte vor allem die alten Bauern, da sie traditionell beerdigt werden wollten. Auch heute beklagen sich Interviewpartner über diese „Unmenschlichkeit" (ebenda: 17).

Die Autorin stellt es so dar, als seien die Bauern in den ersten Wochen nach Einführung der Volksküchen von den Kadern zur Verschwendung von Nahrungsmitteln gezwungen worden. Als Beleg führt sie an, dass für einen angekündigten und dann kurzfristig abgesagten Besuch von Mao Zedong im ganzen Kreis 60.000 Schweine geschlachtet wurden (ebenda: 35).

Bei der Analyse der Umwälzung der Eigentumsverhältnisse kommt Wang Yanni zu dem Ergebnis, dass unter der Parole der gesellschaftlichen Produktion (共产) den Bauern alles, was sie hatten, weggenommen wurde (ebenda: 23). Die Bauern sahen sich als Tagelöhner, die nur das „Recht" hatten zu arbeiten, kritisiert zu werden und zu verhungern (ebenda: 30).

Wang Yanni kommt letztlich zu dem Schluss, dass die „Gleichmacherei" nicht von den Bauern, sondern von oben kam (ebenda: 43). Kein einziger Bauer hätte in den Gesprächen das Wort „Kommunismus" überhaupt erwähnt (ebenda: 44). Nicht der Kommunismus, sondern die Einführung der „Arbeitsarmee" – eine zentrale Idee von Mao Zedong – sei im Herbst 1958 verwirklicht worden. Die These der offiziellen Geschichtsschreibung vom Versuch eine Utopie zu verwirklichen, müsste deshalb neu überdacht werden (ebenda: 50).

Die Arbeiten von Gao Wangling und Wang Yanni haben viel Neues über den „Großen Sprung" auf der Dorfebene ans Tageslicht gebracht. Allerdings kann die Neuentdeckung der Bauern auch leicht zu deren Idealisierung führen. So scheint mir, dass Wang Yanni Aussagen der Bauern in den Dokumenten des Kreisarchivs nicht ernst nimmt, wenn diese z.B. für das öffentliche Versorgungssystem Begeisterung äußerten (ebenda: 39). Alle kritischen Äußerungen werden hingegen als Beleg für die Ablehnung dieser Maßnahmen zitiert. Der Prozess von der kommunistischen Offensive in die Hungersnot ist nur in der Interaktion zwischen Bauern und Kader, Staat und Dorf, zu verstehen. Auch die Kader mussten um ihr Überleben kämpfen. Auf grausame Überlebensstrategien wie Prostitution, Kinderverkauf oder Kannibalismus sind Gao und Wang nicht gestoßen.

Dass die Arbeiten von Gao und Wang in China nicht veröffentlicht werden können, zeigen die Grenzen der Aufarbeitung der Vergangenheit. Die Ursache für die mangelnde Untersuchung des Überlebenskampfes der Bauern ist aber nicht nur Zensur, sondern auch das Desinteresse der meisten Akademiker und Intellektuellen an diesem Thema.

3.4.2. Urbane Kader und Intellektuelle: Loyalitätskonflikte mit „Mutter" Partei

Außer den alternativen Untersuchungen im akademischen Bereich stehen seit den 90er Jahren auch autobiographische Erinnerungen neben dem staatlichen Kanon.

An dieser Stelle soll dieser Begriff erklärt werden: Autobiographische Erinnerungen unterscheiden sich von *Oral History*-Interviews dadurch, dass die Autoren die Artikel selbst produziert haben und nicht in der Interaktion mit einem Außenstehenden. Wie der Artikel zustande kam, wissen wir nicht und können häufig nicht nachfragen, warum gerade bestimmte Themen ausgesucht oder andere ausgelassen wurden. Ein veröffentlichter Aufsatz oder Buch ist in China der Kontrolle des Sekretärs des Parteikomitees (党委书记) der staatlichen Verlage unterworfen. Die Autoren wissen häufig genau, was sie schreiben dürfen und was nicht. Deshalb üben sie meist vorher schon eine bewusste oder verinnerlichte Selbstzensur. Ein autobiographischer Artikel muss sich an eine bestimmte Längenvorgabe der Zeitschrift anpassen und der Aufbau ist bestimmten Konventionen unterworfen. Die meisten Artikel ziehen am Ende eine Lehre aus der Geschichte und bestätigen indirekt oder direkt die Richtigkeit der heutigen Linie der Partei. Trotzdem ist die Analyse von autobiographischen Dorferinnerungen von Kadern und Intellektuellen sinnvoll, um bestimmte Muster herauszuarbeiten, mit denen man die mündlichen Erinnerungen auch vergleichen kann. Die Frage wirft sich auf, ob persönliche Lebenserinnerungen eher die Möglichkeit bieten, den Festschreibungen der Parteigeschichte zu entkommen, oder diese nur in einer anderen Form bestätigen.

Die Parteigeschichtsschreibung vermeidet bei den heiklen Perioden wie der „Kulturrevolution" oder dem „Großen Sprung" immer noch, ins Detail zu gehen und die Regierungsebene zu verlassen. In populärwissenschaftlichen Zeitungen und Büchern erscheint in China eine Fülle von autobiographischen Erinnerungen, davon nur einige wenige zum „Großen Sprung". In einem Sammelband von Zhang, Liu und Zhang (2001) zu den „drei schwierigen Jahren" erinnern sich Dorfkader und Intellektuelle, die 1958 zur Unterstützung der Bewegung auf die Dörfer geschickt worden waren. Der Sammelband erweckt den Eindruck, als wollten die Herausgeber das China dieser Jahre als nationale Lebensgemeinschaft darstellen. Auch in Zhongnanhai, dem Sitz der Zentralregierung neben der „Verbotenen Stadt", habe man den Gürtel enger geschnallt. Mao habe während der „schwierigen Zeit" freiwillig nur 26 Pfund Getreide pro Monate bekommen, Liu Shaoqi sogar nur 18 Pfund. Mao soll eine Woche auf das Abendessen und sieben Monate auf Fleisch und Tee verzichtet haben (ebenda: 460 f.) So hätten die Führer und das ganze Volk sich damals etwas vom eigenen Mund abgespart (节衣缩食) (ebenda: 462).

In den „autobiographischen“ Erzählungen des Bandes tritt das „Ich“ des Erzählers häufig nicht hervor und es werden allgemeine Bewertungen abgegeben oder die Entwicklung auf Grund von Zahlen aus den Kreisarchiven dargelegt. Oft erfährt man nicht, welche Funktion der Autor damals innehatte.

Eine der Ausnahmen stellen die Erinnerungen von Lui Lian dar, einer Lehrerin für Parteigeschichte an der Agraruniversität in Beijing (农大), die auch die Ehefrau des bekannten Historikers He Ganzhi war, der in der „Kulturrevolution“ in Folge des Terrors der Roten Garden starb. Liu Lian, die ich in Beijing drei Mal interviewte, wurde im August mit der gesamten Universität in die Modell-Kommune Xushui nach Hebei verlegt. Noch vor dem Ausbruch der Hungersnot kehrte sie nach Beijing zurück. In ihrem Artikel beschreibt sie ausführlich, wie die atemberaubende Fälschung von Produktionsergebnissen, der Aufbau von Modell-Feldern als Attrappen für Mao Zedong oder die riesige Verschwendung und Vernichtung von Rohstoffen und Produktionsmitteln für die Stahlkampagne im Konkreten vonstatten gingen. Ungewöhnlich ist dabei die Reflektion ihrer eigenen Rolle. Sie brachte gegen einige Maßnahmen Einwände vor, verstummte dann aber unter dem Druck der lokalen Kader (siehe Wemheuer 2004: 60-62). Auf anfängliche Begeisterung folgte Ernüchterung. Sie thematisiert immer wieder den Widerspruch, loyal zur Partei stehen und Beschlüsse umsetzen zu müssen, aber mit den eigenen Augen die destruktiven Folgen des „Großen Sprungs nach hinten“ zu sehen. Das war das grundlegende Dilemma der auf die Dörfer geschickten Intellektuellen. Sie versuchte, den lokalen Kadern zu erklären, dass alle unter der Meldung falscher Produktionsergebnisse leiden würden. Sie schließt ihren Aufsatz in „bainian chao“, der auch in längerer Form im Sammelband (Zhang / Liu / Zhang 2001) veröffentlicht wurde, mit der Bemerkung: „Alle realen Widersprüche kamen mit der Ideologie immer schwerer in Konflikt. Das verwirrte mich und veranlasste mich aber auch zum nüchternen Nachdenken. Ich fragte: ‚Was heißt der Partei gehorchen?‘ (听党的话) Ein Kader antwortete: ‚Was die Partei sagt, wird auch gemacht.‘ ‚Die Vorgaben von oben müssen konsequent umgesetzt werden.‘ Ich fragte weiter: ‚Wenn falsche Berichte gemacht werden, um die hohen Produktionsvorgaben von oben zu erfüllen, bedeutet das auch der Partei gehorchen?‘ Alle wurden ganz still. Ich sagte: ‚Die Wahrheit in den Tatsachen suchen, das bedeutet wirklich der Partei gehorchen.‘ Sie nickten seufzend mit dem Kopf. Durch den Konflikt und Widerspruch zwischen Theorie und Praxis verstand ich letztlich, dass unter den damaligen geschichtlichen Bedingungen blindes Gehorchen nicht ‚der Partei gehorchen‘ bedeutete und man gemäß der Erfahrungen der Praxis bestimmen sollte, welche Theorie und politische Strategie richtig oder falsch ist. So gehorcht eine echte Materialistin der Partei“ (Liu Lian 1999: 59).

Liu Lian löst den Loyalitätskonflikt dadurch, dass sie sich als marxistischer als die Partei darstellt. Indem sie nicht der Vorgabe nachkommt, zu hohe Produktionsziffern zu melden, gehorcht sie der Partei, weil sie als gute Materialistin handelt, in der Hoffnung auf eine spätere Linienkorrektur. Damit würde sie sich aber über die Partei oder zumindest die lokalen Kader stellen. Dass letzten Endes die Partei bestimmt, was die Tatsachen sind, zeigt, dass auch sie sich trotz dieser Erkenntnisse in Xushui unterordnete und erst in Beijing Kritik übte. Sie und ihr Mann wurden wegen der Kritik an den Fehlentwicklungen des „Großen Sprungs“ als „Rechtsopportunisten“ kritisiert.

Wei Junyi, ein aus Beijing in das Zhangjiakou Sondergebiet in Hebei gesandter Kader, beschreibt im Sammelband ebenfalls die Zerstörung durch die Kampagnen, da politisch und nicht ökonomisch abgerechnet wurde (政治算帐) (Zhang / Liu / Zhang 2001: 143). Mit dem Titel „Leidenschaftliche Zeit, leidenschaftliches Herz“ möchte er wohl den anfänglichen Enthusiasmus ausdrücken. Gleichzeitig spricht der damalige Leiter der auf die untere Ebene geschickten Brigade (下方队队长) auch über seine Ungläubigkeit gegenüber den Erfolgsmeldungen. „Als der ‚Große Sprung nach vorne’ begann, verstand ich überhaupt nichts“ (ebenda: 141). Wei Junyi beschreibt sein Verhältnis zur Partei anders als Liu Lian: „Wir sind wirklich unglaublich naiv. Ich habe persönlich an so vielen Bewegungen teilgenommen und auch am eigenen Leib ungerechte Behandlung erfahren. Ich ähnelte einem frechen Kind, das von der Mutter geschlagen wurde. Es ist eine Weile verärgert, aber liebt die Mutter weiterhin. So viele Erfahrungen haben mein Verständnis nicht verbessert. Ich glaubte immer noch alles“ (ebenda: 142). Die Partei ist die Mutter, die auch mal ungerecht sein kann und der Kader ein naives Kind. Wei endet seinen Artikel mit einem Tabubruch. Damals sei verkündet worden, da China sofort in den Kommunismus eintrete, müsse die Familie aufgelöst werden (ebenda: 149). Das Parteikomitee von Beijing sollte die Dörfer nachahmen, die Frauen und Männer, sowie Kinder und Alte schon in getrennten Unterkünften wohnen ließen. Während der „Kulturrevolution“ habe man das gleiche noch einmal versucht umzusetzen. Die Frage der Auflösung der Familie ist ein Tabuthema im Zusammenhang mit dem „Großen Sprung“. Es gab zwar keinen ZK-Beschluss, aber in einigen Modellkommunen wurde dieser Versuch 1958 tatsächlich unternommen.

Die Erinnerungen von Liu Lian und Wei Junyi haben einen repräsentativen Charakter für Kader und Intellektuelle, die 1958 von außen auf die Dörfer kamen. Die Bauern kommen nur als gesichtslose Masse vor (Wemheuer 2004: 93). Wir erfahren nichts über die Interaktion zwischen Kadern und Bauern sowie

Widerstandsformen und Überlebenskampf. Der tägliche Terror gegen die Bauern in diesem Jahr wird nicht thematisiert, nur die eigene Angst vor der Einstufung als „Rechtsopportunist". Vom Hunger waren Kader und Intellektuelle weniger betroffen, da sie zu den Privilegierten des Systems gehörten (ebenda: 78 ff.) Wie ich auch bei den Interviews auf dem Land feststellte, kann man die düsteren Seiten der „Großen Sprung"- Hungersnot eher aus den Erinnerungen der Dorfkader und Bauern erfahren.

3.4.3. Dorfkader: Terror und Überlebenskampf

So werden auch in dem Sammelband in den Erinnerungen des ehemaligen Sekretärs des Kreisparteikomitees von Huanjiang in der Provinz Guangxi, Wang Ding, Terror und Hunger am deutlichsten geschildert. 1957 wurde Wang für seine Unterstützung der Familienwirtschaft auf staatlichem Boden, bei der die Produktionsvorgaben den Familien auferlegt wurden (包产到户), als „Rechter" eingestuft. Sein Nachfolger wollte einen nationalen Rekord aufstellen und meldete ein Satteliten-Feld mit einem Produktionsertrag von 130.000 Pfund Wasserreis pro mu (Zhang / Liu / Zhang: 100). Diese Meldung wurde am 18.9.1958 sogar von der „Volkszeitung" verbreitet. Die 1959 gemeldete Produktionsmenge von Getreide war fast drei Mal so hoch wie die tatsächliche. Die Folge: Die höhere Ebene wollte vier Mal so viel Getreide wie 1957 aufkaufen, das aber nicht vorhanden war. Die lokalen Kader starteten darauf hin eine Kampagne gegen das „Getreide in der Hinterhand" (后手粮) und „Weniger berichten, um heimlich zu verteilen". Im Frühjahr 1959 setzte das Massensterben ein (ebenda: 104). Kader, die das Getreide nicht eintrieben, wurden zur Zwangsarbeit verurteilt oder starben in Haft. Die vollen Getreidespeicher blieben verschlossen, in denen sogar die Rationen der Bauern und Tierfutter gelagert wurden. Kader, die die Öffnung der Speicher forderten, wurden mit dem Hungertod bestraft. Wer versuchte, aus den Speichern etwas zu stehlen, sollte erschossen werden (ebenda: 105). Im extremsten Fall gaben die Volksküchen über 130 Tage kein Essen aus. Um zu überleben, flohen Massen nach Guizhou. Die Partei versuchte, die Flucht durch Verhaftungen zu verhindern. Allein 44 Menschen starben, weil sie in zu enge Räume eingesperrt und mit Schlafentzug gefoltert worden waren. Der Sekretär des Kreisparteikomitees soll die Anweisung gegeben haben, die Rückkehrer zu erschlagen (ebenda: 105).

Die Erinnerungen von Wang Ding lassen erahnen, was wirklich auf den Dörfern passierte. Ein Loyalitätskonflikt entsteht für ihn scheinbar nicht, weil er schon 1957 abgesetzt wurde. Seine eigene Rolle bleibt unklar, weil er nicht deutlich macht, was er selbst gesehen und was er im Kreisarchiv gelesen hat. So sind auch Wangs Erinnerungen eine Mischung aus autobiographischen Erinnerungen und populärwissenschaftlicher Lokalgeschichtsschreibung. Der neue Parteisekretär von 1958, sein Nachfolger Zeng Yang, ist für ihn der Hauptschuldige. Über die Rolle der Zentrale reflektiert Wang in dem Artikel nicht. Zeng wurde 1961 aus der Partei ausgeschlossen und zu fünf Jahren Haft verurteilt (ebenda: 98).

In Wangs Erinnerungen tobt ein tödlicher Überlebenskampf zwischen Partei und Bauern. Zeng Yang wird als jemand dargestellt, der über Leichenberge zum Sozialismus schreiten wollte. So soll er über Bauern, die angeblich ihr Getreide zurückhielten, gesagt haben: „Ach diese Deserteure des Sozialismus, wenn ein paar sterben, macht uns das nicht nervös" (ebenda: 105). Angesichts des Massensterbens rief er aus: „Wer lebt, muss auch sterben (...). Das ist ein Naturgesetz" (ebenda: 107).

Liang Zhiyuan veröffentlicht 2000 in der offiziellen Zeitschrift „Materialen zur Parteigeschichte" (党史资料) seine Erinnerungen an den „Großen Sprung" in dem Kreis Bo (亳) in der Provinz Anhui. Obwohl Liang weder die Schuldfrage stellt, noch seine eigene Rolle reflektiert, spricht der damalige stellvertretende Leiter des Büros des Kreisvolkskongresses und Leiter der Abteilung für Alltag, Sozialleistungen, Wasserwirtschaft und Technik bei der Agrarabteilung des Kreisparteikomitees das Massensterben und den Terror gegen die Bevölkerung mit großer Offenheit an. Zunächst beschreibt er die Zerstörung der Produktion durch die Satellitenfelder und die Stahlkampagne. Auslöser der Meldung von einer Vervierfachung der Getreideproduktion war der Besuch des Agrarministers und stellvertretenden Ministerpräsidenten Tan Zhenlin im Juni 1958 (Liang Zhiyuan 2000: 6). Von den Genossen, die für die falschen Erfolgsmeldungen verantwortlich waren, nennt Liang nur den Nachnamen und kürzt ihre Vornamen mit XX ab. Scheinbar sollen auch 40 Jahre nach dem Ereignis die Verantwortlichen nicht bekannt werden.

Der Kreis ließ die Bauern umziehen und trennte Männer und Frauen, die als Produktionsarmee organisiert worden waren. Da für den Bau der Volksküchen und für die Essenszubereitung große Mengen an Holz gebraucht wurden, holzte man erst die Wälder ab und riss schließlich Bauernhäuser nieder (ebenda: 23). Als es 1959 zu Naturkatastrophen kam, teilte eine Produktionsgruppe den Ehepartnern die Verantwortung für die Bepflanzung von einem mu mit Rüben zu. Dieses Ehepaar-Feld (夫妻井) wurde bald vom Kreisparteikomitee kritisiert. Die Aufkaufsrate des Getreides stieg enorm. 1958 lag sie bei 33,2 Prozent, 1959 bei 39,5 und fiel 1960 auf 24,5 Prozent (ebenda: 19).

Sehr ausführlich berichtet Liang über die Korruption und die Unterschlagung von Nahrungsmitteln durch die Kader. „Während die Standards der Getreiderationen niedrig waren und die Kommunarden sich nicht satt essen konnten, schadeten die Kader den Massen, indem sie mehr an sich rissen als ihnen zustand. 1960 verbreitete sich in den Dörfern des ganzen Kreises ein volkstümliches Gedicht: ‚Es weht ein starker Wind. Ein dichter Nebel kommt rüber. Die Kommunarden verhungern und die Kader bleiben über'" (ebenda: 22). Die Kader errichteten auf allen Ebenen ihre eigenen Kantinen und versuchten, ihren Familienmitgliedern sichere Posten zuzuweisen. Oft aßen sie einfach die Getreiderationen der Kommunarden auf (siehe auch Thaxton 2004).

Die Kader benutzen ihre Verfügungsgewalt über die Lebensmittel als Instrument gegen die Bauern. „Die Kader griffen oft zur Kürzung der Essensrationen, um die Kommunarden zu bestrafen. Von der Vielzahl der Bezeichnungen für die Kürzung der Essensrationen, die verschiedene Orte hatten, sind die wichtigsten: Dir werden die Essensrationen gekürzt, wenn du nicht arbeiten kannst, zu wenig arbeitest, zu spät zur Arbeit kommst, den Führern nicht gehorchst, den Mitgliedern der Untersuchungskommissionen die [wirkliche] Lage widerspiegelst, private Versorgung organisierst und grüne Getreidesprösslinge isst, Getreide klaust usw. Der Leiter einer Produktionsgruppe in der Volkskommune Gucheng sagte öffentlich gegenüber den Kommunarden: ‚Ich stütze mich in der Kantine auf einen Löffel und eine Laufwaage. Wenn ich meine, einer soll leben, dann lebt er. Wenn ich meine, einer sollen sterben, dann stirbt er eben.' Da er die Essensrationen beliebig kürzte und selber mehr an sich riss als ihm zustand, verhungerten in dem ganzen Dorf über 40 Prozent der Menschen. An einigen Orten kam es zu Selbstmorden, weil Essensrationen gekürzt wurden. Zum Beispiel erhängte sich der Kommunarde Liang Jingzhi aus der Produktionsgruppe Liangzhuang der Brigade Youhe aus der Volkskommune Gucheng, nachdem ihm die Essensration gekürzt wurde, weil er krank war und deshalb nicht arbeiten konnte. Daraufhin wurden die Beziehungen zwischen Kadern und den Massen angespannt" (ebenda: 23). Bei den Tätern nennt Liang die Position, aber nicht den Namen. Den Opfern gibt er ein konkretes Gesicht, indem er die Verhältnisse mit einer individuellen Geschichte untermauert. An diesem Zitat wird deutlich, wie stark die Bauern den Kadern nach der Einführung der Volksküchen ausgeliefert waren.

Liang listet auch auf, was die Bauern während der Hungersnot essen mussten. Die Baumrinden sollen im Frühjahr 1960 im ganzen Kreis schon abgegessen worden sein. 1958 wurden die Süßkartoffeln nicht sorgfältig eingeholt und verfaulten deshalb in den Feldern. Als die Bauern zu hungern begannen, gingen sie in die Felder und aßen die vergammelten Kartoffeln (ebenda: 24 f.). Sowohl Keimlinge der Feldfrüchte, Wildpflanzen als auch Strohschütte, die normalerweise in den Zimmern auf den Boden gestreut wurde, dienten als Nahrungsmittel. Durch diese Nahrung vergifteten sich die Bauern massenweise. 1960 sollen 250.000 Menschen im Kreis erkrankt sein.

Die Bauern reagierten auf die Hungersnot mit Flucht in die benachbarten Kreise Dancheng und Yongcheng in Henan. Schon im Februar und März 1959 flüchteten über 20.000 Menschen nach Westhenan. Daraufhin meldete die Provinzführung von Henan dem Zentralkomitee die Situation. Die Kreisführung bestritt einfach, dass die Flucht von Versorgungsproblemen ausgelöst wurde und ergriff Maßnahmen, um sie zu unterbinden und die Flüchtlinge zurückzuholen. Mit der Sommerernte kamen viele zurück, mussten aber im Winter erneut fliehen. „Das Parteikreiskomitee ordnete an, dass jede Brigade Abschreckungsstationen (劝阻站) oder Abschreckungsstellen gründen sollte. Bis zum 14. Dezember wurden im gesamten Kreis 212 Abschreckungsstellen gegründet und 747 Mitarbeiter bereitgestellt. Darunter schuf die Kommune Wuma, wo die alltäglichen Schwierigkeiten besonders groß waren, 50 Stellen und stellte 212 Mitarbeiter bereit. Die Kommune Chenguang errichtete 17 Posten, die auf die wichtigen Straßen, die in die Stadt führten, und die Bushaltestellen verteilt wurden. An den Eingängen der Dörfer und Straßen patrollierten viele mobile Wachposten. Vielen von diesen Stationen hatten extra Häuser, um Menschen, die fliehen wollten, festzunehmen und einzusperren (...). Als im Frühling 1960 das Leben noch schwieriger wurde, wollten viele Menschen fliehen, hatten aber keine Kraft mehr dazu, weil ihre körperliche Konstitution immer schwächer wurde. Nicht wenige meinten, wenn schon denn schon: In der Ferne zu verrecken ist nicht so gut wie zu Hause zu sterben. Es ist besser zusammen zu sterben, als wenn die ganze Familie verstreut verreckt. So nahm die Flucht der ländlichen Bevölkerung im Vergleich zu 1959 ab. Von Herbst 1959 bis zum Winter 1960 flüchten über 40.000 Bauern aus dem ganzen Kreis“ (ebenda: 28). Das Kreiskomitee schickte sogar eine große Zahl von Kadern in die besagten Kreise in Henan, um die Flüchtlinge zurückzuholen.

Dass so viele Kontrollposten errichtet werden konnten, weist darauf hin, dass Teile der Bevölkerung wahrscheinlich mit Extrarationen versorgt worden sind. Nur wer nicht krank und halbverhungert am Boden lag, war noch in der Lage andere zu kontrollieren. Da trotzdem über 40.000 Bauern fliehen konnten, liegt der Schluss nahe, dass die Kontrollen nicht besonders effektiv waren. Die Nachbarkreise Henans erscheinen in diesem Artikel als Orte der Rettung. Im Führjahr 1961 kamen die meisten Flüchtlinge zurück, nachdem die Zentrale in Beijing den „Großen Sprung“ gestoppt hatte.

Erst im letzten Kapitel seines Aufsatzes bringt Liang Zhiyuan sich wieder selber ins Spiel. Welche Rolle er bei der Unterdrückung der Flucht spielte, verrät er dem Leser nicht. Im Mai 1960 wurde er vom Kreiskomitee beauftragt, die Zahl der Toten zu ermitteln und nach Geschlecht und Alter aufzulisten. Bei der Untersuchung der ersten Brigade kam er zu dem Ergebnis, dass ca. 25,3 Prozent ihrer Mitglieder gestorben waren (ebenda: 29). Die Führung hielt die Ziffer für zu hoch und schickte ihn erneut zur Untersuchung. In anderen Brigaden lagen die Zahlen sogar noch höher. Liang schlüsselt die Zahlen in ungewöhnlicher Weise auf: „Unter der Bevölkerung, die nicht einen regulären Tod gestorben (非正常死亡) war, gab es zehn Sorten von Menschen am häufigsten: 1. Alte Menschen, die viele Krankheiten hatten und deren Söhne und Töchter nicht pietätvoll waren; 2. Großgrundbesitzer, reiche Bauern, Bösewichte (怀分子), Rechtsopportunisten und ihre Familienangehörigen; 3. Kader, die entlassen wurden, weil sie Einwände vorbrachten und ihre Familienangehörigen; 4. Leute, die sich nicht mit anderen zusammenschlossen und oben wie unten Unruhe stifteten; 5. Leute, die sich wie Diebe benahmen und kleine Diebstähle begingen oder Dreck am Stecken hatten; 6. Leute, die nicht auf Hygiene achteten und ungenießbare Dinge aßen; 7. Familienmitglieder, deren Angehörige außerhalb beschäftigt waren; 8. zu aufrichtige Menschen; 9. Behinderte; 10. Menschen mit chronischen Krankheiten, um die sich keiner kümmerte." Bei der schichtspezifischen Proportion der Toten starben gemäß einer Modelluntersuchung von Januar 1960 bis Mitte Mai 28,25 Prozent der armen Bauern, 12,4 Prozent der Mittelbauern sowie 44 Prozent der Großgrundbesitzer und reichen Bauern (ebenda: 30). Wir sehen hier, dass vor allem der Klassenstatus über Leben und Tod entschied. Die „schlechten Elemente" und ihre Familien hatten anscheinend geringere Überlebenschancen als die Menschen mit positivem Label. Sie müssen bei der Lebensmittelverteilung benachteiligt worden sein. Mir ist kein anderer Artikel bekannt, in dem die Toten nach dem Klassenstatus aufgeschlüsselt werden. Außerdem war es schwierig ohne Familie zu überleben. Warum Liang Diebe in die Liste aufnimmt, ist mir allerdings nicht klar. Die Bauern äußerten in meinen Interviews, dass alle klauten, selbst innerhalb der Familie. Diebstahl war oft die einzige Überlebenschance. Deshalb ist nachvollziehbar, wenn Liang zu gutmütige Menschen als potentielle Todeskandidaten einordnet. Kinder fehlen auch in seiner Auflistung.

Am Ende fragt sich Liang, warum ausgerechnet im Kreis Bo so viele Menschen starben, obwohl auch die Nachbarkreise von der Dürre betroffen waren und 1961 sogar Bo mit Getreidelieferungen unterstützen konnten. Diese Unterschiede hingen mit dem Niveau der Kader zusammen. Was bedeuten soll, dass die Kader aus Bo besonders schlimm waren und die Politik von oben schlecht umsetzten. Damit müssen die lokalen Kader wieder einmal als Sündenböcke herhalten. Der „Große Sprung" und die Volkskommunenbewegung sind für Liang große Fehler gewesen, für die „wir" mit großen wirtschaftlichen Verlusten und dem Hungern der Massen bestraft worden sind. Nach 1962 sei es dann besser geworden. Der Artikel endet mit einem Hoch auf Jiang Zemin und die Deng Xiaoping-Theorie, unter deren Führung China zu einem reichen, starken, demokratischen und sozialistischen Land aufgebaut werden würde (ebenda: 31). Liang Zhiyuan bekundet am Ende des Artikels seine Loyalität zur Partei. Besonders beachtlich ist sicher, dass der Artikel in der hochoffiziellen Zeitschrift „Materialen zu Geschichte der KPCh" veröffentlicht wurde.

Zusammenfassung

Zusammenfassend ist festzustellen, dass eine Aufarbeitung des „Großen Sprungs" in China stattfindet, auch wenn die Regierung keine Gedenkstätten für die Opfer errichtet oder Fernsehproduktionen in Auftrag gibt. Der reißerische Titel von Becker "China's Secret Famine" (Chinas geheime Hungersnot) war 1996 vielleicht sinnvoll, um die Weltöffentlichkeit wachzurütteln. Heute entspricht er jedoch nicht mehr den Tatsachen. Die Aufarbeitung des „Großen Sprungs nach vorne" und der Hungersnot beschränkt sich in China jedoch auf Teilbereiche der Gesellschaft. Die Kommunistische Partei hat zwar in der 1981er Resolution zur Geschichte nach 1949 die kollektive Verantwortung für die Fehlentwicklungen des „Großen Sprungs" übernommen, sich aber nicht für die Hungersnot entschuldigt oder gar die Familien der Opfer entschädigt. Bis Anfang der 90er Jahre versuchte der Staat das Ausmaß der Hungersnot geheim zu halten und machte mit dem Begriff der „drei Jahre Naturkatastrophen" zum Teil das Wetter für die Krise verantwortlich.

Der staatliche Kanon, die offizielle Parteigeschichtsschreibung, behandelt die Gründe für die Fehlentwicklungen machtpolitisch. Das Leid der chinesischen Bauern wird aber weitgehend ausgeklammert. Der „Große Sprung nach vorne" war demnach ein Fehler, der von Mao und der Parteiführung in der guten Absicht den Sozialismus aufzubauen, begangen wurde. Die Kritik am „Linken Radikalismus" ist das Hauptmuster der Erklärung für das Scheitern des „Großen Sprungs nach vorne". Für Exzesse wie Folter oder Morde, macht die Parteigeschichtsschreibung lokale Kader verantwortlich. Außerdem wird eine Komplizenschaft der Bauern konstruiert. Sie hätten durch ihre Tradition der „Gleichmacherei" die kommunistische Offensive von 1958 weiter radikalisiert. Der „Große Sprung" wird damit in eine Geschichtsschreibung eingereiht, die unter dem Paradigma Kritik des „Linken Radikalismus" steht. Die Grundmuster der Analyse von führenden Interpreten wie Bo Yibo und Li Rui gehen nicht über die Thesen Liu Shaoqis auf der 7000-Kader-Konferenz von 1962 hinaus. Noch immer orientiert sich die Partei an der damaligen Analyse.

Forschungen, die den Überlebenskampf der Bauern in den Vordergrund stellen, können in China bisher nicht veröffentlich werden. Gao Wangling (2004b) schreibt die Geschichte als Auseinandersetzung zwischen Partei und Bauern neu. Die Dorfbewohner nahmen laut Gao die kommunistische Offensive vom Herbst

1958 nicht als utopischen Aufbruch, sondern als Einführung der Arbeitsarmee wahr, die sie bis zur Erschöpfung zum Arbeiten zwang. Die Bauern versuchten mit Unterschlagung von Getreide und Diebstahl ums Überleben zu kämpfen. Nach der Erfahrung der Hungersnot senkten sie systematisch die Produktionsleistung und versuchten so viel Getreide wie möglich auf den Dörfern zu behalten und nicht an den Staat abzuliefern. Forschungen in dieser Art sind noch die Ausnahme in China. Im akademischen Bereich behindert die KPCh die Aufarbeitung der Vergangenheit viel stärker, als in der Populärwissenschaft und Literatur.

Neben dem staatlichen Kanon hat sich im Bereich der autobiographischen Erinnerungen und der populärwissenschaftlichen Literatur in China ein gewisser Pluralismus etabliert. Von Berichten von Massensterben und Flucht bis hin zur nostalgischen Verklärung und Trennung des „Großen Sprungs" von der Hungersnot ist alles vorhanden. Dabei ist zu beobachten, dass urbane Intellektuelle häufig ihre inneren Loyalitätskonflikte mit der Partei in den Vordergrund stellen. Auf den Dörfern, auf die sie geschickt worden sind, sahen sie die zerstörerischen Folgen des „Großen Sprungs" mit eigenen Augen, mussten aber besseren Wissens bei ihrer Umsetzung mithelfen. Das Bedürfnis von lokalen Kadern ist dagegen eher, den Terror und das Massensterben zu thematisieren. Einige möchten kurz vor dem eigenen Tod noch einmal über dieses schreckliche Ereignis schreiben.

Im Vergleich zu den 80er Jahren, als Weigelin-Schwiedrzik die These aufstellte, dass Neuerungen in der Parteigeschichtsschreibung von Historikern ersten Ranges kommen, sind es heute eher untere Kader oder pensionierte Intellektuelle, die um den Kanon herum schreiben und neue Themen einbringen. Dagegen halten sich die führenden Interpreten der Geschichte der Volksrepublik stark an die 1981er Resolution. Nach ihrer Pensionierung haben einige der während des „Großen Sprungs" aktiven lokalen Kader keine Angst mehr vor politischen Verurteilungen und finden in Fachmagazinen oder populärwissenschaftlichen Zeitschriften die Möglichkeit, ihre persönlichen Erinnerungen zu veröffentlichen.

Im Moment sieht es nicht danach aus, dass eine Aufarbeitung der Hungersnot, in der auch die Bauern in der öffentliche Debatte zu Wort kommen, möglich ist, solange die Kommunistische Partei an der Macht bleibt. Trotzdem versuchen auch unter den heutigen Bedingungen einige lokale Kader, Intellektuelle und Akademiker, Nischen zu nutzen, um sich mit dem „Großen Sprung" und der Hungersnot auseinanderzusetzten. Hier entstehen neue Ansätze einer Aufarbeitung der großen Hungersnot, die der Tragweite des Ereignisses und den Opfern gerecht wird.

4. Von Chinas Modellprovinz zum Massengrab: Die „Große Sprung"- Hungersnot in Henan

Auch wenn China ein zentralistischer Staat unter der Führung der Kommunistischen Partei in Beijing war und immer noch ist, unterschieden sich die Durchführung der Politik des „Großen Sprungs" und auch das Ausmaß der Hungersnot auf Provinzebene dramatisch (Yang Dali 1996: 38). Daher ergibt sich die Notwendigkeit, die Provinzebene verstärkt in die Untersuchung einzubringen. Sie ist eine wichtige Vermittlungsebene zwischen der nationalen Politik und den Ereignissen auf den Dörfern. Das Anliegen dieser Arbeit ist es gerade, die unterschiedlichen Ebenen in die Analyse einzubeziehen. Vor dem Hintergrund des beschränkten Zugangs zu Dokumenten ist es derzeit noch nicht machbar, die Interaktion zwischen Zentrale, Provinz und Dorf während des „Großen Sprungs" fundiert zu untersuchen. Durch die Einbeziehung der Politik der Zentrale und der Provinz ist es aber möglich, die Erinnerungen der Dorfbewohner in einen größeren Zusammenhang zu stellen und vergleichen zu können. Außerdem zwingt dieser Ansatz zur Auswertung der unterschiedlichsten Quellen und Dokumente. Um schwer evaluierbare mündliche Zeitzeugenaussagen auswerten zu können, werden nationale und regionale Tageszeitungen und Theorieorgane, Beschlüsse, Reden von politischen Führern sowie die offizielle Staats- und Provinzgeschichtsschreibung miteinbezogen. Erst dadurch wird es möglich, herauszufinden, welche Themen und Ereignisse in den Erinnerungen der Dorfbewohner nicht vorkommen, welchen Einfluss die Politik und Propaganda der Partei auf ihre Erinnerung und ihr Leben hatten und wie sich Erinnerungen von offiziellen Darstellungen unterscheiden. Es wird die Frage aufgeworfen, inwiefern die Erinnerungen der Bauern eine Herausforderung der offiziellen Darstellung sind. Somit handelt es sich hier keineswegs um einen *bottom-up* oder *top-down* Zugang, sondern die Provinzebene wird zur Reflektion und Einordnung der Erinnerungen benutzt. Es geht dabei nicht darum, festzustellen, was „wirklich" passierte, sondern die vom Staat veröffentlichten Materialen als Form von Vergangenheitsbewältigung zu begreifen.

Henan, die Vorreiterprovinz der Volkskommune und des „Großen Sprungs nach vorne", wurde als Fallstudie und Ort für die Durchführung der *Oral History*-Interviews mit Zeitzeugen ausgewählt. In diesem Kapitel sollen die Gründe für diese Wahl dargelegt werden. Außerdem werden die Radikalisierung des „Großen Sprungs" durch den Machtkampf innerhalb der Provinzführung, sowie die gesellschaftlichen Veränderungen und der Weg in die Hungersnot dargestellt. Vor diesem Hintergrund stellen sich die Fragen:

- Warum wurde ausgerechnet Henan während des „Großen Sprungs" zur chinesischen Modellprovinz? Was führte zur Radikalisierung dieser

Bewegung? Welche Rolle spielte dabei der innerparteiliche Machtkampf?

- Welche sozialen Veränderungen verursachte der „Große Sprung nach vorne" in der Provinz?
- Warum nahm die Hungersnot hier besonders schlimme Ausmaße an? Wie lässt sich das Ausmaß der Hungersnot auf dem Boden der zugänglichen Quellen rekonstruieren?
- Wie wurde die Katastrophe von 1962 bis heute aufgearbeitet? Diese Frage wird untersucht anhand der offiziellen Parteigeschichtsschreibung der Provinz, Experteninterviews und publizierten Erinnerungen von Kadern und Journalisten. In diesem Zusammenhang wird auch analysiert, wie Schuld und Verantwortung thematisiert werden und inwieweit eine Aufarbeitung der Vergangenheit stattfindet.

Einleitung: Warum Henan?

Die Gründe für die Auswahl von Henan als zu untersuchende Provinz sind folgende: Im landesweiten Prozess der Entwicklung des „Großen Sprungs" und der Gründung der Volkskommunen spielte Henan eine wichtige Vorreiterrolle. Im Kreis Suiping wurde die erste Volkskommune Chinas gegründet, die bei der Etablierung der Kommunen in China als Modell und Vorbild propagiert wurde. Der 1. Parteisekretär der Provinz Henan, Wu Zhipu, erlebte 1958 einen kometenhaften Aufstieg in der nationalen Politik. Nach der Absetzung seines Vorgängers Pan Fusheng wurde Henan zum Experimentierfeld für die radikalsten Projekte des „Großen Sprungs". Nach dem offensichtlichen Scheitern dieser Politik im Winter 1958 wurde Henan von einer großen Hungersnot getroffen und gehörte zu den Provinzen mit der höchsten Todesrate. Auch der größte Massenmord des „Großen Sprungs" mit ca. 2,4 Millionen Toten, der „Zwischenfall von Xinyang", wurde in Henan verübt.[9] Vergleicht man den Bevölkerungsverlust von Henan mit der durchschnittlichen Entwicklung in China (Grafik 4.1.), wird deutlich, dass die Auswirkungen der Hungersnot in dieser Provinz um ein Vielfaches schlimmer waren.

---

9 Experteninterview mit Parteihistoriker 8.2.2005 Zhengzhou.

Grafik 4.1.

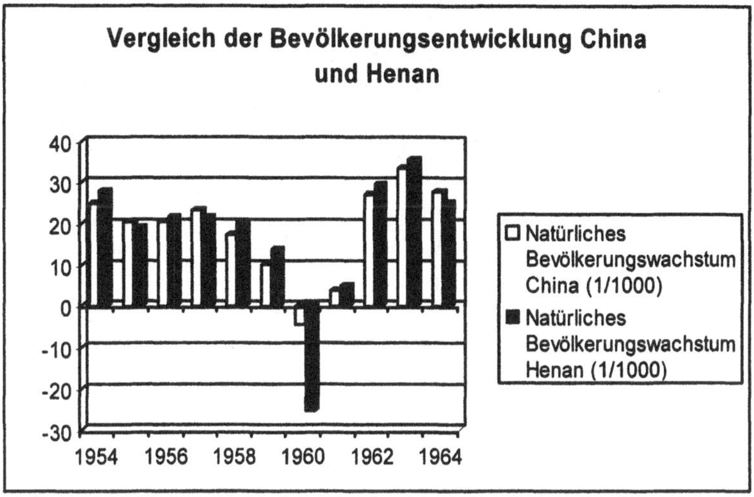

Quellen: Chao Mingmou 2001: 150 und hnsz, Band 9, 1994: 47

Da Erinnerungen das Bewusstsein der Akteure der Gegenwart darstellen, ist es notwendig auch die heutige Situation der Provinz und der Dörfer einzubeziehen. Auch in diesem Zusammenhang ist Henan von besonderem Interesse, da es die bevölkerungsreichste Provinz Chinas und ein sozialer Brennpunkt ist. Hier kristallisieren sich die Probleme vom Übergang von der Plan- zur Marktwirtschaft in drastischer Weise heraus. Die Henaner sind in ganz China für ihren schlechten Ruf berühmt und ihre Diskriminierung ist zum Sinnbild für die Benachteiligung der Bauern und ländlichen Arbeitsmigranten geworden. Bei der Untersuchung von Erinnerungen fallen daher die Leiden und Probleme der Vergangenheit und Gegenwart oft zusammen.

Henan ist mit 96.670.000 Einwohnern (2003) die bevölkerungsreichste Provinz Chinas. Davon leben 27,2 Prozent der Menschen in den Städten und 72,8 Prozent auf dem Land (Huang Liangyi 2004: 207). Die bestellte Bodenfläche beträgt pro Kopf nur 0,07 Hektar. Gemäß den Preisen für landwirtschaftliche Produkte, Produktivität und Investitionen bräuchte ein Bauer nach chinesischem Durchschnitt aber mindestens 1,33 Hektar um das Notwendigste garantieren zu können und 2 Hektar, um Geld zu verdienen (ebenda: 208). An dieser Zahl wird deutlich, dass die meisten Bauern in Henan von der Landwirtschaft allein nicht mehr leben können.

Die Armut in Henan ist geographisch verteilt. Die ärmsten Gebiete finden sich im Westen in der Funiushan Bergregion, im Süden in der alten revolutionären Basis, Dabieshan, und im Norden in den Taihang-Bergen. Die Armutsbevölkerung wird in den offiziellen Statistiken mit 8.910.000 beziffert (Jiao Jinmiao 2005: 182). Davon sind über 1,8 Millionen Menschen nicht mit genügend Kleidung und Nahrung versorgt. 7,1 Millionen müssen von einem Jahreseinkommen von 637 bis 881 Yuan leben. Besonders hart getroffen ist das alte Revolutionsgebiet Xinyang, in dem sich während des „Großen Sprungs" der „Zwischenfall von Xinyang" ereignete. Über 1 Millionen Menschen versuchen außerhalb ihrer Heimat Geld zu verdienen, was insgesamt 36 Prozent der landwirtschaftlichen Arbeitskräfte dieses Gebietes ausmacht. Rückschläge bei der Armutsbekämpfung erklärt das „Blaubuch" mit Naturkatastrophen, von denen 2003 über 2,7 Millionen Menschen betroffen waren (ebenda: 184).

Vor diesem Hintergrund sorgen sich die Autoren eines Berichts für die Provinzregierung um die gesellschaftliche Stabilität. In den ersten 9 Monaten des Jahres 2003 gab es 13.474 Fälle, bei denen sich Massen bei den höheren Behörden beschwerten (上访), was gegenüber 2002 eine Zunahme von 9,6 Prozent bedeutet. Daran waren über 63.000 Menschen beteiligt (Huang Liangyi 2004: 208). Auch die wachsende Kriminalität, wie Verkauf von Frauen und Kindern, die in China offiziell verbotene Prostitution, Betrug im Zusammenhang mit Aberglauben und Gewaltverbrechen, gefährden die Stabilität der dörflichen Gesellschaft. Sogar gewalttätige Rache an Kadern und ihren Familienmitgliedern ist vermehrt vorgekommen (ebenda: 209). Insgesamt wird die Schwächung der Kontrolle über die Dörfer beklagt. Henan sei eines der „Hauptkatastrophengebiete" (灾区) bezüglich der Falungong und Sekten. 2003 wurden 263 „Verbrechen" der Falungong aufgedeckt (ebenda: 210). Um die Stabilität auf Dauer zu sichern, müsse man die Probleme der Dörfer, Bauern und Landwirtschaft (三农问题) lösen, denn wer die Bauern gewinnt, gewinnt China (ebenda: 213).

Eine weitere Herausforderung für die Stabilität sind die gespannten Beziehungen zwischen den Hanchinesen und der moslemischen Hui-Minderheit. In Henan gibt es 55 Minderheiten, von denen die Hui mit 93.000 die mit Abstand größte Gruppe ausmachen. Seit Mitte der 80er Jahre kam es wiederholt zu gewaltsamen Zusammenstößen zwischen Han und Hui. In einigen Gebieten existiert immer noch eine islamische Untergrund-Kirche, die „Unruhe" stiftet sowie die Führung der Kommunistischen Partei bekämpfen würde (ebenda: 225).

Außerhalb ihrer Provinz haben die Millionen Henaner Wanderarbeiter mit starken Vorurteilen zu kämpfen. Nach den Vorurteilen der alteingesessenen Beijinger Bevölkerung werden Wanderarbeiter aus Sichuan als Diebe (小偷) und aus der Mandschurei als Raufbolde (爱打假), aus Henan oft als Betrüger

(骗子) betrachtet. So gibt es unzählige Witze über sie. Die üble Nachrede und Diskriminierung haben ein solches Ausmaß angenommen, dass das Buch „Wen haben die Henaner belästig?“ von Ma Shuo (2002) zur Verteidigung seiner Landsleute zum nationalen Bestseller werden konnte. Die Diskriminierung in den Städten ginge so weit, dass Henaner bei der Wohnungs- oder Partnersuche ihre Herkunft verschweigen würden (Ma Shuo 2002: 61). Immer wieder wurden Stellen mit dem Hinweis „Wir nehmen keine Henaner“ ausgeschrieben. „Glaube niemals einem Henaner!“ (千万不要相信河南人) wurde zur weit verbreiteten Parole.

Besonders bemerkenswert ist der Zusammenhang, den der Autor zwischen den angeblichen heutigen Betrügereien der Henaner und dem „Großen Sprung nach vorne“ erstellt: Henan sei eben eine Angeberprovinz (吹牛大省), die immer wieder mit falschen Modellen (假的典型) hervortreten würde, schrieb ein Surfer im Internet (ebenda: 23).

Für die Vorurteile hat Ma folgende Erklärung: Mit den Reformen und der Etablierung der Marktwirtschaft habe sich die gesellschaftliche Stellung der Bauern und Armen verschlechtert. „Bauer“ seie mittlerweile zum Schimpfwort geworden. Diese Vorurteile würden vor allem die 6,8 Millionen Arbeitsmigranten aus Henan zu spüren bekommen, die zum Sinnbild für rückständige „Bauernlümmel“ (土包子) geworden sind (ebenda: 158). Früher seien „Rechtsabweichler“ und „Großgrundbesitzer“ diskriminiert worden, heute die Henaner. Erklären kann Ma Shuo die Ursachen dieser Vorurteile nicht überzeugend, da er selber einräumt, Henan sei zwar arm und rückständig, aber nicht die ärmste Provinz. Dadurch dass Henan Chinas bevölkerungsreichste Provinz ist und verkehrstechnisch gut an die boomende Ostküste angebunden ist, fallen die Henaner Arbeitsmigranten in den Städten mehr auf als ihre Kollegen aus den Provinzen Guangxi oder Qinghai.

Henan hat sich bezüglich der Wirtschaftskraft von 1978 bis 1999 von Platz 9 auf Platz 5 der chinesischen Provinzen hochgearbeitet. Henan ist der größte Getreide- und zweitgrößte Baumwollproduzent Chinas. Bei der Industrieproduktion erreicht es Platz 6 (ebenda: 234). Diese Zahlen sagen wenig aus, da es keine pro Kopf-Werte sind. Der große Erfolg des Buches von Ma Shuo in ganz China zeigt, dass Henaner die Diskriminierungen und Vorurteile nicht mehr hinnehmen wollen und die städtische Gesellschaft anfängt, ein Problembewusstsein über ihre Behandlung der ländlichen Migranten zu entwickeln.

Die Auswahl der Provinz hatte auch persönliche Gründe. Durch meine familiären Beziehungen – meine Frau kommt aus Henan – besuchte ich schon mehrfach Städte und Dörfer der Provinz und sprach mit Bauern über den „Großen Sprung“. Ich kann den lokalen Dialekt, der um Luoyang und Zhumadian gesprochen wird, einigermaßen verstehen und brauche bei den Interviews Hilfe, aber keine vollständige Übersetzung ins Hochchinesische. So ist mir eine direkte Kommunikation möglich, was nicht der Fall wäre, wenn ich Interviews in Sichuan oder Guangdong durchführen würde.

Der „Große Sprung" und die Hungersnot in Henan sind außerdem noch eine Lücke in der chinesischen und westlichen Forschung. Luc Domenachs Buch (1995) beschäftigt sich nur mit der Vorgeschichte des „Großen Sprungs" und behandelt die Zeit von 1949 bis 1958. Meine Arbeit ist daher die erste, die Provinz und Dorf, mündliche und schriftliche Dokumente sowie Gegenwart und Vergangenheit zusammenbringt.

4.1. Henan als radikales Vorbild für ganz China

4.1.1. Henaner Modellkommunen in der nationalen Presse

Bei der Propagierung und Etablierung der Volkskommunen spielten Henan und seine Modellkommunen landesweit eine zentrale Rolle. Während der Hochphase des „Großen Sprungs" nach der Beidaihe-Konferenz waren im August und September 1958 die „Volkszeitung" (rmrb) und die „Rote Fahne" (hq) voll mit Berichten über diese Provinz und ihre Modellkommunen.

Von großer Bedeutung war die Sputnik-Kommune in Chayashan im Kreis Suiping, aber auch die Sonderregion Xinyang wurde als besonders fortschrittliche Region oft erwähnt. Neben den Henaner Modellkommunen wurden viele Artikel über den Kreis Xushui in Hebei[10] und den Fan-Kreis in Guangdong veröffentlicht. Mit dem Beginn der „Ausrichtung" nach der 1. und 2. Zhengzhou-Konferenz Ende Februar 1959 nahmen die Meldungen aus Henan wieder deutlich ab.

Am 18.8.1958 machte die „Volkszeitung" unter der Überschrift „Die Volkskommunen sind gut" mit einem Bericht über Xinyang auf. Ein Cartoon propagierte das glückliche neue Leben mit Stahlproduktion, Mechanisierung und Vergesellschaftung der Hausarbeit. Schon im April hätten die Kreise Suiping und Pingyu mit der Bildung von „Großen Genossenschaften" mit 6000 bis 7000 Bauern begonnen. Die nun gegründeten Volkskommunen umfassten im Durchschnitt 8000 Bauern. In diesem Bericht wurde zwar von großen Produktionserfolgen berichtet, aber noch nicht vom Übergang zum Kommunismus gesprochen. Die Einführung der Volkskommune wurde Anfangs im Allgemeinen mehr mit wirtschaftlichen Vorteilen und Notwendigkeiten gegründet als mit dem Kommu-

---

[10] Siehe rmrb 19.8.1958: 2 / 26.8.1958: 4 / hq, Nr.8. 16.9.1958: 12-17 (Beschluss der Provinz Hebei zur Bildung der Volkskommunen)/ rmrb 18.9.1958: 2/ hq, Nr. 10, 16.10.1958: 4-8

nismus. Am 21.8.1958 veröffentlichte das Zentralorgan der KPCH auf der zweiten Seite einen langen Bericht über die Beschlüsse des Parteikomitees der Sonderregion mit ähnlicher Stoßrichtung.

Anfang September erfolgte eine entscheidende Radikalisierung der Politik. Die „Volkszeitung" meldete auf der Titelseite: „Die Dörfer Henans haben die Etablierung der Volkskommune umgesetzt – Abermillionen Bauern gehen gestärkt dem Übergang zum Kommunismus entgegen" (rmrb 2.9.1958). Schon 99,98 Prozent der Henaner Bauern würden an den Volkskommunen teilnehmen. Henan brauchte damit nur einen Monat, um die Beschlüsse der Beidaihe-Konferenz umzusetzen. Die großen Vorteile der Volkskommune wurden in einem Kasten eingerahmt: Erhöhung der Arbeitsproduktivität, öffentliche Akkumulation im großen Maße, Verstärkung der Standardisierung, Durchführung der technischen Revolution und Kulturrevolution (文化革命), die Mobilisierung des ganzen Volkes, schrittweise Abschaffung der Unterschiede zwischen Stadt und Land, Verstärkung des kommunistischen Bewusstseins usw. Der Artikel nannte die schrittweise Vernichtung des Privateigentums und den Übergang zum Eigentum des ganzen Volkes (全人民所有制) als wichtiges Ziel der Volkskommune.

Am 1. September wurde in der „Roten Fahne" (hq, Nr.7, 1.9.1958: 16-22) und am 4.9. in der „Volkszeitung" das Statut der Sputnik-Kommune aus dem Kreis Suiping veröffentlicht. Damit wurde diese Kommune zu dem herausragenden Modell für ganz China. Im Artikel 5 des Statuts wurde festgelegt: „Da die Produktionsmittel in das Eigentum der Kommune übergehen, sollen die der Kommune beitretenden Mitglieder ihr gesamtes privates Hofland, eigene Häuser, Äcker, Vieh und Obstbäume in das Eigentum der Kommune überführen; sie können jedoch einen kleinen Bestand an Haustieren und Geflügel als Privatbesitz behalten (GNN 1988: 33). Die Vergesellschaftung der Häuser und auch der Sparguthaben war der nächste Schritt bei der Umwälzung der Eigentumsverhältnisse. Mit der Übergabe der Parzellen zur privaten Nutzung an die Kommunen verloren die Bauern ihre Subsistenzgrundlage. Wu Zhipu verkündete, dass die Bildung der Volkskommunen die Abschaffung des Privateigentums und Vernichtung der drei Unterschiede (zwischen Stadt und Land, Bauern und Arbeitern sowie Hand- und Kopfarbeit) sowie die Industrialisierung des Dorfes bedeute (hq, Nr.8. 16.9.1958: 5-11).

Der Kommentar der „Volkszeitung" über das Statut auf der ersten Seite betonte den Vorbildcharakter von Chayashan für die Etablierung von Kommunen in ganz China, unterstrich aber auch, dass das Modell nicht zwangsweise überall nachgeahmt werden sollte (rmrb 4.9.1958: 1). Die Sputnik-Kommune könne als Repräsentant einer fortschrittlichen Kommune gelten. Von dieser Art gäbe es im ganzen Land nicht wenige und manche Kommunen wären sogar noch fortschrittlicher. Bei der Gründung der Volkskommune könnten die Parzellen zur privaten Nutzung vom Kollektiv bewirtschaftet werden und die Obstbäume privat bleiben. Die privaten Anteile an den Fonds könnten in ein bis zwei Jahren nach der Steigerung des Einkommens und Bewusstseins Eigentum der Kommune werden. In drei bis vier, beziehungsweise fünf bis sechs Jahren, könne das Kollektiveigentum in Eigentum des ganzen Volkes verwandelt werden. Die Ersetzung der Entlohnung nach Leistung brauche noch längere Zeit.

Einen der Kernpunkte der radikalisierten Politik stellten die Volksküchen dar. Sie wurden zum Kern der Kommune und zum Ausgangspunkt der Kollektivierung des Lebens der Bauern erklärt. Die „Rote Fahne" druckte einen Brief aus Xinyang ab, der die Vorteile der Volksküchen pries. Bis auf schlechte Elemente hätten alle Bauern ihr zu Hause gespeichertes Getreide an die Volksküchen abgeliefert (hq, Nr.7, 1.9.1958: 22). Die großen Vorteile seien: Die Frauenbefreiung, Einsparen von Arbeitskräften, Getreide, Holz, Öl, Licht, Möbeln sowie die einfache Durchführungen von Sitzungen und Führung der Aktivitäten. Durch die Volksküchen hätten die private Schweinehaltung und die Parzellen zur privaten Nutzung keinen Sinn mehr und könnten deshalb in die Hände der Kommune übergehen.

4.1.2. Henan als Vorbild der „eisernen Reisschale" für Bauern

Ende September spielten die Modellkommunen Henans in der nationalen Presse wieder eine große Rolle, als die Debatte um das Entlohnungssystem und die Abschaffung des „bürgerlichen Rechts" (资产阶级法权) begann, die bis Ende Oktober andauerte. Sollten die Kommunen nun die Verteilung nach den Bedürfnissen einführen? Wie sollte das Verhältnis von festgesetztem Geldlohn zur Verteilung von Naturalien bestimmt werden? Wie sollte die Partei das Prinzip der Verteilung nach Leistung mit den „Keimen des Kommunismus", sprich einer Verteilung nach den Bedürfnissen, verbinden?

Die „Volkszeitung" berichtete über „Keime des Kommunismus" in Henan. Dort sei ein Zuteilungssystem von Getreide plus Lohn eingeführt worden. Die Bauern habe man so angeblich in landwirtschaftliche Arbeiter verwandelt. Besonders interessant ist die Argumentation bezüglich des Systems der Arbeitspunkte (工分). Ihre Festlegung nach der tatsächlich geleisteten Arbeit sei zu zeitaufwendig. Ihre Abschaffung habe daher die Produktivität gesteigert (rmrb, 29.9.1958: 3). Auch an dieser Stelle begründete die „Volkszeitung" die Abkehr vom Leistungsprinzip mit ökonomischer Rationalität. Die „Rote Fahne" unterstrich ebenfalls, dass durch die Abschaffung des Leistungsprinzips Arbeitseifer freigesetzt worden sei (hq, Nr. 10, 16.10.1958: 5).

In der Diskussion um das Lohnsystem spielte sicher auch das Ziel der Abschaffung der drei Unterschiede eine Rolle. Wu Zhipu forderte die schrittweise Einführung eines Lohnsystems für die Bauern wie bei den Abeitern (Wu Zhipu 1958: 6). Zwei Systeme wären dabei möglich: Einmal die Kombination von einem Mindestlohn und leistungsabhängigen Prämien oder ein abgestuftes Festgehalt.

Ein anderes Argument gegen das Prinzip der Arbeitspunkte war die Erfahrung der Armee während des Bürgerkrieges. Zhang Chunqiao, das spätere Mitglied der „Vierer-Bande“, begründete die Abschaffung des „bürgerlichen Rechts“ mit der Partisanentradition von Jinggangshan (rmrb 13.10.1958: 7). In diesem roten Stützpunktgebiet sei ein kommunistisches Verteilungssystem verwirklicht worden. Soldaten und Zivilisten sowie Offiziere hätten zusammen und gleichberechtigt den „bitteren“ Kriegsalltag durchgestanden. Nach der Machtübernahme der KPCh sei dieses System als „Partisanenstil“ (游击作风) verworfen worden. Diese Kritik sah Zhang als einen Versuch das „bürgerliche Recht“ zu verteidigen.

Mao Zedong bewertete in einem Brief den Artikel von Zhang Chunqiao prinzipiell als korrekt, fand ihn jedoch ein bisschen zu einseitig (mzdwg, Band 7, 1992: 447). Er erklärte diesen Einwand jedoch nicht. Mao Zedong setzte sich auch auf der Beidaihe-Konferenz mit der Partisanentradition auseinander. Diese Rede wurde bis heute nicht veröffentlicht. Es liegt nur eine Zusammenfassung von Maos damaligem Sekretär Li Rui vor. „Unser Kommunismus wurde zuerst von der Armee hervorgebracht“, sagte Mao bezüglich des „Partisanenstils“ (Li Rui, Band 2, 1999: 123). Während des Bürgerkrieges habe in der Armee ein Kriegskommunismus geherrscht. Die Soldaten bekamen keinen Lohn und mussten sich selbst mit Getreide versorgen. Die Kritik, dass diese Gleichmacherei Faulheit fördern würde, wies Mao zurück. Er habe in den vergangenen 22 Jahren nicht viele Faulpelze zu Gesicht bekommen. Die Politik müsse das Oberkommando haben und dem gemeinsamen Ziel im Klassenkampf dienen. Die KPCh habe mit diesem Verteilungssystem den Krieg gewonnen. Warum sollte es unmöglich sein, den Kommunismus einzuführen und das Lohnsystem abzuschaffen? (ebenda: 105) Der Schritt zurück zum Verteilungssystem des Krieges sei in Wirklichkeit ein Fortschritt. 600 Millionen Menschen könnten so den kommunistischen Lebensstil verwirklichen (ebenda: 106).

Auf diese Aufführungen bezog sich der Vorsitzende der staatlichen Planungskommission, Li Xiannian, in der „Roten Fahne“. In einem Bericht über seinen Besuch in Xushui und anderen Modell-Kommunen im Kreis Xinxiang in Henan sowie in Zhengzhou erwähnte er positiv die Einführung der „Sieben Garantien“ (Essen, Kleidung, Medizin, Erziehung, Wohnen und Übernahme der

Kosten bei Geburt, Hochzeit und Beerdigung), die von der Kommune den Bauern gratis garantiert wurden (hq, Nr.10, 16.10.1958: 4 f.). Zusätzlich bekamen die Bauern noch einen Lohn in Geldform, der an die Individuen und nicht an die Familienoberhäupter ausgezahlt wurde. Schrittweise könne die Verteilung nach Leistung abgeschafft werden. Mao zitierend führte Li aus, dass das Versorgungssystem keine Faulpelze, sondern noch mehr Arbeitseifer hervorbringen würde, weil die Menschen sich um Kleidung und Nahrung keine Gedanken mehr machen müssten.

Auch in der „Volkszeitung" wurde in der Debatte auf die Henaner Modell-Kommunen wiederholt Bezug genommen. Am 20.9.1958 veröffentlichte sie einen Artikel des stellvertretenden Sekretärs des Kreisparteikomitees aus Suiping, Zhao Guang, der anhand der Sputnik-Kommune die Vorteile der Auszahlung von Gehältern an die Bauern neben der Getreidezuteilung darstellte. Außerdem wurde von glücklichen Bauern berichtet, die zum ersten Mal in ihrem Leben Gehalt entgegennahmen. Neun Tage später hieß eine Überschrift der Zeitung „Keime des kommunistischen Systems: Die Henaner Dörfer verwirklichen die Zuteilung von Getreide ergänzt durch ein Lohnsystem – Die Garantie eines glücklichen Lebens des Volkes" (rmrb, 29.9.1958: 3). Dieses System würde den Bauern eine „eiserne Reisschüssel" (铁饭碗) garantieren und die Umstände (麻烦) durch die abendliche Diskussion um die Festlegung der Arbeitspunkte überflüssig machen. Bauern, die nicht fleißig arbeiten, in die Städte gehen, sich nicht der Führung unterordnen oder stehlen, seien nun Ausnahmen geworden. Am 3. Oktober folgte auf der Titelseite die Nachricht, dass Henan die Getreideproduktion verdoppelt habe.

Auch die Schüler sollten nun vom Staat kostenlos mit Nahrung versorgt werden. Am 10.11.1959 berichtet die „Volkszeitung", dass in 40 Kreisen Henans die Grund- und Mittelschulen zentralisiert und zusammengelegt wurden, um den Anforderungen des „Großen Sprungs" gerecht zu werden. Nahrung, Unterbringung, Unterricht sowie medizinische Versorgung sei an diesen Dorfschulen nun kostenlos (rmrb, 10.11.1958: 6).

4.1.3. Der „Wind des Kommunismus" wehte von oben

Durch die Lektüre der „Volkszeitung" und „Roten Fahne" wird folgendes deutlich: Der „Wind des Kommunismus", der in der offiziellen Geschichtsschreibung gerne den lokalen Kadern zugeschrieben wird, wehte von oben. Die Politik der Enteignung der Parzellen zur privaten Nutzung und des Viehs der Bauern sowie die Abschaffung oder weitgehende Einschränkung des Leistungsprinzips bei der Verteilung, die Einführung der kompletten Versorgung der Bauern waren keine Exzesse lokaler Kader, sondern wurden in den zentralen Organen der Partei propagiert. Die Beschlüsse der Beidaihe-Konferenz radikalisierten sich im September zunehmend. In diesem Prozess spielte die Berichterstattung über Henan eine zentrale Rolle. Vor allem die Sputnik-Kommune wurde als nationales Vorbild hingestellt. Auch wenn nicht von allen Dörfern verlangt wurde, sie zu kopieren, so trug ihr Statut, das einzige, was in der „Roten Fahne" veröffentlich wurde, zur weiteren Radikalisierung und Angriffen auf das Eigentum der Bauern und das bisherige Verteilungssystem bei. Nur der Modell-Kreis Xushui in Hebei konnte in der nationalen Politik eine ähnliche Bedeutung erlangen. Die Berichte über die Modell-Kommunen beseitigten die Unklarheiten, die die Beschlüsse von Beidaihe bezüglich der Parzellen zur privaten Nutzung noch besaßen: Sofortige Beseitigung statt unklarer Übergangszeit. Modelle konnten vor allem die Kommunen werden, die nicht nur astronomische Produktionserfolge meldeten, sondern bei der Transformation zum Kommunismus am weitesten gingen.

Die zentralen Organe berichteten nicht nur verstärkt über Henan, sondern auch die Führer der Provinz und Modell-Kommunen konnten in ihnen schreiben. Wu Zhipu tat sich als einer der Theoretiker des „Großen Sprungs" hervor und konnte selbst nach dem offensichtlichen Scheitern der Bewegung noch als Theoretiker auf nationaler Ebene auftreten.[11]

4.2. Der Machtkampf zwischen Wu Zhipu und Pan Fusheng und die Radikalisierung des „Großen Sprungs"

4.2.1. Die Kampagne gegen Pan Fusheng und den „Rechtsopportunismus"

Um die Entwicklung des „Großen Sprungs" in Henan zu verstehen, muss man sich vergegenwärtigen, dass sie im Zusammenhang mit den innerparteilichen Kämpfen zwischen Pan Fusheng und Wu Zhipu stand. Die „Anti-Rechtskampagne" nahm in der Provinz ein solches Ausmaß an, dass der Provinzführer, der Sekretär des Provinzparteikomitees, Pan Fusheng abgesetzt wurde. Die große Kampagne gegen Pan fiel zeitlich mit dem Beginn des „Großen Sprungs" zusammen und ist deshalb davon nicht zu trennen. Neben Pan Fusheng waren Wang Tingdong und Yang Jue die hochrangigsten Opfer der Kampagne. Wang Tingdong hatte das Amt des stellvertretenden Leiters des Sekretariats des Provinzparteikomitees und Yang Jue das des stellvertretenden Parteisekretärs dieses Komitees inne.

---

[11] siehe z.B. rmrb 2.10.1959 und 1.1.1960/ hq 1960 Nr.1 und Nr.18

Die erste Pressekampagne gegen Pan, Wang und Yang dauerte vom 24. Juni bis zum 2. September 1958 (Zhang Linnan 1993: 314). In jedem Zug, der durch Henan fuhr, wurde Propaganda gegen die Drei gesendet. Da Zhengzhou ein Verkehrsknoten von Beijing nach Shanghai und nach Xi'an ist, müssen so Hunderttausende erreicht worden sein. In den Städten und auf dem Land schrieben die Menschen Wandzeitungen zur Kritik der „Rechtsopportunisten". Insgesamt sollen 1,6 Milliarden Wandzeitungen geschrieben worden sein - sogar von Bauern, die eigentlich nicht zeichenkundig waren (ebenda: 315).

Im Juli 1958 wurde das Provinztheorieorgan „Zhongzhou pinglun" (中州评论) gegründet, das wie die „Rote Fahne" die Theorie zur Politik des „Großen Sprungs" liefern sollte. Den Schwerpunkt der ersten drei Ausgaben bildete die Kritik am „Rechtsopportunismus" von Pan Fusheng in Form vernichtender Angriffe. Wu Zhipu klagte seinen besiegten Kontrahenten persönlich an, er habe ein Bündnis mit Konterrevolutionären, reichen Bauern, Großgrundbesitzern und den städtischen Rechtsabweichlern gebildet, um gegen Partei und Sozialismus zu kämpfen (zzpl, Nr.1, 1.7.1958: 5). Pan habe mit den „Schwerpunkten der Propaganda" einen Plan zur „Restauration des Kapitalismus" entwickelt und „revisionistische" Fehler begangen (ebenda: 8). Wu Zhipu zählte die angeblichen Verleumdungen und Lügen auf, die Pan in der Partei verbreitet haben soll: Die Bauern hätten nicht genug zu essen, weil der Staat eine zu harte Getreidepolitik betreibe und Vieh würde in Massen sterben. Im Kreis Yichuan müssten die Bauern sogar Steinnudeln (石头面) essen. Zu Unrecht würde Pan behaupten, dass die Bauern kurz vor der Rebellion stünden (ebenda: 6). Der Fehler Pans, die Negation des Klassenkampfes, hätte historische Ursprünge, da er schon während der Bodenreform den Hauptwiderspruch nicht zwischen den Klassen verlaufen sah. Der Rechtsopportunismus habe zum Rückgang der Wirtschaft und zur Nichterfüllung der staatlichen Getreidequoten geführt (ebenda: 8). Pan hätte sich gegen die Zusammenlegung von den Genossenschaften gewandt (大社). Seine Argumente seien nun durch den Erfolg der Volkskommune widerlegt (zzpl, Nr.3, 1.9.1958: 3). Diese Vorwürfe wurden in der regionalen Presse wie der „Henan Ribao" endlos wiederholt.

Es ist schwierig zu überprüfen, ob die von Wu Zhipu unterstellten Äußerungen wirklich von Pan Fusheng stammen oder nicht. Das Dokument, das als Programm zur Entwicklung des Kapitalismus verurteilt wurde, veröffentlichte die Provinz 1993. Die Entscheidung des „Provinzparteikomitees bezüglich der Hauptpunkte der Propaganda zur Prämierung und Entwicklung der Agrarproduktion, um eine große Sommer- und Herbsternte einzufahren" vom 25.6.1957, kam den Interessen der Bauern entgegen, unterstrich aber auch den Führungsanspruch der Partei. Die Erträge der Parzellen zur privaten Nutzung sollten nicht vom

Staat aufgekauft werden und die familiäre Zucht von Tieren sowie die freien Bauernmärkte gefördert werden (Zhonggong Henan shengwei dangshi gongzuo weiyuanhui 1993: 295). Wenn Genossenschaften zu groß wären, könnte man sie gemäß den Wünschen der Bauern verkleinern (ebenda: 297). Dieser Beschluss stellte die Kollektivwirtschaft keinesfalls in Frage, räumte den Bauern aber größere Freiräume ein. Wang Tingdong und Yang Jue hatten diese Politik als Schlussfolgerungen nach ihrem Besuch von Dörfern gezogen (Zhang Linnan 1993: 303).

Pan Fusheng forderte, den Bauern mehr Getreide zu überlassen, damit sie nicht hungern müssten. Pro Kopf sollte die Tagesration nicht unter ca. 1 Pfund liegen (ebenda: 305). Die Süßkartoffeln waren für den staatlichen Aufkauf nicht gut geeignet, da sie schlecht zu lagern waren und schnell verfaulten. Sie stellten in Henan bis Anfang der 80er Jahre ein wichtiges Lebensmittel der Bauern dar, gerade wenn es zu wenig Weizen- oder Hirsemehl gab. Pan wollte, dass die Kader und Städter in der Notlage von 1957 genau wie die Bauern auch Süßkartoffeln essen sollten. Diese Forderung stellte letztlich eine Infragestellung der Privilegien der Stadtbevölkerung im Lebensmittelsystem dar. Die gemäßigtere Agrarpolitik und Naturkatastrophen verstärkten die Krise, weil die Bauern die Freiräume für sich nutzten und noch weniger Getreide an den Staat ablieferten.

Auf einer Sitzung des ständigen Ausschusses des Parteiprovinzkomitees hatte Pan Fusheng im April 1957 die Kader der Kreise Yongcheng, Xiayi und Minquan des Shangqiu-Gebiets scharf angegriffen. Teile dieser Rede veröffentlichte die Provinz 1993. Pan sagte, die übereilte Kollektivierung von 1956 hätte große Unzufriedenheit unter den Bauern hervorgerufen (Zhonggong Henan shengwei dangshi gongzuo weiyuanhui 1993: 114). Diese drei Kreise beschuldigte er, nicht nach den Weisungen der Zentrale und der Provinz gehandelt, die Bauern unterdrückt und wie Feinde behandelt zu haben, statt auf Erziehung und demokratische Methoden bei der Propagierung der Kollektivierung zu setzen. Wie zu Zeiten der GMD seien Menschen geschlagen und sogar totgeschlagen worden. Den Kreiskomitees warf Pan vor, eine Theorie der Rückständigkeit der Massen (群众落后论) zu vertreten und zu glauben, die Massen seien Sklaven. Wenn man sie nicht schlägt, könne nichts umgesetzt werden (群众是奴隶不打不成) (ebenda: 146). Die Kreissekretäre besäßen ein zu großes Machtbewusstsein und würden Entscheidungen nicht nach den Gesetzen treffen. Wenn ein Kader der KPCh jemanden totschlage, müsse er dafür bestraft werden (ebenda: 147). Mit dem Verweis auf den Artikel „Über die richtige Behandlung der Widersprüche im Volk“ von Mao, versuchte Pan, seine Kritik ideologisch abzusichern. Seine Rede stellte eine der schärfsten Kritiken an Kadern dar, die bis jetzt in China veröffentlicht wurden. In den drei Kreisen waren nach heutigen Angaben 1397 Menschen von Folter und Unterdrückung betroffen. Sie wurden gefesselt (捆绑), an einem Seil hochgezogen, hinab gelassen und geschlagen (吊打), mit Knien bestraft (罚跪), wurden durch die Straßen getrieben (游街), auf großen Kritiksitzungen angegriffen (大会斗争), unter Aufsicht gestellt (管制) und in Haft genommen (扣押). In Folge dessen kamen neun Bauern zu Tode (Zhang Linnan 1993: 301). An diesen illegalen Praktiken waren 830 Kader, darunter 593 Parteimitglieder beteiligt. Diese „Zwischenfälle" vermittelten einen Eindruck der Unterdrückungs- und Foltermethoden, die Kader gegenüber den Bauern im Henan der 50er Jahre anwandten. Meine Interviews mit den Zeitzeugen auf anderen Dörfern sollten diese Liste noch vervollständigen.

Die vorher von Pan kritisierten Kader der drei Kreise nutzten die Kampagne gegen ihn im Herbst 1958, um zurückzuschlagen. Das Kreispartei-Komitee von Yongcheng, dessen Kader von Pan der Misshandlung der Bauern beschuldigt wurden, rechtfertigte in einer Erklärung in dem Theorieorgan der Provinz ihr Vorgehen. Sie hätten nur versucht, konterrevolutionäre Unruhen gegen die Kollektivierung zu unterdrücken, die ein Resultat der rechtsopportunistischen Agrarpolitik Pans gewesen seien. Im Frühjahr 1957 wären 14.826 Familien aus den Genossenschaften ausgetreten und über 1300 Mal Kader beschimpft oder geschlagen worden (zzpl, Nr.2, 1.8.1958: 23). Auf die Misshandlungen durch Kader gingen die Autoren nicht näher ein. Nach der Zerschlagung dieses Widerstandes seien große Produktionserfolge erzielt worden.

Das Theorieorgan der Provinz veröffentlichte Dokumente, um Pan in diesem Zusammenhang weiter zu belasten. Besonders hart kritisiert wurde der Beschluss des Provinzparteikomitees vom 13.12.1957 unterhalb der Kreisebene keine Rechtsabweichler zu brandmarken. In der zweiten Ausgabe von „Zhongzhou pinlun" griff Wu Zhipu im August 1958 seinen Gegner Pan im Aufmacherartikel auf philosophischem Gebiet an. Er vertrete einen Pessimismus und habe zwar die demokratische Revolution unterstützt, aber den Sozialismus nicht verstanden (zzpl, Nr.2, 1.8.1958: 4). In einem anderen Artikel unterstellte Wu ihm eine Bodenreform-Ideologie (土改观念) im Kopf zu haben, was bedeutete, dass er keine Umwälzung über die Bodenreform hinaus unterstützt habe (zzpl, Nr.3, 1.9.1958: 3). Damit nahm Wu Zhipu schon den Vorwurf vorweg, der auf der Lushan-Konferenz im Sommer 1959 gegen Peng Dehuai erhoben wurde. Es gäbe Parteimitglieder, die während der demokratischen Revolution mit der Partei einen gemeinsamen Weg gingen (同路人), sich mit dem Übergang zum Sozialismus aber in Parteifeinde verwandelt hätten. Ungewöhnlich ist, dass Wu Zhipu als neuer Provinzführer persönlich einen Leitartikel nach dem anderen gegen Pan schrieb und dies nicht von einem Stellvertreter erledigen ließ. So knüpfte er seine ganze persönliche Macht an diese Kampagne und war sich anscheinend sehr sicher, dass die Zentrale in Beijing Pan Fusheng nie mehr rehabilitieren würde und sein Sieg endgültig war.

Der Vorwurf, Pan Fusheng hätte keinen radikalen Kampf gegen die „Rechten“ geführt, lässt sich nicht von der Hand weisen. Er befürchtete, dass eine Ausweitung der Anti-Rechtskampagne unter die Kreisebene die Entwicklung der Agrarproduktion gefährden könne (Zhang Linnan 1993: 307). Vor allem sollten die Massen nicht selbstständig denunzieren. Im Sommer 1957 sollen 911 Menschen als „Rechte“ eingestuft worden sein. Insgesamt schätzte Pan gegenüber Mao ihre Zahl auf ca. 1500 (ebenda: 308).

Nach der Absetzung von Pan holte die neue Führung unter Wu Zhipu die Kampagne nach – mit einmaliger Radikalität. Als im Rest von China die Anti-Rechtskampagne ihren Höhepunkt schon überschritten hatte, brandmarkte man in Henan insgesamt 70.000 Menschen als „Rechte“, das waren 14 Prozent der landesweit verurteilten Menschen von 550.000 und 15 Prozent der Provinzkader (ebenda: 316). Auch unterhalb der Kreisebene wurden hunderte Dorfschullehrer oder „reiche Bauern“ als „Rechte“ in einem Kreis bekämpft, wie aus den Kreischroniken hervorgeht. Im Zusammenhang mit der landesweiten Kampagne gegen den „Rechtsopportunismus“ nach der Lushan-Konferenz im Sommer 1959 machte die Partei in Henan erneut Jagd auf die „Pans, Wangs, Yangs, die durch das Netz geschlüpft waren (潘王扬的漏网分子).

Wie schon erwähnt, gingen die Meldungen aus Henan in der nationalen Presse mit dem Beginn der Ausrichtungsbewegung im Frühjahr 1959 deutlich zurück. Eine parallele Entwicklung vollzog sich auch in „Zhongzhou pinglun“. In der Hochphase und während der Kampagne gegen Pan Fusheng behandelte diese Zeitung Theorie anhand von Beispielen aus Henan. Im Dezember 1958, zu einem Zeitpunkt, als große Probleme auf den Dörfern auftraten, fasste die Partei auf Provinzebene erneut einen Beschluss zur Verurteilung von Pan, Wang und Yang. Sie beschloss, dass Pan im Westen Chinas der stellvertretende Leiter einer Farm wurde. Yang Jue wurde zum normalen Kommunarden im Kreis Mengjing in der Nähe von Luoyang degradiert, und Wang Tingdong wurde in eine Volkskommune in den Kreis Xuchang geschickt.

Mit dem Beginn der Ausrichtung des „Großen Sprungs“ im Frühling 1959 meldete sich Wu Zhipu in seinem Theorieorgan nicht mehr zu Wort. Nach dem Ausbruch der Hungersnot Ende 1959 und 1960 wurde fast ausschließlich über allgemeine theoretische Themen ohne regionalen Bezug geschrieben.

Auch im Theorieorgan der Provinz wurden die Modell-Kommunen mehrfach behandelt. Der Sekretär des Parteikomitees der Sonderregion von Xinyang, Lu Xianwen, konnte sogar während der Ausrichtungsphase seine Region als ein besonders positives Beispiel darstellen (zzpl, Nr.1, 1.1.1960: 16-19). Ein Jahr später konnte er noch einmal zur Fortsetzung des „Großen Sprungs“ unter dem Einsatz verschiedener Managementmethoden aufrufen (zzpl, Nr.1, 1.1.1960: 16).

Wu Zhipu tat sich erst wieder auf dem Höhepunkt der Hungersnot mit Artikeln über Studienbewegungen zu Mao Zedong-Artikeln hervor. In der Neujahrsausgabe von 1960 wünschte er sich einen neuen Aufschwung des Studiums der Mao Zedong-Schriften in der Partei (zzpl, Nr.1, 1.1.1960: 3) und schrieb im Oktober noch einmal einen langen Artikel mit der gleichen Stoßrichtung ohne regionalen Bezug (zzpl, Nr.20, 16.10.1961: 1-10). Der Provinzführer schwadronierte über allgemeine und abstrakte theoretische Fragen, während Millionen seiner Bauern den Hungertod starben. Mit dem Ende des „Großen Sprungs“ 1961 wurde „Zhongzhou pinglun“ eingestellt. Das Organ war wahrscheinlich zu stark mit der großen Katastrophe verbunden. Außerdem sollte die Provinz keine eigenständige Theoriebildung mehr betreiben.

4.2.2. Die Rolle der nationalen Politik in Henans Machtkampf

Welche Rolle spielte die Zentrale in Beijing im Machtkampf in Henan? Es war damals wie heute in China völlig unmöglich, dass ein Provinzführer ohne die Zustimmung der Zentralregierung abgesetzt und zum Abschuss freigegeben werden konnte. Der Wind von oben drehte sich im Herbst 1957 zu Gunsten Wu Zhipus. Im Frühling konnte Pan seine Politik noch auf die „Hundert Blumen Kampagne“ stützen und auch noch im Sommer auf die gemäßigtere Agrarpolitik, die unter Führung Chen Yuns formuliert wurde. Im Juli 1957 griff Mao auf der Konferenz der Sekretäre der Provinzparteikomitees in Qingdao den „Rechtsopportunismus“ in der Getreidepolitik an und sprach vom Kampf zwischen Kapitalismus und Sozialismus auf den Dörfern (jgyl, Band 10, 1994: 484-494). Auf der Sitzung des Provinzparteikomitees im selben Monat musste Pan Fusheng Selbstkritik für seine Getreidepolitik und die „Schwerpunkte der Propaganda“ leisten (Zhang Linnan 1993: 310). Sein Gesundheitszustand verschlechterte sich daraufhin wieder und er zog sich aus der Tagespolitik zurück. Die Provinzgeschichtsschreibung stellte die Entwicklung so dar, dass die Absetzung von Pan von Wu Zhipu auf der Konferenz der 2. Sitzung des ZK der KPCh des 8. Parteitages in Beijing gefordert wurde, die den „Großen Sprung nach vorne“ verstärkt forcierte. Pan sei der Vertreter der „Rechten“ und hätte in den drei Monaten seiner Amtszeit einen Aufschwung der kapitalistischen Kräfte hervorgerufen, hieß es. Wu verlangte sogar den Parteiausschluss (ebenda: 311). Am 18.5.1958 teilte das ZK dem Provinzparteikomitee die Absetzung Pans und seine Ersetzung durch Wu mit. In Folge der provinzweiten Kritikkampagne wurde der kranke ehemalige Führer auf Sitzungen des Provinzparteikomitees gedemütigt, beschimpft. Einige Kader wollten ihn sogar schlagen (ebenda: 313). Sowohl die Argumente als auch die Kampfformern erinnen stark an die späteren Kampagnen der „Kulturrevolution".

4.2.3. Warum wurde Henan zur Modellprovinz?

Die einzige Monographie zum „Großen Sprung" in Henan ist das 1995 erschienene Buch von Luc Domenach, das allerdings nur die Vorgeschichte bis 1958 behandelt. Für Domenach war der „Große Sprung" eine Reaktion auf eine soziale und wirtschaftliche Krise der Jahre 1956/57 (Domenach 1995: 166). Die rapide Industrialisierung und der soziale Wandel nach 1949 überforderten die Provinz. Der moderatere Kurs, der von Pan Fusheng 1957 eingeschlagen wurde, löste diese Probleme nicht, sondern verstärkte den Kontrollverlust des Regimes, weil die Bevölkerung, vor allem die Bauern, die Freiräume für sich nutzten. Bauern verkauften immer weniger Getreide an den Staat, Studenten griffen die Partei an usw. Der Autor versteht den „Großen Sprung" als Flucht nach vorne, als eine brutale Reaktion eines jungen politischen Organismus, der sich seine ersten Wunden zugezogen hatte (ebenda: 166).

Dem Henaner Radikalismus spricht Domenach keine große Eigenständigkeit zu. In der Zeit von 1956-1958 sei Henan die Provinz gewesen, die am engsten an das Zentrum gebunden gewesen sei (ebenda: 158). Politisch gesehen sei Zhengzhou nur ein Vorort von Beijing gewesen. Der Konflikt zwischen Wu Zhipu und Pan Fusheng habe zwar auch lokale Verankerungen und Ursprünge gehabt, in erster Linie sei er aber eine Widerspiegelung der Konflikte in der Zentrale gewesen (ebenda: 158 f.). Beijing habe den Kampf zu Gunsten Wus entschieden. Für Mao sei Wu nur ein Instrument gewesen, an dem er nach dem Scheitern des „Großen Sprungs" schließlich das Interesse verloren habe (ebenda: 153). Der Autor verweist außerdem auf die zentrale Rolle der Minister und politischen Führer aus Beijing bei der Etablierung der Modell-Volkskommunen in Henan (ebenda: 148). Die „Erfolge" des Henaner Radikalismus seien bürokratische Manipulationen von oben gewesen (ebenda: 153). Henan wurde zur Modell-Provinz, weil es bei der Meldung von Produktionserfolgen am meisten log. Außerdem wollte die neue Führung um Wu Zhipu nach der „rechten" Politik Pans ihre Loyalität durch eine radikale Umsetzung der neuen Linie unter Beweis stellen (ebenda: 152). Das Scheitern dieser Bewegung und die Hungersnot werden von Domenach nicht mehr behandelt.

Thomas Heberer und Sabine Jakobi befassen sich allgemein mit der Frage, warum Henan von 1949 bis zum Ende der Mao-Ära in fast jeder nationalen Kampagne ein Modell hervorbrachte und nach 1979 nicht mehr. Damit stellen sie auch die Modellfunktion während des „Großen Sprungs nach vorne" in einen größeren geschichtlichen Zusammenhang. Auch heute gibt es noch Modelle, wie das „kommunistische“ Dorf Nanjiecun, die aber weder für ganz China noch für die Provinz verbindlichen Charakter haben (Heberer / Jakobi 2002: 91). Henan spielte auf Grund seiner geographischen Lage militärstrategisch sowohl im Altertum als auch im 20. Jahrhundert eine wichtige Rolle. Im Osten der Provinz können 2 bis 3 Getreideernten pro Jahr produziert werden. Während des Krieges gegen Japan bezog die GMD-Armee aus keiner anderen Provinz mehr Soldaten und Getreide (ebenda: 93). Von ausländischen Einflüssen sei Henan relativ unbeeinflusst geblieben, dafür habe eine starke Tradition eines bäuerlichen Egalitarismus überlebt (ebenda: 109), der auch in den Erlösungsideologien vieler Geheimgesellschaften und Sekten präsent war. Henan stellte lange eine Bastion der „Linken“ in der KPCh dar. So stieß die Verurteilung der „Vierer-Bande“ sowie die Einführung der Reformpolitik auf beachtlichen Widerstand (ebenda: 103).

Heberer und Jakobi wenden sich direkt gegen Domenachs These, dass die Politik des „Großen Sprungs“ der Provinz von oben aufoktroyiert worden sei. Die Provinzen hatten bei der Implementierung der Politik der Zentrale gewisse Spielräume, was die unterschiedlich radikale oder moderate Umsetzung zeige. Wu Zhipu konnte sich als alter Revolutionsführer auf ein weites Netzwerk an der Basis stützen, basierend auf seinen Kontakten als Kommandeur der bäuerlichen, militärischen Schutzorganisation „Rote Speere“, der Sowjetgebiete und kommunistischen Studentenbewegung in Kaifeng. Dieses Netzwerk sei sogar nach seiner Absetzung noch lange in Takt geblieben (ebenda: 108). Um zu erklären, wie Henan 1958 zur maoistischen Modellprovinz wurde, müsse man seine Karriere untersuchen. Ohne die Unterstützung dieses Netzwerks und wahrscheinlich der Mehrheit der Bevölkerung hätte weder die Volkskommunenbewegung noch der „kommunistische Wind“ entstehen können. China sei nicht so totalitär gewesen, dass die Regierung die Bauern ignorieren und einfach unpopuläre Maßnahmen durchführen konnte. Für diese Unterstützung führen die Autoren die egalitären Traditionen an. Außerdem habe sich in Henan 1958 die weitere Kollektivierung angeboten, da die Provinz um den Gelben Fluss besonders von Naturkatastrophen betroffen war und diese durch hydraulische Projekte eingedämmt werden sollten (ebenda: 100). Heberer und Jakobi glauben, dass die Politik der Provinzführer direkt Maos Entscheidung und Ideen beeinflusste (ebenda: S.107). Den Kampf zwischen Wu Zhipu und Pan Fusheng erwähnen die Autoren nur beiläufig.

Zhang Linnan, ein Autor des offiziellen Erinnerungsbandes für Pan Fusheng, hat eine andere Theorie als Luc Domenan und Heberer, warum Henan zur Modellprovinz wurde. Er stellt den Fraktionskampf in den Mittelpunkt. Die Provinzführung um Wu Zhipu glaubte, dass der „Rechtsopportunismus“ das Haupthindernis für den „Großen Sprung“ sei. Nur wenn man die „Rechten“ vernichte und den Widerstand der Bauern unterdrücke, sei das Antlitz Henans zu verändern. Durch diese Radikalisierung sei Henan zur „fortschrittlichen" Provinz (先进省) geworden (Zhang Linnan 1993: 318). Jede Kritik an der neuen Politik wurde dadurch ein Tabu. Die Verbindung des Kampfes gegen den „Rechtsopportunismus" und den „Großen Sprung" kam in der Parole „In einer Hand haben wir die hohen Planziffern, in der anderen die Mütze für die Rechtsopportunisten" (一手高指标一手右倾帽) (ebenda: 318). Der demokratische Zentralismus sei in Henan schon 1958 zerstört worden.

Man kann sogar noch weitergehen als Zhang. Mit der Kampagne gegen Pan, Wang und Yang entwickelte sich in Henan 1958 eine ähnliche Dynamik wie nach der Lushan-Konferenz in ganz China. Sie stellte sozusagen den „Fall Peng Dehuai" auf Provinzebene dar. Durch die Kritik an Pan Fusheng wurden Tabus etabliert, die eine Korrektur der Fehlentwicklungen nicht mehr möglich machten. Wer nun behauptete, die Bauern hätten zu wenig Getreide und würden hungern und die Kommunen seien zu groß, für die Wiederzulassung der Parzellen zur privaten Nutzung eintrat oder über die Misshandlugen von Bauern durch Kader berichtete, setzte sich der Gefahr aus, als „kleiner Pan" verfolgt zu werden. Außerdem war Wu Zhipus Macht nun vom Erfolg des „Großen Sprungs" abhängig. Das Eingeständnis des Scheiterns dieser Politik hätte bedeutet, auch Pans Absetzung für unrechtmäßig zu erklären. Deshalb meinte Wu, diese Politik bis zum bitteren Ende weiter zu führen, bis schließlich die von ihm gedeckte Führung von Xinyang durch die Volksbefreiungsarmee im Winter 1960 auf Befehl der Zentrale in Beijing abgesetzt wurde. Mit dem Ende des „Großen Sprungs" war folglich die Rehabilitierung von Pan verbunden und Wu musste Henan verlassen. Mao setzte sich mit der Verurteilung von Peng Dehuai und der landesweiten Kampagne gegen den „Rechtsopportunismus" denselben Zwängen aus, konnte aber die Rehabilitierung seines Kritikers verhindern und die eigene Macht wiederherstellen. Dieser Prozess, das zeitliche Zusammenfallen des „Großen Sprungs" und der Verfolgung von „Rechtsopportunisten" in Henan, kann weder mit dem Verweis auf die Tradition egalitärer Ideen noch mit Manipulation und Lügen erklärt werden. Die Manipulation war vielmehr Teil dieses Machtkampfes.

Dass diese Politik der kommunistischen Offensive sich auf die Tradition einer „bäuerlichen Gleichmacherei" stützen konnte, ist bisher nicht bewiesen worden. Die Militarisierung der ländlichen Arbeitskräfte, die Zerstörung der Familienwirtschaft und Bauernmärkte sowie die Abkommandierung der Bauern in die Stahlproduktion steht eher in der Tradition eines Kriegskommunismus und der gesteigerten Ausbeutung des Dorfes für die Industrialisierung sowie der Massenprojekte des Kaisers Qin Shihuangs. Heberers und Jabokis Thesen stehen auf wackeligen Beinen. Ihr Artikel basiert weder auf den Provinzchroniken noch auf Parteidokumenten der regionalen Ebene. Wus Netzwerk ist noch weitgehend unerforscht, ebenso wie der Machtkampf zwischen ihm und Pan Fusheng. Den „Großen Sprung" aus der Geschichte der Provinz zu erklären, würde noch mehrere Jahre an Forschung bedürfen. Der „bäuerlichen Gleichmacherei" die Verantwortung für den „kommunistischen Wind" zuzuweisen, steht ganz in der Tradition der offiziellen chinesischen Geschichtsschreibung. Schon Stalin machte, wie schon erwähnt, diese Tradition für die Exzesse bei der Kollektivierung verantwortlich.

Heberers und Jakobis Hinweis, der Staat hätte die Bauern nicht ignorieren können, wurde durch die Entwicklung des „Großen Sprungs" widerlegt. Der Staat konnte sogar Millionen Bauern verhungern lassen und, während die Menschen um ihr Überleben kämpften, an „unpopulären Maßnahmen" wie der Volksküche und der Stahlkampagne festhalten. Erst 1961 kam der Staat den Bauern wieder entgegen, erst als die Getreideversorgung von Beijing und Tianjin vor dem Zusammenbruch stand (Huang Jun 2006). Die allgemein richtige Annahme, dass auch autoritäre oder totalitäre Regime Unterstützung brauchen, kann keinesfalls den kurzzeitigen „Erfolg" einzelner Maßnahmen und Kampagnen erklären. Die Frage, ob und wie die Bauern die „kommunistische Offensive" im Herbst 1958 unterstützten, wurde bisher nur von Gao Wangling und Wang Yanni für andere Provinzen untersucht. Auch hier stehen wir erst am Beginn der Forschung.

4.3. Henans Gesellschaft während des „Großen Sprungs"

Nachdem die innerparteilichen Auseinandersetzungen und das Verhältnis zwischen Zentrale und Provinz betrachtet worden sind, soll es nun um die Entwicklung der Gesellschaft in Henan von 1958 bis 1961 gehen. Als eine wichtige Quelle zur Analyse des „Großen Sprungs" und der Hungersnot auf der Provinzebene können die Chroniken der Provinz Henan (河南省志) dienen. Die über 40 Bände wurden überwiegend in den 90er Jahren herausgegeben und sind nach Themen gegliedert wie Bevölkerung, Landwirtschaft, Parteigeschichte, Industrie usw. Behandelt wird die Zeit nach Gründung der Volksrepublik. Auch wenn in jedem Band nur ein paar Seiten zur Zeit des „Großen Sprungs" zu finden sind und an der Zuverlässigkeit der Statistiken zu zweifeln ist, so werden doch einige Entwicklungen und Trends sichtbar. An dieser Stelle soll der soziale Wandel und die Entwicklung des Lebensstandards sowie der Bevölkerung untersucht werden.

4.3.1. Sozialer Wandel: Rapide Zunahme der Arbeiter und Kader auf den staatlichen Gehaltslisten

Die forcierte Industrialisierungspolitik, der massive Ausbau von Infrastruktur und Bewässerungssystemen, die durch den „Großen Sprung“ 1958 eingeleitet wurden, lösten in Henan einen massiven sozialen Wandel aus, der allerdings mit der neuen Politik ab 1962 wieder rückgängig gemacht werden sollte. Vor 1949 verfügte Henan über keine große industrielle Basis. Die Gesellschaft wurde durch den Aufbau der Schwerindustrie mit dem 1. Fünf-Jahresplan vor große Probleme gestellt. Der soziale Wandel des „Großen Sprungs“ sollte diese Entwicklung aber noch in den Schatten stellen. Durch die Übergabe vieler staatlicher Kompetenzen an die Provinzen und unteren Ebenen, geriet die Anstellung von Arbeitern und Angestellten außer Kontrolle, so die Chronik für Personalangelegenheiten (hnsz, Band 18, 1991: 66) (Grafik 4.2.). Während 1957 noch ca. 1.076.400 Arbeiter und Angestellte auf den Gehaltslisten der staatlichen Betriebe standen, waren es 1958 mehr als doppelt soviele (2.368.100). Im Hungerjahr 1960 wuchs die Zahl sogar auf 2.403.100 (ebenda: 67). Die Zahl der Arbeiter der Kollektivbetriebe in Land und Stadt fiel dagegen stark ab und nahm erst nach dem Ende des „Großen Sprungs“ wieder zu.

Zwar stieg auch die Zahl der Festangestellten in den Staatsbetrieben stark an, aber nicht in dem Maße wie die kurzzeitig Beschäftigten. Den großen Arbeitskräftebedarf versuchten die Staatsbetriebe durch die Anstellung von vorübergehend Beschäftigten (民工) sowie Saisonarbeitern (季节工) abzudecken. Die Anzahl dieser „prekär“ beschäftigten Arbeiter machte 1958 insgesamt 37,7 Prozent aus und erreichte damit einen Rekord in der Geschichte des „Neuen Henans“ von 1949 bis 1991 (ebenda: 45). So wurden auch die Arbeitsarmeen für die Großprojekte wie Eisenbahn- und Straßenbau sowie Bewässerungsanlagen zusammengestellt. Über 1,5 Millionen vorübergehend Beschäftigte arbeiteten 1958 in solchen Großprojekten (ebenda: 45).

Grafik 4.2.

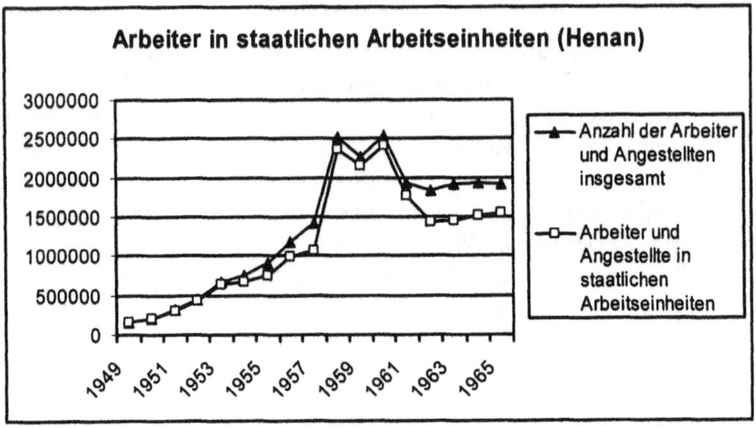

Quelle: hnsz, Band 20, 1991: 67

Nicht nur die Arbeitskräfte auf der Gehaltsliste des Staates, sondern auch die Zahl der Kader nahm sprunghaft zu. Mit der Einführung der vollsozialistischen Genossenschaften (高级社) verdoppelte sich die Zahl der Kader in Henan nahezu von ca. 115.000 (1955) auf ca. 226.000 (1956). 1959 wurden über 43.000 neue Kader eingestellt (ebenda: 318). Durch die Volkskommune übernahm der Staat immer mehr Aufgaben. Über die Kader auf Kommuneebene gibt es keine vollständigen Angaben. 1960 waren ca. 96.900 in den Kommunen beschäftigt. Nachdem 1962 die Politik zur Reduzierung der Kader eingeleitet wurde, befanden sich nur noch ca. 8244 Kader in den Kommunen, allerdings enthält diese Zahl keine Soldaten und Polizisten (ebenda: 319).

Die explosionsartige Zunahme der Arbeiter und Kader auf den staatlichen Gehaltslisten, stellte den Staat vor schwierige Aufgaben: All diese Menschen mussten vom Staat ernährt werden, und das ab 1959/60 vor dem Hintergrund einer Hungersnot auf den Dörfern. Kurzfristig Beschäftigte konnten zwar nicht die Privilegien der Kernbelegschaften der staatlichen Arbeitseinheiten wie Gesundheits- und Altersversorgung in Anspruch nehmen, fehlten aber bei der landwirtschaftlichen Arbeit und mussten auch Getreide und geringe Löhne zugeteilt bekommen. Für industrielle und andere Großprojekte war der Staat gezwungen, massiv Getreide von den Dörfern abzuziehen.

4.3.2. Verschlechterung der Versorgung und Senkung des Lebensstandards

Die Bedeutung des massiven Abzuges von Getreide aus den Dörfern in die Städte kann man nur ermessen, wenn man sich vergegenwärtigt, dass Henan eine sehr arme Provinz war. Das Bruttoeinkommen der Bauern lag zum Zeitpunkt der kommunistischen Machtübernahme 1949 bei durchschnittlich 53,7 Yuan pro Jahr. (hnsz, Band 49, 1995: 21). In den ersten Jahren nach der Bodenreform stieg die Getreideproduktion wieder an, brauchte allerdings bis 1952 um das Niveau von 1936 zu erreichen (ebenda: 17). Mit der Vollendung der sozialistischen Kollektivierung fiel das Einkommen der Bauern wieder. Verfügten sie 1955 noch über 86 Yuan pro Jahr, so waren es 1960 nur noch 63,5 Yuan. Nur etwas mehr als 1/3 des Einkommens wurde in Geldform ausbezahlt (ebenda: 19). Sinkende Einkommen sind damit zu erklären, dass mit der Einführung der Volkskommunen die Grundlagen für die Familienwirtschaft, die die Basis des größten Teils des Einkommens bildete, zerstört wurden und die Einkommen aus dem Kollektiv den Verlust nicht ausgleichen konnten. Durch die Wiederzulassung der Parzellen zur privaten Nutzung 1961/62 stiegen die Einkommen der Bauernfamilien wieder an (Grafik 4.4.).

Während sich die Einkommen in den 50er und 60er Jahren gegenüber denen der „alten Gesellschaft" erhöhten, hatten die Henaner Bauern 1950 im Durchschnitt mehr Getreide zur Ernährung als 1977 (Grafik 4.3.). Der Rückgang der Produktion durch die „drei bitteren Jahre" konnte erst gegen Ende der „Kulturrevolution" wieder ausgeglichen werden. Verfügten die Bauern 1958 noch durchschnittlich über 213,5 Kilo Getreide pro Jahr, so fiel es von 133 Kilo (1959) auf 125,5 (1960) (ebenda: 45). Das waren ca. 10 Kilo pro Monat und somit ca. 300 Gramm pro Tag. Eine Aufschlüsselung dieser Zahlen macht deutlich, dass die Bauern, die über 300 Gramm pro Tag verfügten, zu den privilegierten gehörten. Das Getreideamt der Provinzregierung untersuchte 1960 die Ernährungssituation in den Volksküchen. Nur 16,5 Prozent der Volksküchen verteilten 380 bis 310 Gramm Getreide. 40,8 Prozent gaben nur 280 Gramm und 38,5 Prozent nur 250 Gramm aus. 4 Prozent der Bauern mussten sich von unter 250 Gramm ernähren. Als sich die Lage Ende November weiter verschlechterte, musste sich die Landbevölkerung durchschnittlich mit 250 Gramm pro Tag zufrieden geben (ebenda: 43). Allerdings kann diese Zahl nur bedingt die Ernährungssituation widerspiegeln, denn in vielen Gebieten bekamen die Bauern über Monate überhaupt kein Getreide zu Gesicht. Was hier wie statistische Spitzfindigkeit wirkt, war damals eine Frage von Leben und Tod. Man darf nicht vergessen, dass Getreide (dazu gehören in China auch Kartoffeln) fast die alleinige Nahrungsquelle der Landbevölkerung war. Zudem mussten Frauen wie Männer harte körperliche Arbeit auf den Feldern, in der Stahlproduktion oder bei anderen Projekten leisten.

Grafik 4. 3.

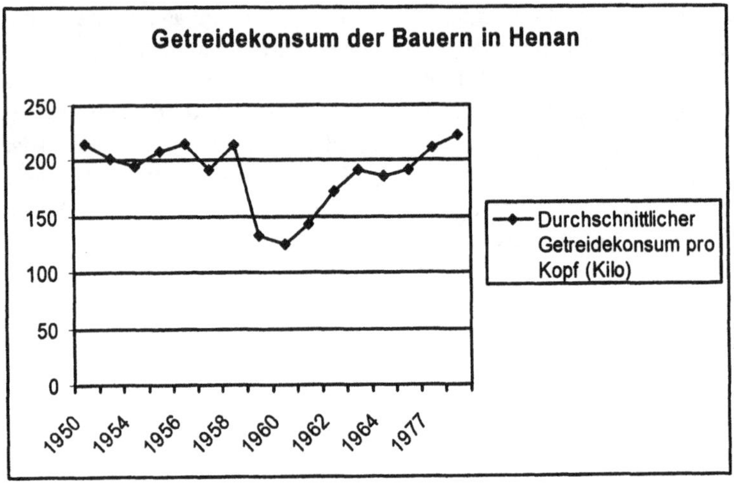

Quelle: hnsz, Band 49, 1996: 45 f.

Grafik 4.4

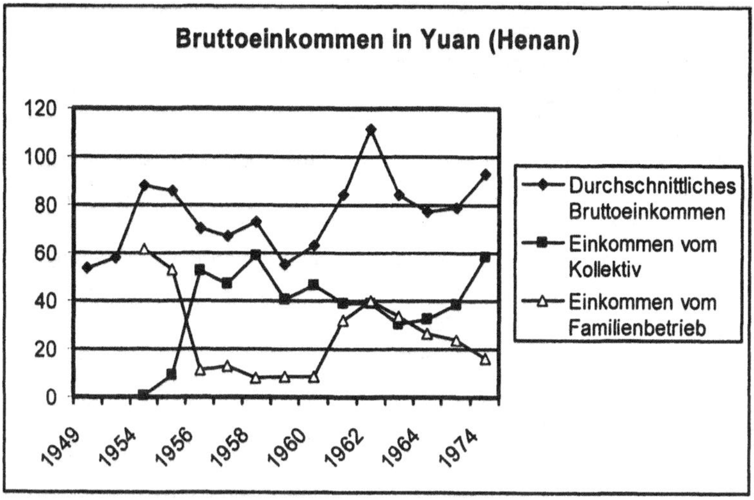

Quelle: hnsz, Tabelle, Band 49, 1995: 21 f.

4.3.3. Bevölkerungsentwicklung und Massensterben in Henan

Als nächstes betrachten wir die Bevölkerungsentwicklung, an der das Massensterben deutlich wird. Als die Kommunisten die Macht 1949 übernahmen, belief sich die Bevölkerung in Henan auf 41,74 Millionen Menschen (hnsz, Band 9, 1994: 14 f.). Bis 1958 wuchs die Bevölkerung um 18,4 Prozent, um insgesamt über 8 Millionen. In der Bevölkerungsstatistik wird das Massensterben sichtbar. Von 1959 bis 1960 nahm die Bevölkerung um 3,22 Prozent ab, was einem Verlust von 1,61 Millionen entspricht. Dabei muss es sich aber nicht vollständig um Tote in Folge der Hungersnot handeln, sondern der Verlust kann zum Teil auch durch Abwanderung verursacht worden sein. Leider liegen mir keine Zu- und Abwanderungsdaten vor.

Im Zusammenhang mit der Hungersnot muss die Geburten- und Sterberate betrachtet werden. Eine Statistik über Hungertote gibt es in den Provinzchroniken nicht. Während in den Jahren vor dem „Großen Sprung" die Geburtenrate rapide stieg, fiel sie in den „drei bitteren Jahren" schlagartig ab. 1958 wurden noch 1.621.000 Millionen Kinder geboren, 1960 waren es nur noch 680.000. Die Geburtenrate fiel von 33,1 ‰ auf 13,9 ‰ (ebenda: 20f). 1959 und 1960 lag diese Rate in der Stadt höher als auf dem Dorf, was für eine Agrargesellschaft ungewöhnlich ist. Auch die Sterberate schnellte in die Höhe (ebenda: 34). Die Sterberate verdreifachte sich von 1958 bis 1960. Im ersten Jahr des „Großen Sprungs" betrug die Sterberate 12,69 ‰ auf dem Höhepunkt der Hungersnot 1960 hingegen 39,56 ‰. Die Sterberate fiel mit dem Ende des „Sprungs" und der neuen Politik nach 1961 wieder rapide. Ebenso gingen die Geburtenraten wieder in die Höhe. Die Mütter im gebärfähigen Alter bekamen 1958 in Henan durchschnittlich noch 4,66 Kinder. Im letzten Jahr der Hungersnot gebaren sie nur 2,78 Kinder (1961). Mit der Entspannung der wirtschaftlichen Lage stieg die Zahl der Kinder wieder auf 7,87 an (ebenda: 161).

Wie auch in anderen Teilen Chinas waren die Bauern die Hauptopfer der Hungersnot. Die Städte wurden durch das staatliche Getreideverteilungssystem bevorzugt. Auch in Henan hatte die Hungersnot auf dem Dorf ein viel größeres Ausmaß als in der Stadt. Die Todesrate lag 1960 in der Stadt bei 19,48 ‰, aber auf der Kreisebene bei 45,42 ‰ (ebenda: 35). Die Hungersnot spiegelt sich auch in den Statistiken über das natürliche Bevölkerungswachstum wider. 1958 belief sich dieser Wachstum auf 20,46 ‰. 1960 kam es sogar zu einer Abnahme von -25,58 ‰ (ebenda: 47).

Die Provinzchroniken verweisen, um die Abnahme der Bevölkerung und das Massensterben zu erklären, nur auf die „dreijährige Periode der wirtschaftlichen Schwierigkeiten" und das Absinken des Lebensstandards (ebenda: 19). Zumindest werden in den Bevölkerungschroniken keine Naturkatastrophen zur Erklärung des großen Desasters herangezogen.

Grafik 4.5.

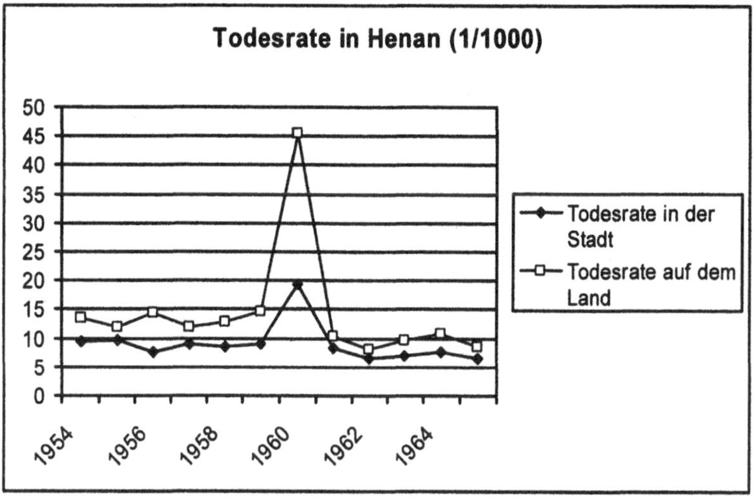

Quelle: hnsz, Band 9, 1994: 35

Grafik 4.6.

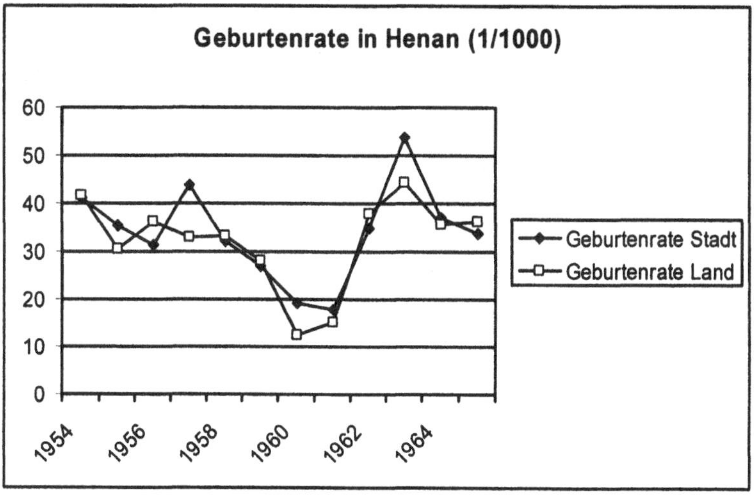

Quelle: hnsz, Band 9, 1994: 22

Grafik 4.7.

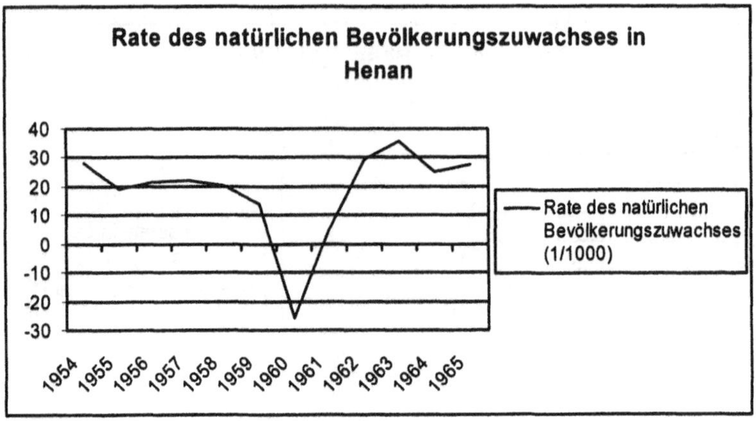

Quelle: hnsz, Band 9, 1994: 47

4.3.4. Der Weg in die Hungersnot

Nach der Darstellung der allgemeinen Datenlage zur Hungersnot, soll die Frage aufgeworfen werden, wie es in Henan überhaupt zum Massensterben kam. Hier können nur einige Gründe genannt werden, die auf der Basis der bisher veröffentlichten Quellen belegbar sind.

Der Ausgleich der Getreidelieferung zwischen den Provinzen spielte laut Walker eine wichtige Rolle, um sowohl die Ernährung zu sichern, als auch Ressourcen für den Export ins Ausland freizusetzen (Walker 1984). Ein zentraler Grund für die Hungersnot war der radikale Abzug der Getreideressourcen von den Dörfern vor dem Hintergrund vermeintlicher Rekordernten.

Von 1949 bis 1959 exportierte Henan Getreide in andere Provinzen – abgesehen von 1953 und 1957 (Grafik 4.8.). Während des ersten Jahres des „Großen Sprungs" kam es zum Rekordexport von über 7,3 Milliarden Kilo in dem Zeitraum von der Staatsgründung bis 1983 (hnsz, Band 44, 1995: 151). Selbst im ersten Hungerjahr 1959 verließen noch über 40 Milliarden Kilo die Provinz. Ab 1960 war Henan schließlich nicht mehr in der Lage, Getreide zu exportieren. Die Importe stiegen allerdings erst ab 1962 stark an. Es dauerte lange, bis sich die Provinz von der Hungersnot wieder erholte. Erst in den 70er Jahren wurde Henan wieder zur Exportprovinz. Selbst die Xinyang-Region exportierte 1958 und 1959 über 1,3 Milliarden Kilo Getreide. Erst 1960 und 1961 kam Xinyang auf einen Netto-Import von 3,3 Milliarden Kilo (ebenda: 149). Glaubt man diesen Zahlen, so bekam Xinyang schon 1960 Hilfe von der Zentrale, nachdem 1959 den Bauern das letzte Getreide abgenommen worden war.

Grafik 4.8.

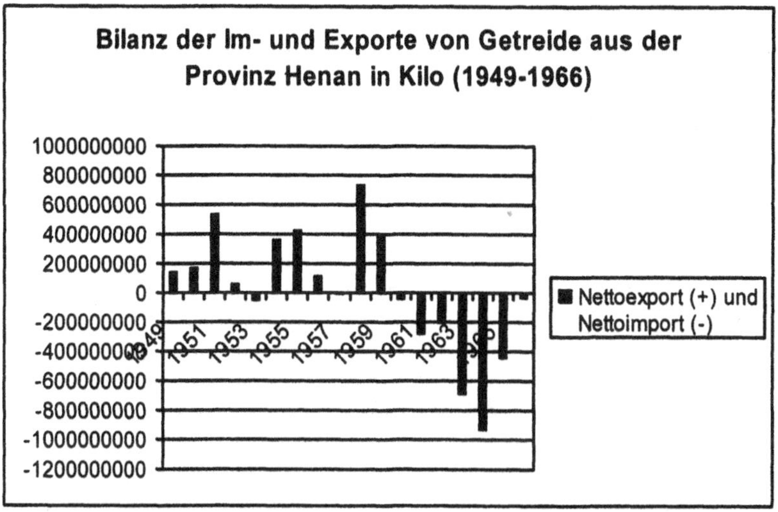

Quelle: hnsz, Band 44, 1995: 151

Neben dem Export musste auch der astronomisch anschwellende Tross der neuen Staatsarbeiter und Kader versorgt werden. 1958 nahm der staatliche Zwangsaufkauf von Getreide um über 55 Prozent zu (ebenda: 29). Während der individuelle Beitrag jedes Henaners für den staatlichen Aufkauf 1957 noch 57 Kilo pro Kopf betragen hatte, so waren es 1958 schon 85 Kilo (ebenda: 40). Die Quote des staatlichen Aufkaufs an der Gesamtproduktion steigerte sich von 1958 von 29,8 Prozent auf 37,2 Prozent 1959. Das war der absolute Rekord in der Geschichte des „Neuen Henans". In keinem Jahr nahm der Staat den Bauern einen so großen Teil der Produktion ab. Selbst 1960, im Jahr des schlimmsten Massensterbens, lag die Quote noch bei 24,8 Prozent. Was diese Politik für die Bauern bedeutete, zeigt auch die unterstehende Grafik 4.10. Das auf den Dörfern verbleibende Getreide pro Kopf verringerte sich drastisch. Blieben 1958 noch 200 Kilo pro Kopf auf den Dörfern, so sank die Zahl auf 138 Kilo (1959), 155 Kilo (1960) und 131 Kilo (1961).

Grafik 4.9.

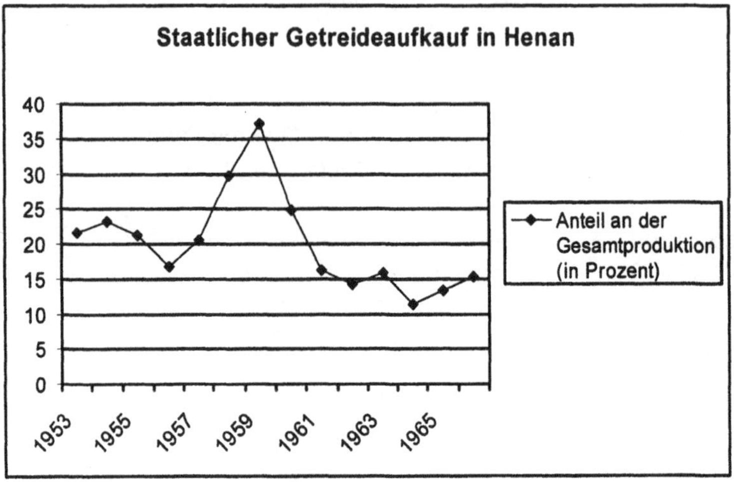

Quelle: hnsz, Band 44, 1995: 40

Grafik 4.10.

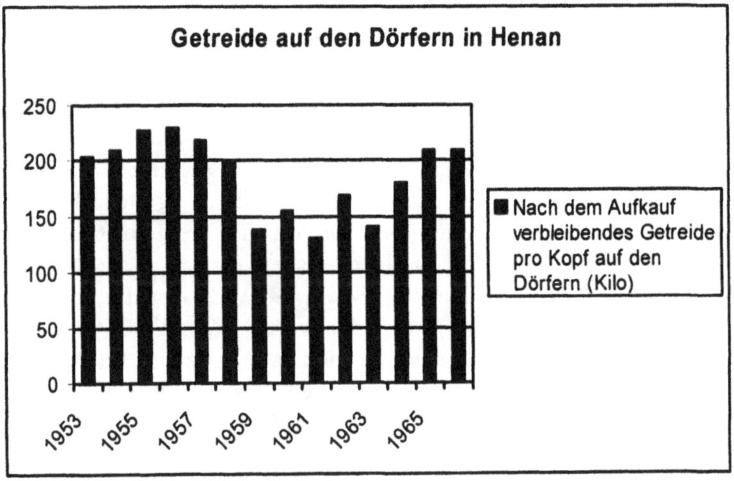

Quelle: hnsz, Band 44, 1995: 40

Die Provinzregierung musste Gewalt anwenden, um den Bauern so viel Getreide abzunehmen. Konnten die Quoten nicht erfüllt werden, so ging der Staat davon aus, dass die Bauern das Getreide versteckten und zu niedrige Produktionsergebnisse gemeldet hatten. Im Frühjahr 1959 verbreitete die Provinzführung die Erfahrungen des Dancheng mit der Kampagne gegen „Weniger berichten, um heimlich zu verteilen" im Parteiapparat. Als in Osthenan und Xinyang die Kader daraufhin den Bauern das letzte Getreide wegnahmen, begann die Hungersnot (Qiao Peihua 1998: 143).

Im Unterschied zu anderen Provinzen war der zweite „Wind des Kommunismus" nach der Lushan-Konferenz 1959 noch schlimmer als der erste im Herbst 1958. Die Verurteilung von Peng Dehuai verursachte nicht nur in Henan einen „Linksruck". Wu Zhipu fühlte sich in seiner Position bestätigt. Während des „zweiten Windes des Kommunismus" wurden für Großprojekte wie Straßenbau, Bewässerungsanlagen oder Schweinefarmen über 2 Milliarden Yuan von den Bürgern eingetrieben, was zur Zerstörung der Arbeitsmoral der Bauern führte (ebenda: 143).

Besonders schlimm war die Situation im Xinyang-Gebiet, das damals 17 Kreise und ca. ein Fünftel der Bevölkerung Henans von 50 Millionen Menschen umfasste. Offiziell wird das Massensterben in diesem Gebiet als „Zwischenfall von Xinyang" (信阳事件) bezeichnet und seit den 90er Jahren in einigen Büchern zum „Großen Sprung" kurz erwähnt. Die Modellregion Xinyang machte 1958 mit astronomischen Rekordergebnissen national auf sich aufmerksam. Die lokale Führung um Lu Xianwen schätzte die Produktionsergebnisse von Getreide doppelt so hoch wie sie in Wirklichkeit waren (Deng Liqun / An Pingsheng 1999: 137). Da die neu festgelegten Aufkaufsquoten nicht erfüllt werden konnten, antwortete die Provinzführung mit einer Kampagne gegen das angebliche „weniger Berichten und heimliche Aufteilen" der Bauern, die von Anfang 1959 bis Frühjahr 1960 andauerte und mit starken Repressionen einherging (ebenda: 136). Einige Kreise übergaben deshalb dem Staat sogar das Saatgetreide und die Nahrungsrationen der Bauern.

Das Ausmaß der Hungernot ist nicht eindeutig festzustellen. Jasper Becker nennt die Zahl von ca. einer Million Toten (Becker 1996: 128). Eine Parteihistorikerin, die in den 80er Jahren Zugang zum Provinzarchiv hatte, sagte in einem Interview, dass 2,4 Millionen Menschen in Xinyang gestorben seien.[12] Davon wären mehr erschlagen worden, als verhungert seien. Die lokale Führung ließ nach dem Ausbruch der Hungersnot die Region von der Volksmiliz abriegeln. Viele Bauern, die versuchten zu fliehen oder zu stehlen, wurden von der Volksmiliz verhaftet oder erschlagen. Die Volksmiliz wurde in Xinyang als „Knüppel-

[12] Experteninterview mit Parteihistoriker 8.2.2005 Zhengzhou.

brigade“ (梆子队) bezeichnet. Die Provinzregion erfuhr schließlich von der lokalen Terrorherrschaft in Xinyang. Wu Zhupi beschloss, Lu Xianwen zu decken und unterdrückte die Nachrichten über die Hungersnot.

Es sollte bis Anfang 1960 dauern, bis die Zentrale in Beijing von dem wirklichen Ausmaß der Hungersnot in Xinyang erfuhr. Im Winter schickte die Zentrale 30.000 Soldaten, um Xinyang zu besetzen. Getreide und ärztliche Versorgung wurden geliefert sowie die lokale Führung um Lu Xianwen verhaftet. In einem Bericht zur Ausrichtungsbewegung in Xinyang vom Dezember 1960 sprach die neue Führung von Folterungen und Morden und kritisierte die alte Führung scharf. Die neue Führung sowie das ZK betrachteten den „Zwischenfall von Xinyang“ aber nicht als Resultat des linken Radikalismus des „Großen Sprungs“, sondern als Wiederherstellung der Herrschaft der Großgrundbesitzer. Aus diesem Grund wurde die Katastrophenhilfe auch „Nachhilfeunterricht in der demokratischen Revolution“ (民主革命补课) genannt (Zhonghua Renmin Gongheguo Guojia Nongye Weiyuanhui Bangongting (Hrsg.) 1981: 421). Weder wurden damit die eigentlichen Ursachen benannt noch die Mitverantwortung von Wu Zhipu angesprochen. Durch die Hilfslieferungen wurde aber die Lage der Bauern verbessert.

Die Aufarbeitung des „Zwischenfalls von Xinyang“ steht noch bevor. Dass tausende Bauern erschlagen wurden, zeigt, dass es nicht nur um Hungersnot geht, sondern auch um Massenmord. Diese Tatsache wirft auch eine neue Dimension für die juristische Aufarbeitung auf.

Zusammenfassung

Henan spielte eine Schlüsselrolle sowohl bei der Radikalisierung der kommunistischen Offensive 1958 als auch dem Ende des „Großen Sprungs“ 1961, nachdem die Zentralregierung in Beijing die Armee schicken musste, um die Führung der Xinyang-Region abzusetzen. Henan wurde im Herbst 1958 zum nationalen Vorbild, weil es die Volkskommunen und Volksküchen am schnellsten und radikalsten einführte und versuchte, eine „eiserne Reisschüssel“ für die Bauern zu etablieren. Der „Wind des Kommunismus“, die Politik der vollständigen Enteignung der Bauern, wurde von der Zentrale in Beijing gebilligt und in der nationalen Presse gefeiert. Der 1. Parteisekretär der Provinz, Wu Zhipu, sowie Lu Xianwen, der Führer von Xinyang, konnten ihre Ideen und Theorien landesweit verbreiten. Diese Dynamik führte zu einer weiteren Radikalisierung der Beschlüsse der Beidaihe-Konferenz. Die These der offiziellen Parteigeschichtsschreibung, dass der „Wind des Kommunismus“ von lokalen Kadern gegen die Weisungen der Zentrale entfacht wurde, ist als Legende zurückzuweisen.

Dass in Henan der „Große Sprung“ so radikal durchgeführt wurde, ist nur vor dem Hintergrund des Machtkampfes zwischen Wu Zhipu und Pan Fusheng zu verstehen. Nach der Absetzung von Pan im Mai 1958 holte der neue Führer der Provinz, Wu Zhipu, die „Anti-Rechtskampagne“ nach, als sie im Rest des Landes ihren Höhepunkt schon längst überschritten hatte. Zeitgleich mit dem Beginn des „Großen Sprungs“ startete die neue Provinzführung eine Kampagne gegen den „Rechtsopportunismus“ von Pan und seine Anhänger. Wu koppelte damit sein Schicksal an den Erfolg des „Großen Sprungs“. Kritik an der Versorgungslage der Bauern oder Misshandlungen durch Kader wurden damit zu Tabu-Themen. Wu wurde zwar von der Zentralregierung unterstützt, der Henaner Radikalismus hatte aber durchaus eigene Wurzeln. Die These von Domenach, der das Modell Henan als eine Manipulation der Zentrale sieht, teile ich nicht.

Die Gesellschaft Henans machte während des „Großen Sprungs“ einen radikalen sozialen Wandel durch. Durch die forcierte Industrialisierung explodierte die Zahl der auf der staatlichen Gehaltsliste stehenden Kernbelegschaften sowie der Kontraktarbeiter und Tagelöhner, die von den sozialstaatlichen Privilegien ausgeschlossen waren. Schon im Frühjahr 1959 zeichneten sich die Grenzen dieser Politik ab, als es im so genannten „Zwischenfall von Yudong“ zum Massensterben kam. Nach offiziellen Angaben verlor Henan in den Jahren 1959 bis 1961 über 2 Millionen seiner Einwohner. Die wirklichen Zahlen liegen wahrscheinlich viel höher, da Experten allein die Toten der Xinyang-Region auf 2,4 Millionen schätzen. Die Todesrate ging vor allem auf dem Land in die Höhe, die Städte waren weit weniger betroffen. Getreidezuteilungen sanken auf ein absolutes Minimum. Erst gegen Ende der „Kulturrevolution“ konnten die Henaner Bauern wieder so viel essen wie zu Beginn der 50er Jahre.

5. Wer war verantwortlich? Die Aufarbeitung der Hungersnot in Henan

Nach der Darstellung der „Großen Sprung"-Hungersnot soll nun erörtert werden, wie diese Katastrophe auf Provinzebene aufgearbeitet wurde. Das wirft zunächst die Frage auf, ob in China überhaupt eine Aufarbeitung von Vergangenheit auf Provinzebene möglich ist?

Die Grenzen der Parteigeschichtsschreibung der Provinz sind sehr eng. Sie hat keine eigene Resolution zur Interpretation der Geschichte, sondern muss sich an der des ZK's orientieren. Auch bei der Bewertung von führenden Persönlichkeiten soll sie sich nach den Verurteilungen oder Rehabilitierungen der Zentrale richten. Trotzdem ist es den Parteihistorikern natürlich möglich, die Geschichte ihrer Provinz detailliert zu erforschen. Die Provinzchroniken bieten mit über 40 Bänden zur Geschichte nach 1949 eine detaillierte Faktensammlung und Statistiken, auch wenn sie sich an den offiziellen Kanon halten.

Henan nimmt eine Sonderrolle ein, weil der „Zwischenfall von Xinyang" damals wie heute ein Thema von nationaler Bedeutung ist. Henaner Kader und Journalisten versuchen in ihren Publikationen den „Großen Sprung" und die Hungersnot zu thematisieren. Auch in Henan kann die Hungersnot nicht einfach aus dem Gedächtnis verschwinden. In diesem Kapitel soll die Aufarbeitung der Vergangenheit in Henan untersucht werden. Folgende Fragen stehen dabei im Vordergrund:

- Wie versuchte die Zentrale in Beijing die Spaltung in der Partei in Henan zu überwinden und wie bewertete sie die Rolle von Wu Zhipu?
- Wie arbeitete die Parteigeschichtsschreibung der Provinz die „Große Sprung"-Hungersnot auf? Um die Frage zu beantworten, führte ich Interviews mit drei Parteihistorikern in Zhengzhou durch.
- Wie thematisieren lokale Kader in autobiographischen Artikeln die eigene Rolle und die Frage der Verantwortung? Lassen sie sich von der Provinzführung die Schuld aufbürden?
- Aus welchen Beweggründen beschäftigen sich populärwissenschaftliche Autoren aus Henan mit der Hungersnot? Welche Lehren ziehen sie für die Zukunft?

5.1. Differenzen in der Ursachenanalyse in der KPCh

Schon bei der Neuformulierung der Politik gegen Ende des „Großen Sprungs" 1960/1961 spielte die Bewertung der Ereignisse in Henan eine zentrale Rolle in der nationalen Politik. Als das ZK im Oktober 1960 den Bericht von Li Fuchun über die Lage in Xinyang erhielt, sahen Mao und seine Kollegen sich zu einem Politikwechsel gezwungen. Nur eine Woche später wurde die Wiederzulassung der Parzellen zur privaten Nutzung der Bauern in die Wege geleitet (Gao Hua 2000). Die Gründe für das Massensterben in Xinyang bewerteten Mao Zedong und Liu Shaoqi jedoch unterschiedlich. Mao glaubte, in Xinyang und anderen schwer getroffenen Regionen hätten Großgrundbesitzer und Klassenfeinde die Kommunistische Partei unterwandert und die Macht wieder an sich gerissen. Deshalb sei nicht nur ein Politikwechsel, sondern auch „Nachhilfeunterricht in der demokratischen Revolution" notwendig. Mao glaubte, die Partei sei während der Bodenreform nicht konsequent genug vorgegangen. Die Ansicht, dass der Führer der Region, Lu Xianwen, linke Fehler begangen hatte, wurde zurückgewiesen. Während der „Kulturrevolution" wurde er deshalb wegen „Wiederherstellung der Macht der Guomindang", also als Rechter terrorisiert (Li Rui 2002: 21).

Staatspräsident Liu Shaoqi's Kritik an der Henaner Politik ging 1961 in eine andere Richtung. Liu kritisierte, dass die Henaner Genossen sich angewöhnt hätten, in innerparteilichen Kämpfen Gewalt anzuwenden (Qiao Peihua 1998: 148). Eine zu schnelle und unüberlegte Umsetzung der Politik des „Großen Sprungs" in Henan hätte den Bauern alles genommen, was sie besaßen (ebenda: 149). Die These von der Wiederherstellung der Großgrundbesitzer-Herrschaft in Xinyang war nur schwer zu glauben, weil in kaum einer Region so viele Veteranen der Roten Armee und Volksbefreiungsarmee in der Partei vertreten waren. Aus der Region stammte eine große Zahl führender Kommandeure.[13] In den Bergen von Dabieshan wurden einige der wichtigsten Schlachten des Bürgerkrieges geschlagen.

Mao konnte letztlich nicht eingestehen, dass die Verbrechen in Xinyang von Kadern der Kommunistischen Partei begangen wurden. Die Lehre, die er aus seiner Analyse der „Machtergreifung der Großgrundbesitzer" zog, mündet in der Parole „Nie wieder den Klassenkampf vergessen" und der „Kulturrevolution". Zum „Zwischenfall von Xinyang" gibt es bis heute keine offizielle Einschätzung der KPCh.

5.2. Das Nachspiel: Rehabilitierung von Pan Fusheng und Wu Zhipu

Nicht weniger widersprüchlich war die personelle Lösung der Machtfrage in Henan. Am 18.5.1962 wurde Pan Fusheng vom ZK der KPCh wieder rehabilitiert. In dem Beschluss hieß es, Pan habe in Henan im Wesentlichen die Beschlüsse der Zentrale umgesetzt und seine Verurteilung sei falsch gewesen

[13] Experteninterview 8.2.2005 Zhengzhou.

(Zhonggong Henan shengwei dangshi gongzuo weiyuanhui 1993: 290). Die linksradikalen Fehler der Provinz hätten mit seiner Absetzung begonnen. Das ZK erwähnte Wu Zhipu nicht namentlich und rief dazu auf, den Blick nach vorne zu richten (ebenda: 292). Ebenso wie Wu Zhipu kehrte Pan aber nicht nach Henan zurück. Wang Tingdong rehabilitierte das Parteiprovinzkomitee schon im Dezember 1961 und Yang Jue Ende Juli des folgenden Jahres.

Ab 1962 war Pan für die Konsumgenossenschaften in ganz China in der zentralen Bürokratie in Beijing verantwortlich. Während der „Kulturrevolution" machte er in der Provinz Heilongjiang Karriere und wurde 1967 sogar Vorsitzender des Revolutionskomitees der Provinz. Dort habe Pan „linke Fehler" begangen (ebenda: 330) und sei verantwortlich für die Verletzung und Unterdrückung führender Kader und Massen gewesen, heißt es heute (ebenda: 32). Auf Grund seiner Erfahrungen in Henan habe er sich nun als besonders „links" hervortun wollen, so die Provinzgeschichtsschreibung. 1969 wählten die Delegierten des 9. Parteitages Pan sogar in das ZK. Manche Beobachter hielten ihn für ein Mitglied der Fraktion um die „kulturrevolutionäre" Linke, die von Maos Frau Jiang Qing und Armeechef Lin Biao geführt wurde. Zwei Jahre später wurde Pan dann doch zum Opfer der „Kulturrevolution" durch die Beschuldigung, er habe in den 30er Jahren für die GMD spioniert (ebenda: 331). Von diesen Beschuldigungen wurde er erst zwei Jahre nach seinem Tod 1982 freigesprochen.

Pans Laufbahn war extrem ungewöhnlich. Seine Kritik an den ultralinken Kadern und das Parteiergreifen für die Bauern wurde ihm nach 1962 von Mao verziehen, während die Kritiker des „Großen Sprungs", die sich auf der Lushan-Konferenz im Sommer 1959 gegen Mao stellten (Peng Dehuai, Zhang Wentian usw.) sowie die Befürworter der liberalen Agrarpolitik nach 1962 wie Deng Zihui oder Tao Zhu zu den ersten Opfern der „Kulturrevolution" gehörten. Vielleicht sah Mao in den Auseinandersetzungen in Henan 1958 keinen Angriff auf seine Macht. Pan, der in diesem Jahr fast im „kulturrevolutionären" Ausmaß kritisiert und gedemütigt wurde, machte während der radikalsten Phase der „Kulturrevolution" wieder Karriere. Als Opfer der darauf folgenden Jahre rehabilitierte ihn das ZK ausgesprochen spät. Auf Grund seiner Verwicklung in Verbrechen der „Kulturrevolution" konnte in der Reformära Pan Fusheng im Gegensatz zu Peng Dehuai und Deng Zihui von der Partei nicht als Vorbildkader präsentiert werden, der immer die „Wahrheit in den Tatsachen suchte". Das war bei jenen leichter, die schon 1966 zu Opfern der Roten Garden geworden waren.

Sowohl an der Karriere von Wu Zhipu als auch der Pan Fushengs wird der paradoxe Umgang der KPCh mit abgesetzten Führungskadern und auch das ambivalente Opfer-Täter Verhältnis deutlich. Die Konsequenz aus der Rehabilitierung Pan Fushengs hätte die Bestrafung von Wu sein müssen. Stattdessen wurde er nach Beijing befördert, ohne allerdings wieder praktische Politik betreiben zu können.

Noch paradoxer ist die heutige Provinzgeschichtsschreibung, die beide Führer in guter Erinnerung halten will. Das Komitee für Parteigeschichte Henans gab 1993 einen Erinnerungsband an Pan Fusheng heraus, in dem neben seinen Gedichten auch einige Reden und ein langer Artikel zu der Kampagne gegen ihn veröffentlicht wurden. Dieser Artikel kritisierte die Anti-Pan-Kampagne und andere linksradikale Abweichungen der Provinz auf das Schärfste, ohne allerdings explizite Kritik an Wu Zhipu zu leisten. Genau das gleiche Komitee veröffentlichte zwei Jahre später (1995) einen Erinnerungsband an Wu, in dem das heikle Thema ausgespart wurde und stattdessen Lobeshymnen auf Wus Rolle vor 1949 gehalten wurden. Da er selbstlos gewesen sei und immer fleißig studiert hätte, sei er ein Vorbild für die Partei, von dem man lernen müsse. Seinen Kindern war es nicht peinlich, Lobeshymnen auf ihren Vater zu verfassen. In dem dicken Band der Provinzchronik zur Parteigeschichte wird der Konflikt zwischen Pan und Wu nur in einigen Sätzen erwähnt.

Zwar verurteilt die regionale Parteigeschichtsschreibung heute den „Großen Sprung“ sowie die „Zwischenfälle“ von Yudong und Xinyang, aber der Hauptverantwortliche für offiziell über zwei Millionen Tote (Zhang Linnan 1993: 323) wird weiter in Ehren gehalten. Obwohl Wu Zhipu seit 1962 nicht mehr in Henan tätig war, wollen die Parteihistoriker sein Ansehen nicht beschädigen. Vielleicht war der Riss, den der Machtkampf zwischen Wu und Pan verursachte, in der Partei so tief, dass auch 30 Jahre später eine klare Verurteilung von Wu zu Konflikten führen würde.

5.3. Die Henaner Hungersnot in publizierten Erinnerungen und populärwissenschaftlicher Literatur

Ausführlicher als die regionale Parteigeschichtsschreibung setzen sich einige lokale Kader mit dem „Großen Sprung“ und der Hungersnot in Henan auseinander. Zwei pensionierte Kader aus der Xinyang-Region ergreifen an ihrem Lebensabend noch ein Mal das Wort, um ihre Sicht der Dinge darzulegen und sich dagegen zu wehren, als Sündenböcke abgestempelt zu werden. Auf der anderen Seite unternehmen einige Journalisten Versuche, den „Großen Sprung“ zu verharmlosen oder sogar zu glorifizieren. Andere fordern sogar ein Museum für die Volkskommune in Chayashan.

5.3.1. Der „Zwischenfall von Xinyang" in autobiographischen Erinnerungen

Der „Zwischenfall von Xinyang" stellt bei der Aufarbeitung der Hungersnot in China immer noch ein Randthema dar. Veröffentlichte Erinnerungen von Zeitzeugen gibt es kaum. In der Geschichtszeitschrift „Bai Nian Chao" veröffentlichte der stellvertretende Sekretär des Büros des Gebietsparteikomitees von Xinyang, Zhang Shufan (1998), einen Artikel, den er schon 1993 trotz Krankheit geschrieben hatte. In den letzten 30 Jahren habe er diese blutigen Erfahrungen nie vergessen können (Zhang Shufan 1998: 39). Es scheint, als wollte ein alter Kader kurz vor seinem Tod noch ein Mal seine Geschichte erzählen. In einem ungewöhnlichen Maß stellt der Autor die Frage nach der Verantwortung.

Sich selbst stellt er als aufrichtigen Kader der Kommunistischen Partei dar: Er glaubte nicht an die unglaublichen Erfolgsmeldungen der Satelliten-Felder und äußerte seine Zweifel gegenüber dem Sekretär des Gebietes Lu Xianwen. Obwohl die Zweifler mit über 12.000 Kritiksitzungen zur Ruhe gebracht worden sein sollen, konnte Zhang zunächst weiter seinen Posten ausüben (ebenda: 40). Zhang war dafür verantwortlich, das Getreide bei den Bauern einzutreiben. Nachdem sogar die persönlichen Rationen der Bauern und das Saatgetreide eingezogen wurden, hatten die Bauern nichts mehr zu essen (ebenda: 41). Wie es allerdings gelang, den Bauern ihre letzten Reserven abzunehmen, das verschweigt Zhang. Wir erfahren auch nichts darüber, welche persönliche Rolle er bei den Unterdrückungsmaßnahmen spielte. Da er persönlich für Tote verantwortlich gewesen wäre, machte er Lu Xianwen den Vorschlag, die staatlichen Getreidespeicher zu öffnen, was ihm später als Verbrechen vorgeworfen wurde. Bei Bauern versteckten Kader Getreide, um „Beweise" für „Weniger berichten, um heimlich aufzuteilen" zu haben. Selbst „konterrevolutionärer" Widerstand wurde inszeniert.

Es muss damals eine Reihe von Kadern gegeben haben, die versuchten, die Situation der Zentrale in Beijing zu berichten. Mit der Unterstützung des Provinzparteikomitees unterdrückte Lu Xianwen diese Berichte. Ingesamt sollen über 12.000 Briefe abgefangen worden sein (ebenda: 41). Eine Parteizelle, von deren 23 Mitgliedern 20 verhungert waren, schrieb z.B. einen Brief an die Provinzführung, den aber ein Sekretär nicht weiterleitete. Nach der Lushan-Konferenz wurden sogar Parteikader erschlagen, die die Produktionsquoten nach den einzelnen Familien festgelegt hatten (包产到户). Zhang wurde wegen seiner „ernsthaften rechtsopportunistischen Fehler" vom Dienst suspendiert und durfte an den Sitzungen der Führung nicht mehr teilnehmen und keine Dokumente lesen (ebenda: 42). Die wesentlichen Anklagepunkte waren: Er habe im August die Folgen der Naturkatastrophen übertrieben und damit die positive Entwicklung des „Großen Sprungs" negiert. Dieser Vorwurf ist höchst interessant, da später von der Partei das schlechte Wetter als der Hauptgrund für die Hungersnot hingestellt wurde. Laut Zhang soll es 1959 über 100 Tage nicht geregnet haben (ebenda: 40). Er wurde außerdem angegriffen, weil er beim Kampf gegen „Weniger berichten, um heimlich zu verteilen" versagte und sogar 7 Millionen Pfund Getreide an die Bauern verteilt haben soll (ebenda: 42). Außerdem habe er den Kadern einen Guomingdang-Arbeitsstil vorgeworfen (国民党作风). Die Kritiksitzungen gegen ihn wären eher eine Formalität gewesen, da die meisten Kader insgeheim mit ihm sympathisierten.

Als im Februar 1960 das Massensterben riesige Ausmaße annahm, wurde Zhang von Lu Xianwen wieder zur Arbeit beordert. Erstaunlich scheint hier der pragmatische Umgang mit der Vergabe der politischen Kategorien. Zhang scheint weder offiziell als „Rechtsopportunist" eingestuft worden zu sein, noch wurde er offiziell rehabilitiert. Bei einer wirklichen Einstufung hätte er mindestens bis 1962 warten müssen, bis die Parteiführung in Beijing einen Großteil der „Rechtsopportunisten" – mit Ausnahme von Peng Dehuai - wieder rehabilitierte.

Damals schätzte Zhang Shufan die Zahl der Toten auf 200.000 bis 300.000 (ebenda: 43). Später erfuhr er, dass die tatsächliche Todesziffer um ein X-faches (多好几倍) höher lag. Die Frage nach der Verantwortung für diesen „Zwischenfall" beantwortet er eindeutig. Die Provinzführung wusste von dieser Entwicklung. Wu Zhipu soll zu Lu Xianwen gesagt haben: „Du brauchst keine Angst zu haben. Das Provinzparteikomitee unterstützt dich" (ebenda: 43). Als die Zentrale in Beijing dann 1961 die Volksbefreiungsarmee einsetzte, um Lu Xianwen zu verhaften und seine Politik stoppte, soll Wu Zhipu den Unwissenden gespielt haben. Aus der Erinnerung zitiert Zhang aus einem persönlichen Gespräch mit ihm: „Genosse Zhang Shu, dass es im Xinyang Gebiet Probleme gibt, wusste das Provinzparteikomitee zuerst überhaupt nicht. Ich habe gehört, dass du und Lu Xianwen verschiedener Meinung ward. Warum hast du mir das nicht erzählt? Dann wäre vielleicht nicht ein so großes Problem entstanden" (ebenda: 43). Zhang antwortete: „Genosse Wu, wie kannst du nur sagen, das Provinzparteikomitee hätte nichts davon gewusst. Wurde die Kritik an mir nicht von dir organisiert? Warum sollte ich dich dann noch aufsuchen." Tao Zhu, der mit einer Untersuchungskommission der Zentrale aus Beijing gekommen war, soll darauf erwidert haben, dass zwar alle wüssten, dass die Kritik an ihm falsch war. Er sei jetzt aber rehabilitiert worden und solle das Thema nicht mehr ansprechen. Die Rehabilitierung war also auch eine Art Ruhigstellung und Schlussstrich unter die Vergangenheit.

In seinen Erinnerungen äußert Zhang Shufan auch Zweifel an den Maßnahmen, die im Zuge der „Ausrichtung" eingeleitet wurden. Alle Sekretäre der

Stadt- und Kreisparteikomitees wurden aus der Partei ausgeschlossen und über 200.000 Basiskader einer „Sonderschulung" (特殊训练) unterzogen. Kader wurden gefesselt und von bewaffneten Soldaten verhaftet und abgeführt. Weinend hätte er sich gefragt, wie all diese Kader, mit denen er jahrelang zusammengearbeitet hatte, alles Konterrevolutionäre sein konnten? Während seiner Arbeit für Produktion und Behebung der Katastrophe sei er wieder kritisiert worden, weil er sich gegen die Repressionen gegen die Kader gewandt hatte. Dafür sei er als „Verwirrter" (糊涂人) bezeichnet worden. Einige Kader, die persönliche Verantwortung für den „Zwischenfall" hatten, taten nun, als ob sie schon immer alles gewusst hätten. Er hielt lieber still und hoffte, dass am Ende die Geschichte ihm Gerechtigkeit widerfahren lassen würde (ebenda: 44).

Am Schluss des Artikels relativiert Zhang sogar die Bedeutung des „Zwischenfalls von Xinyang". In der ganzen Provinz seien Menschen verhungert, in Xinyang nur besonders viele. Da Wu Zhipu der Hauptverantwortliche sei, solle man deshalb besser vom „Zwischenfall von Henan" sprechen. Wu habe schlechte Menschen in hohe Positionen gebracht und schwere Fehler begangen. Seine Autorität in Henan habe mit der Kampagne gegen Pan Fusheng vom Herbst 1958 abgenommen. Die Massen sollen gedichtet haben: „Bei Pan Fusheng bekamen wir 1 Pfund Getreide jeden Tag, bei Wu Zhipu haben wir viel Bitternis gegessen" (跟着潘复生一天一斤, 跟着吴芝圃吃了不少苦). Der Artikel endet mit einer Beschreibung des Verhaltens der Massen, die er vorher nur am Rande erwähnte und in seiner Geschichte keine Rolle spielten: „Der Zwischenfall von Xinyang zeigt uns, dass die große Mehrheit unseres Volkes wirklich zu gut ist. Damals verhungerten in Xinyang so viele Menschen. Es war aber nicht so, dass es kein Getreide gab. Die kleinen und großen Getreidespeicher waren voll. Obwohl die Massen verhungerten, wurde nicht ein Speicher gestürmt. Das zeigt uns, wie sehr das mit Fleisch und Blut mit der Kommunistischen Partei verbundene Volk gehorsam ist, wie sehr es die Gesetze befolgt und wie sehr es an die Partei glaubt. Wir führenden Kader sind wirklich gegenüber dem Volk von Gewissensbissen gepeinigt" (ebenda: 44).

Diese Schlussbemerkung steht im Widerspruch zur Selbstdarstellung im Text. Zhang Shufan stellt sich selber als vorbildlichen Kader hin, der trotz Drucks versuchte, die „Wahrheit in den Tatsachen zu suchen" und konkrete Schritte unternahm, um den Bauern zu helfen. Die Öffnung der Getreidespeicher für das hungernde Volk greift auf eine alte chinesische Metapher zurück, die auch schon in den lokalen Chroniken der Qing-Dynastie zu finden ist.[14] Die

[14] Diesen Hinweis gab mir Patricia Thornston auf dem internationalen Workshop 'The Great Leap Famine', Brandeis University (USA), 6-7.4.2005.

Öffnung der Getreidespeicher für die hungernden Bauern war eine Art Metapher für den guten Beamten.

Den Führer der Sonderregion, Lu Xianwen, stellt Zhang hingegen als ignoranten und herzlosen von Wu Zhipu gedeckten Kader dar. Wenn die Widersprüche zwischen ihnen so groß waren, stellt sich die Frage, warum Lu ihm wieder seinen Posten zurückgab und wichtige Aufgaben anvertraute. Zhang Shufan fühlt sich beim Niederschreiben sowohl von der Provinzführung als auch von der Zentrale ungerecht behandelt: Er verübelt es der Zentrale, dass Wu Zhipu sich so einfach aus seiner Verantwortung stehlen konnte und Tausende lokaler Kader während der Ausrichtungskampagne Anfang 1961 zu Sündenböcken wurden, weil die Führung, vor allem Mao, den „Zwischenfall" als Resultat konterrevolutionärer Untriebe in der Partei ansah. Die Mehrheit der lokalen Kader, die mit ihm angeblich heimlich sympathisierten, werden so zu Opfern gemacht. Seine eigene Verantwortung besteht nur darin, den blinden Glauben der Massen an die Partei enttäuscht zu haben. Ob sich die Massen im guten Glauben an die Partei wie die naiven Lämmchen auf der Opferbank schlachten ließen, scheint sehr fraglich. Aus den Interviews mit Bauern und Kadern habe ich den Eindruck gewonnen, dass sie ums Überleben kämpften. Wahrscheinlich waren es eher der körperliche Zerfall durch den Hunger und der Terror durch die Kader, die die Stürmung von Speichern verhinderten. Den Terror gegenüber den Massen thematisiert Zhang aber nicht. Der „Zwischenfall" ist für ihn in erster Linie eine Hungersnot, die von Repressionen begleitet wurde, und kein politischer Massenmord.

Zhang, der die lokalen Kader gegen Provinz und Zentrale verteidigt, wirft die Frage nach der Schuld ungewöhnlich offen auf. Dabei stellt er indirekt die Bewertung durch die offizielle Geschichtsschreibung in Frage, die dem Führungskollektiv um Mao die Verantwortung gibt. Er zeigt, dass damit die Frage der Schuld auf der regionalen und lokalen Ebene noch nicht geklärt ist. Mit der Bezeichnung „Zwischenfall von Henan" schafft er ein neues Wort, das Wu Zhipu die Hauptverantwortung zuweist. Wu selbst stellt er als Opportunisten dar, der erst alles deckte und dann jede Verantwortung von sich wies. Damit geht Zhang weit über die regionale Parteigeschichtsschreibung hinaus, von der Wu immer noch sehr schonend behandelt wird.

She Dehong ist ein weiterer alter Kader, der am Lebensabend noch ein Mal das Wort ergreift, um als Zeitzeuge an den „Zwischenfall von Xinyang" zu erinnern. Der Artikel des pensionierten Kaders der Stadt Xinyang wurde im „Rural China Report" 2003 abgedruckt. Ihn bewegt, dass es bis heute noch keine einheitliche und gerechte Bewertung dieses Ereignisses gäbe. Obwohl der Unmut der Massen von Xinyang groß sei, traue man sich nicht, „unpassende Kommentare“ zu machen (She Dehong 2003: 325f). Diesen Umgang empfinde er als großen Verlust. Die Aufzeichnung seiner persönlichen Erinnerung als eines im Sterben liegenden Mannes betrachtet er als seinen letzten Beitrag. She arbeitete als Sekretär im Bezirkskommissaritat (专署) und war für amtliche Briefe und Dokumente der Agrarpolitik zuständig. So habe er einen Einblick in die Lage in einigen Teilen des Gebiets bekommen. 1960 sei in einem Bericht der Zentrale die Ziffer von 1.050.000 Todesopfern genannt worden (ebenda: 327). Im Unterschied zu dem Artikel von Zhang Shufan beschreibt She in einer beeindruckenden Ausführlichkeit das Massensterben und Leiden auf den Dörfern. She arbeitete auch mit Zhang Shufan zusammen. Beide bestätigen sich gegenseitig in ihren Erinnerungen, dass sie als aufrechte Kader versucht haben, die wirkliche Situation nach oben zu berichten.

Das Ausmaß der Hungersnot wurde She bewusst, als er im Dezember 1959 in sein Heimatdorf im Kreis Huaibin zurückkehrte. Damals wurde er zusammen mit Zhan Shufan gerade als Rechtsopportunist kritisiert, konnte aber ein paar Tage Urlaub nehmen, da Verwandte gestorben waren. Vier Kilometer vor seinem Dorf entdeckte er einen Haufen mit ca. 100 Leichen. Einige wurden wahrscheinlich von Menschen angefressen. Kannibalismus habe es in fast jedem Dorf gegeben (人吃人的情况几乎是村村有之). Er könne es kaum übers Herz bringen, dies auszusprechen (ebenda: 329). Als er zu Hause ankam, war schon ein Teil seiner Familie verhungert. In der Volkskommune Fanghu gab man ihm nichts zu essen, weil die Kader nicht mit einem Kritisierten zusammen gesehen werden wollten. Laut den Erinnerungen des Parteisekretärs der Volkskommune Fanghu sollen von ca. 50.000 Menschen ca. 22.000 verhungert sein, was einen Anteil von über 40 Prozent ausmacht (ebenda: 328).

Als er ins Bezirkskommissariat zurückkehrte, gingen die Kritiksitzungen gegen ihn weiter. She traute sich nicht, die Wahrheit zu sagen, und behauptete, die Alten seien nur krank und die Situation auf dem Dorf gut. Er erklärt dieses Verhalten damit, dass der Kritisierende und der Kritisierte in keinem gleichberechtigten Verhältnis zu einander standen. „Wenn er Unrecht hat, kann er trotzdem alles behaupten, wenn er dich schlägt, kannst du es nur einstecken, wenn er dich beschimpft, nur zuhören. Wenn er dich totschlägt, gilt das als eine gerechte Strafe. Wenn er dich in den Selbstmord treibt, heißt es, du wolltest dich der Strafe entziehen und hast Partei und Staat verraten“ (ebenda: 330). She fühlte sein Leben bedroht und versuchte sich durch Lügen zu retten.

Im Frühjahr 1960 habe sich die Situation in Xinyang leicht gebessert, als die Volksküchen wieder begannen, Essen auszugeben. Die Leichen verwesten aber und stanken zum Himmel. Hätte man die Leichen normal begraben, wäre das Ausmaß der Katastrophe an den Grabhügeln sichtbar gewesen. So beschloss das

Bezirkskommissariat, Massengräber mit teilweise über 100 Leichen ausheben zu lassen (ebenda: 330). Wiederholt versucht She in seinem Artikel die Ausmaße des Sterbens deutlich zu machen. In der Familie seines Onkels im Kreis Guangshan starben 10 von 11 Familienmitgliedern. Im Kreis Xincha verhungerten über 100.000 Menschen und im Kreis Zhengyang über 80.000 (ebenda: 331).

She Dehong macht in seinen Erinnerungen etwas, was sonst in der offiziellen Parteigeschichtsschreibung ungewöhnlich ist: Statt allgemeiner Verurteilungen von „linksradikaler“ Politik wird hier menschliches und persönliches Leiden im Detail geschildert. Auch bei Opferzahlen wird selten so ins Detail gegangen. Nach dieser sehr emotionalen und persönlichen Darstellung fällt She wieder in eine allgemeine Darstellung auf dem Boden von Zeitungsberichten und Archivmaterial zurück und schildert den Prozess des „Zwischenfalls“. Er weist die Legende von sich, das schlechte Wetter sei die Ursache gewesen. Zwar seien die Naturkatastrophen 1959 schlimm gewesen, aber keineswegs die schlimmsten nach 1949. Mit dem vorhandenen Getreide, über 150 Kilo pro Kopf (etwas über 400 Gramm pro Tag), hätte man die 8 Millionen Bauern zumindest über Wasser halten können und keiner hätte verhungern müssen (ebenda: 333). Als die Hungersnot ausbrach, seien in den Getreidespeichern 550.000.000 Kilo Getreide gelagert gewesen. Davon hätte ein kleiner Teil ausgereicht, um das Massensterben zu verhindern.

Auch She spricht von Ungerechtigkeiten gegenüber Kadern während der „Ausrichtungskampagne“ und der Deckung von Lu Xianwen durch Wu Zhipu (ebenda: 347). Er erwähnt aber auch, dass die Verurteilungen von ca. 100.000 Leuten neu überprüft wurden. Davon rehabilitierte man 90.000 vollständig und 6000 teilweise. Nur 3000 Verurteilungen wurden nicht revidiert (ebenda: 352).

Am Ende dieses Artikels, der sich stark von den Darstellungen der Parteigeschichtsschreibung unterscheidet, zieht She eine überraschend orthodoxe Lehre: Der „Zwischenfall von Xinyang“ sei auch das Resultat von Naturkatastrophen, die Hauptursache sei aber das Verletzen der Mao Zedong-Ideen gewesen (ebenda: 354). Nachdem Mao 1957 die Beschlüsse des 8. Parteitages der KPCh, die die wirtschaftliche Entwicklung in den Vordergrund stellten, negierte, seien Kritiker immer mehr als Parteifeinde hingestellt worden. Die Parteimitglieder trauten sich immer weniger auszusprechen, was sie wirklich dachten. Im Schlusssatz wird noch die Umsetzung der Theorie der „3 Vetretungen“ (三个代表) von Jiang Zemin beschworen (ebenda: 355). Da der Artikel 2001 noch einmal überarbeitet wurde, ist anzunehmen, dass der Schluss im Nachhinein von She oder vom Redakteur angefügt wurde, um der neuen Linie zu entsprechen. Natürlich kann das Ende einen Schutzschirm (保护伞) darstellen, um sich gegen Kritiker abzusichern. Die Mao Zedong-Ideen werden hier völlig von der Person

Mao getrennt, was auch der Auffassung Deng Xiaopings entspricht, der die Ideen als kollektives Gut der ganzen Partei definiert und so den aktuellen Bedürfnissen immer wieder anpassen konnte.

5.3.2. Mao-Nostalgie und romantische Verklärung

Neben diesen Versuchen, den „Großen Sprung" als schreckliches Ereignis zu thematisieren, gibt es andere Autoren, welche die Hungersnot relativieren.

2004 reiste der Journalist Tai Hongtao nach Chayashan, um einen Artikel über die Gründung der ersten Volkskommune in China zu schreiben. Obwohl es sich nicht um persönliche Erinnerungen des Autors handelt, soll der Artikel hier analysiert werden, weil er zwei hochrangige Zeitzeugen interviewte: den 79-jährigen Chen Neiyan, der damals der 1. Sekretär des Parteikomitees der Volkskommune Chayashan war, und Qi Shuzhi, den 2. Sekretär. Tai beginnt seinen Artikel mit der Bemerkung, dass im Standardlexikon der VR China für Modernes Chinesisch (现代汉语词典) unter Chayashan nur „Name eines Berges" in Henan steht (Tai Hongtao 2004: 51). Dabei sei dieser Name mit der leidenschaftlichen Hingabe der Menschen von Chayashan als Entstehungsort der ersten Volkskommune durch die ganze Welt gegangen. Theoretisch ausgedrückt, beklagt der Autor die mangelnde Verankerung dieses Ortes im kulturellen Gedächtnis der Chinesen. Er konstruiert die Gründung der Volkskommune auf der Basis der Erinnerungen seiner Zeitzeugen. Nach dem ZK-Beschluss zur Bildung der „Großen Genossenschaften"[15] habe Lu Xianwen der Zusammenlegung der Genossenschaften im April 1958 zugestimmt. Der Name sei von „Kolchose Sputnik" (卫星集体农庄) schließlich vom Agrarminister Tan Zhenlin, der im Mai damals in Zhengzhou weilte, in „Sputnik Kommune" abgeändert worden. Tan meinte, dass die sowjetische Kolchose nicht wirtschaftliche und politische Verwaltung vereinige. Daher sei der Vergleich mit der Pariser Kommune von 1871 treffender. Der stellvertretende Chefredakteur der „Roten Fahne", Li Youjiu, soll den Vorschlag gemacht haben, den Namen „Chayashan Volkskommune" zu benutzen (ebenda: 52).

Von Hungertoten ist in dem Artikel überhaupt keine Rede. Berichtet wird nur von unzureichender Ernährung in der Volkskommune. Schließlich kommen ausführlich die Zeitzeugen zu Wort. Chen Neiyan berichtete, wie er an den Sputnik-Feldern gezweifelt habe. Dann geschieht etwas, was völlig der offiziellen Geschichtsschreibung widerspricht: Er relativierte im Interview die Politik der

---

[15] Beschluss: Siehe 中共中央关于小型的农业合作社适当地合并为大社的意见 (Ansicht des ZK der KPCH bezüglich des zweckmäßigen Zusammenschlusses der kleinen Genossenschaften zu grossen) in: Jgyl, 1995, Band 11: 209-210.

kommunistischen Offensive vom Herbst 1958 sowie die Gründung der „kommunistischen“ Kommunen. „Damals waren die Bedingungen dafür nicht vorhanden und sie wurden zu schnell etabliert. Aber sind heute die Dörfer Liuzhuang im Xinxiang Kreis und Lingying in Nanjiecun nicht auch solche Modelle?“ (ebenda: 54). Nanjiecun sieht sich heute als kommunistisches Modell, das an den Errungenschaften der Mao-Ära festhält. Für die traditionelle „Linke“ in ganz China ist es das letzte Gegenmodell zur Marktwirtschaft der Sonderwirtschaftszone Shenzhen (Heberer / Jaboki 2002: 112). Nach dieser Aussage gerät der Journalist über die gute alte Zeit und die tapferen alten Menschen (老人), die selbstlos für die Sache der Partei mit Himmel und Erde rangen, ins Schwärmen. Ihr Leben in Bescheidenheit veranlasse uns, sie unvergleichlich zu verehren. Die verantwortlichen Kader der Kommune, in der über 10 Prozent der Bevölkerung verhungerten (She Dehong 2003: 331), betrachtet der jüngere Journalist als alte Menschen und nicht als Verantwortliche oder sogar Täter. Alte Menschen muss man verehren, so lernt es jedes chinesisches Kind in der Schule.

Auch Qi Shuzhi versuchte, die Politik von 1958 mit dem weiteren Verlauf der Geschichte zu rechtfertigen, und bezog sich auch auf die wenigen kollektiven Modelle von heute. „Der ‚Große Sprung nach vorne' war ein Produkt der damaligen Zeit. Es sei zu schnell gegangen, und man habe blind gehandelt und keine Erfahrung gehabt (...) Aber der Weg, mit der Entwicklung der Kollektivwirtschaft gemeinsam reich zu werden, ist richtig. Das darf nicht geändert werden“ (Tai Hongtao 2004: 54). Der Autor verweist auf das über 20-jährige Bestehen der Volkskommunen in ganz China.

Die Vergleiche mit der Volkskommune nach 1961 und dem heutigen Modell Nanjiecun sind historisch unkorrekt. Der Name „Volkskommune“ blieb zwar noch weitere 20 Jahre bestehen, aber die Form, die sich dahinter verbarg, hatte sich radikal geändert. Die „kommunistische“ Volkskommune mit der kompletten Vergesellschaftung des privaten Eigentums der Bauern und der kollektiven „Ernährung“ wurde 1961 abgeschafft. Die Volkskommune nach 1962, die auf dem Boden der „60 Punkte“[16] stand, war viel kleiner, baute auf den traditionellen Strukturen auf, besaß eine Mischung von staatlichem, kollektivem und privatem Eigentum. Sie war somit der sozialistischen Genossenschaft (高级社) ähnlicher als der Volkskommune von 1958. Nanjiecun lässt sich ebensowenig mit der Volkskommune während des „Großen Sprungs“ vergleichen. Auch wenn die einheimischen Dorfbewohner Lebensmittel und Konsumgüter zugeteilt bekommen und kollektives Eigentum vorherrscht, ist auch Nanjiecun in die marktwirt-

[16] Beschluss: Siehe 农村人民公社工作条例 (修正草案) (*Revision der Arbeitsbestimmungen der ländlichen Volkskommunen*), in: Jgyl, 1997, Band 14: S. 385-411.

schaftliche Umgebung eingebunden und profitiert massiv von den billigen Arbeitskräften der Wanderarbeiter (Heberer / Jakobi 2002: 110).

Der Artikel von Tai Hongtao ist hochinteressant, weil die damals verantwortlichen Kader ihre Erinnerungen zur Rechtfertigung benutzten, um ihre Unterstützung für die letzten Relikte des Staatssozialismus auszusprechen. Warum rechtfertigten sie sich eigentlich? Ihr Interviewpartner verehrt sie als bescheidene alte Menschen und löste dadurch keinen Rechtfertigungszwang aus. Kader, die ich interviewte, erzählten freimütig von ihrer Rolle als „Sklaventreiber", ohne Schuld zu verspüren und sich zu rechtfertigen.

In die Rubrik nostalgische, populärwissenschaftliche Erinnerungen kann man auch das Buch „Das Wunder des Augusts" des Henaner Journalisten Chen Han (2001) einordnen. Der Autor war 1958 erst 11 Jahre. Der Journalist fuhr mehrfach auf die Dörfer, die Mao besucht hatte und interviewte über 40 Zeitzeugen (Chen Han 2001: 237). Basierend auf den Interviews zeichnet er akribisch Maos Besuch von 1958 und seine Gespräche mit Bauern und Kadern nach. Begleitet wurde Mao auf seiner Tour über die Dörfer von Wu Zhipu und Shi Xiangsheng, dem Leiter des Sekretariats des Provinzparteikomitees. In den wiedergegebenen Gesprächen geht es selten um politische Fragen des „Großen Sprungs", sondern es wird gezeigt, wie volksnah Mao war und wie sehr er sich um die Belange sowie das Leben der Dorfbewohner sorgte. Seine angebliche Bescheidenheit und der selbstlose Arbeitsstil werden dabei besonders herausgestellt. Glaubt man Chen Han, so sprechen die Zeitzeugen heute noch voller Begeisterung vom Besuch des „Großen Vorsitzenden". Geduldig und wissbegierig hörte sich Mao alles an und ließ sich die Wunder des „Großen Sprungs" erklären. Vor allem Shi Xiangsheng soll mit seinen Berichten über die Frauenbefreiung, Volksküchen und kostenlosem Essen Mao begeistert haben (ebenda: 55 ff.). Die Berichte über astronomische Produktionserfolge sollen bei ihm einige Zweifel geweckt haben (ebenda: 200).

Nachdem Chen Han über 200 Seiten weder den „Wind der Übertreibung" noch den „Wind des Kommunismus" auch nur erwähnt hat, fügt er noch ein paar Seiten über die „linken Fehler" und ihre Korrekturen nach der 2. Zhengzhou-Konferenz an (ebenda: 217 ff.). Dann zitiert er Mao Zedong sinngemäß: „Es ist nicht möglich, keine Fehler zu machen. Nirgendwo gibt es das (...). Die Wahrheit kann man nicht mit einem Mal komplett verwirklichen, sondern nur schrittweise" (ebenda: 219). Wu Zhipu und Shi Xiangsheng hätten später Selbstkritik für ihre Fehler geübt und Reue gegenüber der Partei und Mao empfunden. Schließlich seien sie gute Kommunisten gewesen (ebenda: 221). Die Politik, die den Tod von Millionen Menschen auslöste, wird als kleiner Irrtum dargestellt. Denn Fehler mache schließlich jeder.

Während bei den sehr kritischen Erinnerungen der Dorfkader She Dehong und Liang Zhiyuan die Loyalitätsbekundungen gegenüber der Partei aufgesetzt wirken, so ist es bei Chen Han die kurze Wiedergabe der offiziellen Kritik an den „linken Fehlern". Maos Tour über die Dörfer Henans und Hebeis 1958 war Teil des Beginns der großen Katastrophen. Hier sammelte er die Eindrücke, die sich kurz nach seiner Rückkehr nach Beijing auf der Beidaihe-Konferenz zur Politik der kommunistischen Offensive verdichteten. Chen behandelte die Dorfbesuche unabhängig von dieser Politik und sieht anscheinend überhaupt keinen Zusammenhang mit der Hungersnot. Den massiven Betrug bei den Modell-Feldern und die falschen Inszenierungen für Mao sowie den politischen Druck von oben thematisiert er gar nicht. Chen schafft es, einen Teil der Geschichte der „Großen Sprung"-Hungersnot als moralische Erbauungsliteratur für Mao-Nostalgiker umzuschreiben. Sein Buch, das immerhin im „Verlag für Dokumente des Zentralkomitees" erschienen ist, zeigt, dass auch die alte „Linke" die Spielräume ausnutzt, um ihre Sichtweise der Geschichte zu verbreiten. Man könnte sogar soweit gegen, dass abgesehen von kurzen Lippenbekenntnissen das Buch nicht dem Parteibeschluss zur Geschichte von 1981 entspricht, der die Politik des Jahres 1958 sehr kritisch eingestuft hat.

Bis heute hat der Besuch Maos auf den Dörfern Spuren hinterlassen. Einige Dörfer errichteten schon 1958 kleine Gedenkstätten (纪念馆) und Gedenksteine (纪念门). Im Zuge der Feiern zum 100. Geburtstag Maos 1993 wurden sie renoviert oder sogar neue Gedenkhallen gebaut. Die Kreisregierung von Rangcheng gab dafür sogar 800.000 Yuan aus (ebenda: 224). Einige Gedenkhallen sollen sogar zu kulturellen Zentren von Dörfern geworden sein (ebenda: 231). Der alte Sekretär der Parteizelle erzählte Chen, dass jemand das Schild „Volkskommune Qiliguan Kreis Xinxiang" aus dem Ausstellungsraum entfernen wollte. „Die Volkskommune gibt es so viele Jahre nicht mehr. Jemand machte den Vorschlag, das Holzschild wegzuwerfen. Ich habe nicht zugestimmt. Das ist doch Geschichte. Wie kann man die einfach wegwerfen?" (ebenda: 229)

Gedächtnispolitisch betrachtet, ist die Wiedererrichtung der Gedenkhallen an den Mao-Besuch hochinteressant. Während in ganz China das Mao-Bild am Tor zur Verbotenen Stadt das letzte offiziell aufgehängte ist, breitet sich auf einigen Dörfern Henans wieder ein Mao-Kult aus. Ein Ereignis, das unmittelbar mit der Forcierung des „Winds des Kommunismus" und des „Winds der Übertreibung" im Zusammenhang stand, wird nun positiv besetzt und von den negativen Folgen getrennt. Vielleicht sind diese kleinen Gedenkstätten noch die einzigen Orte, wo materielle Gegenstände des „Großen Sprungs" aufgehoben wurden. Im Unterschied zu Kim Ilsung besuchte Mao nach 1949 nur wenige Dörfern. Die Plätze, an denen Mao war, werden von Dorf- und Kreiskadern nun zu „heiligen Orten" gemacht. In Nordkorea ist eine richtige Topographie des Lebens des „Großen Führers“ entstanden, da überall, wo er erschien, Denkmäler aufgestellt wurden.

Cao Jinqing zeigt in seinem Buch „Das China am gelben Fluss“, dass die Verehrung Maos in Henan noch mystische und abergläubische Züge annehmen kann. In einem Dorf im Kreis Xincha kann man in der Familie eines Bauern den Geist Maos verspüren (毛泽东显灵). Dort kaufte sich Herr Tian Shufa nach Maos Tod ein Poster vom großen Vorsitzenden, das mit der Zeit völlig verbleichte. 1993 nahm plötzlich das Gesicht Maos wieder Konturen an und war wieder klar zu erkennen. Von da an hieß es, dass der Geist Maos in dem Raum zu spüren sei und der Ort wurde zur Pilgerstätte. Laut Cao Jinqing hätten sich über 15.000 Leute in das Kondolenzbuch eingetragen (Cao Jinqing 2000: 598). Zu den Besuchern gehörten Schüler, Lehrer sowie Kader der Provinz-, Stadt- und Kreisebene. Sogar aus Hongkong sollen schon Gäste gekommen sein. Cao erklärt sich diese Verehrung für Mao mit der Zunahme der Korruption im örtlichen Parteiapparat und der schweren Last der Bauern. Er glaubt nicht, dass die Bauern die kollektive Landwirtschaft vermissen würden, weil sie in der Reform-Ära eigenen Boden bekamen und die Ernährungsfrage gelöst wurde (ebenda: 600).

Dieser Aberglaube wirkt wie eine Realsatire. Die Kroaten Vinko und Ivo Bresan wurden 2000 auf dem Filmfestival Berlinale mit ihrem Film „Marschall Titos Geist“ ausgezeichnet. Auf einer Beerdigung eines alten Partisans erscheint angeblich der Geist Titos. Der clevere kapitalistische Bürgermeister, dem schon die halbe Insel gehört, baut daraufhin eine Art sozialistisches Disneyland auf und lockt massenhaft Touristen im Rentenalter an. Er spielt auch mit dem Gedanken, den Geist Maos für die Chinesen und den Stalins für die Russen erscheinen zu lassen, um das große Geschäft zu machen.

In den Dörfern, die ich besuchte, konnte ich nichts von einer Mao-Nostalgie spüren.

5.3.3. Appelle gegen das Vergessen und für ein Museum

Völlig andere Beweggründe als Chen Han über den „Großen Sprung“ in Henan zu schreiben, hat der Autor Kang Jian (1996). In seinem eher journalistischen Buch „Glorreiche Desillusionierung“ über die Volkskommune Chayashan beschreibt er Hunger, Elend und Terror ausführlich. Als gebürtiger Chayashaner interviewte er Zeitzeugen und wertete Archivmaterial aus. Kang berichtet von haarsträubenden Wettkämpfen während der Kampagne zur „Ausrottung der vier Plagen“, als zigtausende Spatzen und Mücken totgeschlagen wurden (Kang Jian 1996: 282). Im Unterschied zu den Erinnerungen lokaler Kader, nennt er die Namen derer, die auf Kritiksitzungen Menschen schlugen und folterten. Zu gewalttätigen Exzessen kam es nicht nur während der Hochphase des „Großen Sprungs", sondern auch während des „Nachhilfeunterrichts zur demokratischen Revolution" 1960. Kader, die nicht bereit waren andere zu schlagen, wurden als „Rechtsopportunisten" selbst an den Pranger gestellt (ebenda: 453). In Kangs Buch erscheint der gesamte „Große Sprung" als sinnloser Terror. Er nennt die Zahl von über 2 Millionen toten Menschen in Henan. 740.000 Stück Vieh verendeten und 1,6 Millionen Häuser wurden abgerissenen. Allein in den Kreisen Guangshan, Huangchuan und Xin soll die Hungersnot über 120.000 Waisenkinder hinterlassen haben (ebenda: 507). Von den Illusionen, die mit der Parole „Lang lebe die Volkskommune" verbunden sind, müsse man sich verabschieden, ist Kangs Schlussfolgerung.

Der Autor empörte sich offen über die juristische Abwicklung. Während über 100.000 Kader der unteren Ebenen während des „Nachhilfeunterrichts" zu Feinden erklärt wurden, versetzte das ZK Wu Zhipu nur nach Beijing. „Das war aber eine schlimme Strafe", merkt Kang sarkastisch an (ebenda: 536).

Am Ende des Buches fordert Kang Jian: „Während des weltweiten 50. Jahrestages des Sieges im Krieg über das faschistische Deutschland besuchen viele Menschen das Konzentrationslager Auschwitz, um sich die Vergangenheit ins Gedächtnis zurückzurufen(...). Warum richtet China nicht ein Museum der Volkskommune ein, damit sich die Menschen auch diese Vergangenheit ins Gedächtnis rufen, nachdenken, gewarnt werden, (...) Sind die Chinesen wirklich so milde? Ach, Landsleute. Lasst uns auf keinen Fall wieder vergessen!" (ebenda: 558).

Meiner Kenntnis nach ist dies der einzige Fall, dass ein Chinese offen die Einrichtung eines Museums für die Opfer der Hungersnot fordert. Kang geht sehr weit, wenn er den Vergleich zu Auschwitz zieht. Auch in China scheint dieser Ort schon zu einem Synonym für Terror und Vernichtung geworden zu sein. Dass diese Stelle vom Verlag nicht beanstandet wurde, ist ungewöhnlich. Laut offizieller Darstellung wurden die „Fehler" von der Kommunistischen Partei doch in guter Absicht begangen. Kang zieht dagegen die Parallele zum Nationalsozialismus. Interessant ist außerdem, dass er ein Museum für die Volkskommune fordert. Die Etablierung der kommunistischen Volkskommune 1958 war sicher nur ein Faktor, der die Hungersnot auslöste. Das Nahrungsmittelmanagement in den Volksküchen, der Abzug des Getreides von den Dörfern und die Zerstörung der Produktion durch die Sputnik-Felder spielten sicher auch eine wichtige Rolle. Die Volkskommune bestand in moderater Form noch bis Anfang der 80er Jahre weiter, ohne dass es noch einmal zu einem Massensterben kam. Warum fordert Kang kein Museum für die Hungersnot?

Kang Jian gehört zu den wenigen Intellektuellen, die für die Opfer der Hungersnot das Wort ergreifen. Er empfindet ein Pflichtgefühl gegenüber den Menschen seiner Heimatregion.

5.4. Geschichtsbild und Erinnerungen von Henaner Parteihistorikern heute

Die Experteninterviews mit Parteihistorikern sollen nicht nur genutzt werden, um Insider-Informationen zu bekommen. Es soll außerdem die Frage aufgeworfen werden, wie sie heute die Rolle ihrer Provinz während des „Großen Sprungs" und Wu Zhipu bewerten. Haben sie auch ein regionales Geschichtsbewusstsein, oder sehen sie die Geschichte Henans nur als Teil des staatlichen Kanons? Bei einem Gruppeninterview waren drei Parteihistoriker der Parteischule der Provinzregierung in Zhengzhou anwesend.[17] Zhang Zhiguo, der 1958 17 Jahre alt war, interviewte ich nicht nur als Experten, sondern auch als Zeitzeugen. Heute ist er pensioniert. Bei der Analyse möchte ich seine Stellungnahme als Parteihistoriker mit der Darstellung seiner persönlichen Lebensgeschichte vergleichen. Zhao Xiulan, die ich schon mehrmals interviewte, war während des „Großen Sprungs" noch ein Kleinkind. Obwohl sie in der Hierarchie der Parteigeschichtsschreibung unter Zhang steht, hatte sie in den 80er Jahren Zugang zum Provinzarchiv und beschäftigte sich ausführlich mit der Hungersnot. Der dritte Anwesende war ihr jüngerer Kollege Feng An, der gerade ein Standardwerk zur Parteigeschichte Henans geschrieben hat.

5.4.1. Wu Zhipus Politik als Produkt der bäuerlichen Kleinproduktion

Ich war vor allem an der Bewertung Wu Zhipus interessiert, da die Kluft zwischen seiner Verantwortung für Millionen Tote und der immer noch positiven offiziellen Bewertung doch auffällig groß ist. Zhang Zhiguo erklärte, dass Wu Zhipus Rolle als Aktivist während der Revolution und des Bürgerkrieges positiv gewesen sei. Sein Handeln sei jedoch auch von traditionellem Denken und kleinbürgerlichem Bewusstsein geprägt, weshalb er häufig zu extremen Auffassungen neigte. Die Provinz Henan vor 1949 beschrieb Zhang als rückständig und abgeschlossen. Diese traditionelle Henaner Kultur, die sehr stark von der bäuerlichen Kleinproduktion geprägt gewesen sei, habe für die Kommunistische Partei zunächst Vorteile gehabt, da die Bauern fleißig waren und Leid ertragen konnten. Während des „Großen Sprungs" und der „Kulturrevolution" habe sich dieser

[17] Experteninterviews 5.8.2005 Zhengzhou.

bäuerliche Hintergrund dann negativ ausgewirkt. Wu Zhipu sei ein Beispiel für diesen bäuerlichen Radikalismus, der voreilig die Armut überwinden wollte, ohne auf objektive Bedingungen zu achten. Wus Projekte seien „gefälscht, groß und leer“ gewesen (假，大，空). Mit diesen Problemen hätte man noch bis heute zu kämpfen.

Über die Politik Wus nach der Befreiung sagte der Parteihistoriker nichts Positives, räumte jedoch ein, dass Wu nach der Absetzung in Henan von Gewissensbissen geplagt wurde und trotz seiner Krankheit sehr streng mit sich ins Gericht gegangen sei. Zhao Xiulan widersprach dieser Darstellung. Sie hat Wus drei Selbstuntersuchungen, die er Anfang der 60er Jahre an die neue Provinzführung schickte, im Archiv selber lesen können. Zhao sagte in einem anderen Interview, dass Wu Zhipu einen schlechten Charakter gehabt habe (人品不好). Wie auch der Führer der Xinyang-Region, Lu Xianwen, habe Wu zunächst versucht, sich damit herauszureden, dass es schließlich im ganzen Land „Probleme“ gegeben habe und nicht nur in Henan. Erst im dritten Brief habe er wirklich Reue gezeigt, da er der neuen Provinzführung einen „Saftladen“ hinterlassen habe.

Die Darstellungen der beiden Parteihistoriker wichen beide von der offiziellen Darstellung von Wu als vorbildlichem Kommunisten ab. Auffällig ist jedoch, dass die Begründung von Zhang Zhiguo dafür umso orthodoxer ist. Wie schon Stalin und der führende Interpret der chinesischen Parteigeschichte, Bo Yibo, machte er für „linksradikale“ Politik der Partei den kleinbäuerlichen Einfluss verantwortlich. Zhang Zhiguo argumentierte ähnlich wie Bo Yibo, wenn er meinte, dass der bäuerliche Radikalismus während der Revolution der Partei geholfen, aber nach dem Sieg überwiegend negativen Einfluss gehabt habe. Seine Abweichung von der offiziellen Bewertung Wus versuchte Zhang Zhiguo mit orthodoxen marxistisch-leninistischen Argumenten zu untermauern. Ich hatte bei den Interviews nicht den Eindruck, dass er nur zum Selbstschutz so argumentierte.

5.4.2. Von „Zwischenfällen“ und „Problemen“

Trotz mehrfachen Nachfragens konnte Zhang Zhiguo nicht genau erklären, was die Besonderheiten der traditionellen Henaner Kultur seien, die er für die Fehlentwicklung verantwortlich machte. Alle drei Parteihistoriker, die sich jahrelang mit der Henaner Geschichte beschäftigt haben, besitzen kaum ein Bewusstsein von den regionalen Besonderheiten. Meine Frage, ob die Kommunistische Partei in Henan nach 1949 besonders stark war, verstanden die Anwesenden nicht. Nach einer Aussage von Mao Zedong sei die KPCh in allen Provinzen außer Tibet in den 50er Jahren gleich stark gewesen. Zhao Xiulan sagte: „Mein Gefühl ist, dass es an Henan nichts Besonderes gibt.“

Bei der Diskussion einzelner Ereignisse wurde diese Darstellung von Henan als gewöhnliche Provinz aber durchbrochen. Zhao Xiulian begründete den Fraktionskampf zwischen Pan Fusheng und Wu Zhipu damit, dass Anfang der 50er Jahre die Provinz Pingyuan, die nördlich des gelben Flusses lag, mit der Provinz Henan vereinigt wurde. Pan stand als Provinzführer von Pingyuan an der Spitze der Pingyuan-Fraktion und Wu Zhipu bildete die Henan-Fraktion. Dieser Darstellung stimmte auch Zhang Guozhi zu, der erzählte, dass diese Ansicht von einem führenden Provinzkader gerade öffentlich zurückgewiesen worden sei. Man habe Angst, auf diese Weise die Darstellung von der Kommunistischen Partei als harmonische Einheit zu gefährden. Die älteren Genossen wüssten aber alle von diesen Fraktionen. Mit dieser Fraktionierung begründete Zhao Xiulian die besondere Heftigkeit des Fraktionskampfes 1958 in der Provinz.

Die Besonderheit von Regionen warfen die Interviewten im Zusammenhang mit der Schuldfrage auf. Zhao berichtete davon, dass 1961 die Politiker der Zentrale aus Beijing Tao Zhu und Wang Renzhong, die Frage stellten: „Warum ereignete sich der ‚Zwischenfall von Xinyang' gerade dort und nicht an einem anderen Ort? Es ist doch eine Provinzführung. Alle haben doch die gleichen Anweisungen des Provinzparteikomitees studiert." Der Führer von Xinyang, Lu Xianwen, schrieb kurz vor seinem Tod einen Brief mit über 40.000 Zeichen, in dem er eine Bilanz zog. Er behauptete darin, dass er nur die Anweisungen der Provinz umgesetzt habe. Außerdem sei es auch in Anhui und Sichuan zu ähnlichen Problemen gekommen. Worauf die Provinz natürlich antworten konnte, warum es in Henan dann nur in Xinyang Probleme in einem solchen Ausmaß gegeben habe, so Zhao.

Ihrer Darstellung zu folge spielte der „Zwischenfall von Xinyang" in der nationalen Politik deshalb eine große Rolle, weil er mit Ende 1960 relativ früh in Beijing bekannt wurde. Die Region im Süden Henans brachte auf Grund einer besonders blutigen Geschichte von Bürgerkrieg und Partisanenkampf viele Offiziere und führende Kader hervor. In Beijing hätten diese auf Grund ihrer Verwandtschaftsbeziehungen relativ schnell von dem Massensterben erfahren. Die Zentralregierung sei deshalb eher und besser informiert gewesen als die Provinz.

Zhao, die sicherlich zu den kritischeren Parteihistorikerinnen in China gehört, benutzte selten die Worte „Hungersnot" und Hungertote, sondern sprach häufig von entstandenen Problemen (出问题). Wo die Hungersnot besonders schlimm war, sagt sie: „Die Probleme waren vergleichsweise groß" (问题比较大). Obwohl sie Todesziffern nennt, die weit über der offiziellen Darstellung liegen, hat auch sie die Selbstzensur und die verharmlosende Umschreibung von Massensterben nicht überwunden. Meinen Vorschlag statt „Zwischenfall von Xinyang" doch „Massaker von Xinyang" (信阳大屠杀) zu sagen, lehnte sie empört ab. In

Nanjing seien die Menschen 1937 doch von japanischen Soldaten ermordete worden, während sie in Xinyang in Folge des Hungers starben. Obwohl sie mir in einem vorhergehenden Interview sagte, dass in Xinyang mehr Menschen erschlagen wurden als verhungerten, war in dieser Aussage der Hunger die anonyme Ursache für den Tod und nicht die Politik der Partei, die das Gebiet abriegelte und Flüchtende tötete.

Auf meine Frage, ob der „Zwischenfall von Xinyang" in den Schulbüchern der Mittelschule, die in ganz China einheitlich sind, erwähnt werden sollte, antwortete sie: „Die Lehrbücher der Mittelschule haben keine Beweismittel (证据), um die Situation von Henan zu erwähnen. Höchsten werden sie ein paar einfache Sätze zum ‚Großen Sprung nach vorne' schreiben. Der Mittelschüler betreibt keine Forschung auf diesem Gebiet. Er soll nur einige geschichtliche Phasen des Landes verstehen (...). Die Mittelschüler brauchen nicht so ein minuziöses Verständnis zu haben. Es ist nicht notwendig, dass die Mittelschüler im ganzen Land etwas über den ‚Zwischenfall von Xinyang' lernen. Viele Masterstudenten wissen noch nicht einmal etwas davon."

Die moderne chinesische Geschichte ist Gegenstand des Geschichtsunterrichts an chinesischen Mittelschulen. Zhao Xiulan sieht meiner Meinung nach in einer der größten Katastrophen des 20. Jahrhunderts nur ein regionales Ereignis, das nicht wichtig genug ist, dass alle Chinesen davon wissen müssten. Das Diktum der offiziellen Parteigeschichtsschreibung, „Fehler" nicht im Detail zu beschreiben, ist nicht der Grund für ihre Haltung, da sie schließlich ein Buch über den „Zwischenfall von Xinyang" geschrieben hat, das aber nicht veröffentlich wurde. Dass Zhao an dieser Stelle nicht ihre wirkliche Meinung gesagt hat, halte ich für unwahrscheinlich, da sie sonst sehr offen war. Von der kritischen Erforschung der Provinzgeschichte ist es also noch ein weiter Weg, bis die Hungersnot in Henan in das kollektive Gedächtnis der Chinesen eingeht. Kritische Parteihistoriker wie Zhao Xiulan sehen sich bisher nicht als Fürsprecher der Opfer, auch wenn sie mit ihnen sympathisieren. Warum forschte sie dann überhaupt zu einem so sensiblen Thema?

Bei meiner Recherche war mir auch aufgefallen, dass es in den Buchläden in Luoyang und Zhengzhou nur eine Hand voll Bücher über die Geschichte und Gegenwart Henans zu kaufen gibt und das bei einer Provinz, die mit über 96 Millionen Menschen (2003) mehr Einwohner als Deutschland hat (Huang Liangyi 2004: 207).

Ich fragte die Parteihistoriker, ob die Partei verhindern wolle, dass regionales Geschichtsbewusstsein entsteht. Dies liegt auch nahe, weil alle chinesischen Kinder mit den gleichen Lehrbüchern lernen müssen. Den Widerspruch zwischen dem Bewusstsein als chinesischer Staatsbürger und Henaner sahen die Interviewpartner nicht. Man solle sein Dorf und sein Land lieben, meinte Zhang Zhiguo. Zhao Xiulan sagte: „Wenn du wirklich ein Buch über den ‚Großen Sprung nach vorne' Henans schreiben würdest, könntest du es nicht verkaufen. Das Buch ‚Wen haben die Henaner belästigt?' hat aktuellen und reißerischen Charakter. Ein solches Buch verkauft sich gut." Außerdem würde es noch Publikationen wie die Provinz- und Kreischroniken geben. Zhao schiebt mangelndes ökonomisches Interesse vor. Ihr Buch zum „Zwischenfall in Xinyang" konnte aus politischen Gründen bis heute nicht veröffentlicht werden. Der Erfolg des Bestsellers „Wen haben die Henaner belästigt?" von Ma Shuo (2002) zeigt sehr wohl, dass es ein Interesse an den besonderen Problemen der Provinz gibt. Nicht zufällig erwähnte der Autor neben den Diskriminierungen der Henaner Arbeitsmigranten in den Städten der Ostküste heute auch die Hungersnot.

Auf meine Frage, warum die Partei heute überhaupt zulässt, dass der „Zwischenfall von Xinyang" in Büchern und Artikeln erwähnt wird, antwortete der Zhang Zhiguo: „Diesbezüglich finde ich, dass die Kommunistische Partei schließlich eine marxistische Partei ist. Sie hat Fehler und Mängel, das sollte man nicht verhüllen. Man kann am Beispiel dieser Niederlagen alle belehren und erziehen." Was ist denn die Lehre daraus, dass die Partei in Xinyang den Bauern das letzte Getreide weggenommen, sie dem Hungertod auslieferte und die Flüchtenden brutal verfolgt hat? Der junge Parteihistoriker Feng An antwortet auf die Frage nach der historischen Lehre, dass der „Große Sprung" ein so großes Ausmaß hatte, weil er eine Massenbewegung gewesen sei. Die Mobilisierung der Massen habe während der Revolution eine wichtige Funktion gehabt, dem wirtschaftlichen Aufbau aber geschadet. Damit kommt er bei der Rechtfertigung der heutigen Parteilinie an, die die Massenbewegungen als die „linken Fehler" der Mao-Ära verurteilt. Weder stellt die Hungersnot die Legitimität der Partei für die Interviewten in Frage, noch thematisieren sie die Parteipolitik gegenüber den Bauern. Für Zhang Zhiguo ist der kleinbäuerliche Einfluss auf die Partei die Ursache für vergangene Fehlentwicklungen, und nicht die Tatsache, dass die Partei die Bauern ausbeutete – während des „Großen Sprungs" sogar mit tödlichen Konsequenzen für Millionen. Auf diese Weise macht er wie die offizielle Parteigeschichtsschreibung die Bevölkerung zu Komplizen der Politik des „Großen Sprungs nach vorne".

Zusammenfassend lässt sich sagen, dass sich die Aussagen der Parteihistoriker aus Zhengzhou in weiten Teilen mit der offiziellen Parteigeschichtsschreibung deckten. Die Hungersnot in Henan ordneten sie unter dem Paradigma „linke Fehler" ein, die nicht zuletzt Resultat des kleinbäuerlichen Einflusses auf die Partei seien. Wu Zhipu wurde aber negativer bewertet, als es in den Publikationen der Provinz üblich ist. Die Interviewpartner sahen seine Verdienste in erster Linie in der Zeit vor der Machtübernahme der KPCh.

Bei meinen drei Interviewpartnern handelt es sich keineswegs um verschlossene Parteimitglieder, die nur die offizielle Sichtweise der Ereignisse wiedergaben. Sie waren bereit, mit einem „Ausländer" über ein sensibles Thema zu sprechen und gaben auch Informationen weiter, die in keinem der Bücher zu finden sind. Dennoch stellten sie die Partei nicht generell in Frage und sahen auch keine Notwendigkeit, die Hungersnot und das Massensterben in Xinyang in die Schulbücher aufzunehmen. Lehren aus den Ereignissen zieht die Partei, um ihre heutige politische Strategie zu untermauern. Die Interviews haben auch gezeigt, dass die Schuldfrage auf regionaler und lokaler Ebene durch den gültigen Kanon nicht beantwortet werden kann. Die Übernahme der kollektiven Verantwortung durch die Führung in der 1981er Resolution zur Parteigeschichte erklärt nicht, warum das Ausmaß der Hungersnot von Provinz zu Provinz, von Kreis zu Kreis, manchmal von Dorf zu Dorf so unterschiedlich war. Ebenso wenig können mit dem Begriff „linke Fehler" die Ereignisse beschrieben werden, die sich z.B. in Xinyang ereignet haben.

5.4.3. Der Intellektuelle und die Hungersnot

Während des Gruppeninterviews nutzte ich auch die Gelegenheit, um Zhang Zhiguo zu seiner persönlichen Lebensgeschichte zu befragen. Seine Erinnerungen machen deutlich, wie stark sich die Erlebnisse während der Hungersnot von Bauern und Intellektuellen unterscheiden. Als Sohn von armen Bauern aus dem Kreis Xinxiang im Norden Henans, trat Zhang schon in der Mittelschule in die Kommunistische Partei ein und wurde Funktionär im Jugendverband. 1960 schaffte er es sogar, an einer Universität in Beijing aufgenommen zu werden, was für einen Bauernjungen aus Henan damals einem kometenhaften Aufstieg glich.

In seinen Erinnerungen wird die Privilegierung der Intellektuellen gegenüber den Bauern deutlich. Auf der Universität war er in seiner Klasse für die Zuteilung des Getreides verantwortlich. Die Männer bekamen 33 Pfund pro Monat und die Frauen 29 Pfund. Um zu sparen, aßen die Männer schließlich nur noch 31 Pfund. Dabei handelte es sich um richtiges Getreide und nicht um Ersatznahrungsmittel, die die Henaner Bauern bekamen. Die Studenten aßen während der Hungersnot also mehr als das Doppelte im Vergleich zu den Bauern in den besseren Volksküchen in Henan. „Der Staat sorgte sich sehr um die jungen Studenten", gab Zhang zu. Da 1960 der Zugverkehr fast zum Erliegen kam, seien die meisten Mitstudenten nicht nach Hause gefahren. „Wir wussten nur, dass das Leben zu Hause sehr schwierig ist, aber wir hatten nicht gehört, dass die Menschen verhungerten.“ Die Wenigen, die 1960 oder 1961 die Familie besuchten, seien nur ein paar Tage zu Hause gewesen und hätten die „meisten Dinge nicht zu sehen bekommen“. An der Universität erkrankten nur wenige an der Wasserkrankheit und Bettler habe er in Beijing auch keine gesehen. Damals hätte er geglaubt, dass die Schwierigkeiten drei Ursachen hatten: die Naturkatastrophen, den Abzug der sowjetischen Experten und die Agrarexporte, um die Schulden zu bezahlen. „Generell wollten wir während der Schwierigkeiten auf jeden Fall Seite an Seite mit der Partei und dem gesamten Volk die Krise durchstehen.“ Es scheint in Zhangs Erinnerungen also so, dass die Studenten seiner Klasse, besser versorgt und abgeschottet vom Dorf, vom Massensterben erst später erfuhren und keine großen Zweifel an der Kommunistischen Partei auftraten.

Zhang erinnert sich aber auch an eine sehr tragische Geschichte. Ein Student aus seiner Klasse fuhr während der Hungersnot in seine Heimat, die Provinz Ningxia. Sein Vater, ein lokaler Kader, kritisierte seinen Sohn scharf, weil er, während es dem Volk schlecht ging, noch über 38 Pfund Getreide aß und als junger Kommunist eigentlich ein Vorbild sein sollte. Zhang erzählte nicht, was sein Klassenkamerad in Ningxian sonst noch sah. Nach der Rückkehr nach Beijing sei er aber verrückt geworden und hätte sich selber Finger abgehackt. Schließlich musste er den Besuch der Universität abbrechen.

Die Erinnerungen von Zhang Zhiguo unterstreichen meine These der Magisterarbeit, dass der Staat die Intellektuellen während der Hungersnot schützte und in ihren Erinnerungen nur sehr begrenzt persönliches Leid thematisiert wird (Wemheuer 2004: 84). Der heutige pensionierte Parteihistoriker hat die Hungersnot nicht am eigenen Leib erfahren und war im sicheren Beijing. Die Kommunistische Partei ermöglichte ihm den Besuch einer Hochschule und später eine Karriere im Parteiapparat. Sie schützte während der Hungersnot sein Leben, während anderen die letzten Rationen und das Saatgetreide abgenommen wurden. Das bedeutet natürlich nicht automatisch, dass er oder andere Intellektuelle nicht in der Lage wären, für die Opfer der Hungersnot Partei zu ergreifen und eine gesellschaftliche Aufarbeitung einzufordern. Die Erinnerungen zeigen jedoch, dass das Massensterben das Leid von anderen war – von den Bauern, die heute wie damals weit entfernt von den Enklaven der subventionierten staatlichen Arbeitseinheiten lebten und überleben mussten.

Zusammenfassung

Die Aufarbeitung dieser Katastrophe erweist sich auf der Provinzebene äußerst schwierig, da die fraktionelle Spaltung der Partei von 1958 bis heute nicht vollständig überwunden werden konnte. Der Hauptverantwortliche, Wu Zhipu, wurde zwar abgesetzt, aber nicht bestraft. Er gilt offiziell weiterhin als vorbildlicher Kommunist. Die Führung in Beijing rehabilitierte zwar schon 1962 seinen damaligen Gegner Pan Fusheng, der aber nicht nach Henan zurück kehrte und sich während der „Kulturrevolution" auf die Seite der Linken stellte. So versuchen die regionalen Parteihistoriker in Erinnerungsbänden beide Provinzführer positiv darzustellen. Solange Wu nicht neu bewertet wird, ist auf der Ebene der Parteigeschichtsschreibung eine Thematisierung der Schuldfrage nur schwer möglich. In Experteninterviews mit Parteihistorikern wurde zwar Wu Zhipu einhellig verurteilt, aber seine Fehler von einigen auf kleinbäuerlichen Einfluss auf seine Ideologie zurückgeführt.

In publizierten Erinnerungsartikeln wollen sich einige lokale Kader mit dieser Tatsache nicht abfinden und legen ihre Sichtweise des „Zwischenfalls von Xinyang" dar. In diesen Texten wird das Ausmaß des Terrors durch den Staat und das Leiden der Bauern deutlich. Selbst über Kannibalismus wird nun berichtet. Einige lokale Kader aus Xinyang wehren sich gegen die Schuldzuweisungen der Zentrale. Sie finden es ungerecht, dass Wu Zhipu in Ehren gehalten wird, aber Tausende lokaler Kader bestraft worden sind. Sie wollen den „Zwischenfall von Xinyang" in einen „Zwischenfall von Henan" umschreiben. Kang Jian, ein gebürtiger Autor aus Chayashan, forderte anlässlich des 50. Jahrestages des Sieges der Alliierten über Nazideutschland sogar, ein Museum für die Volkskommune in China zu errichten und so den Opfern zu gedenken.

Trotz dieser Versuche einer kritischen Aufarbeitung, kommt es im Rahmen einer Mao-Nostalgie in einigen Publikationen auch zur Verharmlosung der Ereignisse. In einigen Dörfern, die Mao 1958 besuchte, investieren lokale Kader sogar hohe Summen, um Gedenkhallen für den „Großen Vorsitzenden" zu errichten. Der „Große Sprung" und die Hungersnot werden in dieser Sichtweise auseinander gerissen.

Bei der Aufarbeitung der großen Katastrophe in Henan stellt sich das Problem, dass die regionale Geschichtsschreibung in China unter dem Primat des staatlichen Kanons steht. Das Ziel, alle chinesischen Schüler zum gleichen Geschichtsbewusstsein zu erziehen und landesweit einheitliche Schulbücher zu verwenden, steht außerdem einer regionalen Vergangenheitsbewältigung im Wege. Heute sind sich noch nicht einmal führende Parteihistoriker in Henan über die zentrale Bedeutung der eigenen Provinz in dem Prozess des „Großen Sprungs" im Klaren.

Dabei wäre es angebracht, den Namen Xinyang neben Srebrenica, My Lai oder Lidice in die Reihe der großen Verbrechen des 20. Jahrhunderts aufzunehmen und im kollektiven Gedächtnis der Weltöffentlichkeit zu verankern.

6. Die „Große Sprung"-Hungersnot auf Kreisebene

Nach der Provinzebene betrachten wir nun die Kreisebene. Die unterste Bastion der Verwaltungsbürokratie in China ist die Kreisstadt, die Vermittlungsinstanz zwischen der Zentralregierung und der dörflichen Gesellschaft. Der Kreis war in der Ära der Planwirtschaft außerdem die Trennlinie zwischen der vom Staat subventionierten und versorgten städtischen Gesellschaft und dem auf sich allein gestellten Dorf. Für die Untersuchung der Implementierung der Politik der Zentrale auf den unteren Ebenen der Gesellschaft ist der Kreis deshalb von entscheidender Bedeutung. Die Untersuchung des „Großen Sprungs" auf Kreisebene soll außerdem einen weiteren Rahmen für die Analyse der Erinnerungen der Dorfbewohner schaffen.

Anhand der vom Statistikbüro der Provinz Henan 1989 veröffentlichten Bevölkerungsstatistiken lässt sich das unterschiedliche Ausmaß der Hungersnot auf Kreisebene darstellen. Die Gründe für die Auswahl der Kreise Xin'an, Yiyang und Runan werden dargestellt. In den Kreisstädten befinden sich außerdem die Kreisarchive, in denen die Dokumente der Volkskommunen archiviert sind. In diesem Kapitel soll untersucht werden, wie die „Große Sprung"-Hungersnot in Kreisarchiven und Chroniken aufgezeichnet worden ist. Ursprünglich wollte ich die „harten" schriftlichen Fakten des Archivs mit den Erinnerungen der Dorfbewohner vergleichen, um so Widersprüche herausarbeiten zu können. Dieses Vorhaben ließ sich in der ursprünglichen Form nicht durchführen. Das veranlasste mich jedoch dazu, über den Charakter des Kreisarchivs nachzudenken.

Seit Anfang der 80er Jahre wurden lokale „Historiker" damit beauftragt, Kreischroniken (县志) zu erstellen. Sie dienten häufig eher der guten Präsentation des Kreises nach außen, als einer kritischen Aufarbeitung der Geschichte. Wenn die lokalen Archive nicht zugänglich sind, stellen sie neben der Kreiszeitung oft die einzige lokale schriftliche Quelle dar, die für den Forscher verfügbar ist. Es wird an dieser Stelle auch die Darstellung des „Großen Sprungs" in den Chroniken der Kreise Xin'an, Yiyang und Runan analysiert.

Die lokale Geschichtsschreibung ist auch ein Teil der staatlichen Vergangenheitsbewältigung. Im Zusammenhang dieser Arbeit ist es deshalb wichtig, zu untersuchen, wie der Staat auf lokaler Ebene mit der „Großen Sprung"-Hungersnot umgeht.

6.1. Gründe für die Auswahl der Kreise und das Ausmaß der Hungersnot

Bei der Auswahl der Kreise spielte zunächst der Zufall eine Rolle. In den Kreisen Xin'an und Yiyang konnte ich auf Grund meiner persönlichen Kontakte relativ leicht Interviews zu einem derart sensiblen Thema durchführen. Die Kontakte in dem Kreis Runan vermittelte mir eine Professorin der Parteihochschule in Zhengzhou. Ich sagte ihr, dass ich gerne in einem Kreis Interviews durchführen würde, der während des „Großen Sprungs" zum Xinyang-Gebiet gehörte, das in Henan am schlimmsten von der Hungersnot betroffen war. Durch diese Auswahl der Kreise können die Erinnerungen an verschiedenen Orten verglichen werden, die von der Hungersnot in einem unterschiedlichen Maß betroffen waren. Dadurch kann die Frage aufgeworfen werden, ob sich die Dorfbewohner Runans anders an den „Großen Sprung" erinnern, als die Yiyangs und Xin'ans.

Anhand der 1989 vom Statistikbüro der Provinz Henan intern veröffentlichten Daten für alle Kreise, werden die Hungersnot und ihre unterschiedliche Ausprägung sichtbar. Diese Zahlen stimmen mit den Daten der später veröffentlichten Kreischroniken nicht überein. Die Datenreihen, die von der Provinz veröffentlicht wurden, sind jedoch für die Zeit des „Großen Sprungs" fast vollständig. Die Kreischroniken bieten nur bruchstückhafte Informationen zur Bevölkerungsentwicklung. Deshalb ist es schwierig, die Zahlen zu vergleichen oder einen Mittelwert zu berechnen. Ich halte die Daten der Provinz für zuverlässiger als die Daten der Kreischroniken, da das statistische Buch zur Bevölkerungsentwicklung der Provinz nur intern veröffentlicht wurde. Zunächst sollen diese Daten als Grundlage dienen. Auch wenn die Zahlen geschönt sein sollten, so lassen sich doch bestimmte Trends aus ihnen ablesen.

Die Kreise Xin'an und Yiyang gehörten zum Provinzbezirk (专区) Luoyang, das seit dem 1. Fünfjahresplan von 1953 zu einem wichtigen schwerindustriellen Zentrum Chinas ausgebaut wurde. Der Kreis Yiyang hatte 1958 304.401 Bewohner und Xin'an 284.399 (Henansheng tongjishu 1989: 568). Runan gehörte damals zum Provinzbezirk Xinyang und hatte 1958 eine Bevölkerung von 486.823 Bewohnern (ebenda: 570).

Vergleichen wir das natürliche Bevölkerungswachstum der drei Kreise, das die Gesamtzahl der Bevölkerung, die Geburtenrate und die Sterberate umfasst: In Yiyang und Xin'an sank das natürliche Bevölkerungswachstum und kam zwischen 1960 und 1961 fast zum Stillstand (siehe Grafik 6.1.). In Yiyang nahm die Bevölkerung 1958 noch um 23, 34 ‰ zu. Im Hungerjahr 1960 waren es nur noch 1,76 ‰. 1961 sank das natürliche Bevölkerungswachstum sogar auf 0,81 ‰ und in Xin'an auf 0,01 ‰. In Runan kam es zu einer noch dramatischeren Entwicklung. Schon 1959 verlor der Kreis Bevölkerung bei einer negativen Entwicklung von -4,36 ‰. An der Zahl von 1960 -91,75 ‰ wird das Massensterben deutlich. Mit dem Ende des „Großen Sprungs" 1962 nahm die Bevölkerung wieder um 50,71 ‰ zu.

Grafik 6.1.

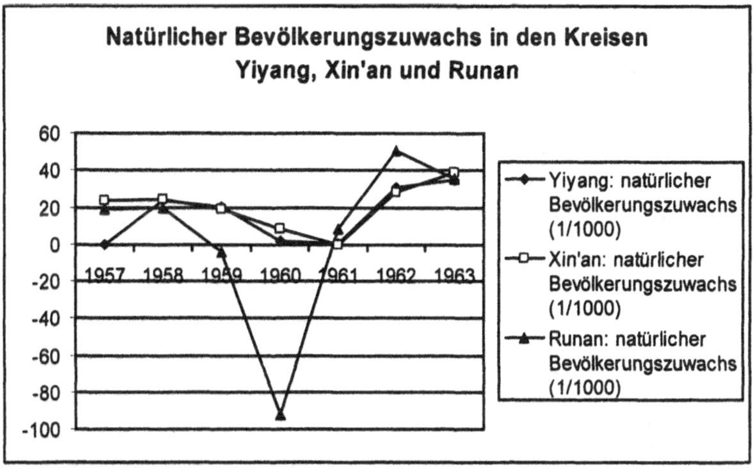

Quelle: Henansheng tongjiju 1989: 556-617

Auch die Entwicklung der Todesrate spricht eine ähnliche Sprache (Grafik 6.2.). Während sich die Todesrate in Yiyang und Xin'an nur leicht erhöhte, schnellte sie in Runan auf 98,78 ‰ im Jahr 1960 (ebenda: 585). Mit der Einführung der neuen Politik sank sie 1961 wieder auf 4,62 ‰. Damit lag sie 1960 ca. 24 Mal höher als im darauffolgenden Jahr!

Grafik 6.2.

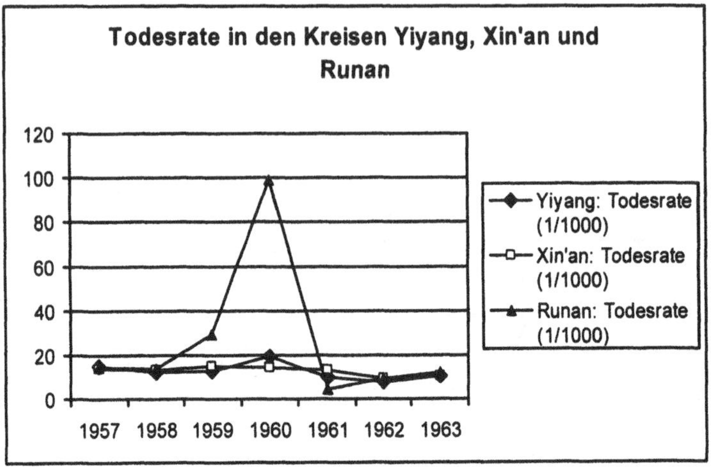

Quelle: Henansheng tongjiju 1989: 556-617

Wenn Frauen durch den Hunger zu sehr geschwächt werden, bekommen sie keinen Eisprung und können keine Kinder mehr gebären. Die Geburtenrate fiel ab 1959 in allen drei Kreisen drastisch und stieg nach 1961 wieder rapide an (Grafik 6.3.). Auch bezüglich der Geburten war Runan am stärksten betroffen. 1958 lag die Geburtenrate in allen drei Kreisen zwischen ca. 33 und 37 ‰. In Runan sank sie 1960 auf 7,03 ‰. Damit wurden 5 Mal weniger Kinder geboren als 1957. In den Kreisen Yiyang und Xin'an lag die Geburtenrate 1960 dagegen noch über 20 ‰, halbierte sich im darauffolgenden Jahr jedoch nahezu. Wie schon an den anderen Tabellen sichtbar wurde, stellte nach diesen Statistiken 1960 für die Menschen in Runan das schlimmste Jahr dar. 1961 verbesserte sich die Lage enorm: Die Todesrate lag unter den beiden Kreisen im Osten Henans und die Geburtenrate holte die beiden anderen Kreise wieder ein. Bezüglich der Bevölkerungsentwicklung und der Geburtenrate verschlechterte sich die Situation in Yiyang und Xin'an 1961 gegenüber 1960 sogar noch. Erst 1962 kam es wieder zu einem Aufschwung.

Dieses Ereignis ist überraschend. Die Verbesserung in Runan ist wahrscheinlich mit der Absetzung der Führung der Xinyang-Region durch die Volksbefreiungsarmee und den Hilfestellungen der Zentrale in Beijing zu erklären. Warum sich die Lage in Xin'an und Yiyang trotz der Auflösung der Volksküchen und der Wiederzulassung der Parzellen zur privaten Nutzung im Laufe des Jahres 1961 zu nächst verschlechterte, ist dagegen offen.

Grafik 6.3.

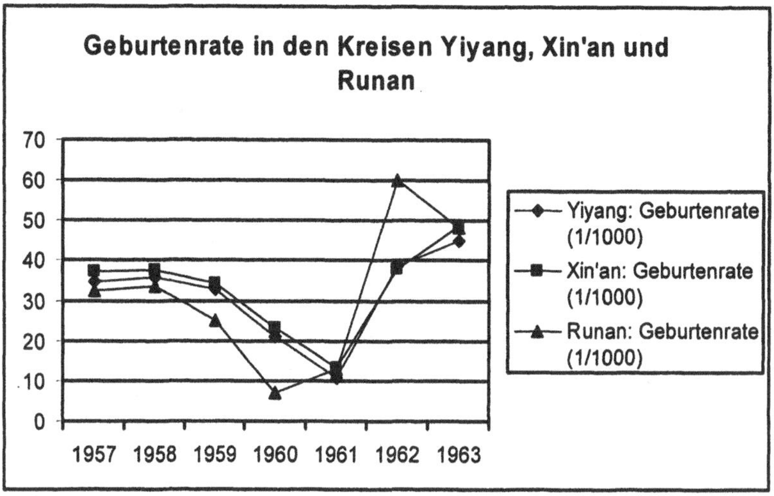

Quelle: Henansheng tongjiju 1989: 556-617

In den Kreisen in der Nähe von Luoyang veränderte sich die Gesamtzahl der Bevölkerung nur geringfügig. 1960 soll es im Vergleich zu 1958 sogar noch eine Steigerung um ein paar Tausend gegeben haben. Natürlich kann diese Steigerung auch durch die Anwerbung von Arbeitskräften von außen für die 1960 wieder neuforcierte Stahl-Kampagne verursacht worden sein. In Runan verursachte der „Große Sprung nach vorne" einen drastischen Bevölkerungsverlust (Grafik 6.4.). 1957 besaß der Kreis noch 491.140 Einwohner, 1961 aber nur noch 441.684. Das bedeutet, dass der Kreis fast 50.000 Bewohner während des „Großen Sprungs" verlor. Natürlich kann aus dieser Zahl nicht geschlossen werden, dass diese 50.000 Menschen alle verhungert sind. Viele Menschen flohen auch aus der Region. Da die Todesrate wie schon erwähnt aber 1960 fast 24 Mal höher lag als 1961, ist davon auszugehen, dass viele dieser Menschen an den Folgen der Hungersnot starben. Die Todesrate lag bei ca. 9,8 Prozent (1960) und der natürliche Bevölkerungszuwachs bei -9,1 Prozent.

Grafik 6.4.

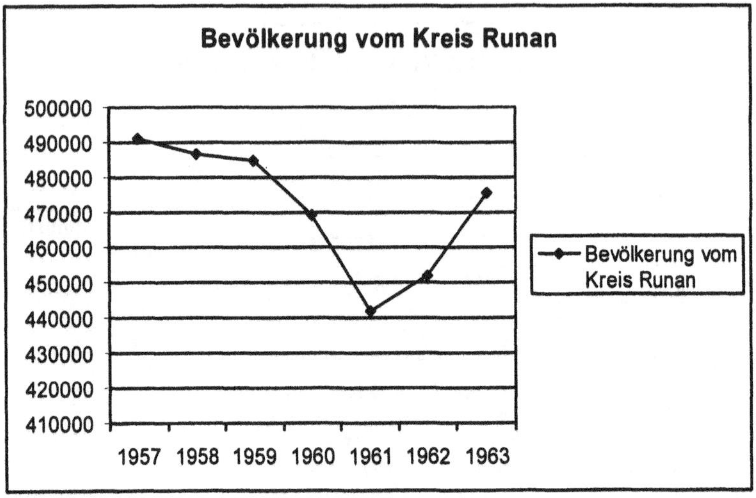

Quelle: Henansheng tongjiju 1989: 556-617

Am Ende soll die Bevölkerungsentwicklung im Kreis Runan mit jener der Provinz Henan verglichen werden, um das Ausmaß der Katastrophe deutlich zu machen (Grafik 6.5.). Die negative Entwicklung des natürlichen Bevölkerungszuwachses von -25,58 ‰ von 1960 auf Provinzebene macht deutlich, dass die Situation in Yiyang und Xin'an weit besser war als die der gesamten Provinz, die Hungersnot in Runan dagegen schlimmer als im Provinzdurchschnitt gewesen sein muss.

Grafik 6.5.

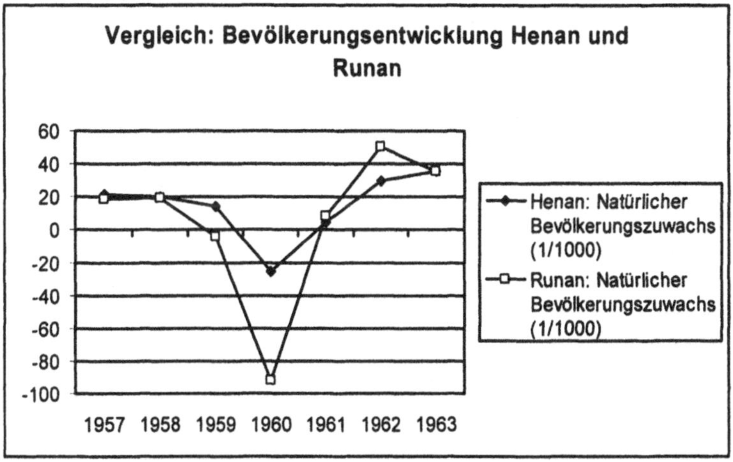

Quelle: Henansheng tongjiju 1989: 556-617 und hnsz, Band 9, 1994: 47

Die Frage, die sich am Ende stellt, ist, warum das Ausmaß der Hungersnot in einer Provinz so unterschiedlich war. Runan grenzt an den Kreis Suiping an, in dem sich die wichtigste nationale Modellkommune „Sputnik" befand. Die Politik des „Großen Sprungs" stand deshalb unter direktem Einfluss der radikalsten Projekte. Die Kader in Runan gründeten die Volkskommune im August 1958 nach einem Besuch in Chayashan (rnxz 1997: 206). Die Kreise Xin'an und Yiyang konnten keine bedeutenden Modelle hervorbringen. Sie schafften es nicht in die nationale Presse und standen weniger unter Druck.

Auf die Sondersituation von Xinyang habe ich schon verwiesen. Über den „Zwischenfall von Xinyang" gibt es Erinnerungsliteratur, da er nationale Bedeutung gewann. So bekommen wir einige Hinweise zur Terrorherrschaft des Parteisekretärs Lu Xianwen, der die Region abriegelte und viele der fliehenden Bauern ermodern ließ. Über die regionale Führung des Provinzbezirks Luoyang gibt es bezüglich des „Großen Sprungs" keine Literatur. In einem Experteninterview in Zhengzhou erzählte eine Parteihistorikerin, dass der damalige Sekretär des Parteigebietskomitees Luoyang, Ji Dengkui, noch eine relativ moderate Umsetzung der Politik des „Großen Sprungs nach vorne" betrieb und einer der besten lokalen Führer in Henan gewesen sei.[18] Dies ist umso erstaunlicher, da Ji Dengkui während der „Kulturrevolution" zum landessweit bekannten Linken aufstieg.

[18] Experteninterview 8.2.2005 Zhengzhou.

Vor der Öffnung der Archive ist es nicht möglich, die Umsetzung der Politik des „Großen Sprungs" auf Kreisebene gründlich zu untersuchen. Deutlich wird aber schon heute, dass auch die politischen Führer auf Gebiets- und Kreisebene einen gewissen Spielraum gehabt haben müssen und damit auch eine Mitverantwortung für die Toten tragen.

Offen bleibt außerdem, wie zuverlässig die Statistiken sind. Gerade durch die Vollständigkeit der Datenreihen, oft bis zur dritten Ziffer hinter dem Komma, kommen Zweifel auf. Das Statistiksystem brach während der Hungersnot fast zusammen. Tote wurden häufig nicht gemeldet, um die Getreiderationen weiterhin zu beziehen. Wie soll es unter diesen Umständen möglich sein, so genaue Statistiken aufzustellen? In dem Dorf Judong in Runan erzählten mir die Bauern, dass über die Hälfte der Bewohner verhungert sei. Auch aus den Erinnerungen von She Dedong (2003) wissen wir, dass die Dezimierung der Bevölkerung um die Hälfte im Xinyang-Gebiet keine Seltenheit gewesen war. Der im Statistikbuch angegebene Bevölkerungsverlust von ca. -9 Prozent in Runan erscheint mir deshalb viel zu niedrig. Aus den Statistiken von Xin'an und Yiyang lässt sich unter anderem ein massiver Rückgang der Geburtenrate durch eine Mangelernährung schlussfolgern, aber kein Massensterben. Die Dorfbewohner dort betonten in den Interviews, dass es nicht so schlimm wie in Xinyang war und im Nachbarkreis Mianchi massenhaft Menschen verhungerten. Insofern stimmen zumindest die Tendenzen der Statistiken mit den Erinnerungen der Zeitzeugen überein.

Die Daten zur Bevölkerungsentwicklung auf Kreisebene können daher einen Rahmen bilden, um die Erinnerungen einzuordnen.

6.2. Die Hungersnot im Nebensatz: Der „Große Sprung nach vorne" in den Henaner Kreischroniken

Wie sind die Kreischroniken als Quelle bezüglich der „Großen Sprung"-Hungersnot zu bewerten? Zunächst soll der Charakter der Lokalgeschichtsschreibung in China dargestellt werden. Bei den Kreischroniken handelt es sich um ein nationales und nicht lokal unabhängiges Projekt. 1983 wurde in Beijing die „Kleine Gruppe zur Anleitung der chinesischen Lokalgeschichte" (中国地方史指导小组) gegründet, die sich aus Mitgliedern des Chinesischen Verbandes für Lokalgeschichtsschreibung und der Akademie für Sozialwissenschaften rekrutiert. Anknüpfend an eine Tradition aus dem Kaiserreich wurden die unteren Ebenen des Staatesapparates aufgefordert, Lokalchroniken zu erstellen. Jede Verwaltungseinheit (Provinz, Stadt, Kreis, Dorf) schuf ein Komitee für Lokalgeschichte, das der Propaganda-Abteilung des örtlichen Parteikomitees unterstellt war. Die Mitglieder des Komitees bestanden zumeist aus pensionierten Kadern,

Kulturschaffenden und Lehrern (Wagner 2003, Band 1: 469). Die Lokalchroniken sollen nicht nur gemäß der 81er Resolution zur Parteigeschichte verfasst werden, sondern auch zu Patriotismus erziehen. Die Einheit der Völker sollte gestärkt werden, deshalb mussten die Sitten und Bräuche der Minderheiten positiv und mit Respekt dargestellt werden. Die Autoren der Chroniken wurden angewiesen, „Fehler" aus der Zeit nach 1949 „lieber in großen Zügen als detailliert" (宜粗不宜细) darzustellen (ebenda: 471). Einige Kreise nutzten die Kreischroniken als Werbung für Tourismus oder Investoren und verfassten sie daher im Stil von Werbebroschüren. Nur wenige Dörfer erstellen eigene Chroniken, was bei meinen Fallbeispielen nicht zutraf.

An dieser Stelle sollen einige Informationen zum „Großen Sprung" auf der Kreisebene dargestellt und zusammengefasst werden.

6.2.1. Politische Kampagne und Rückgang der Agrarproduktion

Durch die linksradikale Politik, die „Fünf Winde" sowie schwere Naturkatastrophen sei die Agrarproduktion stark rückläufig gewesen, so die Kreischronik Yiyangs. Die Parzellen zur privaten Nutzung, Häuser und Vieh sowie Spareinkommen wurden Eigentum der Kommune (yyxz 1996: 295). Auch wenn es unter den 10 Volkskommunen von Yiyang keine wichtige Modellkommune gab, wurde das Eigentum der Bauern auch fast komplett vergesellschaftet. Auf Grund des Mangels an Getreide gaben die 2077 Volksküchen Ersatznahrungsmittel aus. Viele Kommunarden hätten die Wassersucht bekommen und seien an der Krankheit gestorben (yyxz 1996: 295). Genaue Zahlen werden aber nicht genannt. Damit haben die Autoren die Opfer der Hungersnot nur in einem Nebensatz erwähnt. Im Gegensatz dazu werden zu den politischen Kampagnen Opferzahlen angegeben. So wurden während der Anti-Rechtskampagne im ganzen Kreis 614 Menschen als „Rechtsabweichler" gebrandmarkt (ebenda: 294).

In der Chronik von Xin'an wird über eine gigantische Kampagne für den Ausbau der Bewässerungssysteme und Straßen berichtet. Zu diesem Zweck setzte der Kreis über 30.000 zeitweilige Beschäftigte ein (民工) (xazz 1989: 219). Unter der Parole „Ein Tag entspricht 20 Jahren" (一天等于二十年) wurden diese Arbeitskräfte auch für die Sattelitenfelder mobilisiert. Diese Kampagnen standen im unmittelbaren Zusammenhang mit der Militarisierung der Arbeit. Beeindruckende Zahlen nennen die Kreischroniken bezüglich dieser Maßnahme. In Yiyang soll 1958 die Volksmiliz 132.205 Menschen umfasst haben, davon über 61.000 Frauen. Wenn diese Zahlen stimmen sollten, bedeutet das, dass fast ein Drittel der gesamten Bevölkerung Milizsoldaten wurde. Die Bewohner wurden auf insgesamt 2.850 Züge als kleinste Einheit aufgeteilt (yyzh 1996: 338).

Der Basismiliz, der Kerntruppe der Volksmiliz, gehörten demnach über 65.000 Frauen und Männer an. In Xin'an mussten alle gesunden Männer und Frauen zwischen 16 und 60 Jahren, die nicht aus politischen Gründen vorbestraft waren, in die Volksmiliz eintreten. Die 16- bis 30jährigen wurden zur Basismiliz eingezogen. Insgesamt stellte die Volksmiliz 70.558 Soldaten (xazz 1989: 425). Die militärischen Strukturen wurden, wie an vielen anderen Orten auch, auf Grundlage der Kommune aufgebaut. Der Kreis bildete das Oberkommando (帅), die Kommunen die Einheiten (团), die Brigaden die Bataillone (营) und die Produktionsgruppen die Kompanien (连). Später wurde das Alter der Milizsoldaten auf 50 Jahre begrenzt.

Über den Rückgang der Agrarproduktion in Xin'an wird Folgendes berichtet: Auf die falschen Erfolgsmeldungen folgte im Herbst 1958 eine Konferenz von 4.000 Kadern des Kreises, der Kommunen, Dörfer und Brigaden, um eine Bewegungen gegen „Weniger berichten, um heimlich zu verteilen“ zu organisieren. Einige Kader starben im Zusammenhang mit dieser Kampagne an den Folgen von Repressionen, weil sie das Plansoll nicht erfüllen konnten. Die Agrarproduktion des Jahres 1960 sank im Vergleich zu 1957 um 41,2 Prozent und die Getreideproduktion lag sogar um 19,8 Prozent unter dem Niveau von 1949 (ebenda: 220). Die Ernte soll 1958 zwar gut gewesen sein, wurde aber nachlässig eingeholt und dann schnell aufgebraucht. 1959 fehlte schließlich das Notwendigste zum Leben.

In der Kreischronik von Runan wird der „Große Sprung“ auch nur in einigen Absätzen erwähnt. Die Ergänzungen zum üblichen Kanon sind: Führende Kader besuchten im August 1958 die nationale Modell-Volkskommune „Sputnik“ in Chayashan, um von ihren Erfahrungen zu lernen. Nachdem sie zurückkehrten, wurden in Runan 12 Volkskommunen, 93 Altenheime, 701 Kindergärten und 2.248 ländliche Volksküchen gegründet. Interessant ist, dass in Runan schon im August 1958 eine heftige Kampagne gegen „Rechtsopportunisten“ durchgeführt wurde (rnxz 1997: 206). Dies habe zur Verschlimmerung des „Windes des Kommunismus“ geführt. Außerdem wird erwähnt, dass im November 1960 der Kreisparteisekretär Fu Liangtai auf Betreiben der Provinzführung abgesetzt wurde. Im Zuge der Bewegung zum „Nachhilfeunterricht in der demokratischen Revolution“ wurde Fu sogar aus der Partei ausgeschlossen und zu zwei Jahren Gefängnis verurteilt. Warum es zu der Absetzung kam, wird allerdings nicht erklärt. 1960/61 wurden führende Kader nur zu Gefängnisstrafen verurteilt, wenn sie für gewalttätige Exzesse mit Todesfolgen verantwortlich waren.

6.2.2. Bevölkerungsentwicklung und Tote

Die Bevölkerungsentwicklung ist auf Grundlage der Kreischroniken schwer zu analysieren, da in den Kreischroniken Yiyangs und Xin'ans keine vollständigen Datenreihen veröffentlicht worden sind. Wie schon erwähnt, weichen die Daten von den Bevölkerungsstatistiken, die die Provinz veröffentlicht hat, ab. An dieser Stelle sollen einige Bespiele für die Widersprüche angeführt werden.

Vergleichen wir die Angaben zum natürlichen Bevölkerungswachstum Yiyangs in der Bevölkerungsstatistik der Provinz und der Kreischronik, wird deutlich, dass die Daten der Kreischronik ein weit positiveres Bild vermitteln (Grafik 6.6.). Laut den Daten des Statistikbüros der Provinz belief sich der natürliche Bevölkerungszuwachs Yiyangs 1960 auf 1,76 ‰, laut der Kreischronik aber auf 21,77 ‰. Es ist davon auszugehen, dass die Autoren der Kreischronik die Zahlen für die Öffentlichkeit geschönt haben oder dass ihnen die Statistiken der Provinz gar nicht vorlagen und sie auf Daten des Kreisarchivs zurückgreifen mussten, die aus unbekannten Gründen, mit denen der Provinz nicht übereinstimmen.

Grafik 6.6.

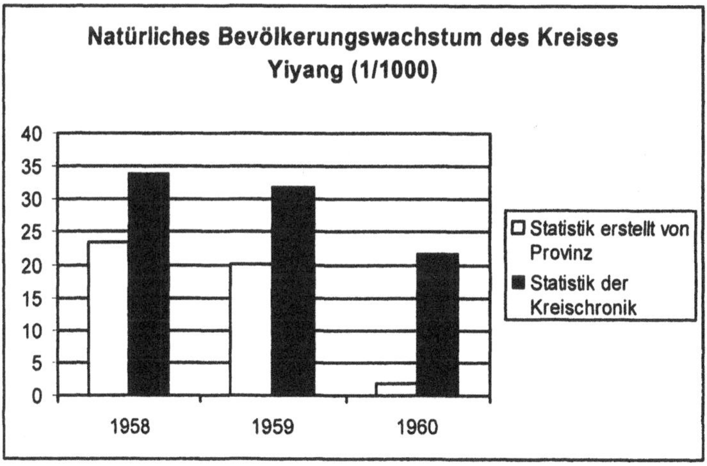

Quelle: yyxz 1996: 665 und Henansheng tongjiju 1989: 556-617

In der Kreischronik von Runan wird das Massensterben schon sichtbarer. Hier heißt es: „Infolge von Hunger und Überarbeitungen erkrankte im Zeitraum Winter 1959 bis zum Frühjahr 1960 ein Teil der Kommunarden an der Wasserkrankheit und starb eines nicht natürliches Todes (非正常死亡). Ein großer Teil der Bevölkerung floh“ (rnxz 1997: 206).

In der historischen Einleitung wird darauf verwiesen, dass Runan auch in der Vergangenheit von großen Katastrophen heimgesucht wurde. Im Zuge von Krieg und Bürgerkrieg sank die Bevölkerung von über 700.000 im Jahr 1928 auf 455.718 Menschen im Jahr 1949. So verlor der Kreis in 21 Jahren 35,7 Prozent seiner Bevölkerung (rnxz 1997: 161).

Im Teil zur Bevölkerungsentwicklung nach der Gründung der Volksrepublik China ist folgende Baumgrafik abgebildet, die das Ausmaß der Katastrophe deutlich macht (Grafik 6.7.). In der Alterspyramide von 1985 ist der erschreckende Einbruch bei den Geburten der Jahre 1959 bis 1962 deutlich zu erkennen. Bei den Ende 30-Jährigen gab es 1985 eine bedeutende Lücke. Heute muss es diese Lücke bei den Ende 50-Jährigen geben.

Abbildung 6.7.

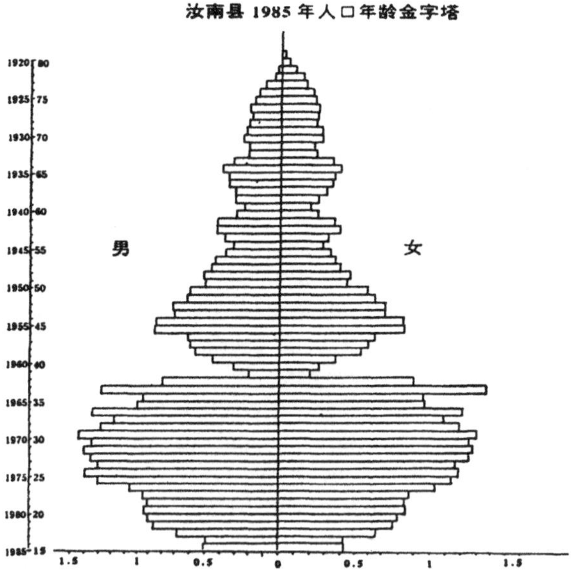

Überschrift: Alterspyramide des Kreises Runan von 1985 (rechts: Männer / links: Frauen)

Quelle: rnxz 1997: 166

Diese Pyramide zeigt außerdem, dass die Hungersnot auch noch Generationen später Auswirkungen auf die Bevölkerungszusammensetzung hat. Die Zahlen, auf denen diese Grafik beruht, sind allerdings niedriger als die von der Provinz veröffentlichten. Die Kreischronik spricht von einem negativen Bevölkerungszuwachs von -53,93 ‰ für das Jahr 1960 (rnxz 1997: 162). Das Statistikbüro der Provinz nennt hingegen eine fast doppelte so hohe Zahl -91,75 ‰ (Henansheng tongjiju 1989: 585). Da kaum anzunehmen ist, dass die Provinz ein Interesse hat, die Hungersnot schlimmer darzustellen als sie war, ist davon auszugehen, dass die Autoren der Kreischronik die Bevölkerungsstatistiken 8 Jahre später geschönt haben. Auch noch über 45 Jahre nach dem „Großen Sprung“ soll das wahre Ausmaß der Hungersnot vor der Öffentlichkeit geheim gehalten werden.

Im Geographie-Teil der Kreischroniken findet sich häufig eine Übersicht über die Naturkatastrophen. Nach den Widersprüchen bei den Bevölkerungsstatistiken ist auch hier Vorsicht angebracht. Im Kreis Yiyang wurde von 1949 bis 1990 fast jedes Jahr eine Dürre registriert. Auch in den Jahren 1959 bis 1961 kam es im Sommer und Frühling zu Dürren. Der Umfang während des „Großen Sprungs“ scheint nicht besonders außergewöhnlich gewesen zu sein. Die betroffene Anbaufläche lag im Sommer 1959 (347.200 mu) und 1960 (305.100 mu) zusammen nur knapp über der von 1957 (630.000) (yyxz 1996: 178). Im Herbst 1961, also nach dem Ende des „Großen Sprungs“, litt der ganze Kreis noch einmal unter einer großen Dürre mit einer betroffenen Anbaufläche von 525.900 mu.

Die Kreischronik von Xin’an gibt die These der „drei Jahre Naturkatastrophen“ der offiziellen Geschichtsschreibung der 70er und 80er Jahre schon eher wieder. Die Chronik von Xin’an erschien auch schon 1989. Zu einer großen Überschwemmung kam es nur 1958. 1959 und 1961 waren die Überschwemmungen eher gering. 1960 wird in der Tabelle überhaupt nicht erwähnt (xyzz 1989: 129). 1959 und 1960 soll es zu einer ganzjährigen Dürre gekommen sein. Das Ausmaß der Zerstörung lag aber in beiden Jahren unter dem von 1957 (ebenda: 126). Erst nach dem „Großen Sprung“ wurde das Gebiet im Mai 1961 von einer noch größeren Dürre heimgesucht, bei der es über 190 Tage nicht regnete und über ¼ der Hirse vertrocknete (ebenda: 130). Vielleicht liegt hier die Ursache, dass sich die Lage 1961 trotz der neuen Politik gegenüber 1960 noch weiter verschlechterte.

Bezüglich des Lebensstandards gibt es in beiden Kreischroniken keine vollständigen Datenreihen. 1957 besaßen in Xin’an die Bauern ein Nettodurchschnittseinkommen von 35 Yuan pro Jahr. Bis 1979 wuchs es auf 108 Yuan an (xazz 1989: 401). Zu der Entwicklung des Einkommens und Lebensstandards zwischen 1949 und 1979 finden sich keine Angaben. Im Kreis Yiyang verfügen die Bauern 1955 mit 56 Yuan über ein höheres Einkommen. Für 1960 wird die gleiche Zahl genannt. 1962 betrug das Durchschnittseinkommen nur 2 Yuan mehr (yyzz 1996: 512).

6.2.3. Die Partei auf Kreisebene

Um die Interviews mit den Kadern besser einordnen zu können, ist es wichtig, mehr über die Partei auf Kreis- und Dorfebene zu erfahren. In den Kreischroniken von Xin’an finden sich dazu einige Angaben. Die Entwicklung der Mitgliederstärke der Partei während des „Großen Sprungs“ kann man auf Grund der Unvollständigkeit der Datenreihe nicht ersehen. 1954 hatte die Partei 1.259 Mitglieder, 1958 3.759 und 1964 schließlich 5.546 (xazz 1989: 171). 1958 sind fast 8 Mal so viele Männer wie Frauen in der Partei, von denen nur 421 aufgenommen wurden. Die soziale Zusammensetzung der Partei änderte sich zwischen

1958 und 1964 sehr stark. 1958 machten die Bauern nur 43,16 Prozent der Parteimitglieder aus. Damit war die größte soziale Schicht in der Partei deutlich unterrepräsentiert. Arbeiter und Angestellte aus Industrie und Transport stellten 29,3 Prozent der Mitglieder, den Rest bildeten Angestellte aus den Bereichen Erziehung, Hygiene, Kultur sowie staatlichen Verwaltungs- und Wirtschaftseinrichtungen (ebenda: 172). 1964 setzten sich die Parteimitglieder nur noch zu 5,46 Prozent aus Industrie und Transport zusammen. Der Anteil der Bauern stieg auf 74,04 Prozent. Leider lässt sich nicht sagen, ob die Bauern durch die neue Politik nach 1961 stärker in die Partei eingebunden wurden oder schon durch den „Großen Sprung".

Der mächtigste Mann, der Sekretär des Kreisparteikomitees, wurde relativ häufig ausgetauscht. Gegen Ende der Hochphase des „Großen Sprungs" im Januar 1959 wurde Niu Peisheng, der erst seit Herbst 1957 im Amt war, abgesetzt und gegen Xiao Zhichong ausgewechselt. Dieser behielt den Posten nur fünf Monate. Der Wechsel fand demnach vor der Lushan-Konferenz statt. Beide Sekretäre stammten aus Henan, Xiao Zhichong sogar aus Xin'an. Die Herkunft der führenden Kader ist deshalb von Bedeutung, weil es die Theorie gibt, dass Kader von außerhalb die Politik ohne jegliche Rücksicht auf die lokale Bevölkerung besonders hart umsetzten, da sie hofften, von der Zentrale für ihre Loyalität belohnt zu werden und eine höhere Position zu bekommen. Der Xin'aner Xiao wurde durch einen Kader aus der Provinz Shandong ersetzt, der bis 1965 im Amt blieb. Über die Gründe für den Austausch der Kreissekretäre erfahren wir nichts aus der Chronik. In den Lokalchroniken finden sich zwar lange Namenslisten der politisch Verantwortlichen und der Helden der Revolution, einen Einblick in Machtkämpfe oder Personalpolitik der Partei geben sie aber nicht.

In dem Kreis Runan wuchs die Zahl der Parteimitglieder in den ersten Jahren des „Großen Sprungs" an. Zählte die Partei 1958 noch 6.945 Mitglieder, so waren es 1960 schon 9.539 (rnxz 1997: 182). 1961 fiel die Zahl jedoch wieder auf 9.232. Noch nicht einmal 1 Prozent der Bevölkerung war somit in der Partei organisiert. Der Rückgang der Parteimitglieder könnte mit den Ausschlüssen zusammenhängen, die nach der Absetzung von Lu Xianwen durch die Volksbefreiungsarmee im ganzen Xinyang-Gebiet durchgesetzt wurden. Leider wissen wir nichts darüber, wer die Menschen waren, die noch in den Hungerjahren 1959 und 1960 für die Partei rekrutiert werden konnten. Von meinen Interviewpartnern in Runan waren weder der Leiter der Produktionsgruppe, noch der ehemalige Dorfbürgermeister Parteimitglied. Diese Zahlen werfen die Frage auf, wie die Partei mit einem solchen niedrigen Organisationsgrad die Bevölkerung kontrollieren konnte. Auch auf diese Frage werden wir vor der Öffnung der Archive kaum eine Antwort erhalten.

6.3. Das Kreisarchiv und die Hungersnot

Nach der Darstellung der offiziellen Lokalgeschichtsschreibung folgt nun eine Analyse des „Großen Sprungs" in den Dokumenten der Kreisarchive und der Rolle des Archivwesens in der Volksrepublik China.

6.3.1. Archive in der Volksrepublik China

Archive sind niemals politisch neutrale Ort. Wer entscheidet, was und wie archiviert wird? Wer hat Zugang zu dem Archiv? Wer bestimmt, welche Dokumente geheim gehalten werden sollen? Aleida Assmann unterscheidet bei Archiven zwischen Funktions- und Speichergedächtnis. In demokratischen Gesellschaften sollte der Zugang zu öffentlichen Archiven im Rahmen gewisser Schutzbestimmungen möglich sein. Ein Archiv kann unter diesen Bedingungen als Speichergedächtnis einer Gesellschaft angesehen werden. Autoritäre Staaten wollen dagegen die Interpretationshoheit über die Geschichte monopolisieren und beschränken den Zugang zu wichtigen Informationen auf eine ausgesuchte Funktionärselite. Die Archive in autoritären Staaten würden daher eher die Form eines Funktionsgedächtnises annehmen, so Assmann (Assmann 2003: 344).

Laut dem deutschen Archivwissenschaftler Friedrich Kahlenberg dienten in sozialistischen Staaten Archive vor allem der rationalen Nutzung von älteren Informationen für staatliche Planung und Verwaltung sowie als Grundlage für öffentliche Propagandaarbeit (zit. nach Wagner 2003, Band I: 19). Die Archive der Volksrepublik blicken auf eine lange Geschichte der Instrumentalisierung zurück. Von der Gründung der Volksrepublik bis zum Beginn der Reform- und Öffnungspolitik Anfang der 80er Jahre wurden Archivalien in der Regel als „Geheimsachen der Partei und des Staates" betrachtet (ebenda: 279f.). Die Massen waren praktisch vom Zugang zu diesen Informationen ausgeschlossen.

Besonders während der „Kulturrevolution" wurden Archive eingesetzt, um „schwarzes Material" zur Verurteilung von politischen Gegnern zusammenzustellen. Mit der Stürmung von Archiven setzten die Roten Garden zeitweise die staatliche Kontrolle außer Kraft. Dadurch wurden auch viele Akten vernichtet. Im Rahmen der Vorbereitungen für einen möglichen Krieg mit der Sowjetunion erließ die Regierung 1969 die Anordnung, Teile der Akten wegzuwerfen (Wagner 2003, Band I: 203). Nicht nur der Zugang, sondern auch die Sprache wurde reglementiert. Dokumente aus der Republikzeit überarbeiteten die Archivare sogar und passten sie dem Sprachgebrauch der Volksrepublik an (ebenda: 276).

Seit Anfang der 90er Jahre hat jeder chinesische Bürger das gesetzliche Recht, Dokumente im Kreisarchiv einzusehen. Weiterhin machen die öffentlich zugänglichen Quellen nur einen Teil des Archivs aus. Die Informationen werden nach einer ausgefeilten Hierarchie von Geheimhaltungsstufen geordnet. Wer Zugang zu Dokumenten bekommt, entscheidet die Partei. Bis auf die Periode von 1985 bis 1993 unterstehen sämtliche Archivinstitutionen den Parteibehörden (ebenda: 516). Besonders das Archiv des ZK (中央档案馆) in Beijing öffnete seine Tore nur für einen handverlesenen Kreis von hochrangigen Kadern und Wissenschaftlern. Weniger zentrale Archive sind heute dem Normalbürger aber leichter zugänglich als in der Mao-Ära. Seit den Wirtschaftsreformen werden die Archive angehalten, wirtschaftlicher zu arbeiten und Besucherzahlen zu erhöhen. Laut Vivian Wagner sind die Archive in China heute mehr als nur „Arbeitsspeicher der Macht". Auch wenn die Archive weiterhin unter dem Primat der Politik stehen, sei durch die uneinheitliche Umsetzung der offiziellen Normen eine „heterogene Archivlandschaft" entstanden (ebenda: 516).

Im August 2005 besuchte ich das Kreisarchiv in Xin'an und forschte vier Tage lang. Neben den Dokumenten der Kreisbürokratie werden hier auch die Akten der Dörfer, Marktflecken und Volkskommunen, die älter als 10 Jahre sind, gesammelt und verwaltet.

Der Zugang war völlig unproblematisch. Der Katalog des Archivs ist nach den verschiedenen Abteilungen der Kreisregierung gegliedert wie Kreisparteikomitee, Volkskongress, Getreideamt, Amt für politische Arbeit auf dem Dorf (农工部) usw. Personal- und Kaderakten sind der Öffentlichkeit generell nicht zugänglich. Gesammelt wurden auch einige Weisungen des Parteibezirkskomitees (地委) Luoyang, zu dem Xin'an bis 1984 gehörte. In den 80er Jahren wurden in China die Bezirkskomitees aufgelöst und in die Stadtkomitees eingegliedert. Der Besucher eines Archivs findet zunächst Aktenberge vor, die selbst in Monaten nicht zu bewältigen wären. Nachdem ich einige Mappen einsehen konnte, die Dokumente der niedrigen Geheimhaltungsstufe (机密) enthielten, wurde mir klar, dass in den für die Öffentlichkeit freigegebenen Dokumenten kaum Informationen über Probleme und Missstände zu finden sind.

Außerdem hat das Archiv nur zwei Dokumente der Volkskommune aufbewahrt, in deren heutigen Dörfern ich die Interviews machte. Die Protokolle der Kaderkonferenzen dieser Volkskommunen von 1958 und 1959 fielen aber unter eine noch höhere Geheimhaltungsstufe. Die Archivarin erzählte, dass nach der Auflösung der Volkskommune viele Dokumente verloren oder einfach weggeworfen worden seien. Die Kommunen, von der Dorfebene ganz zu schweigen, sind somit die große Lücke in der staatlichen Archivierung. Ein Universitätsprofessor aus Beijing berichtete von ähnlichen Erfahrungen in der Provinz Shandong. Ein Kreisarchiv dort hatte exemplarisch die Dokumente von drei der sieben Volkskommunen aufbewahrt und den Rest vernichtet. Viele Archivare und die hinter ihnen stehenden Parteifunktionäre scheinen Dokumente der

Kommune- und Dorfebene nicht für bewahrenswert zu halten. Damit vernichten sie ein Stück rekonstruierbare Vergangenheit. Wenn die Zeitzeugen dieser Volkskommunen tot sind, kann ihre Geschichte nicht mehr erforscht werden.

6.3.2. Verwaltungschaos, Bauernwiderstand und Hungersnot in den Dokumenten

In den mir zugänglichen Dokumenten fanden sich keine Informationen zur Hungersnot und zum politischen Terror. Das für meine Forschung Interessante, was in Dokumenten der niedrigen Geheimhaltungsstufen aufgezeichnet war, sind alltägliche Widerstandsformen von Bauern sowie das Verwaltungschaos nach Einführung der Volkskommune. Hier sollen nur einige Beispiele genannt werden:

Das Amt für politische Arbeit auf dem Land des Bezirkskomitees Luoyang berichtete im November 1958 von einem ernsthaften Finanzchaos nach Gründung der Volkskommunen. Als extremes Beispiel wurde der Kreis Songxian der Tianhu Kommune genannt, in dem über 400.000 Pfund Getreide unterschlagen und heimlich verteilt worden waren. Außerdem verschwanden 70.000 Yuan durch Veruntreuung. Der Kreis Yanshi verschwendete 80.000 Yuan und über 50.000 Pfund Getreide.[19] Auch im Kreis Xin'an versuchten Produktionsgruppen Getreide vor dem Staat zu verheimlichen. Im Dezember 1959 griff das Parteikomitee in einer Volkskommune Menschen mit „rechtsopportunistischen“ Gedanken an, die behaupten würden, die Ernährungslage und Getreideernte dieses Jahres sei schlecht gewesen. In Wirklichkeit seien häufig Fälle von „Weniger berichten, um geheim zu verteilen“ aufgetreten. Zwei Brigaden wurden beschuldigt, Getreide unterschlagen zu haben, indem sie weniger berichteten, als sie eigentlich besaßen. Eine Brigade habe über 6000 Pfund Getreide mehr in ihren Speichern gehortet, als sie berichtet hatte.[20] Andere wurden beschuldigt, „schwarze“ Speicher angelegt zu haben.

Auch in den Volksküchen des Kreises gab es größere Probleme bei der Verteilung. Im ganzen Kreis betrieben im ersten Quartal 1960 175 Brigaden 2.384 Volksküchen, in denen über 262.000 Kommunarden aßen. In den Volksküchen waren 9.914 Verwalter angestellt. Auch wenn der Bericht des Getreideamtes zu einer Zeit geschrieben wurde, als noch nicht an den Volkskommunen gezweifelt

---

[19] 中共河南省洛阳地委农工部：当前分配工作上存在的几个问题与意见 (Amt für politische Arbeit auf dem Land des Bezirkskomitees Luoyang der KPCh: Einige Probleme und Vorschläge, die in der gegenwärtigen Verteilung existieren), 24.11.1958: 2.

[20] 中共河南新安县委工农部：对五里岭，游篝两个大队秋李实产调查报告 (Amt für politische Arbeit auf dem Land des Parteikreiskomitees der KPCh Xin'an (Henan): Untersuchungsbericht zur tatsächlichen Sommerernte der zwei Brigaden Wuliling und Yougou) 30.11.1959: 2.

werden durfte, so sind doch einige gravierende Probleme erkennbar. Ca. 10 Prozent der Volksküchen des Kreises wurden für die Umsetzung der „sieben Nicht" (七无) gelobt. Das heißt die restlichen 90 Prozent der Volksküchen hatten noch sieben Probleme wie keine Gäste zu haben, Bauprojekte nicht umzusetzen, die Getreidekarten nicht richtig zu kontrollieren, Getreide zu verschwenden, keine Maschinen zu haben, fälschlicherweise einen Getreidemangel zu melden sowie Getreide und Mantou an andere Orte bringen zu lassen.[21]

Ein Bericht des Kreisparteikomitees vom 30.6.1960 über eine Brigade zeigt, dass 1959 die Festlegung der Arbeitspunkte, also das Prinzip der Entlohnung nach der Leistung, nicht funktionierte. Im Bericht vom Sommer 1960 wurde kritisiert, dass 1959 die Arbeitspunkte überhaupt nicht registriert wurden und das Verteilungssystem völlig chaotisch sei. Die Kader hätten keine genauen Produktionsziele festgelegt und Löhne wurden nicht rechtzeitig ausgezahlt. Dieses Dokument zeigt, dass die Politik der Zentrale auf der Brigadeebene nicht immer umgesetzt wurde. In jedem chinesischen Buch über den „Großen Sprung" steht, dass in der ersten Jahreshälfte 1959, also nach der 1. und 2. Zhengzhou-Konferenz, das Leistungsprinzip wieder eingeführt und das System der kostenlosen Zuteilung in den Volksküchen durch die Entlohnung nach Arbeitspunkten ersetzt wurde. Die Kader einer Brigade in Xin'an schrieben 1959 die Arbeitspunkte gar nicht erst auf.

Das Thema Flucht von Kommunarden wegen der schlechten Versorgungslage wurde in den Dokumenten der niedrigeren Geheimhaltungsstufen nur selten thematisiert. In einem Bericht des Amtes für politische Arbeit auf dem Land des Bezirkskomitees Luoyang von Juli 1960 über eine Brigade im Nachbarkreis Yiyang wurden die Kader kritisiert, sich nicht genug um die Versorgung der Massen gekümmert zu haben. 150 Kommunarden, sprich 20 Prozent der Brigademitglieder, mussten den Ort verlassen, um arbeiten und überleben zu können.

In diesen mir zugänglichen Dokumenten finden sich keine Beweise für eine Hungersnot. Es müssten sich im Archiv auch Informationen zu den Toten finden. Dass solche Statistiken wahrscheinlich aufgestellt worden waren, zeigt eine Tabelle, die Jia Yanming im Kreisarchiv Suiping gefunden hat:

[21] 新安县粮食局：一九六零年度工作规划草稿 (Getreideamt des Kreises Xin'an: Entwurf der Arbeitsplanung für 1960) 14.2.1960: 1.

Tabelle 6.1.

Todesstatistik der Volkskommune Chayashan

Gegenwärtige Gesamtbevölkerung	
Familien	9.276
Männer	19.854
Frauen	21.075
Gesamt	40.929
Abgänge zwischen Winter 1959 und Frühling 1960	
sich außerhalb der Kommune befindende Bevölkerung (davon als Arbeitskräfte außerhalb)	2.095 (1.566)
wieder zurückgekehrte Menschen	1.265
abgezogene Arbeitskräfte	2.097
Anzahl der Toten zwischen Winter 1959 und Juni 1960	
Verhungerte	2.762
Erschlagene	398
zum Selbstmord Getriebene	148
Erfrorene	105
Andere	1192
Waisenkinder	179
Familien, von denen alle Mitglieder verhungert sind	195
Tote zwischen Juni 1960 bis Ende Januar 1961 insgesamt	282

Quelle: Jia Yanming 2004: 106

Für jede Produktionsgruppe werden darin die Todesursachen der Verstorbenen aufgeschlüsselt. In dieser Tabelle wird nicht nur die Hungersnot, sondern auch der politische Terror sichtbar. Über 450 Kommunarden wurden erschlagen oder in den Selbstmord getrieben. Der „Große Sprung" hinterließ in der nationalen Modell-Kommune Chayashan 179 Waisenkinder. Anzumerken ist noch, dass die Todesrate in Chayashan mit 10 Prozent für die Xinyang-Region noch relativ niedrig lag. In den Kommunen der südlicher gelegenen Kreise verhungerte zum Teil die Hälfte der Kommunarden.

Solange die Kommunistische Partei die Archive nicht vollständig öffnet, müssen wir bei der Forschung auf Dorfebene auf mündliche Quellen zurückgreifen. Bei chinesischen Forschern hängt es oft vom Zufall oder vom guten Willen des Archivars ab, ob sie einige Dokumente mit hoher Geheimhaltungsstufe zu Gesicht bekommen oder nicht. Während Jia als Studentin der Nanjing Unversität in Suiping wohl relativ großzügig Zugang gewährt wurde, berichtete mir ein anderer chinesischer Forscher, dass er im Kreis der damaligen Modell-Kommune Xushui in der Provinz Hebei nur zwei Dokumente aus dem Jahr 1958 einsehen durfte. Vor diesem Hintergrund kann man Wagners These von der heterogenen Archivlandschaft bestätigen.

Im Kreisarchiv von Xin'an interviewte ich einen der Autoren der Kreischronik.[22] Ich berichtete ihm vom alltäglichen Überlebenskampf der Bauern während der Hungersnot. Die Bauern hatten mir erzählt, dass sie nachts in den Feldern unreife Süßkartoffeln heimlich anbissen und wieder in die Erde steckten. Der Autor antwortete, dass sich im Archiv keine Dokumente zu diesem Thema befänden. Die Kader hatten wohl damals entweder die Kontrolle verloren, oder die Autoren der Dokumente hielten den täglichen Überlebenskampf der Bauern nicht für erwähnenswert. Der Staat dokumentierte Ereignisse auf Kreisebene sehr ausführlich, nicht jedoch auf der Dorfebene. Diese Tatsache wirft ein Licht auf die Beziehungen zwischen Staat und Dorf in China, das später noch erörtert werden soll.

6.4. Fast ohne lokalen Bezug: Die Kreiszeitung

Als Letztes soll nun die Darstellung des „Großen Sprungs nach vorne" in der Kreiszeitung analysiert werden.

Das Kreisparteikomitee von Xin'an gab auch während des „Großen Sprungs" eine Kreiszeitung heraus. Die „Xin'an Ribao" berichtete nur selten von einzelnen Dörfern. Ein Großteil der Artikel und Kommentare wurde einfach von der „Volkszeitung" oder der „Henan Ribao" nachgedruckt. Ebenso wurden zahlreiche Berichte über die Modell-Volkskommunen in Xinyang übernommen.

Auf der Kreisebene fand keine eigene Theoriebildung statt. Die Zeitung druckte einige Rekordergebnisse der einzelnen Volkskommunen ab. Regelmäßig wurden die Ergebnisse der Stahlproduktion der Volkskommunen veröffentlicht. Sie standen so in einem direkten Wettkampf gegeneinander.

Die Kampagnen gegen Pan Fushheng vom Herbst 1958 und gegen den „Rechtsopportunismus" 1959 wurden zwar auf lokaler Ebene auch durchgeführt, in der Kreiszeitung wurden jedoch keine Kader persönlich an den Pranger gestellt. Auf der Titelseite wurde nur berichtet, dass über 21.000 Wandzeitungen aufgehängt und 5000 Kader mobilisiert wurden, um die „konterrevolutionären

---

[22] Experteninterview 2.8.2005 Xin'an.

Ideen“ von Pan Fusheng zu verurteilen (Xin'an Ribao 1.6.1958). Die Journalisten zitierten Bauern und Kader, die gelobten einen entschiedenen Kampf gegen Unterschlagung von Getreide zu führen und somit den negativen Einfluss Pans zu überwinden. Über Fehlentwicklungen des „Großen Sprungs“ wurde in der Kreiszeitung kaum und über die Hungersnot gar nicht berichtet.

Eine chinesische Kreiszeitung der damaligen Zeit unterscheidet sich grundlegend von deutschen Regionalblättern. Wie ich aus meiner eigenen Erfahrung als Praktikant bei Lokalzeitungen weiß, sind deutsche Redakteure bemüht nationale Ereignisse auf die lokale Ebene „herunterzufahren“ und konkrete Beispiele vor Ort zu bringen. Die Dörfer haben deshalb eine eigene Rubrik. Bei vielen Berichten geht es darum, möglichst über konkrete Menschen zu berichten und ihre Bilder abzudrucken. In der „Xin'an Ribao“ kamen kaum konkrete Menschen vor, noch nicht einmal die führenden Kader. Die Berichterstattung bewegte sich auf der Kreisebene und ging selten ins Detail. Sämtliche politisch-ideologischen Stellungnahmen und Kommentare wurden von der höheren Ebene übernommen. So erfährt der Leser sehr wenig über den „Großen Sprung“ auf den Dörfern und im Kreis.

Schlussfolgerung: Erinnerung und Archive vor dem Hintergrund des Verhältnisses von Staat und Dorf in China

Mein ursprüngliches Vorhaben, die Erinnerungen der Bauern und das Archivmaterial gegeneinander abzugleichen, konnte nicht durchgeführt werden. Der beschränkte Zugang zu Dokumenten war dabei nur ein Problem. Der Staat hielt und hält viele Dinge, die sich auf der Dorfebene ereigneten, weder für aufzeichnungs- noch für bewahrenswert. Die Erinnerungen der Dorfbewohner und die Dokumente haben in vieler Hinsicht verschiedene Inhalte. Die Autoren der Dokumente des Kreiskomitees berichteten meistens über die Umsetzung der Regierungspolitik. So wurden z.B. die Zahl der Teilnehmer und ihre Lernfortschritte bei der Kampagne gegen den „Rechtsopportunismus“ von 1959 und beim Studium der Mao Zedong-Werke von 1960 minuziös aufgeführt. In den Dokumenten des Getreideamtes standen die Verwaltung der Getreidespeicher und ihr Personal, nicht jedoch die Ernährungslage der Bauern im Vordergrund.

Strategien im Überlebenskampf der Bauern, wie das Stehlen von rohem Gemüse, wurden hingegen nicht dokumentiert. Was für die Bauern überlebenswichtig war, stand nicht unbedingt im Mittelpunkt des Interesses der Kreisbürokratie. Ereignisse, die für die Bürokratie zentrale Bedeutung hatten, haben die Bauern längst vergessen oder nie wahrgenommen. Kein Interviewpartner konnte so wichtige ZK-Konferenzen wie die Lushan-Konferenz oder die Kampagne gegen Pan Fusheng Ereignissen auf dem Dorf zuordnen. Von der Anti-Rechtskampagne waren einige meiner Interviewpartner direkt betroffen und konnten daher viel erzählen. Die Namen Pan Fusheng und Wu Zhipu hatten die meisten zwar schon einmal gehört, aber der Machtkampf in der Partei scheint sie nichts anzugehen. Niemand konnte mehr als ein paar Sätze zu der Kampagne gegen Pan sagen, obwohl damals über 21.000 Wandzeitungen plakatiert wurden. „Diese Dinge haben mit uns einfachen Leuten nichts zu tun" (跟我们老百姓没有关系) steht auf der einen Seite. Auf der anderen Seite glauben Kreis- und sogar Marktfleckenkader nicht, dass sie zum Dorf (农村) gehören. Kreis und Dorf scheinen in China zwei verschiedene Welten zu sein.

In den Kreischroniken von Xin'an, Yiyang und Runan sind nicht viele Informationen zum „Großen Sprung nach vorne" zu finden. Die Autoren haben sich an den offiziellen Kanon gehalten und negative Ereignisse mit einer kurzen kritischen Bewertung erwähnt, nicht aber im Detail beschrieben. Das bestätigte auch einer der Autoren der Kreischronik von Xin'an.[23] Die Periodisierungen und die Bewertung der einzelnen Kampagnen wurden von der Parteigeschichtsschreibung übernommen. So wird es schwierig, überhaupt Unterschiede zwischen den Entwicklungen auf nationaler und lokaler Ebene herauszuarbeiten. Die Statistiken sind dabei nur bedingt aussagekräftig und weichen von den Daten, die von der Provinzregierung veröffentlicht wurden, deutlich ab. Es ist anzunehmen, dass die Autoren der Kreischroniken die Bevölkerungsstatistiken für die Öffentlichkeit geschönt haben.

Es scheint keine strenge Standardisierung für das Verfassen von Kreischroniken zu geben. Der Vergleich wird dadurch sogar schon bei drei Kreisen schwierig. Eine lokale Geschichtsschreibung, die wirklich die Besonderheiten des eigenen Kreises erforschen will, existiert in China nicht. Lokale und regionale Ereignisse erscheinen immer nur als Spiegelbild der nationalen Geschichte. Die ideologische Prämisse, dass das ganze chinesische Volk von der Kommunistischen Partei von Beijing aus geführt wird, übertragen die lokalen Historiker auf ihre Geschichtsschreibung.

Der Kreis ist in der China-Forschung immer noch eine große Lücke. Zur Frage, welchen Charakter der lokale Staat in China hat und ob er unter die Kreisebene reicht, gibt es relativ viele Untersuchungen (siehe Weigelin-Schwiedrzik 2003a, Oi 1995, Shue 1988). Im chinesischen Kaiserreich stellte der Kreis die letzte Bastion des Staatsapparates dar. Unterhalb der Kreisebene gab es keine Beamten mehr. Clans, Gentry oder andere lokale Eliten übernahmen die Verwaltung des Dorfes. Nach 1949 brachten die Kommunisten den Staat auf das Dorf, indem Parteikomitees, lokale Volkskongresse und Massenorganisationen etab-

---

[23] Experteninterview 2.8.2005 Xin'an.

liert wurden. Die Frage ist, ob der Staat nach der Dezentralisierung im Rahmen der Reformpolitik heute noch auf dem Dorf verankert ist.

Ein Grund dafür, dass die Regierungsebene und das Dorf in der Forschung des „Großen Sprungs“ meist unverbunden bleiben, liegt nicht nur an der Ablehnung von *Oral History* durch die konventionellen Historiker und Politikwissenschaftler oder an der Ignoranz der Ethnologen gegenüber der Regierungsebene. Der Kreis als die letzte Bastion der Staatsbürokratie und Vermittlungsinstanz zwischen Staat und Dorf ist noch ein relativ weißer Fleck in der China-Forschung.

7. Interviews und Erinnerung: Theoretische und methodische Reflektionen

Bisher wurden in dieser Arbeit Theorien zu Gedächtnis und Erinnerungen dargestellt. Mit Hilfe von *Oral History*-Interviews wurden die Erinnerungen der Zeitzeugen an die „Große Sprung"-Hungersnot aufgezeichnet. An dieser Stelle werden die Interviewmethoden und die Auswertung kritisch reflektiert sowie Vorteile und Gefahren von *Oral History* diskutiert.

7.1. Oral History und das Subjekt

Oral History kann mit „mündliche Geschichte" übersetzt werden. Alexander von Plato hält es jedoch für sinnvoller, von Erfahrungsgeschichte zu sprechen, da dieser Forschungszweig nicht nur mündliche Quellen verwendet, sondern auch Briefe, Tagebücher und andere schriftliche Quellen (Plato 1991: 419). In Deutschland begann die Debatte um *Oral History* erst in den 80er Jahren, als diese Forschungsmethode in den USA, Skandinavien oder Israel schon lange etabliert war. Plato erklärt die Skepsis gegenüber *Oral History* in Deutschland damit, dass sich vor dem Hintergrund von Nationalsozialismus und Kriegsniederlage zwei Generationen rasch anpassen und Brüche in den eigenen Biographien in Kauf nehmen mussten. Das habe zum Misstrauen gegenüber dem Subjekt geführt, das man Jahrzehnte aus der Geschichtswissenschaft heraushalten wollte (ebenda: 422). „Für manche scheint Subjektivität etwas so Verdächtiges zu sein, dass man sie abseits vom Weg der historischen Wissenschaft und der archivalischen Aufgaben liegen lassen möchte. Es könnte umgekehrt sein: Ein Anreiz, ‚Erfahrungsgeschichte' zu betreiben, könnte darin liegen, die subjektive Verarbeitung historischer Entwicklungen aus der Grauzone von Journalistik und Literatur in quellenkritisch überprüfbare Wissenschaft zurückzuholen" (ebenda: 420f.).

Durch *Oral History* haben die Zeitzeugen die Möglichkeit, selbst zu Wort zu kommen. Dadurch ist es möglich, die Ereignisse aus einem neuen Blickwinkel zu sehen, da die meisten schriftlichen Dokumente von staatlichen Bürokratien oder Intellektuellen verfasst worden sind. Parteiresolutionen oder Schulbücher sagen wenig darüber aus, wie Bauern ihre Geschichte verarbeitet haben und wie sie sich an die große Hungersnot erinnern. In den 70er Jahren verbanden viele Forscher mit der Einbeziehung der Zeitzeugen die Hoffnung auf eine Demokratisierung der Geschichtsschreibung. Gruppen wie Frauen, Migranten oder Bauern, die in der etablierten Geschichtsschreibung nur am Rande vorkamen, sollten eine Stimme in der Vergangenheitsbewältigung bekommen. Diese Hoffnungen wurden häufig enttäuscht, da die Geschichten der Interviewten nicht immer den Erwartungen der Interviewer entsprachen. Plato spricht von einer „Unschärferelation" zwischen der Repräsentation des Subjekts und den institutionellen, ökonomischen und kulturellen Hegemoniestrukturen einer Gesellschaft. Je nach Methode kann das eine oder das andere scharf gestellt werden (ebenda: 433). Eine wichtige Frage in dieser Arbeit ist es, wie sich in den Erinnerungen an die Erfahrungen der einzelnen Subjekte die Machtstrukturen widerspiegeln.

Vergessen werden darf auch nicht die Doppelrolle des Zeitzeugen. Er ist zwar einerseits Subjekt und Partner der Quellenproduktion, aber auch Gegenstand der Beobachtung des Interviewers und Objekt des Forschungsprozesses (Leh 2000: 68). Deshalb finde ich es schwierig, *Oral History* per se als Demokratisierung von Geschichtswissenschaft zu verstehen. In meinem Fall hatte ich keine Möglichkeit, die Zeitzeugen auch in die Analyse der Interviews mit einzubeziehen.

Eine weitere Herausforderung für *Oral History* ist, dass man nicht die Erinnerungen an das Ereignis als solches, sondern nur die Erinnerungen, die durch das Interview ausgesprochen werden, erforschen kann. Nicht nur die Gesellschaft bildet den „sozialen Rahmen" für die Erinnerungen, sondern auch das Interview. Harald Welzer nennt das Interview mit Zeitzeugen wie jede andere Gesprächssituation ein Artefakt, sprich Kunstprodukt. „Es ist eine einmalige, nicht replizierbare Situation der gemeinsamen Verfertigung eines Textes, eine Kette aufeinander bezogener Sprechhandlungen" (Welzer 2000: 53). Es sei falsch, bei der Analyse des Gesprächs von „Forscheffekt", „Intervieweinfluss" oder „Verzerrung" zu sprechen, weil dies voraussetzen würde, dass es etwas „Reines" und „Gegebenes" im Verborgenen gebe, das mit Hilfe der richtigen Technik ans Tageslicht kommen würde (ebenda: 54). Den Einfluss der Gesprächssituation, der keinen Bezug zum historischem Ereignis selbst hat, kann man nicht mit den noch so wissenschaftlichen Methoden ausschalten, sondern nur kritisch reflektieren und in die wissenschaftliche Analyse der Erinnerungen einbeziehen.

So beschreibt Aleida Assmann den Spagat der Forscher: „Sie müssen einerseits, um überhaupt Erinnerungen stimulieren zu können, empathisch intersubjektiv verfahren und eine Situation mitmenschlichen Vertrauens schaffen, und sie müssen andererseits, um als Wissenschaftler mit diesem Material arbeiten zu können, kritisch verfahren und diese Erinnerungen auf einen objektiven Wahrheitsgehalt prüfen" (Rüsen / Straub 1998: 142). Lutz Niethammer schreibt über Erinnerungen: Sie „sind keine objektiven Spiegelbilder vergangener Wirklichkeiten oder Wahrnehmungen. Das Erinnerungsinterview ist vielmehr davon mitbestimmt, dass das Gedächtnis auswählt und zusammenfasst, dass Erinnerungselemente durch zwischenzeitlich erworbene Deutungsmuster oder kommunikationsgerechte Ausformungen neu zusammengesetzt und sprachlich aufbereitet werden und dass sie durch die Wandlung in den sozial akzeptierten Werten und durch die soziokulturelle Interaktion im Interview selbst beeinflusst werden" (zitiert nach Rüsen / Straub 1998: 142). Für Niethammer sprechen daher gewisse Ungereimtheiten und situative Rahmung eher für Spontanität und Authentizität bei den Antworten. Während starke Ausformung und das Fehlen von Widersprüchen eher auf nachträgliche Verarbeitungsmuster oder Routine beim Erzählen hinweisen.

Die mündlichen Quellen hat der Wissenschaftler gemeinsam mit dem Interviewten und den Abschriften produziert. Das hat den Vorteil, dass der Autor die Situation und Absicht der Entstehung dieser mündlichen Dokumente genau kennt (Botz / Weidenholzer 1984: 211). Der Nachteil ist, dass der Interviewer durch seine Fragemethoden die Antworten manipulieren kann (Vorländer 1990: 19 f.). Die Fragen sollten deshalb eher ergänzenden Charakter zum Gespräch haben und allenfalls die Erinnerungsfähigkeit des Interviewten unterstützen (Niethammer 1977: 31). Es muss dabei das richtige Verhältnis zwischen Strukturierung des Interviews und genügend Freiraum für den Erzähler gefunden werden (Thompson 1978, 168 f.). Der Interviewte sollte genug Raum für seine Geschichte haben und dem Wissenschaftler nicht nur als Insider-Informant für seine Fußnoten dienen. Vor diesem Hintergrund ist es auch nicht unwissenschaftlich, das „Ich" und die eigene Rolle in die Analyse mit einzubeziehen, sondern absolut notwendig. Wenn man unter Wissenschaftlichkeit intersubjektive Überprüfbarkeit versteht, so bedeutet das hier, für den Leser die Interviewsituation möglichst offen darzulegen.

An dieser Stelle soll eine Übersicht über die Faktoren gegeben werden, die das Erinnern beeinflussen und die bei der Analyse der Interviews miteinbezogen werden müssen:

7.2. Das Verhältnis von Fragen und Antworten

Ein Vorwurf gegen *Oral History* ist, dass der Interviewer mit seinen Fragen die Antworten produziert, die er haben möchte, oder dass die Interviewten ihm erzählen, was er deren Ansicht nach, gerne hören will. Meine Fragen sollten Aufforderungen zur Erinnerung sein und helfen, mehr ins Detail zu gehen. Methodisch unsauber ist es, die Forschungsfragen an die Zeitzeugen zu stellen, anstatt ihre Antworten daraufhin zu analysieren. „Wie bewertest du die Rolle der Kader?" oder „Fühltest du dich als Frau durch die Volksküchen befreit?" sind z.B. Aufforderungen zur Analyse und Bewertung und nicht zur Erinnerung persönlicher Erlebnisse. Fragen nach dem Warum geben dem Interview einen Diskussionscharakter und intellektualisieren es unnötig (Kvale 1996: 131). Oft können sich die Bauern ohnehin nicht erklären, warum der Staat so handelte.

Angelehnt an Kvale unterscheide ich zwischen folgenden Fragetypen (ebenda: 133 f.): Die *Einstiegsfrage*, wie z.B. „Kannst du mir etwas über dein Leben während des ‚Großen Sprungs' erzählen?", soll den Interviewten stimulieren seine Geschichten zu erzählen. Mit Lauten wie „mm" signalisiert der Interviewer, dass er zuhört und alles versteht. Mit *untersuchenden Fragen*, wie „Kannst du dafür einige Beispiele nennen?" oder „Kannst du das genauer erklären?" wird der Interviewte aufgefordert, ins Detail zu gehen. *Spezifische Fragen*, wie „Was hast du getan, als es nichts mehr zu Essen gab?", appellieren an den Erzähler, die Konsequenzen genauer darzulegen. *Direkte Fragen* wie „Was haben die Kader damals gegessen" zwingen zu einer Stellungnahme zu Machtverhältnissen. *Überleitungen* wie „Jetzt möchte ich aber auch noch etwas über die Situation in den Volksküchen wissen" strukturieren das Gespräch im Sinne des Interviewers, die für ihn wichtigen Fragen abzuarbeiten. Wenn diese Frage für den Interviewten unwichtig ist, wird er nur in ein paar Sätzen darauf antworten. Sparsam können auch *interpretierende Fragen* eingesetzt werden, um Zusammenhänge besser zu verstehen wie z.B. „Habe ich dich richtig verstanden, dass alle Männer aus dem Dorf geflohen sind und die Frauen zurückgelassen haben?".

Auch die Wortwahl, die in den Fragen benutzt wird, beeinflusst die Antworten. Fragt man die Bauern im Parteijargon, so kann es passieren, dass sie in der gleichen Sprache antworten. So habe ich versucht herausfinden, in welcher Sprache die Dorfbewohner ihre Geschichte erzählen und welche Wörter und Begriffe sie für Ereignisse, Kampagnen oder Perioden verwenden. Dem nächsten Interviewpartner konnte ich dann in dieser Sprache meine Fragen stellen.

Sicher strukturiert der Forscher durch die Fragen die Erinnerungen. Damit die Zeitzeugen dem Interviewer das erzählen, was dieser gerne hören möchte, müssen sie sich über seine Wünsche im Klaren sein. In meinem Fall hatten sie sicher keine Vorstellung davon. Zwei Mal wurden Antworten ganz offensichtlich dadurch beeinflusst, dass den Zeitzeugen ein westlicher Ausländer gegenüber saß. Ein Bauer drückte seine Machtlosigkeit in der Mao-Ära aus: „Damals gab es keine Menschenrechte" (人权). Wollte er mit diesem Begriff einem Ausländer seine Situation veranschaulichen, oder überträgt er die Konzeption der Menschenrechte von heute in die Mao-Ära? Die Erzählungen der Zeitzeugen sind, wie Kommunikation generell, immer adressatenbezogen, wie Welzer schreibt (Welzer 2000: 62).

An der Länge der Antworten kann man ablesen, ob das Thema der Frage für den Zeitzeugen wirklich wichtig ist. Über Leiden und Nahrung während der Hungersnot redete eine alte Bäuerin 20 Minuten. Die Fragen nach ihrer damaligen Reaktion auf die Ziele der Stahlkampagne und den baldigen Übergang zum Kommunismus beantwortete sie hingegen mit ein paar Sätzen.

Für den Gesprächsverlauf und die Antworten ist auch das Vorwissen des Interviewers von entscheidender Bedeutung. Manche Ethnologen halten die Erinnerung für besonders natürlich und originell, wenn der Interviewer möglichst kein Vorwissen hat und so auch den Gesprächsverlauf weniger manipulieren kann. Zum einen ist Vorwissen nötig, um die Erinnerungen analysieren und bewerten zu können. Man bekommt auf bestimmte Themen nur Antworten, wenn man danach fragt. Ich wusste zum Beispiel, dass es während des „Großen Sprungs" viele Widerstandsformen im täglichen Überlebenskampf der Bauern gab, wie Stehlen oder „Weniger berichten, um heimlich zu verteilen" usw. (siehe Gao Wangling 2004b). Durch meine Fragen erfuhr ich einiges zu diesen Dingen. Wenn die Bauern nichts von diesen Regelüberschreitungen berichten, kann sich der Forscher wenigsten fragen, ob es sie ausgerechnet an diesem Ort nicht gegeben hat, oder aus welchen Gründen sie verschwiegen oder vergessen worden sind. Gerade über peinliche Ereignisse sprechen Zeitzeugen manchmal erst, wenn sie danach gefragt werden und der Interviewer dadurch signalisiert, dass er es schon weiß und dass andere Menschen auch so gehandelt haben.

Kritisch zu beleuchten ist auch das Verhältnis zwischen Forschungsfragen und Interviewfragen (siehe Tabelle 8.1.). Der Interviewer sollte seine Forschungsfragen nicht an die Interviewten stellen, sondern aus der Textanalyse erarbeiten. Der Interviewte kommt sonst in eine Erklärungsnot und wird nicht ermuntert, einfach über seine persönlichen Erlebnisse zu sprechen.

Der Fragekatalog muss in den Gesprächen natürlich flexibel angewandt werden. Man muss nicht alle Fragen an jeden stellen. Einen Kader habe ich natürlich nicht gefragt, ob er vor Kadern Angst hatte, sondern ob von oben auf ihn Druck ausgeübt wurde. Wenn jemand an der Stahlkampagne nicht selbst teilgenommen hat und er nichts dazu sagen möchte, kann man natürlich gleich zur nächsten Frage übergehen. Auch durch nicht beantwortete Fragen bekommt der Forscher neue Informationen. Auf dem Dorf Judong nahm niemand am Stahlschmelzen teil. An anderen Orten war diese Kampagne die folgenschwerste des „Großen Sprungs". Durch die Interviews stößt der Forscher auch auf neue Informationen, denen er weiter in den folgenden Interviews nachgehen kann. Die männlichen Interviewpartner aus Judong sind während der Hungersnot geflohen. Von daher spielte die Flucht in den Interviews eine wichtige Rolle und musste durch weitere Fragen ergründet werden. Durch die Interviews werden dadurch neue Forschungsfragen aufgeworfen. Die Interaktion mit den Zeitzeugen beeinflusst nicht nur ein Interview, sondern die gesamte Untersuchung auf den Dörfern.

<table>
<tr><th>Interviewfragen</th><th>Forschungsfragen</th></tr>
<tr><td>Einleitung (Zusammenfassung): Ich schreibe meine Doktorarbeit über den „Großen Sprung nach vorne“ und möchte verstehen, wie die einfachen Menschen damals gelebt haben. Kannst du mir etwas über diese Zeit erzählen?</td><td rowspan="7">Wie stellen die Dorfbewohner die Kampagnen des „Großen Sprungs“ dar? Wie spiegeln sich in den Erinnerungen die Machtverhältnisse wider? Wie beschreiben sie ihre eigene Rolle?</td></tr>
<tr><td>Teil 1: „Großer Sprung nach vorne“</td></tr>
<tr><td>Hast du an der Stahlkampagne teilgenommen? Kannst du mir davon erzählen? (你参加了大连钢铁运动吗? 请你讲一讲.)</td></tr>
<tr><td>Was konntet ihr zu Beginn des „Großen Sprungs“ in den Volksküchen essen? (开始的时候在公共食堂大家可以吃什么?)</td></tr>
<tr><td>Gab es in den Volksküchen Verschwendung? (有没有浪费?)</td></tr>
<tr><td>Kannst du dich noch an die Militarisierung der Arbeit erinnern? (你记得不记得劳动军事化?)</td></tr>
<tr><td>Teil 2: Hungersnot</td></tr>
<tr><td>Was hast du gegessen, als es nicht mehr genug Getreide gab? (缺粮食的时候你吃了什么?)</td><td rowspan="6">Wie beschreiben die Dorfbewohner die Hungersnot und den Überlebenskampf?
Inwieweit thematisieren sie eigene Schuld und Verantwortung?
Welche Rolle hat für sie der Staat gespielt?
Wie stellen sie Gewalt und Terror dar?</td></tr>
<tr><td>Wie war die Situation in deiner Familie? (你家里人情况怎么样?)</td></tr>
<tr><td>Was konnten die Kader noch essen? (干部能吃什么?)</td></tr>
<tr><td>Wann hattet ihr nicht mehr genug zu essen? (什么时候吃的不够?)</td></tr>
<tr><td>Hast du dich vor den Kadern gefürchtet? (你当时害怕不害怕干部?)</td></tr>
<tr><td>Kannst du die Kritiksitzungen von damals beschreiben? (当时怎么斗人?)</td></tr>
</table>

<table>
<tr><td>Gab es in eurer Produktionsgruppe damals „Weniger berichten, um heimlich mehr zu verteilen“?/ Gab es noch einen Schwarzmarkt? (有没有瞒产私分? 有没有黑市场?)</td><td rowspan="4">Hat es Widerstand gegeben und wie wird er thematisiert?</td></tr>
<tr><td>Kennst du Dorfbewohner, die geflohen sind? (你认识不认识逃跑的人?)</td></tr>
<tr><td>Hast du Verhungerte gesehen? Sind in diesem Dorf viele Menschen verhungert? (你看过饿死了的人吗? 在这个村子饿死的人多不多?)</td></tr>
<tr><td>Konnten noch Beerdigungen durchgeführt werden? (还能办丧礼吗?)</td></tr>
<tr><td>Teil 3: Glauben, Ideologie und Aufarbeitung</td><td rowspan="6">Haben die Dorfbewohner den Versprechungen der Propaganda geglaubt und wie stehen sie heute dazu? Hat die Propaganda das Dorf erreicht?
Hat die Autorität Maos unter der Erfahrung der Hungersnot gelitten?
Wie wurden Erinnerungen in der Familie weitergegeben?
Welche Rolle spielen dabei die verschiedenen Generationen?
Welche Gruppen haben ein kollektives Gedächtnis?
Beinhalten die Erinnerungen auch Wissen über das Dorf hinaus?</td></tr>
<tr><td>Hast du damals von den Parolen, England und die USA zu überholen und bald in den Kommunismus einzutreten, gehört? (你当时听过超英赶美与共产主义过渡的口号吗?)</td></tr>
<tr><td>Hast du noch an den Vorsitzenden Mao geglaubt, als du hungrig warst? (饿肚子的时候你相信不相信毛主席?)</td></tr>
<tr><td>Wann hattet ihr wieder genug zu essen? (什么时候又能吃饱?)</td></tr>
<tr><td>Konntest du in die Familien über die Hungersnot sprechen? (你们以前谈过这个情况没有?)</td></tr>
</table>

7.3. Die Beziehung zwischen Interviewer und Interviewten

Eine angenehme Gesprächsatmosphäre herzustellen ist genauso wichtig wie gegenseitige Sympathie bei Interviewer und Interviewten, um die Zeitzeugen zu animieren, ihre Geschichten zu erzählen. Es ist davon auszugehen, dass sich der Zeitzeuge in dem Gespräch positioniert, wenn er beginnt, in der Ich-Person zu erzählen. Der Erzähler bindet den Zuhörer in seine Darstellung ein. Er kann ihn z.B. zum Verbündeten, Komplizen, Gegenspieler oder zur Kontrollinstanz machen (Lucius-Hoene / Deppermann 2002: 210). Die Interviewten können in ihrer Darstellung auch auf Positionierungen reagieren, die sie dem Interviewer unterstellen. Sie rechtfertigen sich z.B., obwohl gar keine Schuld unterstellt wurde. In ihren Geschichten positionieren sie sich aber auch zu ihrer eigenen Vergangenheit. Durch die besonders naive Darstellung des vergangenen Ichs, können sie z.B. unterstreichen, dass sie heute genau wissen, wie alles läuft (ebenda: 206).

Neben den Positionierungen sind auch die Erwartungen der Interviewten zu berücksichtigen (Leh 2000: 64). Sie können sich durch die Bereitschaft zum Interview Hilfe durch den Forscher erhoffen. Diese Probleme haben häufig chinesische Kollegen, da Bauern glauben, sie hätten gute Beziehungen in Zhengzhou oder Beijing und könnten ihnen helfen, Probleme mit den Behörden zu regeln. Bei mir glaubten sie das natürlich nicht. Außerdem wünschen sich einsame, alte Interviewpartner manchmal einen regelmäßigeren Kontakt oder eine persönliche Beziehung zu dem Forscher (ebenda: 64). Dann sollte der Interviewer sensibel mit ihnen umgehen und ihnen nicht das Gefühl geben, mit dem Ende der Aufnahme kein Interesse mehr am Gegenüber zu haben.

Bei meinen Interviews mit Dorfbewohnern in China prallen Welten aufeinander. Ich (männlich, Mitte 20, europäischer Akademiker) treffe auf alte chinesische Bauern und Bäuerinnen. Zusätzlich zu den sozialen und kulturellen Unterschieden kamen noch sprachliche Barrieren hinzu, da ich den lokalen Dialekt nicht immer vollständig verstehen konnte.

In Xin'an und Yiyang halfen mir bei Verständnisschwierigkeiten Bauern, die besser Hochchinesisch konnten, oder eine junge Frau aus dem Dorf, die einen Fachhochschulabschluss besitzt. Sie tippte alle Interviews für mich ab. Damit der lokale Dialekt nicht völlig bei der Übertragung in die Schriftzeichen verschwand, erklärte sie mir bestimmte Worte, oder schrieb sie in Klammern hinter die hochchinesischen Begriffe.

In Baotou konnte ich, ohne dass die Behörden Notiz davon nahmen, 5 Tage lang Interviews durchführen. Da ich das Dorf vorher schon zwei Mal besucht hatte, kannten mich einige Bauern schon. Durch meine familiären Beziehungen wurde ich der Familie Li zugeordnet und war damit kein völlig Fremder. Während der vorigen Besuche hatte ich auch schon mit Einzelnen über die „Große Sprung"-Hungersnot gesprochen und sie wussten, dass ich das Thema erforsche. Mein Alter war bei den Interviews sicher von Vorteil, da sich die meisten gleichaltrigen Chinesen, die ich kenne, oft nicht für die Erinnerungen der Alten interessieren oder die Klagen über die Entbehrungen der Vergangenheit nicht mehr hören können. Alte Menschen sind deswegen häufig froh, wenn sie einen jungen Zuhörer finden. Außerdem sahen mich die Dorfbewohner nicht als einen Lehrer

(老师), dem man besonders viel Respekt entgegenbringen müsse. Dass man sich als Städter und sogar als „Ausländer" freiwillig dem „harten Landleben" (Wasser aus dem Brunnen, kein WC, Kälte, Hitze und Dreck) aussetzt, bewerten die Bauern positiv. Einerseits entschuldigen sie sich für die schlechten Bedingungen, machen sich aber auch manchmal über den verwöhnten Städter etwas lustig. Die Teilnahme am gemeinsamen Essen und das Übernachten in den kleinen Zimmern schafft Vertrautheit.

Von Leuten, die ich um ein Interview bat, wollte nur ein Kader in Yiyang mit mir anfangs nicht über den „Großen Sprung" sprechen. Er habe in der Vergangenheit schon unter Repressionen gelitten. Außerdem sollte man nicht unkontrolliert über das Thema sprechen (不能乱说). Bei allen anderen hatte ich nicht den Eindruck, dass meine Rolle als „Ausländer" einen negativen Einfluss hatte. Während gebildete Chinesen oft meinen, für „Ausländer" einfacher oder langsamer sprechen zu müssen, redeten die Dorfbewohnen in ihrem lokalen Dialekt einfach drauf los. Wie später noch in den Kapitel 8. und 9. dargelegt wird, konnte ich von einer bewussten Selbstzensur nichts spüren.

Im Gegensatz dazu waren die Erinnerungen der Intellektuellen, die ich für meine Magisterarbeit im Sommer 2002 in Beijing interviewte, stark von der Parteigeschichtsschreibung geprägt (Wemheuer 2004: 97). Zu Beginn der Interviews glaubten die altgedienten Parteimitglieder, dem „Ausländer" erst einmal erklären zu müssen, was der „Große Sprung" überhaupt gewesen sei und gaben dabei meistens die Auffassungen der offiziellen Parteigeschichtsschreibung wieder. Ich musste ihnen erst verständlich machen, dass ich ihre persönlichen Erlebnisse, Geschichten und Erinnerungen hören wollte. Nachdem Missverständnisse aus dem Weg geräumt waren, erzählten die Intellektuellen von Kampagnen, politischer Ideologie und Problemen des Parteiapparates. Außerdem erfuhr ich, dass alle Interviewpartner vorher bei dem Büro der „Fakultät für die Geschichte der KPCh" angerufen und sich erkundigt hatten, wer der „Ausländer" sei und was sie ihm erzählen konnten (汇报). Der Sekretär des Büros stellte mich am Telefon vor und sagte, sie könnten frei (随便) mit mir sprechen. Damit war, wenn auch in geringem Maße, eine staatliche Arbeitseinheit in die Interviews eingebunden. Ich hatte die Telefonnummer der pensionierten Lehrkräfte vom Büro der Fakultät bekommen.

7.4. Die Auswahl der Interviewpartner

Die Auswahl von Interviewpartnern bei qualitativen Interviews richtet sich nicht nach statistischen Kriterien (Froschauer / Lueger 2003: 55). Die Frage, ob die Interviewpartner repräsentativ für Dorf, die Provinz oder ganz China sind, ist bei diesem Zugang unerheblich. Es geht darum, die Erinnerungen der einzelnen Dorfbewohner zu analysieren und sie nicht als Repräsentanten einer statistisch zu erfassenden Gruppe zu befragen.

Die Interviewpartner in Baotou fanden sich nach dem Schneeballprinzip entlang von familiären und bekanntschaftlichen Linien. Erst begann ich mit den Geschwistern meiner Schwiegermutter. Danach holten mir die Bauern selber neue Interviewpartner ins Haus. Ein Bauer erinnerte sich, welche Kader von damals noch am Leben waren und eine halbe Stunde später meldete sich der ehemalige Sekretär des Parteikomitees der Brigade. Ein ehemaliger Lehrer einer von den Einwohnern betriebenen Schule (民办学校) lud mich am nächsten Tag ein, das Dorf seiner Mutter zu besuchen. Dort ließ die Familie drei alte Bäuerinnen und zwei Kader kommen. Dadurch entstand das Problem, dass ein neuer Kreis, Yiyang, in meine Untersuchung mit einbezogen werden musste. In den bäuerlichen Randgebieten der Kreisstadt Xin'an ging es ähnlich vonstatten. Ich interviewte also Menschen, die sich fast alle untereinander kannten. Sie befinden sich 1958 und heute noch am selben Ort. In Xin'an und Yiyang beruhte die Auswahl rein auf persönlichen und familiären Kontakten.

Das Dorf Judong im Xinyang-Gebiet besuchte ich im August 2005. Eine befreundete Professorin hatte mir die Kontakte vermittelt. Ich wohnte bei dem Bruder eines ihrer Doktoranden. Auch wenn mir in diesem Dorf die familiäre Bindung fehlte, ging die Auswahl der Interview-Partner ähnlich vonstatten. Im Dorf wurde ich als Gast der Familie Wu eingeordnet. Erst interviewte ich die Familienmitglieder und dann besuchte ich zusammen mit einem der Söhne andere Verwandte und Bekannte im Dorf oder die Interviewpartner kamen in den Hof der Wu's. Die Dorfbewohner suchten auch in Judong selbst meine Interviewpartner aus. Im Süden von Henan hatte ich wesentlich weniger Probleme, den lokalen Dialekt zu verstehen, als im Kreis Xin'an, der in der Nähe von Luoyang liegt. Die Kommunikation konnte wesentlich direkter stattfinden und der Sohn von Herrn Wu und seine junge Freundin mussten nur selten ins Hochchinesische übersetzen.

Da ich die Erinnerungen verschiedener Gruppen miteinander vergleichen möchte, war es natürlich sinnvoll, Kader, Bauern, Dorfintellektuelle sowie Frauen und Männer zu interviewen. Durch die persönliche Beziehung meiner Kontaktfamilie in Baotou waren unter den Zeitzeugen alle diese Gruppen vertreten. In Judong, das ein sehr kleines agrarisch geprägtes Dorf ist, konnte ich in erster Linie Bauern und Bäuerinnen befragen. Fast alle hatten damals den Status „arme Bauern". Scheinbar gab es in ihren Familien keine Opfer der Anti-Rechtskampagne.

7.5. Der Zeitpunkt der Interviews

Es ist offensichtlich, dass neben der Beziehung zwischen Interviewer und Interviewten auch der Zeitpunkt die Erinnerungen beeinflusst. Bei jedem Erzählen werden die Erinnerungen von neuem konstituiert. Ein Beispiel dafür ist der Umgang mit der DDR-Geschichte. Lutz Niethammer (1991) führte in den letzten Jahren des Honecker-Regimes in Ostdeutschland *Oral History*-Interviews durch. Er war erstaunt, wie unpolitisch und kleinbürgerlich die Erinnerungen waren. Kurz nach der Wende hätten die gleichen Menschen ihre Vergangenheit wahrscheinlich ganz anders dargestellt. „Wir sind 40 Jahre nur belogen und betrogen worden" war damals der Tenor, selbst der 30-Jährigen. In den letzten Jahren kommt es vor dem Hintergrund der Massenarbeitslosigkeit zu einer Idealisierung der DDR und „Ostalgie". So bilden die Gesellschaft und die Lebenssituation des Individuums immer den „sozialen Rahmen" der Erinnerungen.

Meine Interviewpartner erzählten mir, dass sie es vor den Reformen nicht gewagt hätten, über die Hungersnot zu sprechen. Anfang der 80er Jahre wäre wahrscheinlich in diesem Dorf bei *Oral History*-Interviews nicht viel über die Hungersnot zu erfahren gewesen. Außerdem hatte ein „Ausländer" damals noch einen ganz anderen Status und über das Ereignis war im Westen nicht viel bekannt (siehe Becker 1996: 285-305). 2005 haben die Menschen in Xin'an keine Angst, über die Leiden der Vergangenheit zu sprechen. Viele sind mit der heutigen wirtschaftlichen und politischen Situation unzufrieden. Durch die Interviews erfuhr ich, ohne danach zu fragen, Geschichten über Bestechung bei den Dorfwahlen, Verhaftungen bei Shangfang (上访), Arbeitslosigkeit, Beschlagnahmung von Land oder Zunahme von Verkehrstoten durch den Abriss einer Brücke. In den Erinnerungen vermischen sich die Missstände der Vergangenheit und der Gegenwart. Der heutige Zugang zur eigenen Vergangenheit bestimmt ihre Bewertung. Empfinden die Dorfbewohner die vergangenen Leiden als notwendiges Übel für die spätere Verbesserung ihrer Lage oder sehen sie darin eine sinnlose Verschwendung, bewerten sie diese Leiden völlig unterschiedlich. Die Analyse der gegenwärtigen Lage muss vorgenommen werden, um die Erinnerungen verstehen und einordnen zu können.

7.6. Die Gesprächssituation: Gruppendiskussionen statt Einzelinterviews

Die Gesprächssituation wird auch durch den Mitschnitt auf Tonband beeinflusst. Die meisten Menschen hören ihre eigene Stimme nicht gerne auf Tonband. Außerdem kann die Sorge bestehen, ein Tonband könne von den Behörden als Beweismittel gegen den Informanten verwendet werden. Ich erklärte den

Zeitzeugen den Mitschnitt damit, dass ich nicht alles verstehen würde und es mir deshalb zu Hause gerne noch einmal anhören wollte. Diese Erklärung wurde akzeptiert und ich hatte nicht den Eindruck, dass das Tonbandgerät störte. Almut Leh machte im deutschen Kontext sogar die Erfahrung, dass Zeitzeugen die Aufzeichnung des Interviews eher positiv bewerten, weil sie es als Wertschätzung deuten (Leh 2000: 67).

Sie unterstreicht außerdem ethische Anforderungen an den Forscher. Beim Konflikt zwischen wissenschaftlichem Ehrgeiz und Loyalität gegenüber dem Zeitzeugen, sollte der Befragte durch die Veröffentlichung des Interviews nicht in Gefahr geraten, Beziehungen in der Familie gestört werden, oder der Interviewte der Lächerlichkeit preisgegeben werden (ebenda: 73). Als ein ehemaliger Dorfschulrektor über den „Zwischenfall von Tian'an men" sprach und die Unterdrückung durch heutige Kader, schaltete ich das Gerät selbst aus. Ich konnte zum Zeitpunkt des Interviews nicht wissen, ob mir die Kassetten von den Behörden vielleicht später abgenommen werden würden.

Durch den Mitschnitt auf Tonband geht die Gestik und Mimik verloren und nur die Stimme wird auf dem Dokument festgehalten. Der Ausdruck der Stimme ist ein Ansatzpunkt, die Antworten zu analysieren.

Schon bei dem ersten Interview musste ich die Idee aufgeben, Einzelinterviews zu machen. Es waren immer noch andere Familienangehörige oder Nachbarn in dem Raum anwesend. Besonders in Wangcun kamen auch Nachbarn, um sich den „Ausländer" anzusehen. Manchmal hörte jemand zu, sagte seine Meinung zum Thema und ging dann nach einiger Zeit wieder. Kleine Kinder tobten durch die Zimmer oder Jugendliche setzten sich dazu, bis es ihnen wieder zu langweilig wurde.

Die Dauer der Interviews belief sich auf 45 Minuten bis zu einer Stunde. Die Konzentrationsfähigkeit der Dorfbewohner war wesentlich geringer als die der städtischen Intellektuellen in Beijing, die ich problemlos 2 bis 2 ½ Stunden interviewen konnte.

Ebenso entstand bei der „Übersetzung" eine nicht zu kontrollierende Interaktion. Ein junger Student, der zum Frühlingsfest nach Hause gekommen war, sagte immer wieder ungläubig: „Aber das waren doch die drei Jahre der Naturkatastrophen"[24], obwohl von den Interviewpartnern keiner über das Wetter redete. Andere „Übersetzer" fingen an, selber Fragen zu stellen und zu diskutieren.

Nach einiger Zeit wurde mir klar, was geschehen war: Ich hatte durch meine Interviews Diskussionsgruppen zur „Großen Sprung"-Hungersnot hervorgerufen. Wahrscheinlich haben die meisten Dorfbewohner vorher nie, oder nicht so intensiv über das Thema diskutiert. Die Dorfbewohner waren nicht nur ausgebeutetes

[24] „这不三年自然灾难吗?"

„Rohmaterial“ für meine Forschung, sondern sie hatten, wenn auch nicht immer geplant, einen aktiven Anteil daran. Sie suchten die nächsten Zeitzeugen aus, konnten über ihre Geschichte sprechen, stellten selber Fragen und diskutierten.

Auch Froschauer und Lueger weisen darauf hin, dass Mehrpersonengespräche den Vorteil haben, dass sie eine Dynamik entwickeln, in der die sozialen Beziehungen zwischen den Teilnehmern reproduziert werden (Froschauer / Lueger 2003: 55). Bei jeder der gestellten Fragen müssen die Zeitzeugen entscheiden, wer darauf antwortet. Der Redner weiß, dass andere seinen Antworten widersprechen können und kann daher nicht einfach irgendetwas erzählen. Der Interviewer versucht, nicht wie ein ausgewogener Moderater einzugreifen, um alle Personen gleichberechtigt zu Wort kommen zu lassen, sondern greift Widersprüche auf, um sie zu klären. Angewandt werden kann die Methode des Gruppeninterviews nur auf eine soziale Gruppe, die real besteht, und deren Menschen Beziehungen zueinander haben (Mucchielli 1973: 6.). Diese Gruppe sind in meinem Fall die Familien und die Nachbarschaft.

Als störend empfand ich zunächst eher, wenn „Nachgeborene“ die Zeitzeugen unterbrachen, um ihre Sichtweise der Dinge darzulegen, da ich die Erinnerung der Zeitzeugen untersuchen will. Die Interaktion zwischen den Generationen warf jedoch ein Licht auf die Weitergabe von Erinnerungen zwischen den Generationen. Nach der Theorie von Halbwachs ist das kollektive Gedächtnis einer Gruppe nicht unbedingt an die Teilnahme an einem historischen Ereignis gebunden. Nach der Definition des kommunikativen Gedächtnisses von Jan Assmann werden Erinnerungen durch mündliche Überlieferung weitergeben. Somit sind die „Störungen“ durch die Nachgeborenen für die Analyse nicht unbedeutend.

7.7. Erzählstil und Verformung der Erinnerungen

Auch erzählerische Konventionen beeinflussen die Wiedergabe der Erinnerungen im Interview. Kenneth Gergen hat darauf hingewiesen, dass es eine Reihe von Bedingungen gibt, damit eine Erzählung von den Zeitgenossen als akzeptabel anerkannt wird und die vom Erzähler unbewusst beachtet werden. Im Interview beantworten die Zeitzeugen nicht nur Fragen, sondern erzählen auch kleine Geschichten. Gergen nennt folgende Bedingungen, die für eine „akzeptable“ Geschichte notwendig sind: Sie muss einen springenden Punkt, ein bedeutungsvolles Ereignis besitzen (Straub 1998: 172). Eine zusammenhangslose Aneinanderreihung von Ereignissen wird meistens nicht als Geschichte anerkannt. Dadurch werden Ereignisse ausgewählt, die für diesen Endpunkt relevant sind, und in eine sinnvolle Reihenfolge gegliedert. Die Identitäten in der Geschichte bleiben in der Regel stabil. Eine bestimmte Person wird nicht einmal als Held und dann als Schwachkopf dargestellt (ebenda: 175). Zur Strukturierung setzt der Erzähler Begrenzungszeichen ein wie „Du kannst dir nicht vorstellen, was mir passiert ist“. Nach Gergen haben die Geschichten auch einen Aufbau. Entweder sie steuern auf einen Höhepunkt zu (progressive Erzählung), fallen kontinuierlich ab (regressive Erzählung) oder das Leben bleibt immer gleich (Stabilitätserzählung) (ebenda: 178).

Beim mehrfachen Erzählen der Geschichte kann sich eine Routine entwickeln. Das war bei den Dorfbewohnern nicht der Fall, weil die meisten zum ersten Mal so ausführlich über die Ereignisse der Hungersnot sprachen. So muss untersucht werden, wie die Dorfbewohner ihre Geschichten erzählen und strukturieren.

Vor dem Hintergrund der Probleme und Chancen, mit *Oral History*-Interviews Erinnerungen zu konstituieren, muss sich der Wissenschaftler im Klaren sein, was er überhaupt erforscht. In meinem Fall erforsche ich die Erinnerungen, die durch meine Interviews artikuliert worden sind – von Dorfbewohnern in Henan aus dem Jahr 2005 an die „Große Sprung“-Hungersnot.

7.8. Die Rolle des Augenzeugen und Trauma

An dieser Stelle soll auf die Rolle des sich erinnernden Augenzeugen und seine mögliche Traumatisierungen eingegangen werden. Der Augenzeuge hat im Unterschied zum Forscher das Ereignis mit eigenen Augen gesehen und am eigenen Leib erfahren. Er hat dem Wissenschaftler etwas voraus, was Hans Günter Hockerts „Primärerfahrung“ nennt (Hockerts 2001: 16). Sein Erlebnishorizont ist häufig mit dem des Historikers nicht identisch. Der Zuhörer kann meistens die lebensbedrohliche Situation des Augenzeugen nicht nachempfinden.

Nicht nur Erinnerungen werden durch die Gegenwart verformt, sondern auch die Wahrnehmung und Empfindungen von Ereignissen sind selektiv (Douglass / Vogler 2003: 16). Bei einem Autounfall gilt der unbeteiligte Dritte, der selbst nicht in das Ereignis verwickelt war, als verlässlichster Zeuge. Die Bauern, die ich interviewte, sind in die Geschehnisse persönlich verstrickt und einer lebensbedrohlichen Extremsituation ausgesetzt gewesen. Sie sind, was der israelische Philosoph Avishai Margalit moralische Zeugen (*moral witness*) nennt (A. Assmann 2005). Bei dem moralischen Zeugen geht es nicht in erster Linie um eine juristische Aufarbeitung, sondern er legt Zeugnis gegen das Vergessen vor einer moralischen Gemeinschaft ab, die selbst keine Institution und konkrete Gestalt hat. Diese Gemeinschaft entsteht erst, wenn ein unbeteiligter Dritter bereit ist, dem Augenzeugen zuzuhören und nachzufragen. In meinen *Oral History*-Befragungen betrachteten sich die Bauern keineswegs als moralische Zeugen, sondern sie erzählten einfach von ihrem Leben während der Hungersnot.

Es ist schwierig, Worte zu finden, um Erfahrungen wie Hunger auszudrücken. Viele ehemalige KZ-Häftlinge fanden keine Worte für das unbeschreibliche und unbegreifbare Grauen. Manchmal sind es Dichter wie Paul Celan, der mit der „Todesfuge" etwas auf den Punkt brachte, was andere nicht ausdrücken konnten. Wenn sich das Trauma in den Körper einschreibt und die Erfahrung sich der sprachlichen und deutenden Bearbeitung entzieht, verhindert das Trauma die Narration (A. Assmann 2003: 264). Ein Trauma kann aber überwunden werden, wenn es thematisiert wird und die Erfahrungen zum bewussten Teil der eigenen Identität werden können. Der Zuhörer wird so Teil der Verarbeitung des Traumas (Douglass /Vogler 2003: 34).

Rolf Haubl weist in seinem Aufsatz „Riskante Worte" auf die Gefahren hin, die bei Forschungsinterviews mit Traumatisierten entstehen können. Der Forscher wie der Interviewte muss sich im Klaren sein, dass ein sozialwissenschaftliches Interview keine Therapiesitzung ist und sein darf. Hinzukommt in meinem Fall, dass die meisten chinesischen Bauern wahrscheinlich gar nicht wissen, was eine Therapiesitzung ist und es auch ablehnen würden, als psychisch gestört betrachtet zu werden.

Um die Interaktion im Interview besser reflektieren zu können, empfiehlt Haubl eine Supervision durch Dritte, was im Rahmen meiner Arbeit nicht möglich war. Haubl nennt folgende Verhaltensweisen, die beim Interview mit Traumatisierten auftreten können: Der Interviewte kann z.B. unter einem Wiederholungszwang leiden (Haubl 2003: 69). Das bedeutet, dass er sich zwanghaft zum Beispiel durch „flashbacks" in Situationen zurückversetzt, die ihn traumatisiert haben und er sich dadurch emotional überfordert. Wenn dem Interviewten diese Gefahr bewusst ist, kann es sein, dass er unter Überempfindlichkeit leidet und durch ständige Wachsamkeit versucht, jede emotionale Regung zu vermeiden. Der Interviewer kann durch diese permanente Wachsamkeit abwechselnd als Retter und Verfolger erlebt werden. Getrieben von seinem paranoiden Misstrauen führt der Zeitzeuge wiederholt Loyalitätstests gegenüber dem Interviewer durch (ebenda: 70). Dissoziation ist ein anderes typisches Verhalten von Traumatisierten. Um der Überempfindlichkeit nicht hilflos ausgeliefert zu sein, wollen sie sich an bestimmte Dinge auf keinen Fall erinnern. Um dies zu verhindern, prüfen sie unbewusst fortlaufend das gesamte Feld ab, ob es nicht Informationen enthält, die mit dem Trauma im Zusammenhang stehen.

Schon Nietzsche glaubte, dass der Körper Speicher von Erinnerungen ist. Bei verkörperten Erinnerungen können Gerüche, Gegenstände oder bestimmte Gespräche zu panischer Angst führen. Zum Beispiel bekam ein Flüchtling panische Angst, als er eine Ananas sah, weil er in seinem Heimatland mit ansehen musste, wie ein Scherge erst zwei Gefangene mit einer Machete tötete und dann damit eine Ananas schälte (Haubl 2003: 71).

Eine andere Störung von Traumatisierten ist Unempfindlichkeit. Aus Selbstschutz hat dann der Interviewte seine Emotionen von sich abgespalten. Er ist weder fähig, zwischen verschiedenen Emotionen zu unterscheiden, noch kann er mit den Gefühlen anderer etwas anfangen. Fragen nach seinen Gefühlen lässt der Zeitzeuge dann unbeantwortet, was zu nachdrücklicherem Fragen des Interviewers führt. Ohne es zu merken, kann der Forscher auf diese Weise zu einer Reinszenierung der traumatischen Situation beitragen. Der Forscher glaubt, der Zeitzeuge hat etwas zu verbergen, weil er nicht auf seine Fragen antwortet. Im Extremfall stellt der Forscher den Opferstatus des Interviewten in Frage.

Um diese Situationen zu verhindern, schlägt Haubl vor, auf eine strikte Fokussierung auf die traumatische Situation zu verzichten und den Opferstatus des Zeitzeugen nicht in Frage zu stellen (ebenda: 67). Das Interview darf auf keinen Fall an ein Verhör erinnern. Ein Interview kann zwischen Thematisierung und De-Thematisierung der schmerzhaften Erinnerung hin- und herpendeln. Der Zeitzeuge bleibt nur gesprächsbereit, wenn er und der Interviewer die Emotionen kontrollieren können. Haubl rät, nichts zu fragen oder zu erzählen, was emotional überfordert.

Haubl warnt außerdem vor einer einseitigen Individualisierung oder Universalisierung der Situation des Zeitzeugen (ebenda: 72 f.). Erklärt der Forscher den Zeitzeugen für gestört, ohne die gesellschaftlichen Ursachen seiner Traumatisierung zu berücksichtigen, dann kann der Zeitzeuge das Interview als erneute soziale Isolierung erleben. Eine Universalisierung unterstellt hingegen, dass Symptome der posttraumatischen Belastungsstörungen bei allen Menschen vorkommen. Wer die kulturellen Bewältigungsmechanismen seiner Interviewpartner nicht kennt, neigt dazu, sie nach den Bewältigungsmechanismen seiner eigenen Kultur zu bewerten. Manche Kulturen verfügen über keine Vorstellung von einer Innenwelt, oder die Ausdrucksformen von Leid sind sehr expressiv und dramatisiert, dass sie für den westlichen Beobachter unglaubwürdig erscheinen (ebenda: 73).

Die Hinweise von Haubl helfen sicher ein Problembewusstsein für Interviews mit Traumatisierten zu schaffen. Ich möchte meinen Interviewpartnern aber nicht vorneweg unterstellen, dass sie traumatisiert sind und abwehrende Verhaltenweisen sofort als posttraumatische Belastungsstörungen wahrnehmen. Die Erfahrungen der Hungersnot könnten sie traumatisiert haben. Da ich ihre Erinnerungen an die Hungersnot untersuchen möchte, müssen auch Fragen nach schmerzhaften Erfahrungen wie der Tod von Familienmitgliedern oder politischem Terror gestellt werden. An dieser Stelle sind die Sensibilität und die moralische Verantwortung des Forschers gefragt. An Themen wie Hungertote oder Kannibalismus taste ich mich im Interview erst langsam heran und beginne mit vergleichsweise harmlosen Fragen. Stellt man wirklich fest, dass der Zeitzeuge emotional überfordert ist, sollte man wieder zu anderen Themen überleiten oder das Interview abbrechen. In Runan, wo die Hälfte der Dorfbewohner verhungerte, waren die Menschen bereit, mit mir über die Hungersnot zu sprechen. Ich hatte jedoch nach zwei Tagen den Eindruck, dass es sie stören würde, wenn ich noch eine Woche bleiben und sie jeden Tag interviewen würde.

Bei der Auswertung der Interviews soll die Frage aufgeworfen werden, ob die Zeitzeugen Verhaltensweisen an den Tag legten, die Haubl als typische Störungen oder Schutzmechanismen von Traumatisierten umrissen hat.

7.9. Die Auswertung der Interviews: Hermeneutische Methode

Mit der Transkription liegen die Interviews in schriftlicher Form vor. Die Antworten, die der Forscher bekommt, hängen auch mit den Analysemethoden zusammen. In dieser Arbeit werden die Interviews als Texte betrachtet und eine an die Hermeneutik angelehnte Analysemethode angewandt. Ich beziehe mich hier im wesentlichem auf Kvale (1996), der versucht, die großen Theorieschulen der Textanalyse für die Auswertung von qualitativen Interviews anwendbar zu machen. Es würde den Rahmen sprengen, die weltanschaulichen und philosophischen Fragen der Hermeneutik, deren bekanntester Vertreter Gadamer (1960) ist, hier zu erörtern. Es soll sich auf einen methodischen Zugang beschränkten. Das Wort Hermeneutik kommt von der Gestalt Hermes aus der griechischen Mythologie. Hermes musste die Botschaften der Götter entschlüsseln und in eine verständliche Sprache übersetzen. So geht die Hermeneutik davon aus, dass Texte einer Interpretation bedürfen, um ihre Bedeutung zu erfassen. Die Sprache liefert nicht automatisch die Bedeutung mit.

Der Leser tritt dabei in einen Dialog mit dem Text, indem er Fragen an ihn stellt. Die Interpretation der Bedeutung wird als hermeneutischer Zirkel gesehen: Eine Grundannahme ist, dass sich die Bedeutung einzelner Teile durch die Gesamtbedeutung des Textes erschließt (Kvale 1996: 47). Das Interview wird erst komplett gelesen, um seine globale Bedeutung zu erfassen. Im nächsten Schritt werden einzelne Abschnitte und Teile genauer betrachtet, um ihre Bedeutung zu erschließen. Danach interpretiert man wieder die Grundbedeutung des Interviews und untersucht, ob diese mit der Interpretation einzelner Teile übereinstimmt. Dieser vertiefende Kreislauf zwischen Gesamtbewertung und Teilanalysen wird solang durchgeführt, bis die Bedeutung eine innere Logik bekommen hat. Diese Interpretation kann wiederum getestet werden durch den Vergleich mit anderen

Informationen über den Interviewpartner oder auch durch den Vergleich mit ähnlichen Interviews. Für Verfahren auf Basis der Hermeneutik ist der Kontext wichtig für das Verständnis des Textes. Deshalb muss der Forscher möglichst viel über den Gegenstand wissen. Der Interpret des Textes muss sich darüber im Klaren sein, dass seine eigene Sozialisation und sein Vorwissen die Fragen prägen, die er an den Text stellt und muss dies kritisch reflektieren. Scheinbare Belanglosigkeiten in den Aussagen der Interviewpartner bieten auch eine Chance, die globale Interpretation zu testen.

Nach dem einzelnen Durchlesen der Interviews habe ich es in verschiedene Sinneseinheiten zerlegt wie z.B. Stahlkampagne, Privilegierung der Kader usw. und die Hauptaussagen zusammengefasst. Nachdem die globale Bedeutung des Textes zufriedenstellend erfasst war, wurde dann verglichen, wie die unterschiedlichen Interviewpartner auf die gleichen Fragen geantwortet haben, oder wie sie z.B. von sich selbst gesprochen haben. Dabei wurden bestimmte Argumentationsmuster wie z.B. „Wir hatten keine Wahl und mussten mitmachen" herausgearbeitet. Bei der Analyse wurde sowohl die latente Bedeutung einer bestimmten Wortwahl als auch die Rollenverteilung in der Interaktion berücksichtigt (Jemand sagt z.B. „Die Menschen" (人) anstatt „Ich" (我)).

Lucius-Hoene und Deppermann gehen davon aus, dass im autobiographischen Erzählen verschiedene Textsorten vorkommen. Der Interviewpartner erzählt nicht nur eine temporär voranschreitene Geschichte. „Der Informant gibt *Auskunft* über Sachverhalte, *beschreibt* Lebensumstände oder Gefühle, *bewertet* Dinge, Personen und Aktionen, *erklärt* Entscheidungen, *rechtfertigt* oder *entschuldigt* seine Handlungsweisen, *entfaltet Theorien* über die Welt oder über sich selbst, und so weiter" (Lucius-Hoene / Deppermann 2002: 141). Aufgabe der Interviewanalyse ist es unter anderem, diese Textsorten zu identifizieren.

Eine weitere wichtige Schule der Textinterpretation ist die Dekonstruktion. Im Gegensatz zur Hermeneutik soll das eigene Vorverständnis des Textes durchbrochen werden, indem die offensichtliche Kontextualisierung zerstört wird (Froschauer / Lueger 2003: 86). Dazu wird das Interview in kleine Bestandteile zerlegt und die Bedeutung dieser einzelnen Textbausteine wird für sich erkundet. Diese Methode macht wenig Sinn, wenn der Interviewer selbst die Interpretation vornehmen muss und daher den Verlauf des Gesprächs schon kennt. Analysemethoden wie sie Forschauer und Lueger vorschlagen, können nur Professoren mit einem mehrköpfigen Mitarbeiterstab durchführen. Eine personelle Trennung von Erhebung und Analyse war in meinem Fall ebenso wenig möglich wie die Auswertung durch ein Team.

Da die Entwicklung der Fragen, die Durchführung der Interviews, ihre Interpretation und die Darstellung in der Arbeit nur von mir selbst durchgeführt wurden, sollten in diesem Kapitel „die Karten auf den Tisch gelegt“ werden. Durch die Schilderung der Auswahl der Interviewpartner und eine Offenlegung der Fragen soll der Leser den Forschungsprozess nachvollziehen können.

Zusammenfassung

Nicht nur die Lebenswelt der Zeitzeugen, sondern auch das Interview selbst bildet einen sozialen Rahmen, in dem die Erinnerungen ausgesprochen werden. Mit Hilfe von *Oral History* können nur die Erinnerungen erforscht werden, die auch kommuniziert werden. Neben den Fragen beeinflussen auch die Gesprächssituation, das Verhältnis zwischen Interviewten und Interviewer sowie der Zeitpunkt des Interviews das Ereignis selbst. Meine Rolle als „Ausländer“ zeigte sich zumindest bei den Dorfbewohnern als Vorteil, da ich im Unterschied zu vielen chinesischen Forschern nicht mit dem Staat assoziiert wurde. Ältere Menschen sind außerdem froh, wenn ihnen jemand zuhört, weil ihre Enkelkinder sich meist nicht für die Leiden der Vergangenheit interessieren. Die Interviewfragen sollen die Zeitzeugen animieren, ihre Geschichten zu erzählen und mehr ins Detail zu gehen. Die Forschungsfragen dürfen nicht an die Zeitzeugen gestellt werden, sondern müssen durch die Analyse der Transkripte beantwortet werden. Nach den ersten Erfahrungen versuchte ich die Fragen möglichst in der Sprache der Dorfbewohner zu stellen.

Die Interviewpartner suchten die Dorfbewohner für mich selbst aus und luden Verwandte und Bekannte, Kader, Bauern, Männer sowie Frauen aus der Nachbarschaft ein. Durch meinen Besuch auf den Dörfern entstanden spontane Diskussionsgruppen, an denen sich bis zu drei Generationen beteiligten. Das Alltagsleben auf den Dörfern macht Einzelinterviews sehr schwierig, da sich Nachbarn oder Familienmitglieder einfach an den Gesprächen beteiligen. Die Gruppeninterviews haben den Vorteil, dass eine Eigendynamik entsteht, durch die Widersprüche in den Erinnerungen, soziale Beziehungen und die Interaktion zwischen den Generationen sichtbar werden. Die Zeitzeugen sind so nicht nur Rohmaterial für meine Forschung, sondern werden angeregt, sich kollektiv mit ihrer Vergangenheit auseinander zu setzen und gemeinsames Leid zu erinnern. Durch die Hungersnot könnten die Zeitzeugen traumatisiert worden sein. Ein qualitatives Forschungsinterview ist keine Therapiesitzung. Der Forscher muss darauf achten, die Zeitzeugen durch das Interview nicht emotional zu überfordern und beobachten, ob sie für traumatisierte Menschen typische Verhaltensweisen zeigen.

Bei der methodischen Auswertung der Interviews wird ein hermeneutischer Ansatz angewendet. Die globale Bedeutung eines Interviewtextes wird als Schlüssel des Verständnisses der einzelnen Sinnabschnitte verstanden. Die Analyse des Sinnabschnitts und die globale Bedeutung werden solange gegeneinander getestet bis die Interpretation eine innere Logik bekommt.

Da der Forscher beim *Oral History*-Interview Co-Produzent seiner Dokumente ist, muss er die Methoden und die Vorgehensweise offen legen. Subjektive Faktoren wie die Interaktion oder die Beziehung zwischen Interviewten und Interviewer können nicht ausgeschaltet, sondern müssen kritisch reflektiert werden. Der subjektive Faktor bei *Oral History* ist kein Mangel, sondern wir bekommen die Chance zu verstehen, wie Erinnerungen im Interview und der gesellschaftlichen Umgebung des Zeitzeugen konstruiert werden.

8. Die Hierarchie des Hungers: Die Erinnerungen der Dorfbewohner in Xin'an und Yiyang

Nachdem alle wichtigen Ebenen des Staatsapparates betrachten worden sind, sollen nun die Erinnerungen auf den untersten Ebenen der Gesellschaft, dem Dorf, untersucht werden. Wie erinnern sich Dorfbewohner an ihre Geschichte, die im staatlichen Kanon keine Rolle spielt?

Die Fragen, die sich vor dem Hintergrund der Theorie von Halbwachs (siehe 2. Kapitel) aufwerfen, sind:

- Gibt es auf den chinesischen Dörfern Erinnerungskollektive oder unterscheiden sich die Erinnerungen individuell? Wenn es kollektive Erinnerungen gibt, wer sind dann die Kollektive auf denen sie beruhen? Sind es die Familien, die Nachbarschaft, Männer und Frauen oder unterscheiden sich die Erinnerungen nach Bildung und Rolle in der damaligen Machtstruktur? Erinnern sich Kader, Bauern und Dorfintellektuelle also anders an die „Große Sprung"-Hungersnot? Gibt es zwischen den Dorfbewohnern eine Kommunikation, um die Geschichte weiterzugeben?
- Konstruieren Dorfbewohner ihre Erinnerungen so harmonisch wie es nach Halbwachs' Theorie sein müsste, oder führen sie eine konfliktreiche Auseinandersetzung über verschiedene Interpretationen der Vergangenheit?
- Wie sind die Erinnerungen an den räumlichen Rahmen des Dorfes gebunden? Welche Orte und Gegenstände können die Hungersnot repräsentieren?
- Wie der Sammelband von Hodgkin und Radtstone (2003) zur Gedächtnis-Politik zeigt, sind Erinnerungen nicht nur von den Bedürfnissen einzelner Gruppen geprägt, sondern auch von dem jeweiligen Zeitgeist und politischen Klima der Gesellschaft. Daher soll auch das Verhältnis der Erinnerungen der Dorfbewohner zu der gesellschaftlichen Vergangenheitsbewältigung untersucht werden.

Die Dörfer der Kreise Xin'an und Yiyang werden zunächst getrennt von Runan betrachtet, weil sich das Ausmaß der Hungersnot und die Situation der Dörfer deutlich unterscheidet. Um die Interaktion in den Interviews besser darstellen zu können, ist die Analyse nicht thematisch, sondern nach den einzelnen Interviews geordnet. Dabei wird die damalige Stellung der Dorfbewohner in der Machthierarchie sowie ihr Geschlecht berücksichtigt.

8.1. Erinnerungen der Kader

In den Machtstrukturen nahmen die Kader eine andere Stellung ein als die Bauern. Sie waren für die Umsetzung der Regierungspolitik verantwortlich. Gemäß der Rangordnung besaßen sie besondere Privilegien. Die Kader des Kreises standen auf der Gehaltsliste des Staates und auch die Brigadekader bekamen jeden Monat ein Geldeinkommen. Im Gegensatz dazu waren die Kader auf der Ebene der Produktionsgruppe von der Produktion ihres Kollektivs abhängig. Sie bekamen kein staatliches Gehalt, sondern wurden wie die Bauern durch Arbeitspunkte (工分) entlohnt, die gegen Getreide und sehr geringe Geldbeträge eingetauscht werden konnten.

In den Dörfern in den Kreisen Xin'an und Yiyang interviewte ich insgesamt fünf Kader. Meine Fragen konzentrierten sich auf die Darstellung der politischen Verantwortung für den „Großen Sprung" und die Hungersnot sowie darauf, ob die Kader eigene Schuld empfanden und thematisierten. Im Kreis Xin'an zeigten sich die drei Kader in den Interviews sehr aufgeschlossen. In Yiyang lehnte ein Kader ein Interview zuerst ab, war dann aber bereit, ohne Tonbandaufnahme zu sprechen.

8.1.1. Der bemitleidenswerte „Sklavenhalter"

Li Pengkui wurde 1958 mit 35 Jahren Sekretär der Parteizelle in der Brigade. Er zeigte sich sehr gesprächig und kam in der ersten Antwort gleich auf die Hungersnot zu sprechen. Damals hätten die Menschen gehungert und die Wasserkrankheit bekommen, besonders die „schlechten Elemente" (地富坏右). Es seien viele Menschen verhungert. Die Hungersnot sei aber nicht so schlimm wie in Xinyang gewesen, betonte Li drei Mal.

Ohne Umschweife thematisierte er seine eigene Macht: „Damals hatten die Kader eine Position wie der Kaiser. Du wurdest bekämpft, wenn sie es wollten oder musstest die Strassen fegen. Du hattest einfach das zu machen, was sie sagten. Damals war ich der Parteisekretär in der Brigade und sehr machtbewusst. Ich habe mich um einige tausend Menschen in diesem Dorf gekümmert."[25] Während des „Großen Sprungs" seien die Kader privilegiert gewesen (生活特殊化). Sie verwalteten Geld, Getreide und bestimmten die Arbeitspunkte. Damit konnten sie die Bauern kontrollieren. Die einfachen Leute hatten damals keine Freiheit und Menschenrechte (人权). Am meisten fürchteten die Bauern die Kritiksitzungen, berichtete Li. Wenn jemand etwas „Rechtsopportunistisches" gegen die Regierungspolitik sagte, bestrafte Li ihn, indem er ihm nichts zu Essen gab.

---

[25] „那时候哩干部呀跟台上皇一样, 那时候说斗你都斗你, 说叫你扫街你都得扫街，说叫你干啥，你得干啥(..) 我都是大队书记哩，那可架势（厉害）, 那一个村里有几千口人我都管着哩."

Aus den Privilegien der Kader machte Li Pengkui keinen Hehl. Er gab offen zu, dass die Kader mehr zu Essen bekamen als die hungernden Bauern, die er sogar mit Wasserkrankheit in die Felder zum Arbeiten schickte. Spricht er aber über die Gegenwart, so betonte er, dass er, im Gegensatz zur Partei heute, nicht korrupt gewesen sei.

Li Pengkui, der einst mächtige Mann, unterstrich im Interview mehrfach seine damalige Macht im Unterschied zu seiner heutigen Lage. Meine Frage, ob der Druck von oben auf ihn als Kader damals groß gewesen sei, nutzte er, um sein Leid zu klagen. Von 1954, als er Leiter der halbsozialistischen Genossenschaft wurde, bis 1990 diente er der Partei als Kader, doch die Partei habe ihn vergessen. Heute bekommt er keine Rente. „Heute kümmert sich niemand um die Dorfkader. Hör dir die Nachrichten über den Volkskongress (in Beijing) an. Sie sprechen über die Probleme der Bauern, Dörfer und Landwirtschaft, aber nicht über die Angelegenheiten der pensionierten Kader (…). Ich habe den Posten mehrere Jahrzehnte ausgeübt. Jetzt kümmert sich keiner mehr um mich. Keiner gibt mir auch nur einen Pfennig (…). Selbst wenn ich verhungerte, würde ich nie wieder als Kader arbeiten.“[26] Auf Grund seiner Krankheit geht Li nicht zu den Parteiversammlungen und bezahlt den Mitgliedsbeitrag nicht. Er betonte: „Ich glaube nicht an die Kommunistische Partei.“[27] Die Parolen vom Übergang in den Kommunismus hätten sich 1958 schön angehört. Er sei aber betrogen worden. Auch die Frage nach der Teilnahme an der Stahlkampagne beantwortete Li mit dem Verweis auf die eigenen Anstrengungen: „1958 gab es so viele Kampagnen. Wir Kader konnten uns nicht ausruhen und mussten Tag und Nacht arbeiten. So habe ich mehrere Jahrzehnte geschuftet.“[28]

Der damals 35-jährige spricht auch die Konflikte in seiner Familie an. Seine Mutter kritisierte ihn als er den häuslichen Wok konfiszierte und sagte, er sei kein guter Mensch. Damals sei er gegenüber der Politik der Kommunistischen Partei päpstlicher als der Papst gewesen und habe mit der „Hühnerfeder Kommandos gegeben“ (俺们这拿着鸡毛令箭). „Bis heute hassen mich meine Verwandten, Freunde und Kinder dafür.“[29] Im Zusammenhang mit der Hungersnot schilderte er einen tragischen Zwischenfall. Eine Tante verhungerte im Haus, aber die Bauern waren vom Hunger zu geschwächt, um sie zu begraben. Li gab einigen von ihnen daraufhin Extrarationen aus der Volksküche, damit die Tante beerdigt werden konnte. Das Problem war, dass sie den schlechten Klassenstatus

[26] „现在这农民干部没人管，你看人大，听那广播，三农问题都提了，没提退休干部这事 (…). 我干了几十年哩，现在没人管我，也没人给我一分 (…) 饿死我都不干.“

[27] „我不相信共产党.“

[28] „58 年，运动多，干部都不能闲，就是黑天白日，白日黑天，干了几十年.“

[29] „到现在亲戚, 朋友哩娃们小孩都恨我.“

„Großgrundbesitzerin" hatte. Mir gegenüber betonte Li, dass er ihr nicht helfen musste, aber es trotzdem tat. Mit dieser Geschichte will er ausdrücken, dass er nicht so herzlos war, seine Macht nicht für die eigenen Familienmitglieder einzusetzen.

Bei dem Interview mit Li war noch Li Zhiru anwesend, dessen Vater Li Bo, der ehemalige Rektor der Kreisschule, 1958 als „Rechtsabweichler" eingestuft wurde. Ich fragte Li Pengkui, ob er damals mit dem „Rechtsabweichler" reden konnte. Diese Frage stellte ich, weil eine alte Frau aus Baotou, die mittlerweile tot ist, mir erzählt hatte, dass sie über 20 Jahre mit niemandem gesprochen hat, weil sie 1957 zur „Rechtsabweichlerin" wurde. Sogar die eigene Tochter sprach mit ihr kein Wort, obwohl sie im selben Bett schliefen.[30] Li Penkui antwortete, er habe noch normal mit ihm sprechen können. Schließlich sei er sein eigener Rektor gewesen. Der Sohn ergänzte noch, dass sein Vater bei den Massen eine hohe Autorität besaß und der Parteisekretär des Kreises ihm sogar persönlich Getreidekarten gab. Auch der Kader der Produktionsgruppe Chen Chuwu versuchte im Interview den Eindruck zu erwecken, dass zwar die Kritik an den „schlechten Elementen" auf Sitzungen pflichtgemäß erfüllt worden sei, aber man im Alltag mit ihnen durchaus normal reden konnte. Li Zhuru, der Sohn des „Rechten", ging in dem Interview nicht auf Konfrontation mit dem Kader. Wichtiger ist die gemeinsame Erinnerung, dass sein Vater, trotz seiner politischen Verurteilung, im Dorf noch ein hohes Ansehen hatte. Li Zhuru, der heute eine kleine Dorfapotheke besitzt, konnte auf Grund der schlechten Familienherkunft nur die Mittelschule besuchen und musste als Sohn eines führenden Intellektuellen des Kreises ein Leben als Bauer fristen.

Das Interview mit dem Parteisekretär der Brigade ist ein gutes Beispiel dafür, wie Erinnerungen durch die heutige Lebens- und Interviewsituation beeinflusst werden. Li Pengkui sieht sich heute als Opfer, das sich sein Leben lang für die Partei einsetzte und dafür keinen Dank erhielt. Er hält sich für bemitleidenswerter als die Bauern, weil ihre Probleme von der Regierung in Beijing zumindest angesprochen werden. Ein „Ausländer" scheint die richtige Person zu sein, vor der er seine „Bitternis" zum Ausdruck bringen kann. Offensichtlich haben weder die Bauern, noch seine eigene Familie Verständnis für ihn. Li ist sich seiner damaligen Macht bewusst und bezeichnete die Bauern sogar als Sklaven (奴隶) und die Kader als Sklavenhalter. Zumindest im Interview zeigte er weder Schuldgefühle, noch idealisierte er die Vergangenheit.

---

[30] Interview April 2002 Baotou.

8.1.2. Interviews als Diskussionen über Privilegien

Die Bedeutung der Interaktion wurde auch in einem anderen Interview deutlich. Bei der Befragung des Kaders Chen Chuwu entstand eine spontane Diskussion um die Privilegien der Kader zwischen ihm und dem „Übersetzer". Der Bauer Li Bin half mir den lokalen Dialekt zu verstehen. Li Bin ist der jüngere Bruder von Li Zhuru. Wie sein Bruder und seine beiden Schwestern lebte er bis zur Rehabilitierung des Vater's Anfang der 80er Jahre als einfacher Bauer und bekam dann eine Stelle als Buchhalter im Wasserwerk. Mittlerweile ist das Wasserwerk aber geschlossen und Li Bin arbeitslos. Wie bei dem Interview mit Li Pengkui half mir ein Sohn eines „Rechtsabweichlers" als „Übersetzer". Beide haben den Kader jeweils selbst als Interviewpartner ausgesucht. Die Beziehung zwischen den ehemaligen „Parias" des Dorfes und den damals Mächtigen ist scheinbar gut genug, um die Kader nach Hause einzuladen und ein Interview mit einem „Ausländer" zur Hungersnot zu führen.

Chen Chuwu, der während des „Großen Sprungs" die Mittelschule beendete, arbeitete zuerst als Lehrer. Einige Jahre später wurde er Kader der Produktionsgruppe. Im Interview sagte er, dass die Kader während der Hungersnot nicht leiden mussten.[31] Darauf unterbrach ihn Li Bin: „Er gehörte damals doch auch zu den Kadern und musste auch nicht leiden."[32] Chen bestritt zunächst, dass er damals schon Kader war. Li Bin ließ aber nicht locker und versuchte mir zu erklären, dass es damals nicht viele Leute mit Mittelschulabschluss auf dem Dorf gab und sie später fast alle als Kader eingesetzt wurden.

Chen erzählte dann aber doch eine Geschichte, die seine Privilegierung deutlich machte. Von 1959 bis 1961 ging er mit den Schülern auf mehrere Dörfer in der Umgebung von Baotou (下乡). Nach dem Ende der abendlichen Sitzungen, als alle nach Hause gegangen waren, aß er zusammen mit dem Verwalter des Speichers und dem Produktionsgruppenleiter gekochte Süßkartoffeln. Sofort erklärte Li Bin, dass dies damals die wichtigsten Personen der Produktionsgruppen gewesen seien. Heimlich Süßkartoffeln der Produktionsgruppe zu essen, das konnten nur Kader tun. Auch bei der Frage wie sich die Menschen während des „Großen Sprungs" ernährt hätten, schien der 1956 geborene Li Bin ein Konkurrenzverhältnis zu dem Kader zu entwickeln. Beide fragten den anderen, ob er ungenießbare Dinge wie Steinnudeln (石头面) schon einmal gegessen habe.

Die Macht der Kader thematisierte Chen völlig offen. Wer nicht zur Arbeit ging, bekam nichts mehr zu essen zugeteilt – selbst die alten Leute. Bei der Thematisierung der Kritiksitzungen während des „Großen Sprungs" kam er mehr-

---

31 „干部不受症."

32 „人家当时也是干部，也没咋受症."

fach auf die „Kulturrevolution“ zu sprechen. Damals seien die Kritisierten brutal verprügelt worden. Mit den „vier schlechten Elementen“ hätte er außerhalb der Sitzungen sprechen können. Das seien zwei verschiedene Dinge gewesen (两回事). Sie mussten abends „Überstunden“ machen und Drecksarbeit übernehmen, für die man keinen anderen finden konnte. Niemand wollte ihre Kinder heiraten. Viele der „schlechten Elemente“ wurden schikaniert und seien wirklich bemitleidenswert (可怜). Ob Chen nur Mitleid äußerte, weil Li Bin, der Sohn eines „Rechten“, anwesend war, muss offen bleiben. Deutlich wird hier, dass auf den Dörfern auch außerhalb von offiziellen Kritiksitzungen an Ort und Stelle sofort kritisiert und geschlagen wurde. „Wenn du nur ein falsches Wort gesagt hättest, hätte ich dich sofort bekämpfen können“, erklärte er.[33]

Im Unterschied zu dem täglichen Prügeln und dem Mao-Kult der „Kulturrevolution“ machte Chen deutlich, dass der „Große Sprung“ in erster Linie schweres Arbeiten bedeutet habe.[34] Unter „Wind des Kommunismus“ versteht er, dass die einfachen Leute von morgens bis abends und auch noch nachts arbeiten mussten. Kader und Bauern verbanden in ihren Erinnerungen mit der Parole des baldigen Übergangs in den Kommunismus keine utopische Aufbruchsstimmung, sondern endlose Produktionsschlachten bis zur Erschöpfung. Die einfachen Bauern hätten sich nicht um Politik gekümmert. Auf meine Frage, ob jemand gewagt hätte, Kritik zu äußern, weil die Kommunistische Partei ihr Versprechen gebrochen hatte, dass nie wieder ein Chinese verhungern sollte, antwortete Chen: „Wer Einwände hatte, traute sich nicht, sie vorzubringen. Damals hattest du kein Recht auf Meinungsäußerung.“[35] Auch in diesem Interview wurde der Zwang betont: Jeder musste mitmachen und hatte keine andere Wahl. So stellen heute fast alle Zeitzeugen die Vergangenheit dar.

Chen sprach offen über die Hungertoten. Im Nachbarkreis, wo er Verwandte hat, seien vor allem die Alten, Kranken und Schwachen gestorben. Wie andere Interview-Partner relativierte er mit einem Vergleich die Hungersnot in Baotou. Li Bin hatte von seiner Mutter gehört, dass im Nachbarkreis Mianchi besonders viele Menschen verhungert seien. Er selbst war während des „Großen Sprungs“ erst zwei Jahre und erkrankte an Wassersucht. Er soll vor dem Haus gesessen haben und konnte sich nicht mehr bewegen. An Li's Beispiel wird deutlich, dass Eltern Erinnerungen an die Hungersnot an ihre Kinder weitergaben. Bei den Interviewpartnern, die 1958 Teenager oder wie Chen erst 18 waren, gehen die Erzählungen zum „Großen Sprung“ immer wieder in die „Kulturrevolution“ über – besonders wenn es um Gewalt und Kritiksitzungen geht. Während der „Große

[33] „你说一句话错了，现在都可以斗.“
[34] „大跃进光干活.“
[35] „有意见也不敢说，那都没你的发言权.“

Sprung“ als körperliches Arbeiten bis zur Erschöpfung dargestellt wird, erscheint die „Kulturrevolution“ als endlose Kritiksitzung, wo die Dorfbewohner schon um 4 Uhr morgens aufstehen mussten, um Mao Zedong-Schriften auswendig zu lernen.

Bei den Erzählungen zu den Überlebensstrategien während des „Großen Sprungs“ kam es im Interview zu einigen Widersprüchen. Erst sagte Chen, dass die einfachen Leute keine Gelegenheit zum Stehlen hatten. Li Bin erzählte, wer sich beim Klauen erwischen ließ, wurde von der Produktionsgruppe festgenommen. In der Regel wurden die „Diebe“ an einem Seil aufgehängt und geschlagen (吊打). Chen ergänzte, dass es damals üblich gewesen sei, die Menschen mit Seilen zu fesseln, um sie dann sofort zu verprügeln. Im Verlauf des Interviews behauptete Chen dann: „Auch wenn du Angst hattest, musstest du trotzdem stehlen. Damals stahlen alle. Wer nicht stahl, verhungerte. Damals war jeder ein Dieb, egal ob Alt oder Jung.“[36] Auf die Frage, ob sich die Menschen in der Not gegenseitig geholfen hätten, antwortete Chen: „Wer könnte sich um so etwas kümmern. Jeder musste sich selbst helfen.“ [37] Der Interviewte verwickelte sich in einen Widerspruch, indem er behauptete, dass es auf der einen Seite schwer war zu klauen, es auf der anderen Seite es aber jeder tat. Vielleicht ist den Kadern im Laufe der Hungersnot schließlich die Kontrolle über die Bauern so weit entglitten, dass zumindest der Diebstahl auf den Feldern nicht mehr verhindert werden konnte. Von der Stürmung von Getreidespeichern berichtete niemand. Laut Li Zhuru sollen sie aber prall gefüllt gewesen sein.

Chen Chuwu bekommt heute auch keine Rente vom Staat. Im Gegensatz zu dem Parteisekretär der Brigade Li Pengkui nutzte er das Interview nicht, um sich über die Partei zu beschweren. Über Privilegien berichtete er erst nach den Einwürfen von Li Bin. Er gab zu, dass er als Lehrer die Privilegien der Kader während der Hungersnot teilte. Auch über Gewalt sprach er offenherzig. Einige Leute seien wirklich schlimm schikaniert worden. Persönliche Schuld scheint er auch nicht zu empfinden. Das Interview mit einem „Ausländer“ löst keinen Rechtfertigungsdrang aus.

Wie andere Interviewpartner bezeichnete Chen die Zeit des „Großen Sprungs“ als unfrei. Damals habe es im Unterschied zu heute bei der Arbeit eine sehr straffe Disziplin gegeben. „Es war nicht wie heute, dass du machen kannst, was du willst. [Du konntest nicht sagen]: ‚Ich habe heute zu tun und ernte den Weizen erst morgen‘“.[38] Die Militarisierung der ländlichen Arbeitskräfte nahm

[36] „害怕也得偷，不偷都饿死了，那时候都偷，不偷都饿死了，没人不是贼，大人娃子都是贼.“

[37] „谁管哩, 都是管自己.“

[38] „不像现在你想干啥干啥，今天我有事，明天再收麦，那是千篇一律.“

den Bauern jede Entscheidungsgewalt über Produktion und Konsumption. Die Wiederzulassung der Parzellen zur privaten Nutzung nach 1961 wurde daher als große Erleichterung empfunden. „Nachdem die Produktionsgruppen wieder Boden verteilten, mussten die Menschen nicht mehr leiden. Es gab die Freiheit, selbst zu entscheiden und wir hatten etwas eigenes Geld. Du konntest Handel treiben, wenn du wolltest.“ [39] Der Staat konnte die Überlebensstrategien der Bauern nicht mehr unterdrücken. So definierten die Dorfbewohner in den Interviews Freiheit.

8.1.3. Ein Kader des Marktfleckens gehört nicht zum Dorf: Unwissenheit und Schweigen

Während ich meine Interviews in Baotao machte, lud mich der frühere Lehrer Gao Jiefang ein, auf dem Dorf seiner Mutter weitere Interviews zu machen. Auch wenn Wangcun nur 15 Minuten Fahrzeit mit dem Bus von Baotou entfernt ist, liegt es in einem anderen Kreis, in Yiyang. Während Baotou direkt an der Bahnstrecke und nahe an der Autobahn lokalisiert ist, befindet sich Wangcun in einer rein landwirtschaftlich geprägten Gegend in einer Hügellandschaft. Die Luft ist sauber und die Dörfer wesentlich ärmer. Als ersten Interviewpartner suchten mir die Verwandten von Gao einen pensionierten führenden Dorfkader aus.

Er war die einzige Person, die sich von mir nicht interviewen lassen wollte. Lu Chengui erzählte, dass die Ereignisse des „Großen Sprungs“ zwar nicht unter die Geheimhaltung fallen würden, aber die Menschen im Dorf noch nie darüber gesprochen hätten. Früher habe er schon ein Mal unter Verfolgung gelitten (受攻击), deshalb sei er nun vorsichtig. Er würde zwar Gao kennen, aber mich nicht.

Gao versuchte Lu daraufhin zu überzeugen, doch mit mir zu reden. Er zeigte ihm das Buch „wangshi bing bu ru yan“ von Zhang Yihe (2004) und las daraus vor, um ihm zu beweisen, dass man nun über Katastrophen wie die Anti-Rechtskampagne und den „Großen Sprung“ offen sprechen könne. Was Gao nicht wusste war, dass dieses Buch später vom chinesischen Buchmarkt wieder verschwinden sollte, weil es die Leiden der Intellektuellen in einer anderen Weise thematisiert, als es die offizielle Geschichtsschreibung vorsieht. In der Diskussion zwischen Lehrer und Kader prallten die inoffizielle Geschichtsschreibung und ein vermeintliches staatliches Schweigegebot, dem sich der Kader Lu verpflichtet fühlte, aufeinander. Während die anderen Interviewpartner offensicht-

[39] „生产队地分了以后人都不再受罪了，有自由权，你想干啥你干啥，你有钱，你想做生意做生意.“

lich keine Bücher zur neueren Geschichten lesen, hatte Gao sogar das Buch von Zhang Yihe zur Hand. Da seine Familie mit der von Li Zhuru schon lange befreundet ist, kennt er die Leiden der „Rechtsabweichler" aus seiner unmittelbaren Umgebung. Als ich schon längst aufgegeben hatte, brachte Gao den Kader doch noch zum Reden, allerdings war er nicht bereit, sich aufnehmen zu lassen. Als Gao erzählte, dass in Xinyang Eltern ihre eigenen Kinder gegessen hätten, sagte ich, dass es hier nicht so schlimm gewesen sei. Durch diese Äußerung fühlte sich Lu provoziert und widersprach dieser Relativierung. Auch in Wangcun seien viele Menschen verhungert und Leichen hätten auf den Wegen gelegen. Während der „Kampagne zur Ausrottung der Konterrevolutionäre" (肃反运动) seien sehr viele Menschen getötet worden. Der Kader war der einzige Interviewpartner, der das Leiden der Hungersnot mit einer Kampagne der frühen 50er Jahre in Verbindung brachte. Er brach das Gespräch wieder ab, als drei alte Frauen als neue Interviewpartner in den Hof gebracht wurden. Während ich draußen die Frauen interviewte, hörte ich, dass Lu im Haus weiter mit Gao über die Hungersnot diskutierte. Mein Status als Ausländer verhinderte in diesem Fall wohl ein richtiges Interview, oder die Zeit war zu kurz, als dass Lu genug Vertrauen zu mir entwickeln hätte können.

In Wangcun interviewte ich noch einen Kader der Ein- und Verkaufsgenossenschaft des nahen Marktfleckens (镇) Xizhuang, der heute wieder auf seinem Heimatdorf lebt. An der Stahlkampagne brauchte Huang Liang nicht teilzunehmen. Auf meine Frage zur Lebenssituation während des „Großen Sprungs", antwortete er ausweichend. Gao erklärte, dass Huang die Situation auf den Dörfer nicht vollkommen verstehen würde.[40] Nach den Vorstellungen des Kaders gehört schon der Markflecken nicht mehr zum Dorf. Während der „drei bittereren Jahren" bekam er 26 Pfund Getreide pro Monat zugeteilt. Später habe man ihm 2 Pfund weniger geben, um die Dörfer zu unterstützen. Gao Jiefang, der 1958 ein 14-jähriger Schüler war, erzählte daraufhin, dass er in Baotou nur 18 Pfund Getreide pro Monat bekommen hätte. Einige Orte sahen drei Monate überhaupt kein Getreide und ernährten sich von Gras oder Maisschalen. Manche Bauern hätten sogar weiße Erde (白土) gegessen und daraus Nudeln gemacht. Diese Dinge konnte man aber nicht verdauen, so Gao.

Auch an diesem Interview wird durch die Interaktion die Privilegierung der Kader deutlich. Chinesische Dorfbewohner können sich oft genau an die Menge der Rationen erinnern. Die meisten Menschen aus Westeuropa, die nie an Hunger litten, machen sich beim Essen keine Gedanken darüber, wie viel Gramm sie pro Tag oder Monat essen – außer wenn sie eine Diät machen. Durch die Erinne-

---

[40] „他对农村情况不算十分了解."

rung an die genaue Pfundzahl pro Monat wird auch der Unterschied der Rationen je nach Status der Dorfbewohner deutlich.

Huang Liang kam aber trotz seiner Privilegierung mit der Hungersnot in Berührung. Als er sich einmal frei nahm, um bei seiner Frau auf dem Dorf zu schlafen, merkte er, wie flach ihr Bauch war, als er ihn berührte. Erstaunlich ist, wie offen Huang Liang über sexuelle Dinge sprach.

Auf die Frage, ob er Hungertote gesehen hätte, antwortete er zunächst ausweichend. Außerdem erklärte er mir: „Ich habe gelernt einen deutschen Traktor zu fahren, eine Rapsölmaschine, einen Luoyang Traktor ‚Rot leuchtet der Osten', und ich kann ein Wasserrad und eine Wasserpumpe bedienen. In jenen Jahren fuhr ich mit dem Traktor östlich von dieser Gegend zu der Baumwollfabrik. Ich fuhr damals mit dem Traktor Tag und Nacht und entkernte die Baumwolle (...). Abends wusstest du, dass in allen Himmelsrichtungen auf den Gräbern Lichter brannten. Für die Toten wurden Gräber ausgehoben. Das waren alles Verhungerte."[41]

In dieser Erinnerung mischte sich der Stolz Huang Liangs Traktor fahren zu können mit dem Schrecken der Hungersnot. Erwähnte er den deutschen Traktor nur meinetwegen? Der Kader der Konsumgenossenschaft des Markfleckens sah die Hungersnot praktisch von oben – vom Traktor aus. Er selber wurde vom Staat versorgt und kam mit dem Hunger persönlich erst in Kontakt, als er seine Frau auf dem Dorf besuchte.

Wichtige politische Parolen hat Huang Liang vergessen. Er bekam nicht mehr zusammen, was die „drei roten Banner" waren und bestritt sogar, dass es die Parole „England überholen und die USA einholen" überhaupt gegeben hat. Vielleicht liegt das auch daran, dass er selber an der Stahlkampagne nicht teilnehmen musste. Dieses Interview bestätigte erneut, dass die Kader auf den unteren Ebenen des Staatsapparates die Ideologie und Politik der Partei oft nur rudimentär verstanden.

8.2. „Ich habe die Wahrheit in den Tatsachen gesucht": Ein „ausgenutzter" Intellektueller

Nach den Kadern sollen nun die Erinnerungen eines Dorfintellektuellen analysiert werden. Der Begriff „Intellektueller" (知识分子) hat in China eine andere Bedeutung als im Westen. In der Mao-Ära fiel jeder chinesische Abiturient unter diesen Begriff. Im Westen fasst man darunter häufig bekannte Persönlichkeiten

[41] „我学开德国拖拉机，菜油机，洛阳东方红拖拉机，水泵，水车 (...) 那一年都搁东边这周围，那棉花厂，我都得开着拖拉机昼夜轧花，一天一夜，一天一夜轧花，晚上你都知道那东边西边北边南边，那坟上都是点着灯，都是死人了去打墓哩，基本上都是饿死."

aus Kunst, Literatur oder Wissenschaft, die sich selbst als kritische Stimmen gegen den Zeitgeist verstehen. Eine solche Schicht wurde in China 1957 mit der Anti-Rechtskampagne eliminiert. Auf den Dörfern war der Übergang zwischen Kadern und Intellektuellen fast fließend, da ein großer Mangel an ausgebildeten Kräften herrschte. Chen Lixin arbeitete erst als Kader und dann als Lehrer, bei Chen Chuwu war es umgekehrt.

Familiäre Beziehungen spielten auch bei dem Interview mit Chen Lixin eine wichtige Rolle. Sein Vater war der jüngere Bruder von Li Bo. Chen Lixin wurde 1936 als Sohn eines „armen Bauern" geboren und konnte nach dem Sieg der Revolution sogar das Gymnasium besuchen. 1958 wurde er von der Partei vorgeschlagen, um auf der Xibei-Universität in Xin'an zu studieren (保送生). Ein Teil der Abiturienten mit gutem Klassenhintergrund, die sich durch schulische Leistungen und politisches Bewusstsein hervorgetan hatten, konnten von der Partei vorgeschlagen werden und mussten nicht an der zentralen Aufnahmeprüfung teilnehmen. Aus dem Besuch der Universität wurde aber nichts, als sein Onkel, der Vater von Li Zhuru und Li Bin 1958, als „Rechtsabweichler" eingestuft wurde. Er selbst bekam zwar keine offizielle negative Einstufung, wurde aber zunächst 1958 wie ein Rechter von den lokalen Kadern behandelt. 1959 wurde Chen aber Buchhalter der Brigade, weil nur sehr wenige eine Schulbildung wie er hatten. „Keiner konnte rechnen. Da mussten sie mich nehmen"[42], sagte er nicht ohne Stolz. Nach seiner eigenen Aussage schickte die Partei ihn 1960 noch einmal für kurze Zeit in einen Kurs zur politischen Erziehung. 1961 bekam er seinen Posten in der Brigade zurück und wurde 1968 sogar ihr Leiter. Anfang der 80er Jahre wurde er zum Rektor der Grundschule von Baotao ernannt und trat 1984 in die Partei ein. Heute bekommt Chen mit 1100 Yuan eine relative hohe Rente.

Vor diesem Hintergrund möchte ich Chen Lixin als Dorfintellektuellen bezeichnen. Sein Haus und sein Lebensstil unterscheiden sich auf den ersten Blick nicht von den anderen Bauern. Wie man an der relativ genau rekonstruierten Lebensgeschichte sieht, hat Chen ein besseres Gedächtnis bezüglich der Jahreszahlen als die meisten anderen Dorfbewohner. In seiner Erinnerung spielte die Anti-Rechtskampagne eine wichtige Rolle und er neigte auch stärker zur Selbstdarstellung als die Bauern.

8.2.1. Der vorbildliche Kader: Hungern für die Ehrlichkeit

Zu Beginn des Interviews erzählte er eine relative lange, mir nicht bekannte, historische Parabel über Chen Shimei und verglich ihn mit dem Sekretär des

[42] „没有人会算帐. 这只该用我了."

Kreisparteikomitees, der seine ältere Frau für eine junge sitzen ließ und damit einen schlechten Ruf bei den Bauern bekam. Während der Anti-Rechtskampagne sollen im Kreis Xin'an allein über 300 Menschen verurteilt worden sein, weil der Parteisekretär die üble Nachrede, er sei ein Chen Shimei, zum Verstummen bringen wollte. Hier wird ein beliebtes Muster aus der „Kulturrevolution" aufgegriffen: Wer falsche Politik macht, muss auch ein verdorbener Mensch sein.

Chen Lixin unterstrich im Interview im Gegensatz dazu mehrfach seine eigene moralische Integrität. „Damals gab es nur wenige Abiturienten auf dem Dorf. Wir waren besonders ehrlich und übertrieben nicht."[43] Ausführlich berichtete er von anderen Kadern, die 1958 durch die Meldungen von gefälschten Rekorderergebnissen Hunger in ihren Produktionsgruppen verursachten. „Ich habe die Wahrheit in den Tatsachen gesucht", sagte er mehrfach und erzählte zwei Mal die Geschichte, als er einen Teil seiner Getreidekarten für einen Monat verloren hatte und nicht seine Macht als Brigadekader ausnutzen wollte. „Ich hatte sie eben verloren, da konnte ich nichts machen. Ich war damals der Buchhalter der Brigade. Ich suchte den Buchhalter für Getreide auf und fragte ihn, ob er mir ein paar Karten leihen könnte. Es waren noch acht Tage, also [fehlten mir] 24 Karten. Ich sagte: ‚Gib mir erst mal zehn Karten. Ich esse pro Tag nur zwei Mahlzeiten' (...). Er hat mir nicht geglaubt und mich ausgelacht. Er dachte, ich bin als Kader der Brigade ein relativ hoher Beamter und sollte nichts zu essen bekommen? Aber ich wollte nicht einfach in die Volksküche gehen und sagen: ‚Gebt mir etwas zu essen'. Ich dachte, das wäre einfach gewissenlos. Ich konnte es so einfach nicht machen. Am dritten Tag hatte ich einen hungrigen Bauch und am Abend war ich so hungrig, dass ich nicht mehr gehen konnte. Da war nichts zu machen."[44] Schließlich hätte er bei seinen Verwandten ein bisschen gegessen und etwas im staatlichen Laden gekauft.

Er habe erst später verstanden, warum die anderen Kader der Brigade nicht hungerten. Sie nahmen ihn abends um 23 Uhr mit zu einer Ölmühle, wo sie heimlich Süßkartoffeln aßen. Danach ging er jeden Abend mit ihnen dorthin. Auf die Frage, ob er als Brigadekader an körperlicher Arbeit teilnehmen musste, antwortet Chen: „Die Menschen im Dorf mussten alle an körperlicher Arbeit teilnehmen. Die Kader dieser Brigaden beteiligten sich nur sehr wenig daran. Sie

---

43 „像当时我们这种文化程度，高中毕业学生在农村很少很少，特别我们这种人都可实在，不浮夸."

44 „他们可以到食堂多吃，多占，那群众骂他们. 有时候上面斗他们，啥样情况都有. 我是比较实事求是哩，丢了我没门（没办法），我当时是大队会计，我去找我们那粮食会计，叫他借我几张，还有 8 天哩，一共 24 张，我说你先借我 10 张，我一天吃成两顿 . 他不相信他还笑我，想着我是大队干部比他官还大哩，我会没啥吃？可是我不想到食堂里说 '给我弄点饭'，我觉得那样太没良心了，不能那样干，有 3 天我饿着肚皮，到第三天晚上我饿哩走不动了，我没办法."

hatten zu viele Aufgaben. Wir hatten über 4.000 Menschen [zu verwalten] und somit viele Angelegenheiten. Unter mir standen 19 Buchhalter der Produktionsgruppen. Die Finanzen der 19 Produktionsgruppen mussten vom Buchhalter der Brigade alle nach oben gemeldet werden. Er hatte sehr viele komplizierte Angelegenheiten [zu erledigen].“[45] Diese Begründung stand natürlich im Widerspruch zum idealen Kader der Partei. Besonders 1958 und während der „Kulturrevolution“ kritisierte die Parteiführung, die Trennung von Hand- und Kopfarbeit und wollte, dass die Kader an der Produktion teilnahmen, um sich nicht von den Massen zu entfernen.

In seinen Erinnerungen stellte sich Chen so dar, als habe er für seine Ehrlichkeit gehungert und von Privilegien nur durch Zufall erfahren. An körperlicher Arbeit konnte er als Brigadekader nicht teilnehmen, da er für Finanzen und Buchhaltung zuständig war. Die anderen Kader, die ich interviewte, machten aus ihren Privilegien keinen Hehl und versuchten nicht, sich selbst in ein positives Licht zu rücken.

8.2.2. Nicht vergessene Verletzungen des Neffen eines Rechtsabweichlers

Chen Lixin betonte mehrfach, dass er auf Grund seines Onkels nicht studieren konnte. Die Kinder, und in manchen Fällen auch die Verwandten von „schlechten Elementen“ wurden im Bildungssystem der Mao-Ära benachteiligt. Die Kinder von Li Bo durften wegen ihres „rechten“ Vaters nur die Mittelschule besuchen.

Die als Rechtsabweichler eingestuften Intellektuellen sieht Chen als Patrioten, die sich trauten, Missstände zu benennen. Er betonte: „Ich habe niemals etwas Böses getan.“ Trotzdem hätten Kader seinem Onkel Li Bo und ihm 1958 während der Stahlkampagne absichtlich zu wenig zu essen gegeben. „Ich ging in die Stahlfabrik. Damals war alles militarisiert. Es gab das große Feuer [die Volksküche]. Nach dem Aufstehen stellten wir uns in Reihen auf, um zum Essen zu gehen (...). Als die Klöße ausgegeben wurden, bekam jeder einen pro Mahlzeit. Mir gaben sie absichtlich keinen und ließen mich nur dünne Suppe trinken, oder haben mir nur einen halben Kloß gegeben, weil meine familiären Beziehungen kompliziert waren. Damals hieß der Vorgesetzte Zhang Ziming. Zhang wollte mich und deinen Großvater absichtlich in der Stahlfabrik verhungern lassen“,

[45] „啊, 农村这人都得参加劳动, 在当时那个大队干部很少参加劳动, 他的业务太多, 有 4 千多口人事特别多, 我这下边还有 19 个生产队会计, 大队会计给 19 个生产队哩财务都得上报, 得检查, 他那杂事多的很.“

sagte er zu Mi Mei, der Enkelin von Li Bo.[46] Die „schlechten Elemente“ seien damals wie Sklaven behandelt worden.

Er erzählte noch die Geschichte von einem Mitschüler, der heute Ingenieur ist und damals Sohn eines „Großgrundbesitzers“ war. 1958 wurde er in einem Bataillon in der Forstwirtschaft eingesetzt. Jeden Morgen und Abend sei er eine halbe Stunde heftig kritisiert und bekämpft worden. Oft sei er auch von den Kadern geschlagen worden. Einmal platzte ihm sogar der Kopf auf. Eines Abends klopfte der Mitschüler an Chens Tür. „Ich ging, um die Tür aufzumachen. Er lehnte sich weinend an mich und sagte: ‚Alter Mitschüler, rette mich.‘“[47] Chen erinnerte sich an das Leid der „schlechten Elemente“, weil er für kurze Zeit 1958 und 1960 ihr Los teilen musste.

Chen sagte es zwar nicht explizit, aber mit dem mehrfach verwendeten Ausdruck „wegen deines Großvaters“ schwang ein Unterton des Vorwurfs mit. Er bemitleidete im Interview zwar die „schlechten Elemente“ und sich selbst, trotzdem drückte er damit indirekt aus, dass ohne seine „rechten“ Verwandten sein Leben wahrscheinlich besser verlaufen wäre, da er selber schließlich immer ein vorbildlicher Kader gewesen sei. Später erzählte mir die Mutter von Mi Mei, dass sie Chen Lixin nicht möge, weil er einmal ihren jüngeren Bruder geschlagen hätte, um Land von ihm zu bekommen. Seitdem wären die Beziehungen zu diesem Teil der Familie schlecht. Umso tiefer man einen Einblick in die menschlichen Beziehungen im Dorf bekommt, umso mehr kommen alte Rivalitäten und auch Klatschgeschichten zum Vorschein. Schmerzhafte Erinnerungen an politische Ereignisse mischen sich mit persönlichen Rivalitäten. Am Ende wird es manchmal schwer, zwischen beiden zu unterscheiden.

Im Buch von Ralph Thaxton erscheinen alle Konflikte des Dorfes als Resultate des Machtmissbrauches der Kader während des „Großen Sprungs“ (Thaxton 2005). Einige führende Dorfkader nutzten in Dafo die Notsituation von Frauen während der Hungersnot aus, um sexuelle Gefälligkeiten zu erpressen. Später rächten sich die Bauern an diesen Kadern, indem sie ihre Häuser niederbrannten. War diese Rache politisch motiviert, in dem Sinne, dass die Kader mit ihrer Korruption und ihrem Machtmissbrauch während der Hungersnot die „*moral economy*“ des Dorfes verletzt haben, oder schlugen eifersüchtige Ehemänner zurück, deren männlicher Stolz verletzt wurde? Thaxton erzählt die haarsträubende Geschichte, dass ein Kader für den sexuellen Missbrauch einer Frau dem Ehemann eine finanzielle Entschädigung bezahlen musste. Die Frau wurde damit

---

[46] „我到钢铁厂，那都是军事化，大火，早上起来站队去吃饭 (...). 因为我的家庭关系复杂，发馍时，一个人一顿发一个，有意的不给我发，让我光喝稀汤，或者说给你一半，当时的头叫张梓明，有意的要把我和你姥爷饿死在炼钢厂.“

[47] „我去把门开开，他都爬哭到我身上，他说老同学救救我吧.“

nicht als selbstständiges Rechtssubjekt wahrgenommen, sondern ihr Mann wurde wegen Verletzung seines „Eigentums“ entschädigt.

Meine Interviewpartner machten immer wieder deutlich, wie dicht persönliche und politische Probleme nebeneinander liegen. Dies verweist darauf, daß die familiären Beziehungen, die bisher überwiegend von Anthropologen untersucht werden, auch in die historischen und politikwissenschaftlichen Forschungen Eingang finden sollten. Das Mittel der *Oral History* scheint dabei besonders geeignet, diese Ebene der Politik auf dem chinesischen Dorf genauer erkennen zu können.

Der Hunger kam in Chen Lixins Erinnerungen nur am Rande vor. Eigenen Hunger erwähnt er nur im Zusammenhang mit den Geschichten der Stahlfabrik und dem Verlust der Getreidekarten. In Baotou haben die Bauern zwar auch gehungert, Massensterben habe es aber nur in Xinyang gegeben. Dort sei ein Drittel der Menschen verhungert. Der stellvertretende Sekretär des Parteikreiskomitees der Volkskommune, Ma Shuping, nahm an einer Untersuchungskommission in Xinyang teil und berichtete den Nachbarn Anfang der 60er Jahre, dass es in Xingyang überall nach verwesten Menschenkadavern gestunken habe. Mit einem Bulldozer seien große Massengräber ausgehoben worden. Auf diese Weise sprach sich der „Zwischenfall von Xinyang“ auch in Baotao herum.

Wie er selbst auf Kritiksitzungen als Kader der Brigade und später sogar als ihr Leiter handelte, und ob er auch Bauern schlug, erwähnte Chen nicht. Durch die gesamten Erinnerungen zieht sich eine sehr positive Selbstdarstellung. Obwohl er nach damaligen Maßstäben zur Elite des Dorfes gehörte und heute auch eine Rente bekommt, ist er jedoch mit der Partei unzufrieden. Mitglied der Volksmiliz durfte er zum Bespiel damals nicht werden. „Die anderen erlaubten mir nicht, Milizsoldat zu werden. In jener Zeit hatten die Milizionäre Gewehre. ‚Was passiert, wenn du ein Gewehr in die Hand nimmst?‘ Sie haben dir nicht vertraut, weil [sie glaubten], dass du vielleicht gegen sie kämpfen würdest.“[48] Obwohl er Brigade-Kader wurde, durfte er jahrelang nicht in die Partei eintreten. „Ich habe als Kader sogar auf dem Dorf viele Jahre gearbeitet, weil ich alle Sachen machen konnte, zu denen sie nicht fähig waren. Sie sagten mir, du kannst eine Bewerbung für den Eintritt in die Partei schreiben und mitmachen (...). [In Wirklichkeit] nutzten sie dich nur aus. Du schreibst [die Bewerbung] aber sie stellen niemals Nachforschungen an. Ich bin 1984 in die Partei eingetreten. Da waren schon einige Jahrzehnte vergangen. 1984 bin ich Lehrer geworden und erst dann in die Partei eingetreten (...). Später arbeitete ich als Rektor und als

[48] „人家也不叫你当民兵, 那时候民兵有枪啊, 你要那种枪怎么办? 他都不相信你, 恐怕你反了.“

Sekretär der Parteizelle. Dann haben sie dich erst respektiert. Früher haben sie dir nicht geglaubt. Sie haben dich nur benutzt.“ [49]

Auch der ehemalige Sekretär der Parteizelle der Brigade, Li Pengkui, fühlt sich heute von der Partei verraten. Im Gegensatz zu Chen bekommt er aber keine Rente. Chen musste mit dem Eintritt in die Partei warten, bis sein Onkel und die anderen „Rechtsabweichler“ Anfang der 80er Jahre wieder rehabilitiert wurden und er in den Schuldienst eintrat. Als Sohn eines „armen Bauern“ hat Chen Lixin eine beachtliche Karriere gemacht. Trotzdem fühlte er sich verletzt durch das mangelnde Vertrauen der Partei. Hätte er 1958 wirklich die Universität in Xin’an besuchen können, hätte er es wahrscheinlich weiter als bis zum Rektor einer Dorfschule gebracht.

Auch Chen nahm das Interview mit einem „Ausländer“ zum Anlass, sich über die heutigen Zustände zu beschweren. „Bezüglich der Verwaltung reicht China nicht an das Ausland heran. Bis jetzt ist Chinas Demokratisierung nicht auf dem Niveau der kapitalistischen Länder. Die anderen haben die demokratischen Freiheiten annährend in die Praxis umgesetzt. Bei uns sagt man nur, dass alles gut ist. Wenn du heute die Wahrheit sagst, sind die Vorgesetzten nicht zufrieden, aber sie werden dich nicht als Bösewicht brandmarken.“[50] In Folge des Interviews erzählte der ehemalige Rektor noch vom Stimmenkauf bei den Wahlen zum Dorfbürgermeister und gefälschten Berichten im Zusammenhang mit der Geburtenplanung. Auch heute sei immer noch vieles inszeniert und gefälscht.

8.3. Erinnerungen von Bäuerinnen

Es wurde schon die Frage aufgeworfen, ob sich die Erinnerungen von Männern und Frauen unterscheiden. Exemplarisch werden an dieser Stelle die Interviews mit den Bäuerinnen Li Xiaoliang und Wu Peixi dargestellt.

8.3.1. Eigene Kinder konnten nicht mehr ernährt werden

Beim Interview mit Frau Li Xiaoliang waren die dominierenden Themen Essen und Kinder. Frau Li ist die Großmutter einer Klassenkameradin von Li Mei. Ihr ca. 45-jähriger Sohn fragte mich im Hof, zu welchem Thema ich das Interview machen wolle. Nachdem er sich versichert hatte, dass es nicht zur „Kultur-

---

[49] „我这当干部也在农村当了多年, 因为他们干不了的事我都能干, 他们说, 你写个入党申请书, 参加共产党.这是利用你哩, 你写他从来也不研究, 我入党是到 1984 年, 这就又过了几十年了. 84 年我在学校教书, 才入党了, 入党以后, 这, 我当时是当教导主任, 后来当校长, 又当支部书记, 这才重要你, 过去都不相信你, 他是利用利用你.“

[50] „这个管理上啊, 中国要跟外国比不如外国哩好, 中国截止到现在这民主化啊, 不如资本主义国家 (…), 人家那个民主自由接近实际, 咱们这就光说好好好, 不过现在你就说实话, 他这领导不太满意但不会给你再打个坏人.“

revolution“ war, ließ er mich ins Haus. Es schien ihm unangenehm zu sein über das Thema zu sprechen.

Frau Li Xiaoliang kam gleich bei der ersten Antwort auf den Hunger zu sprechen. Jede Familie hätte nur eine Kelle dünner Suppe in der Volksküche bekommen. „Wir waren damals sehr bemitleidenswert. Einer unserer Töchter schwollen vor Hunger die Beine dick an und sie bekam die Wasserkrankheit. Ich habe sie einer anderen Familie gegeben, damit diese sie aufzog. In dieser Familie gab es wenig Leute und sie konnte dort etwas essen.“[51] Auf die Abgabe ihrer Tochter an eine andere Familie kam sie im Interview wiederholt zu sprechen und erklärte diese Maßnahme: „Wir waren damals so hungrig, dass wir nicht aus dem Bett aufstehen konnten.“[52] Ein anderes ihrer Kinder wurde von einem Wolf aufgefressen. Auch wenn man es sich heute nur schwer vorstellen kann, dass es damals im Kreis Xin'an Wölfe gegeben haben soll, so bestätigen auch andere Bewohner, dass sie damals an bestimmten Orten vor Wölfen Angst hatten. Diese schmerzhaften Erfahrungen des Verlustes von zwei Kindern beschrieb Frau Li nur in einigen Sätzen und wechselte dann schnell das Thema. Dass sie den Verlust aber mehrfach ansprach, zeigt, dass er ihr immer noch nahe geht.

Von selbst begann Li Xiaoliang über Diebstahl zu sprechen: „Damals waren von 10 Leuten 9 Diebe. Egal wie begabt die Menschen waren, sie mussten sich Methoden einfallen lassen, um etwas zu stehlen.“[53] Sie ging auch in die Felder um rohen Mais zu stehlen und versteckte ihn im Hosenbein. Neben rohem Gemüse wurde aber auch Rinderfutter entwendet. Frau Li aß während der Hungersnot außerdem Erde aus dem Flussbett, Blätter und Gras, das man aber nicht verdauen konnte und davon krank wurde. Besonders interessant ist, dass ein Kloß, dessen Mehl aus einem Maiskolben ohne Maisfrucht gemahlen wurde, den Namen „Sprung nach vorne“-Kloß (跃进馍) hieß. Diese Bezeichnung bringt die paradoxe Situation auf den Punkt, dass die Bauern unter der Parole des „Großen Sprungs nach vorne“, der ihnen ein besseres Leben versprach, hungern mussten.

Wie andere Interviewpartner berichtete Frau Li, dass sie damals Angst hatte im eigenen Haus Feuer zu machen. Entdeckten die Kader Rauch, kamen sie gleich, um die Wohnung nach versteckten Lebensmitteln zu durchsuchen. Auf die Frage, was während des Hungers die Kader noch essen konnten, antwortet sie, dass die Kader besser versorgt waren. „Die Lebensmittel haben sie alle von den anderen geholt. ‚Auch wenn der Himmel drei Jahre lang trocken bleibt, verhungert der Küchenchef nicht'. Sie hatten immer genug zu essen. Die Groß-

[51] „真是可怜. 俺那一个闺女饿哩那腿都是肿多粗都是浮肿病, 给人家看 (领养)了, 跟着人家人少, 能吃点.“

[52] „俺们那时候饿哩都起不来呀， 睡到床上都起不来.“

[53] „那时候十个人都有九个贼, 不关再能干那人都想办法偷点.“

mutter von Li Ying arbeitete in der Küche, deshalb konnte sie ihr viertes Kind bekommen. Die anderen hatten in dieser Zeit keine Nachkommen.“[54] Diese Erinnerung macht die Privilegierung der Verwalter und Köche der Volksküchen deutlich, die über alle Lebensmittelreversen verfügen konnten. Während Li Xiaoliang ihre Tochter weggeben musste, bekam die Köchin der Volksküche sogar noch ein Kind. Diese Privilegierung drückt sie auch in dem Sprichwort aus, dass auch bei drei Jahren Dürre die Verwalter der Volksküche nichts befürchten mussten. Sind die drei Jahre auf den Ausdruck der Regierungspropaganda von „drei Jahren Naturkatastrophen“ bezogen?

8.3.2. Keine politische Verantwortung übernehmen

Wie andere Bauern benutzte auch Frau Li beim Berichten von Kampfsitzungen eine ganz besondere Sprache. Auf die Frage, wie Diebe auf den Kampfsitzungen kritisiert wurden, antwortete sie: „Auf der Sitzung kritisierten sie dich. Du, Du, Du hast das, das, das von anderen Leuten gestohlen. Die anderen kritisierten dich auch.“[55] Auch der Bauer Li Zhuru fasste die Kritik der Kader ähnlich zusammen. Statt zu sagen: „Du hast spontane kapitalistische Tendenzen gezeigt“ oder anderen Standardvorwürfen gegenüber den Bauern, fasste er zusammen: „Du hast das und das und das gemacht.“[56] Ist die Sprache der Partei den Bauern so fremd, dass sie sie nicht ins eigene Vokabular aufnehmen oder zumindest reproduzieren können? Oder liegt diese Aneinanderreihung von Unbestimmtheiten auch an der chinesischen Sprache? Manche Chinesinnen antworten auf die Frage, ob ihr Mann zu Hause sei: „Dieser Wer ist da“ (那个谁在).

Auch Frau Li leitete von der Erinnerung an die Kampfsitzungen gegen Diebe während des „Großen Sprungs“ gleich zur „Kulturrevolution“ über. Als Beispiel nannte sie eine Frau, die fragte, welche Verbrechen Liu Shaoqi begangen habe, und dafür selbst sehr schlimm bekämpft wurde. Auch hier verwendet sie das Adjektiv bemitleidenswert, das sie im Interview immer wieder benutzt. Ein anderer hätte die Parole gerufen „Lang lebe der Vorsitzende Mao, die Süßkartoffeln sind noch teurer als der Weizen.“[57] Das hätte er sehr schön gesagt. Danach sei er aber täglich bekämpft worden. Süßkartoffeln dienten in der Gegend um Luoyang noch bis Anfang der 80er Jahre als Hauptnahrungsmittel und waren in der Regel auch am billigsten. Hier haben wir auch wieder eine Parole, die den Spott über Mao mit dem Unmut über die Nahrungsmittelversorgung verbindet. Pan Fusheng

---

[54] „啥东西都从人家哪儿过，‘天旱3年，饿不死火头’，人家吃总是有。李营他奶奶，人家那时候在火房，就人家生了个小四儿，其它这一发 [这一个年龄段] 都没有人.

[55] „开会嘛，开会说嘛！谁谁谁，你偷人家啥啥啥，人家也是说嘛!“

[56] „你做了啥啥啥.“

[57] „毛主席万岁，红薯片比麦还贵！“

wurde von seinem Kritiker Wu Zhipu die Parole „Lang lebe der Vorsitzende Mao, wir müssen Schlange stehen, um Steinnudeln zu essen“ in den Mund gelegt (Henan Ribao 4.7.1958).

Frau Li Xiaoliang erzählte ausführlich vom Hunger, konnte sich aber nicht an die wichtigen politischen Parolen der damaligen Zeit erinnern. Weder zum Versprechen bald in den Kommunismus einzutreten, noch zur Parole „England überholen und die USA einholen“ fiel ihr etwas ein. „Viele Dinge habe ich vergessen“, beteuerte sie. Die, während der Bodenreform als arme Bäuerin eingestufte, Frau besuchte nur zwei Tage die Klasse für Frauen zum Lesen lernen (妇女班), weil sie auf ihre Kinder aufpassen musste. Vor der Befreiung wohnte sie im Haus eines Großgrundbesitzers. „Er war Großgrundbesitzer und seine Macht und sein Einfluss waren groß. Wenn man ihm folgte, konnte niemand einen schikanieren“, erinnert sie sich an die Zeit vor 1949.[58] Ihre Schwiegertochter, die bei dem Gespräch anwesend war, erzählte mir, dass ihre Schwiegermutter als Waisenkind bei anderen Leuten aufgewachsen ist. An einer Stelle schien Frau Li den Hunger während des „Großen Sprungs“ mit dem der „alten Gesellschaft“ zu vermischen. Sie sprach davon, dass kein Getreide mehr angebaut wurde und sagte plötzlich, dass die Großgrundbesitzer über sehr viel Boden verfügten, was natürlich nach der Bodenreform nicht mehr der Fall war.

Eine Erklärung, warum sie wichtige Parolen vergessen, oder schon damals nicht wahrgenommen hatte, gab sie vielleicht selbst. In ihrer Familie war niemand in die Partei eingetreten: „Mein Alter hatte vor allem Angst. Er hat nie an irgendetwas teilgenommen. Ich habe ihn auch nicht veranlasst, Kader zu werden. Er hat nicht sehr wohlklingend gesprochen. Ich hatte Angst, dass er Leute beleidigt. Für die Kinder wäre es noch nicht gut gewesen. Als ich [einmal] die Leiterin einer kleinen Gruppe war, habe ich auch beide Augen zugedrückt. Ich hatte nicht den Mut, jemanden zu beleidigen.“[59] Ihre Familie hatte versucht, sich möglichst aus politischen Dingen herauszuhalten und keine Verantwortung zu übernehmen – zum einen aus Angst sich unbeliebt zu machen, zum anderen, weil die Betreuung der Kinder schwierig gewesen wäre. Ihre Erinnerungen machen die schwierige Lage von lokalen Kadern deutlich, die zwar Macht über die Dorfbewohner hatten, aber ihnen ausgeliefert waren, wenn sie ihren Posten wieder verloren.

Bei einem Interview am Rande der Kreisstadt Xin’an erzählte mir auch eine alte Frau, die lange in einer Textilfabrik gearbeitet hatte, dass sie und ihr Mann während der Bodenreform nie an Sitzungen teilnahmen, weil sie Angst vor der

---

[58] „人家是地主，权大势大，跟着人家没人欺负.“

[59] „老头都是啥事都害怕，啥事都不参加，当干部我也不叫去当，他说话不好听，怕他得罪人，对娃子们不好。当小组长也是睁只眼闭只眼，不敢得罪人.“

Rückkehr der Großgrundbesitzer hatten. Natürlich stellt sich die Frage, ob es während des „Großen Sprungs“ überhaupt möglich war, sich von Versammlungen und Kritiksitzungen fernzuhalten. Konnte man eine Position als Leiter der Produktionsgruppe oder des Parteikomitees ablehnen, auch wenn man von höheren Kadern gefragt wurde?

8.3.3. Der Himmel als Zeuge für Folter

Im Dorf Wangcun im Kreis Yiyang führte ich ein längeres Gespräch mit Frau Wu Peixi. Während der Stahlkampagne zog der Staat die männlichen Arbeitskräfte vom Dorf ab. Nach Aussage von Frau Wu waren die Frauen mit Kindern und Alten fünf Monate überwiegend alleine. Sie begann ihre Ausführungen zum „Großen Sprung“ mit den Problemen bei der Kinderbetreuung. Als Tag und Nacht auf den Feldern gearbeitet werden musste, übernahmen einzelne Frauen die Betreuung von über zehn Kindern. In Folge der schlechten Betreuung durch die Arbeitsüberlastung wurden viele Kinder krank. Wu, die damals schon über 30 Jahre alt war, übte während des Interviews Kritik an den Jugendlichen und wahrscheinlich damit auch an der Übersetzerin und mir: „Viele Jugendliche wissen überhaupt nichts. Sie wissen nicht wie es ist, aus dem Großen Topf zu essen. Sie mussten auch noch kein Leid ertragen und haben noch nie körperlich gearbeitet.“[60] An dieser Stelle kam wieder das Unverständnis zwischen den Generationen zum Vorschein.

Durch die Interaktion während der Interviews kam plötzlich der politische Terror zur Sprache. Wu Peixi fühlte sich durch meine Frage, ob die Kader ihr während der Hungersnot geholfen hätten, provoziert und sagte ärgerlich. „Wobei sollen sie dir geholfen haben? (...) Sie haben dir die schwarzen Fahnen zugeteilt und dich bekämpft. So haben sie dir geholfen. Niemand wagte es, zu spät in die Felder zu gehen. Wenn sie die Glocke läuteten, musstest du in die Felder laufen wie ihr Schüler zum Unterricht (...).Wenn du zu spät gekommen bist, bekamst du die schwarze Fahne zugeteilt und wurdest bekämpft.“[61] Die Praxis die Produktionsergebnisse durch die Zuteilung von roten, schwarzen und weißen Fahnen an die Produktionsgruppen zu bewerten, war während des „Großen Sprungs“ relativ weit verbreitet. Wie auch andere Interviewpartner, beschwert sich Wu über die Militarisierung der Arbeit. Durch die Einführung der Arbeitsarmee 1958 erhöhte sich der Leistungsdruck auf die Bauern enorm und zwang ihnen eine Arbeitsweise auf, die im Widerspruch zu den dörflichen Traditionen stand.

---

[60] „好些这年轻这人都不知道，不知道这吃大锅饭是咋吃哩，是不是? 他也没受过那症，他也没干过那活.“

[61] „帮助你啥，去哩迟了，发黑旗，斗你，帮助哩这，谁也不敢下地迟，人家一敲钟都往地里跑，给你们学生上课一样 (...) 去哩迟了发黑旗斗你.“

Wu Peixi berichtete ausführlich von Folter. Die Frau ihres Onkels und die ihres älteren Bruders verhungerten, und sie musste sich um deren vier Kinder kümmern. Es war schwierig, während der Hungersnot noch Essbares zu organisieren, da das Getreide von den Kadern verwaltet wurde. Deshalb stahl sie Getreide aus einem Feld und kochte morgens um fünf heimlich für die Kinder. „Es haben mich andere bei der Brigade angezeigt, deshalb bin ich bekämpft worden. Die Kader hielten Reden, um mich zu bekämpfen." Sie musste sich in eine Harke knien, die zwischen zwei Holzbänken auf den Boden gelegt wurde. „Während der Sitzung wurdest du bekämpft und geschlagen."[62] Beim Erzählen fing Wu an zu weinen. Wenn sie nicht so gehandelt hätte, wären alle in der Familie gestorben. Dafür wurde sie auch noch geschlagen. „Das war wirklich so. Was ich sage, können Himmel und Gott hören. Ich habe ein solches Leben gelebt. Ich habe niemandem Unrecht getan. Geschlagen und kritisiert haben nur die Kader. Die Kommunarden hatten keine Rechte."[63]

Fast alle Interviewpartner sprachen über die Macht der Kader, aber nur wenige so vorwurfsvoll wie Frau Wu. Noch heute verspürt sie Wut und Trauer, wenn sie die Geschichte erzählt. Ihr Überlebenskampf und die Folter durch die Kader erschienen ihr für die Zuhörer so unglaubwürdig, dass sie auf Himmel und Gott verwies, um zu unterstreichen, dass sie nicht log. Im Unterschied zu dem pensionierten Kader Li Pengkui kritisierte sie weder Staat noch Partei und stellte auch keine Ansprüche. In diesem Moment war es ihr wahrscheinlich einfach nur wichtig, dass ihr überhaupt geglaubt wird. Offenbar erwartet sie, wenn überhaupt, Gerechtigkeit nur von den himmlischen, nicht von den irdischen Kräften.

An dieser Stelle wird deutlich, wie wichtig die Interaktion im Interview ist. Manchmal führt gerade eine Provokation dazu, schmerzhafte Erinnerungen hervor zu bringen. Vielleicht hätte Wu Peixi die Geschichte von der Folterung mit einer Harke gar nicht erzählt, wenn sie sich nicht über die Frage geärgert hätte, ob die Kader geholfen hätten. Diese Reaktion zeigt, wie stark durch die Erfahrungen des „Großen Sprungs" das Selbstwertgefühl der Bauern und Bäuerinnen verletzt wurde. Dadurch, dass Wu öffentlich an den Pranger gestellt und gefoltert wurde, zeigte sich, dass ihre körperliche Unversehrtheit in dem sozialistischen Kollektiv nicht mehr gewährleistet war. Für sie gibt es keine weltliche Instanz mehr, auf die sie sich in ihrer Suche nach Gerechtigkeit berufen könnte.

---

[62] „人家有家去大队告我，就是因为这，斗我 (…), 干部们都发言斗你 (…), 开会都斗你打你."
[63] „这是实际情况，我说话这话天也听着哩，上帝也听着哩，咱过这日子 (…).咱也不冤枉人，斗人打人这都是干部，社员他没这权力."

8.3.4. Sexueller Missbrauch: Ein Tabuthema?

Keine der Frauen oder Kader, die ich interviewte, sprach über sexuellen Missbrauch. Ich fragte auch nicht danach. In Zhi Liangs (1994) Roman „Das verhungernde Bergdorf" ist die erste Person, mit welcher der aus der Stadt zugereiste Erzähler in Kontakt kommt, eine Frau, die sich ihm für Nahrung verkaufen will. Im Gegensatz zu Thaxtons Zeitzeugen (2005) haben die Interviewpartnerinnen von Kimberly Manning (2004), die sich mit der Lage der Frauen während des großen „Sprungs nach vorne" befasst, dieses Thema nicht angesprochen. Dies zeigt, dass es zu pauschal ist zu sagen, dass Frauen mit weiblichen Interviewerinnen eher über diese Themen sprechen. Sind die Auswüchse des Machtmissbrauches nicht auf jedem Dorf der Hungergebiete vorgekommen, oder ist sexueller Missbrauch sowie Sexualität als solches ein großes Tabuthema für die Dorfbewohner?

Im Moment ist es unmöglich, diese Frage klar zu beantworten. Fest steht, dass es in China eine Tradition gibt, Beamte, die falsche Politik gegenüber der Bevölkerung betreiben, als sexuell dekadent und verdorben darzustellen. In der Volksrepublik China erreichte diese Tradition während der „Kulturrevolution" einen Höhepunkt. Noch heute wird dieses Konzept bewusst oder unbewusst von Jung Chang und Jon Halliday (2005) in ihrem Bestseller „Mao – Das Leben eines Mannes und Schicksaal eines Volkes" vertreten. Deshalb sollte Vorsicht angebracht sein, wenn über sexuelles Verhalten von Kadern gesprochen wird. Auf der anderen Seite wurde in China Gewalt und Missbrauch innerhalb der Familie erst in den letzten Jahren in der Öffentlichkeit thematisiert. Der Frauenverband und die Medien haben Kampagnen gegen familiäre Gewalt (家庭暴力) gestartet, die auch Vergewaltigung in der Ehe miteinschließt. Auch sexuelle Korruption wurde zu einem Thema.

In den besten chinesischen Dokumentationen der Ereignisse auf Kommunen-Ebene gibt es Hinweise, dass sexueller Missbrauch durch Kader während der Hungersnot kein Einzelfall war. Während der Untersuchungen, die während der Ausrichtung von 1961 durchgeführt wurden, waren sexuelle Verfehlungen von Kadern kein Tabuthema. Selbstverständlich wurden diese Berichte der Öffentlichkeit nicht zugänglich gemacht. In der Studie über den Kreis Fengyang in der Provinz Anhui, die auch im Wesentlichen auf Dokumenten von Anfang der 60er Jahre beruht, wird von einem Sekretär einer Brigade berichtet, der eine „Farm des 8. März", das Datum des Weltfrauentages, einrichtete. Er suchte für die „Farm" die acht schönsten Frauen der Brigade aus, um sie, wann immer er wollte, sexuell zu benutzen (奸污) (Wang Gengjin 1989, Band I: 185). Die Autorität der Kader gegenüber den Massen sei auf diese Weise zerstört worden.

Yu Xiguangs Dokumentensammlung zum „Großen Sprung", die nur in Hongkong erschien, zitiert aus einem Bericht des Parteikomitees des Li Kreises in der Provinz Hunan von April 1961: Von den 29.423 Kadern oberhalb des Ranges eines Verwalters der Volksküchen wurden 2.829, sprich 9,6 Prozent, beschuldigt, „unsittliche" Beziehungen zu Frauen (乱搞男女关系) zu haben. Insgesamt seien 4.480 Frauen davon betroffen gewesen. Ein Kader hätte sogar solche Beziehungen zu über 20 Frauen gehabt (Yu Xiguang 2005: 177). Im Kreis Ningxiang in der Provinz Hunan meldete das Kreisparteikomitee an die Provinzführung, dass in der Volkskommune Huamingshu Kader oberhalb der Stellung eines Sekretärs einer Hauptzelle 28 Frauen vergewaltig hätten. Ein Kader vergewaltige sogar über 30 Frauen. Die Abhängigkeit der Frauen auf Grund der Angst zu verhungern, wurde ausgenutzt. Widerstand habe es nur sehr wenig gegeben. Kader der Brigade einer anderen Volkskommune wurden im Sommer 1960 beschuldigt, ein System gemeinschaftlicher Frauen (公妻制) aufgebaut zu haben (ebenda: 300). Der Missbrauch von Frauen demütigte sicher auch ihre Familien. Für unverheiratete Frauen wird es schwierig gewesen sein, einen Ehemann zu finden, da damals noch in einem stärkeren Maß auf Jungfräulichkeit vor der Ehe geachtet wurde als heute.

In einem Dokument vom Mai 1962 beschuldigte das Kreiskomitee von Shangcheng in der Provinz Henan den Leiter der Truppen der Staatssicherheit, Bauern gezwungen zu haben, Menschenfleisch zu essen. Außerdem habe er über zwei Jahre eine „nicht reguläre Beziehung" (不正男女关系) zur Ehefrau eines Mitarbeiters gehabt und ihr 15 Pfund Getreide aus öffentlichen Mittel gegeben (ebenda: 247).

Offensichtlich gibt es im Vokabular der KPCh wenige Möglichkeiten bei sexuellen Beziehungen von Kadern zwischen Missbrauch und Liebesaffären zu unterscheiden. Da jede sexuelle Betätigung außerhalb der Ehe als moralisch verwerflich und gesellschaftschädigendes Verhalten angesehen wurde, verurteilte die Partei beides, ohne klar zu trennen. Seine Geliebte mit Lebensmitteln zu versorgen, nannten die Autoren des besagten Dokuments noch vor dem Verbrechen, Bauern zum Essen von Leichen zu zwingen. Wie auch bei dem Ausdruck „nicht reguläre Tote" (不正常死亡人口) für Menschen, die verhungert sind, benennt der Ausdruck „nicht reguläre Beziehungen" zwischen Männern und Frauen nicht, was eigentlich passiert ist.

Meine weiblichen wie männlichen Interviewpartner sprachen offen darüber, dass viele Frauen während der Hungersnot keine Periode und keine Kinder mehr bekamen. Nicht mehr gebären und die Familie fortsetztten zu können, ist auf einem chinesischen Dorf sicher einer der höchsten symbolischen Ausdrücke für eine Krise. Deshalb betonten auch mehrere Zeitzeugen die Privilegierung der

Kader und ihrer Familien dadurch, dass sie darauf verwiesen, dass nur sie während der Hungersnot Kinder bekommen konnten.

Wenn ein so schwieriges Thema wie sexueller Missbrauch angesprochen wird, besteht die Gefahr, dass die Zeitzeugen nicht mehr bereit sind, weiter zu sprechen. Bei den Interviews können nicht nur die Tabus der Dorfbewohner ein Problem darstellen, sondern auch die der Interviewer. Das Problem des sexuellen Missbrauchs in Krisenzeiten zu erforschen, ist Aufgabe künftiger Untersuchungen.

8.4. Erinnerungen des Sohns eines „Rechtsabweichlers"

Eine besondere Stellung im Dorf hatten in der Mao-Ära die „schlechten Elemente" inne. An „Rechtsabweichlern" und ihren Familienmitgliedern wurden auf Kampfsitzungen oft Exempel statuiert. Die „Rechtsabweichler" wurden Anfang der 80er Jahre rehabilitiert. Wie wirkt sich eine derartige Lebensgeschichte auf die Erinnerungen aus?

8.4.1. Verbotenes Frühlingsfest: Der „Große Sprung" als Kulturrevolution

Li Zhuru besuchte 1957 noch die Mittelschule in Luoyang. Doch dann wurde sein Vater Li Bo, der Rektor der Kreisschule, als „Rechtsabweichler" verurteilt. Li musste daraufhin ohne Abschluss nach Baotou zurückkehren und ein Leben als einfacher Bauer fristen. Heute betreibt er eine Dorfapotheke, da er in den 70er Jahren von einem Barfußarzt in medizinischen Dingen angelernt wurde. Auch er beschrieb in dem Interview den „Großen Sprung" als nicht enden wollenden Arbeitseinsatz, bei dem man Tag und Nacht schuften musste. Die Bauern wurden morgens geweckt und mussten gemeinsam zur Arbeit antreten. Wer sich weigerte, oder Kritik äußerte, wurde mit der Kürzung der Essensration bestraft, berichtete Li Zhuru. „Die Menschen arbeiteten den ganzen Tag, auch am Abend und du wurdest in die Felder geschickt. 360 Tage [pro Jahr] konntest du dich nicht ausruhen (...). Auch das Frühlingsfest wurde revolutioniert. Du musstest auch in die Felder gehen (...). Ich kann mich noch an jenes Jahr erinnern. Die Bauern haben alte Sitten und Gewohnheiten, die man nicht verändern kann (...). Während des Frühlingsfestes besuchen wir die Verwandten. In diesem Jahr wollten die Frauen alle die Familie ihrer Eltern besuchen (...). Diese Sitten und Gewohnheiten konnte man nun nicht mehr praktizieren (...). Wenn du Geschenke zu ihnen nach Hause brachtest, wurden sie konfisziert. Nachdem das zwei Jahre gemacht wurde, trauten wir uns nicht mehr die Verwandten zu besuchen", erinnerte sich Li.[64]

In dieser Aussage wird deutlich, wie die Militarisierung der Arbeit in Konflikt mit traditionellen Sitten kam. Li beschwerte sich mehrere Male, dass die Kader die Bauern in der Zeit der Volkskommune jeden Tag zum Arbeiten herausschickten, obwohl es in seinen Augen gar nicht nötig war. Heute bräuchten die Bauern noch nicht einmal 100 Tage für die landwirtschaftliche Arbeit. Während des „Großen Sprungs" versuchte die Partei alle „verschwenderischen" Bräuche abzuschaffen und alles dem Kommando der Arbeit zu unterwerfen. Hochzeiten sollten auf bescheidene Weise in den Volksküchen durchgeführt werden, ebenso sollte bei Beerdigungen nichts verschwendet werden. Ein Verbot am Frühlingsfest Geschenke bei den Verwandten vorbeizubringen, kam in China sicher einer Kulturrevolution gleich. Für Li Zhuru war es deshalb wahrscheinlich ein anschauliches Beispiel, um das Ausmaß der Kampagnen des „Großen Sprungs" deutlich zu machen.

8.4.2. Die Mao-Ära als Verschwendung von Geld und Arbeitskräften

Li Zhuru berichtete ausführlich von den Zerstörungen, die durch die Stahlkampagne angerichtet wurden. Die ganzen Wälder um Baotou wurden in kurzer Zeit abgeholzt. „In Wirklichkeit waren die Bewegungen, die Mao Zedong durchführte, eine Verschwendung von Geld und Arbeitskräften."[65] Diesen Ausdruck benutzte Li vier Mal in dem Interview. Für ihn scheint die gesamte Mao-Ära verlorene Zeit zu sein: „Die Kulturrevolution und ‚aus dem großen Topf essen' verursachten für den Staat zu große Verluste. Sonst würde sich die chinesische Wirtschaft nicht in der Situation befinden, in der sie heute ist. Stell dir vor, viele Fabriken standen für zehn Jahre still und die Kader der Industrie mußten trotzdem etwas zu essen und zu trinken bekommen. Du kannst sagen, dass der Staat einen riesigen Verlust erlitten hat. Wenn die Roten Garden die rote Armbinde am Ärmel trugen, brauchten sie für den Zug noch nicht einmal eine Fahrkarte. Überall wo sie hingekommen sind, haben sie [umsonst] gegessen."[66] Bei mehreren

---

[64] „人们都弄哩是成天都一天到晚都给你哄到地里，一年 360 天没有一天休息哩 (...)，过春节也是过革命化哩，也得去地 (...)，有一年我记着，这农民这有那旧风俗习惯都改不了 (...)，过春节里时候，走亲戚哩 (...)，这一年了都要回她娘家看看，有这个风俗习惯，现在不行了 (...)，你送着礼了啥 ，到哪儿人家都 给你收了，弄 2 年以后也都不敢串亲戚了 (...)."

[65] „实际毛泽东他搞这个运动啊，劳民伤财."

[66] „文化大革命给这 (和) 吃大锅饭, 国家损失太大了, 要不然中国这个经济可不是现在这个情况. 你想全国哩厂矿停10年不生产, 这工业这干部照样吃喝, 你说国家有多大损失.红卫兵只要带个红袖章, 做火车不掏票, 走哪儿吃哪儿."

Interviewpartnern rief die Thematisierung der Kampfsitzungen des „Großen Sprungs“ Erinnerungen an die der „Kulturrevolution“ wach. Bei Li Zhuru ist es das Thema Verschwendung, das die Verbindung von der Volksküche zu den Roten Garden herstellt. Die von ihm als schlecht empfundene Lage der Wirtschaft, wird als Erblast der verschwenderischen Kampagnen der Mao-Ära betrachtet. Sicher ist es fraglich, ob die Industriebetriebe der Region wirklich zehn Jahre lang nichts produzierten. Die Roten Garden empfand Bauer Li als Belastung, weil sie sagen konnten, wo es lang ging (说一不说二) und weil sie häufig auf Kosten der Dörfer versorgt werden mussten.

Mehrfach betonte Li im Interview, dass die Chinesen früher sehr ehrlich gewesen seien. Seit der Anti-Rechtskampagne hätten die Menschen gelernt, dass Ehrlichkeit zu Kritik und Repressionen führte und hätten sich nicht mehr getraut, ihre Meinung zu sagen. In Lis Augen haben die Kampagnen die Menschen charakterlich verdorben.

Der Sohn des „Rechtsabweichlers“ gehört sicher zu den Verlierern der Mao-Ära. In Baotou traf ich niemanden, der zugab aus Überzeugung Mao unterstützt zu haben. Li Zhuru war aber einer der Wenigen, die trotz ihrer persönlichen Erfahrungen mit staatlichen Repressionen die Ereignisse des Dorfes in einen größeren geschichtlichen Zusammenhang stellten. Im Gegensatz zur offiziellen Geschichtsschreibung bewertete Li Zhuru Mao so: „Dass er den Staat gründete, ist ein Verdienst, sonst hat er viele Verbrechen begangen. Er hat so viele Bewegungen durchgeführt wie die ‚Anti-Drei' und ‚Anti-Fünf'-[Bewegung]. Besonders viele der damaligen Großgrundbesitzer und reichen Bauern hätte man nicht töten sollen (...). Diese Leute waren fleißig und haben selber etwas Getreide geerntet und es selber verkauft. Sie haben etwas Geld genommen, um sich Land zu kaufen (...). Viele waren nur sehr kurze Zeit wohlhabend und sind trotzdem als reiche Bauern und Großgrundbesitzer abgestempelt worden (...). Damals wurden sehr viele Menschen erschossen.“[67] Li Zhuru ging von seiner Bewertung Maos, die seine Politik nach 1949 als Verbrechen bezeichnet, direkt zur Kritik an der Bodenreform über. Er stellte das gesamte Geschichtsbild der KPCh in Frage, für die die Bodenreform eine Befreiung der Bauern von der Knechtschaft der Großgrundbesitzer war.

Eine der größten Gemeinsamkeiten in allen Interviews sowohl in Xin'an als auch in Runan war, dass die Dorfbewohner Liu Shaoqi als ihren Retter ansahen, da sie ihn mit der Wiedereinführung der Parzellen zur privaten Nutzungen von 1961 in Verbindung brachten, die zur Verbesserung der Ernährungssituation

[67] „他建国有功, 其他都是罪过, 他搞了那么多运动, 三反五反, 特别是过去那地主富农,好些是不应该杀哩 (...) , 人都是勤勤肯肯里,自己收点粮食,自己跳跳(卖) ,换点钱然后买点地 (...) , 好些都是刚富裕没几天, 都定成, 富农, 地主 (...) 当时好些都枪毙了.“

führte. Li Zhuru berichtete von Problemen bei den Sitzungen während der „Kulturrevolution“, wo die Bitternis erinnert und Liu Shaoqi verurteilt werden sollte. „Beim Aussprechen der Bitternis gab es bei uns einen, der Liu hieß. Wenn während der Kulturrevolution dazu aufgerufen wurde, Bitternis auszusprechen, wurden nur die armen und unteren Mittelbauern angesprochen. Wir Kinder der Rechtsabweichler wurden nicht dazu geholt. Er [Liu] sagte weinend: ‚Hätte uns nicht Liu Shaoqi in jenem Jahr etwas Boden gegeben, wären wir alle verhungert. Meine Mutter ist verhungert.’ Kaum hatte er das gesagt, wurde er von einigen Leuten vom Podium herunter gestoßen. ‚Hau ab! Hau ab!’. Sie ließen ihn nicht weiter klagen.“[68]

Dieses Beispiel zeigt, dass der Staat die inszenierte Erinnerung an die Vergangenheit nicht immer kontrollieren konnte. Erinnerungen an Bitternis wurden mit der Hungersnot des „Großen Sprungs“ verbunden und damit auch die Person Liu Shaoqi anders bewertet, als die Partei es damals wollte. Für den Sohn des „Rechten“ steht Liu Shaoqi als Verkörperung des Guten dem bösen Mao gegenüber. Diese Vereinfachung der Geschichte ist eine Umkehrung des Paradigma des „Kampfes zweier Linien“ der „Kulturrevolution“, nachdem Mao die „gute“ revolutionäre und Liu die „böse“ revisionistische Linie vertrat.

8.5. Erinnerungen und das Unverständnis zwischen den Generationen

Mi Mei, die bei dem Interview mit Li Zhuru bei der Übersetzung ins Hochchinesische half, sagte darauf: „Ich habe den Eindruck, dass alle Großgrundbesitzer und reiche Bauern Bösewichte waren.“[69] An dieser Stelle prallten unterschiedliche Geschichtsbilder zweier Generationen aufeinander. Li Zhuru stellte vor dem Hintergrund seiner eigenen Erfahrung das offizielle Bild der Großgrundbesitzer in Frage – vielleicht weil er als Sohn eines „Rechtsabweichlers“ selber lange zu den Ausgegrenzten gehörte. Mi Mei, die selber mit der Kommunistischen Partei überhaupt nichts zu tun hat, ist in der Frage der Großgrundbesitzer stark vom Geschichtsunterricht in der Schule geprägt. Von einer ähnlichen Erfahrung berichtete mir ein Dozent an der Volksuniversität in Beijing, der durch seine unkonventionellen Ansichten seine Studenten schockte, als er meinte, die Großgrundbesitzer in China seien eine Erfindung der Kommunistischen Partei und die Studenten sollten einmal versuchen, in ihrem Heimatdorf einen ehemali-

[68] „诉苦哩嘛,我们这里有个姓刘的,文化大革命叫诉苦哩,都是贫下中农才叫诉苦哩,像我们这右派子弟人家都不叫去,人家在哪儿哭着说’要不是刘少奇那一年给点地,这老百姓都饿死完了,我奶奶都饿死了’,一说那些人都给他推下去了 ,去,去…’不叫他诉了’.“

[69] „在我印象中我所能接触到的地主富农, 我马上都会觉得他是坏蛋.“

gen bösen Großgrundbesitzer zu finden. Daraufhin stand eine Studentin auf und sagte: „Herr Lehrer, ich kann ihre Ansichten nicht ertragen." Bei denselben jungen Menschen, die sonst die Ideologie der Partei nicht ernst nehmen, ist das Bild, dass alle Großgrundbesitzer schlechte Menschen waren, die ihre Macht missbrauchten, immer noch stark verankert und kann nur schwer hinterfragt werden.

Als Beispiel für dieses Unverständnis zwischen den Generationen möchte ich eine weitere Episode aus der Familiengeschichte von Li Zhiru nennen. Dazu möchte ich folgenden Dialog zwischen seiner kleinen Schwester Li Meisheng (Jahrgang 1954) und ihrer Tochter Mi Mei (Jahrgang 1980) wiedergeben. Wie schon erwähnt, wurde der Vater von Li Zhiru, Li Bin und Li Meisheng als „Rechtsabweichler" gebrandmarkt. Die drei Kinder konnten auf Grund dieses familiären Hintergrunds nur die Mittelschule besuchen und wurden durch das Dorfleben geprägt. Die Tochter von Li Meisheng wuchs seit dem Besuch des Gymnasiums in der Stadt auf und ist heute Unternehmerin in Beijing. Schon mehrmals berichtete die Mutter auf meine Fragen hin von den Kritiksitzungen gegen den Vater in der „Kulturrevolution". Er wurde von zu Hause abgeholt und auf dem Marktplatz in Baotou oft die ganze Nacht beschimpft und manchmal auch geschlagen. Die Rolle der Familie ist dabei unklar. Sie erzählte, dass sie weg lief, weil sie es nicht mit ansehen konnte, wie der Vater gedemütigt wurde. Bei einer dieser Geschichten fuhr die Tochter die Mutter an: „Immer wenn du von deinem Vater erzählst, lobst du ihn nur und immer werden irgendwelche berühmten Persönlichkeiten erwähnt, die er gekannt haben soll." Nach diesem Einwand wurde mir schlagartig klar, dass die Mutter durch ihre Geschichten nicht nur die Rehabilitierung des Vaters betreibt, sondern auch ihre eigene. Der Vater, den sie vielleicht selber kritisieren musste, wird idealisiert. Indem sie betont, dass ihr Vater in intellektuellen Kreisen berühmt war, unterstreicht sie, dass sie aus einer gebildeten Familie kommt, auch wenn sie selbst relativ ungebildet ist. Der Vater wurde sogar 1989 namentlich mit einer kleinen biographischen Eintragung in der Kreischronik erwähnt. Die Tochter nahm die Erzählungen zu dem Terror der „Kulturrevolution" nicht als Leidensgeschichte der Familie wahr, sondern als Lobhudelei auf den Großvater. Anderseits konnte sie nicht verstehen, warum sich die Familie nicht an einem Schüler gerächt oder ihn zumindest zur Rede gestellt hatte, der den Vater besonders gequält hat und heute auch in Baotou lebt.

Die Mutter heiratete gegen Ende der „Kulturrevolution" einen Mann, dessen Vater als „Konterrevolutionär" eingestuft worden war, weil er in der GMD-Armee einen höheren Posten hatte. Sie lernten sich in einem bettelarmen Bergdorf in der Provinz Shanxi kennen, in das beide verschickt worden waren. Für mich war es sofort klar, dass der „schlechte Klassenhintergrund" der beiden bei der Heirat eine wichtige Rolle gespielt haben musste. Die Mutter erzählte mir, dass sie auch einen „armen Bauern“ mochte, aber damals nicht einmal im Traum daran denken konnte, ihn zu heiraten. Ihr späterer Mann habe damals kaum gesprochen, weil er immer unterdrückt wurde. Sie fanden auch zusammen, weil ihre Väter Probleme hatten (我们的父亲都有问题). Die Tochter war völlig überrascht und hörte diese Version der Kennenlerngeschichte der Eltern zum ersten Mal.

Ebenso reagierte sie, als die Großmutter und Frau des „Rechtsabweichlers“, uns die Bilder von der Beerdigung ihres Mannes Anfang der 80er Jahre zeigte. Sie erklärte, dass die Kader des Kreises extra gekommen waren und ihr die Hand gaben. Ebenso reisten viele ehemalige Schüler an. Die Enkeltochter erkannte nicht, dass die Beerdigung eine große Rehabilitierungsfeier für die Großmutter gewesen sein muss. Nachdem sie und ihr Mann über 20 Jahre zu den Ausgestoßenen des Dorfes gehörten, erwiesen ihr die leitenden Kader des Kreises die Ehre.

Diese Beispiele zeigen, dass die Erfahrungshorizonte zwischen den Generationen so weit auseinander liegen, dass ohne Anstoß von außen, in diesem Fall durch mich, noch nicht einmal die eigene Familiegeschichte für die Nachgeborenen verständlich wird. Das gilt nicht nur für die großen politischen Ereignisse, sondern selbst für Dinge wie Hochzeit und Beerdigung.

Nachdem Li Mei, eine junge Chinesin aus dem Dorf, meine Interviews abgetippt hatte, fragte ich sie, ob sie irgendwas daraus gelernt hätte. Sie antwortete: „Man soll nichts verschwenden“ (不要浪费)“. Was soll sie, die mittlerweile in Beijing arbeitet, mit dieser Lehre aus der Hungersnot in einem Zeitalter, wo die chinesische Regierung den Konsum zur patriotischen Pflicht erklärt, anfangen? Vielleicht hat sie Schuldgefühle gegenüber der älteren Generation, da ihr in Beijing viele Möglichkeiten offen stehen. Ihr Vater, der 1960 fast verhungerte, lebt aber weiterhin unter sehr einfachen Verhältnissen in Baotou.

Dass bei den Interviews mehrere Generationen anwesend waren, bedarf einer theoretischen Reflektion. Wie schon erwähnt, äußerten sich nicht nur die Zeitzeugen, sondern auch diejenigen, die eigentlich zu jung waren, um sich erinnern zu können und die Nachgeborenen. Bernhard Giesen weist darauf hin, dass Generationen keine natürlichen Kategorien wie Eltern und Kindern sind, sondern man sie nur schwer voneinander abgrenzen kann durch den Fluss der Geburtenfolge. Letztlich ist auch Generation eine soziale Konstruktion (Giesen 2003: 59). Wehrpflicht und Schulpflicht bringen die jungen Menschen einer Generation zusammen. Zunächst müssen aber noch einschneidende gemeinsame leibliche Erlebnisse wie z.B. die Teilnahme an einem Krieg oder einer Bewegung vorhanden sein, die erinnert werden können. Auf Grundlage dieser Erinnerungen kann sich eine kollektive Identität einer Generation herausbilden (ebenda: 60). Durch die verschiedenen Erfahrungshorizonte der Generationen werden die Grenzen des Verstehens markiert sowie die Erfahrungen der älteren Generation entwertet. „Den Älteren, aber auch den Nachgeborenen, lassen sich die grundlegenden Erlebnisse und Erfahrungen nicht mehr mitteilen – ‚Ihr seid damals nicht dabei gewesen, ihr könnt euch gar nicht vorstellen, was das bedeutet...' und ‚Ihr versteht das nicht mehr, lasst uns nur machen' verweisen auf diese Grenzen des Verstehens, die auch Grenzen des Bemühens um Verständigung sind" (ebenda: 66).

Dies wird besonders in China deutlich. Für junge Menschen, die nach 1978 geboren wurden, müssen sich die Geschichten über die Hungersnot oder die „Kulturrevolution" wie Märchen von einem anderen Stern anhören. Nicht nur auf Grund der mangelnden Auseinandersetzung, sondern auch durch den völlig anderen Erfahrungshorizont, sind diese Ereignisse für die Nachgeborenen unvorstellbar. Durch die rasante wirtschaftliche Entwicklung wurde das Wissen der Alten radikal entwertet. Auch die besser ausgebildete Dorfjugend weiß heute mit Internet und neuen Medien umzugehen und muss Englisch lernen. Für die große Mehrheit ist heute das Ernährungsproblem gelöst. Viele Jugendliche sind es leid, die Geschichten der Alten über den Mangel in der Vergangenheit zu hören. So nehmen sie die Geschichte über die Katastrophen auch nicht politisch wahr, sondern nur als Teil des ewigen Klagens über das Vergangene.

Aufgenommene Interviews in den Kreisen Xin' an und Yiyang
(Alle Namen wurden verändert.)

Name	Jahrgang (Alter 1958)	Ehemaliger Klassenstatuts	Bildungsniveau	Damalige politische Funktion	Datum und Ort des Interviews
Bauern					
Li Zhuru	1941 (17)	Unterer Mittelbauer Vater: Rechtsabweichler	Mittelschule	-	11.2.05 Baotou
Li Bin (Bruder von Li Zhuru)	1956 (2)	Unterer Mittelbauer Vater: Rechtsabweichler	Mittelschule	-	12.2.05 Baotou
Frau Wu Peixi	-	Arme Bäuerin	Nicht zeichenkundig / kein Schulbesuch	Köchin der Volksküche	12.2.05 Wangcun
Frau Li Xiaoliang	-	Arme Bäuerin	Nicht zeichenkundig / kein Schulbesuch	-	13.2.05 Baotou
Kader					
Li Pengkui	1923 (35)	Armer Bauer	Mittelschule	Parteisekretär der Brigade	11.2.05 Baotou
Zhang Xianliang	1921 (37)	Mittelbauer	?	Vize-Leiter der Produktionsgruppe	14.2.05 Xizhuang

Chen Chuwu	1940 (18)	Armer Bauer	Mittelschule	Lehrer / später Kader der Produktions-gruppe	12.2.05 Baotou
Huang Liang	1921 (37)	Armer Bauer	?	Kader der Ein- und Verkaufs-genossen-schaft	12.2.2005 Wangcun
Dorf-intellektuelle					
Gao Jiefang	1944 (14)	Armer Bauer	Gymnasium	Ehemaliger Lehrer einer von den Einwohnern betriebenen Schule	11.2.05 Baotou
Chen Lixin (Cousin von Li Zhuru)	1936 (22)	Armer Bauer (1958 als "klei-ner Rechter" behandelt)	Gymnasium	Rektor der Dorfschule	14.2.05 Baotou

9. Massensterben und Flucht: Die Erinnerungen der Bauern und Kader aus Runan

Nach den Darstellungen der Erinnerungen in den Kreisen um Luoyang, werden nun die Interviews analysiert, die ich im Dorf Judong im Kreis Runan durchführte. Wie schon erwähnt, gehörte Runan 1958 zum Xinyang-Gebiet und war damit viel stärker von der Hungersnot betroffen. Die Erinnerungen der Bewohner dieser zwei unterschiedlichen Gebiete sollen verglichen werden. Dadurch kann analysiert werden, ob und inwiefern sich die unterschiedliche Situation in den Erinnerungen widerspiegelt und welche Themen im Zentrum stehen.

9.1. Flucht und Massensterben: Judong während der Hungersnot

Die Organisation der Interviews erfolgte in Judong nicht durch verwandtschaftliche Kontakte, sondern durch die Vermittlung einer Professorin der Parteihochschule in Zhengzhou. Der Bruder ihres Doktoranden, Wu Minghui, wohnt noch in dem Dorf und ist als Geschäftsmann zu bescheidenem Wohlstand gekommen.

Mein Ausgangspunkt war das Haus des ehemaligen Leiters der Produktionsgruppe, des Vaters von Wu Minghui. Nachdem ich seine Familie interviewte, half mir der Enkelsohn, der Student Wu Wei, der gerade Ferien hatte, weitere Nachbarn zu besuchen. Die Familie des Leiters der Produktionsgruppe besitzt das größte Haus mit Klimaanlage und Bad in dem 200-Seelen-Dorf, das von der Regierung als „Armutsdorf" eingestuft wurde. In diesem Gebiet des Kreises Runan gibt es keine Industrie. Die jungen und mobilen Arbeitskräfte müssen, um das Überleben ihrer Familien zu sichern, in die Städte zum Arbeiten gehen. Nach meinem Eindruck hatte die Familie, bei der ich wohnte, im Dorf hohes Ansehen. Nachdem die Bauern wussten, dass ich bei Familie Wu wohnte, begegnete mir niemand mit Misstrauen.

Die Interviews verliefen anderes als in den Kreisen in der Nähe von Luoyang. In Judong schien das Thema die Menschen wesentlich mehr zu bedrücken. Zwei Mal weinten Interviewpartner. Das Lächeln verschwand häufig von den Gesichtern, wenn sie von der Hungersnot erzählten. Nur selten wurde versucht, das Schreckliche mit Humor zu überspielen. Eine alte Frau fragte ängstlich meinen Begleiter Wu Wei: „Er wird es doch nicht nach oben melden." Bei einem Vergleich der Interviewmanuskripte der verschiedenen Dörfer fällt auf, dass die Antworten der Bauern von Judong wesentlich kürzer waren. Sie antworteten zwar auf alle Fragen, selbst auf so schmerzhafte wie nach Toten in der eigenen Familie, doch erzählten sie keine langen Geschichten. Liegen die kürzeren Antworten vielleicht daran, dass sie viel schrecklichere Dinge erlebt haben als meine Interviewpartner in Yiyang und Xin'an?

Nach Aussagen der Interviewten verhungerte im Dorf Judong über die Hälfte der Einwohner. Die männlichen Interviewpartner erzählten mir, dass sie 1959 nach Qinghai flohen und erst 1961, als sich die Lage besserte, wieder zurückkamen. Die Frauen, Kinder und Alten wurden zurückgelassen. Die Alten und Kinder mussten so fast alle verhungern. Wu Minghu erklärte mir, dass er 1957 geboren wurde und nur sehr wenige dieses Jahrgangs überlebt hätten. In Judong muss es während des „Großen Sprungs" zum völligen Zusammenbruch der staatlichen Ordnung gekommen sein. Auf die Frage, wie den Männern, die Flucht gelang, antworteten sie, dass sich niemand darum gekümmert hätte. Selbst die Volksmiliz sei abgehauen. Die männlichen Interviewpartner dieser Produktionsgruppe hatten mit eigenen Augen also nur die Schrecken des Jahres 1959 gesehen. Nur die Frauen sind Augenzeugen der Ereignisse des Jahres 1960 in Judong. Ich führte auch in einer anderen Produktionsgruppe in Judong Interviews durch. Ihre Mitglieder sind damals nicht geflohen.

Für die Analyse der Interviews ist es wichtig festzustellen, mit welchen Verlusten die Hungersnot für die Menschen verbunden war. Die einzige Familie, in der niemand verhungerte, war die des Leiters der Produktionsgruppe Wu Tiancheng, der auch Verwalter der Volksküche war. In allen anderen Familien, die ich interviewte, gab es Tote. Dabei kann ich mich natürlich nur auf die Aussagen der Zeitzeugen verlassen. Frau Zhu Yuhua verlor 6 Kinder. Der Mann von Frau Liu Xinghong starb an den Folgen einer Kampfsitzung in der Volksküche und 5 Kinder verhungerten. Der ehemalige Verwalter einer Volksküche Li Minghu verlor seine Schwester. Die Mutter des Großgrundbesitzersohnes Liu Wei starb 1959 an Unterernährung. In diesen Fällen erzählten mir die Betroffenen selbst davon. Bei Frau Li Xiaoling, die nur sagte, sie sei als Waisenkind von den Kadern nicht streng kontrolliert worden, erzählten mir die Nachbarn, dass beide Eltern während des „Großen Sprungs" verhungerten. Herr Lu Guoqiang, der bei einem Interview anwesend war und dessen Hand während des Interviews stark zitterte, verriet mir nicht, dass sein Vater damals starb, dafür aber mein Begleiter Wu Wei. Im Gegensatz zu den Bauern in Yiyang und Xin'an ist der „Große Sprung" für die Bauern Judongs mit großem familiärem Schmerz verbunden. Auch die Frage von Schuld ist offensichtlicher. Wie schlimm muss die Lage sein, dass in China Männer Kinder und Alte zum Sterben zurücklassen?

Auch in diesem Kapitel ist die Analyse der Erinnerungen nach Kadern, armen Bauern und Bäuerinnen sowie Großgrundbesitzern gegliedert.

9.2. Die Kader: Teil einer Schicksalsgemeinschaft oder Privilegierte?

Beide Kader, die ich in Judong interviewte, wurden während der Bodenreform als „arme Bauern“ eingestuft und genossen kaum Schulbildung. Der Leiter der Produktionsgruppe, Wu Tiancheng, und der Leiter der benachbarten Volksküche, Li Minghu, kamen damit aus der gleichen sozialen Schicht wie fast alle Interviewpartner im Dorf. Sie hatten sich ihren Aufstieg politisch erarbeitet und waren im Gegensatz zu Chen Lixi oder Chen Chuwu aus Baotao keine Intellektuellen, auf deren Fachwissen die Partei nicht verzichten konnte. Das bedeutete für Wu und Li auch, dass sie nicht einfach in den Bildungssektor wechseln und im Parteiapparat aufsteigen konnten.

9.2.1. „Er war nicht so schlimm“: Subventionen und Druck von oben

In einem Gruppeninterview waren Wu Tiancheng, seine Frau Liu Chuiyu, Wu Dajun, der den Klassenstatus „armer Bauer“ besaß und Liu Wei, dessen Vater während der Bodenreform als „Großgrundbesitzer“ enteignet wurde, anwesend. Wu Wei half mir den lokalen Dialekt zu verstehen. Bei der Frage nach der Situation in den Volksküchen zu Beginn des „Großen Sprungs“ 1958 kam Wu Tiancheng sehr schnell auf die Hungersnot zu sprechen. „1958 haben wir in den Volksküchen noch relativ gut gegessen. 1959 ging es nicht mehr. 1959 haben wir nichts mehr produziert – auch kein Getreide. Wir haben Suppe aus Erbsenmehl gegessen.“[70]

Frau Liu war die erste, die von den Toten sprach, auch wenn sie sich sonst selten zu Wort meldete und von den Männern häufig unterbrochen wurde. „1959 sind sehr viele Menschen verhungert. Wir haben Baumrinde und Blätter gegessen.“[71] Wu Tiancheng berichtete, dass die Toten im Haus versteckt wurden und man ihren Tod verschwieg. So konnte man weiter von der Mantou-Ration des Toten, einem gedämpften Kloß, profitieren. Während der Hungersnot war es eine verbreitete Praxis die Toten nicht zu melden, um weiter ihre Getreiderationen zu bekommen. In Judong wurden aber 1959 keine Getreiderationen mehr ausgegeben.

Die Situation der Produktionsgruppe, deren Volksküche Li Minghu verwaltete, unterschied sich von der Wu Tianchengs. Nach Aussage von Li Minghu flohen nur wenige Menschen. Auch er blieb vor Ort. Beim Thema Flucht kommt er

[70] „58 年哩食堂吃哩是比较好，到 59 年不行，到 59 年不行了，59 年我们都不产，不产粮食了，吃哩是绿豆粉，喝绿豆水.“

[71] „59 年都饿死多少人，吃树皮呀.“

auf den „Zwischenfall von Xinyang" zu sprechen: „Im Xinyang Gebiet bereitete das Überleben ernsthafte Schwierigkeiten. An anderen Orten war es etwas besser (...). Bei uns in Henan sind sehr viele gestorben."[72] Auch Li hat ein Geschichtsbewusstsein, das über das eigene Dorf hinausgeht. Dass 1961 der Sekretär des Kreisparteikomitees zu einer Gefängnisstrafe verurteilt wurde, hat er jedoch nicht gehört. Dies bestätigt, dass der Kreis nicht mehr als Teil der dörflichen Gesellschaft gesehen wird. Auch für einen Kader der Produktionsgruppe war ein Führungswechsel im Kreis nicht wichtig, oder er hat ihn einfach vergessen.

Li sprach offen über den Hunger – ohne allerdings ins Detail zu gehen oder über eigene Gefühle oder Empfindungen zu sprechen. „Nur sehr wenige Frauen haben damals Kinder bekommen. Sie hatten alle die Wasserkrankheit und waren sehr dünn. Sie konnten sich nicht bewegen", erzählte er und lachte dabei, vielleicht um den Schmerz zu überspielen.[73] Er wohnte mit seinen beiden Eltern und der jüngeren Schwester in einem „Haus der leeren Hände" (白手房), sprich in einem sehr einfachen Haus, und besaß 1958 nichts. Auf die Frage, ob in seiner Familie jemand verhungert wäre, warf eine zuhörende Frau ein: „Sein Vater ist verhungert". Nach einer kurzen Pause sagt Li schließlich, dass auch seine Schwester gestorben sei. Die Großeltern erwähnt er nicht. Als Verwalter der Volksküche hatte Li zwar einige Privilegien, doch konnte er seine Familie nicht schützen. Die einzige Familie, die ich interviewte, in der niemand verhungerte, war die von Wu Tiancheng, der als Leiter der Produktionsgruppe allerdings in der Hierarchie höher als ein Verwalter der Volksküche stand und außerdem die Flucht nach Qinghai organisierte.

In der ersten Diskussionsgruppe wurde die Macht der Kader thematisiert. Weitgehend ausgeblendet wurde jedoch die Rolle von Wu Tianchen, der als Leiter der Produktionsgruppe und Verwalter der Volksküche zwar nicht auf der Gehaltsliste des Staates stand, jedoch über eine gewisse Macht und Privilegien verfügte. In seiner Abwesenheit fragte ich Wu Dajun, wie der Produktionsgruppenleiter die Bauern behandelt habe. „Er war nicht schlimm", war die Antwort.[74] Allerdings sagte Wu Dajun zu dem Kader auf meine Frage nach der Volksbewaffnung: „Du hattest ein Gewehr. Ich habe noch nie eins angefasst."[75] Ob diese Aussage auf die Zeit der Hungersnot bezogen war, muss offen bleiben. Wu Tianchen ist aber auch die eigene Privilegierung gegenüber den einfachen Bauern bewusst. Er gab zu, dass er als Verwalter der Volksküche heimlich mehr essen konnte als die anderen.

---

[72] „信阳地生活有严重的困难. 其他的地区好一些 (...). 河南饿死了那么多人."

[73] „很少很少女的生孩子, 得了浮肿, 都很瘦的, 不能动."

[74] „他不厉害."

[75] „他拿过我没拿过."

Wu Tianchen berichtete auch von Repressionen gegen ihn. Wenn er die Getreidequote nicht erfüllte, wurde er von den höheren Kadern geschlagen. „Wenn du sagtest, ‚wir haben nicht so viel Getreide', bedeutete das für ihn [den höheren Kader], dass du zugibst, die Aufgabe nicht erfüllt zu haben."[76] Er wurde dann gefesselt. Wie er einräumte, wurde das damals aber nicht „schlagen", sondern dir zu „helfen" genannt (帮). Wu Tianchen benutzte ironisch das Wortspiel, dass „helfen" und „fesseln" im chinesischen den gleichen Klang hat (绑). Einmal wurde er sogar sieben Tage lang auf Kampfsitzungen malträtiert. Nach der Kritik hätte er dann behauptet, es gäbe noch viel Getreide und zu Hause genug zu trinken und zu essen. Er beschreibt diese verkehrte Welt wie folgt: „Du wolltest die Wahrheit sagen und sagtest, dass es kein Getreide mehr gibt und dass das Leben der Bauern sehr bitter ist. Das ging aber nicht, du wurdest sofort bekämpft bis du die ‚Wahrheit' sagtest. Wenn er sagte, du sollst die Wahrheit sagen, war damit in Wirklichkeit lügen gemeint."[77]

Diese Aussage von Wu steht im Gegensatz zur offiziellen Darstellung, die in den falschen Berichten durch lokale Kader, sprich dem „Wind der Übertreibungen", eine Ursache für die Fehlentwicklungen sieht. Wu war hingegen der Ansicht, dass die lokalen Kader von den höheren Ebenen durch Repressionen zu falschen Angaben gezwungen wurden. So wies er die Verantwortung von sich und ließ sich nicht als Sündenbock abstempeln. Nach der offiziellen Parteigeschichtsschreibung haben gerade die Kader mit bäuerlicher Herkunft und geringer Bildung zur Radikalisierung der Politik beigetragen und vertraten eine Ideologie der „bäuerlichen Gleichmacherei". Wu Tiancheng glaubt hingegen, dass die radikale Politik von oben aufgezwungen wurde und er keine Kritik üben durfte. Aufgabe künftiger Forschung wird es sein, herauszufinden, ob es einen „bäuerlichen" Radikalismus bei lokalen Kadern wirklich gab, oder ob sie nur eine reine Sündenbockfunktion hatten. Manning weist darauf hin, dass sich einige lokale Funktionärinnen des Frauenverbandes, die sie interviewte, sehr wohl mit der radikalen Politik des „Großen Sprungs" identifizierten und sie ohne Rücksicht auf die Gesundheit von anderen Frauen umsetzten (Manning 2005b: 38).

Der „arme Bauer" Wu Dajun beschrieb die Methoden der Kader, um die Bauern zum Umziehen in ein anderes Dorf zu zwingen mit folgenden Worten: Kam eine Anordnung von oben, traute sich keiner den Mund aufzumachen. „Wenn du doch etwas sagtest, packten sie dich am Schlafittchen, schlugen dich

---

[76] „你说我们这里没有这么多粮食，他说哩意思是说你哩任务没有完成."

[77] „你要说实话说真话，说我们哪儿没有，农民哩生活很苦，那不行都斗你，斗你叫你说实话，他说哩是叫说真话，其实是叫说假话 (...)."

mit dem Stock und setzten dir eine Mütze auf."[78] Diese Aussage bezieht er aber nicht direkt auf Wu Tianchen und er machte ihm keine Vorwürfe.

Bei den relativ kurzen Antworten der Zeitzeugen in Judong ist es schwierig, ihre Lebensgeschichten zu rekonstruieren. Li Minghu gehörte zu den wenigen, die etwas mehr über ihren Werdegang erzählten. Sein Aufstieg als Kader begann mit dem „Großen Sprung". „Ich begann als Verwalter der Volksküche und wurde schließlich Kader der Brigade", erzählte Li und ist wohl ein wenig stolz darauf. Schon im Alter von 17 Jahren verwaltete er die Nahrungsmittelverteilung in der Volksküche. 1970 trat er nach eigenen Angaben in die Partei ein und arbeitete als Kader bis zu seiner Pensionierung vor einigen Jahren. Der heute 67-jährige bekommt eine Rente ausgezahlt. Vor der „Befreiung" habe seine Familie etwas mehr als 2 mu Boden besessen und er konnte nicht zur Schule gehen, weil er auf den Feldern mithelfen musste. Nach der Machtübernahme der Kommunisten wurde seine Familie als „arme Bauern" eingestuft. Ihm wurde der Besuch der Grundschule ermöglicht. Er gehörte in Judong zu den wenigen dieser Jahrgänge von armen Bauern, die überhaupt einen Schulabschluss hatten.

Vor diesem Hintergrund betrachtet, gehörte Li Minghu sicher zu den Gewinnern der Revolution. War seine Karriere und Biographie als Kader aber wirklich so bruchlos wie er sie darstellt? Gab es keine Rückschläge und Degradierungen in den Jahren der „Kulturrevolution"? Es ist derzeit nicht möglich seine Aussagen zu überprüfen. Die Thematisierung der Hungersnot machte jedoch deutlich, dass auch seine Familie leiden musste.

Li beantwortete alle Fragen. Seine Antworten waren jedoch recht kurz und er erzählte keine Geschichten. Als pensionierter Kader der Brigade ist er vielleicht vorsichtig gegenüber einem „Ausländer". Im Gegensatz zu städtischen Intellektuellen hat er aber keine Selbstzensur verinnerlicht, die ihm verbietet, über Themen wie Hungertote oder Brutalität von Kadern zu sprechen. Auf die Frage, ob die Kader Bauern schlugen, wenn sie diese beim Stehlen erwischten, antwortete er nur: „Manche schlugen. Andere nicht."[79] Auch mehrfaches Nachfragen konnte ihn nicht zu einer detaillierten Beschreibung veranlassen.

Wie alle anderen Interviewpartner trennte er klar zwischen 1958 und 1959. „1958 ging es noch. Da wurde das Leben subventioniert",[80] berichtet Li. Interessant ist an dieser Aussage, dass er das Wort Subventionen benutzt. Auch die Bauern bekamen mit der Einführung der Volkskommune zunächst ein kleines Gehalt ausgezahlt. Als Verwalter der Volksküche, die jeweils eine Produktionsgruppe umfasste, konnte er mehr essen als andere. Die Familien hätten das ferti-

[78] „那你要说了，不是抓你的辫子，打你棍子，扣你帽子."

[79] „有的打，有的不打."

[80] „58 年还行，生活有补贴."

ge Essen nur in der Volksküche abgeholt und zu Hause gegessen, berichtete er. Dass sich diese Aussage auf 1958 bezieht, halte ich eher für zweifelhaft, da diese pragmatische Umsetzung der Politik eher in die Phasen der „Ausrichtung" von Frühjahr 1959 und Ende 1960 fällt. Ansonsten hat Li ein besseres Datengedächtnis als die anderen Interviewpartner, da er zum Beispiel die Auflösung der Volksküchen dem Jahr 1961 zuordnen konnte.

Da Li Minghu im Gegensatz zu Li Pengkui aus Baotao das Interview mit einem „Ausländer" nicht nutzt, um sich über sein Leben und die Haltung der Partei zu beschweren. Ist er vielleicht auch deswegen weniger breit, über die Details der Hungersnot zu sprechen? Sieht ein Zeitzeuge den Interviewer nicht als aufmerksamen Zuhörer, um ihm sein Herz auszuschütten oder gar als Verbündeten, hat er wenig Anreize seine Geschichten zu erzählen. Verspürt er außerdem keine Hilfsbereitschaft, dem ausländischen Gast zu helfen, die Geschichte des Dorfes besser zu verstehen, so ist er nicht sehr gesprächig. Das wirft natürlich die Frage auf, warum er sich dann überhaupt zum Interview bereit erklärt.

9.2.2. Gute Zentralregierung, böse Lokalführung

Die Dorfbewohner in Judong sprachen in ihren Erinnerung fast nie vom Staat, sondern nur von Beamten. Zwischen Zentrale, Kreis und Brigade wurde dabei kaum differenziert. Alle Kader außerhalb des Dorfes scheinen unter die Begriffe „Guanjia" (管家) oder „dang guande" (当管的) zu fallen. Den Begriff „Zwischenfall von Xinyang" kannten die Interviewpartner zwar, wussten aber nicht, welche Ebene des Staatsapparates dafür verantwortlich war. Die jüngere Frau Zhang Hongli fragte mich deshalb: „Wen Hao[81], wer war für den ‚Zwischenfall von Xinyang' verantwortlich?"

Im Zusammenhang mit der Darstellung des Staates in den Erinnerungen, ist die Thematisierung der Schuldfrage von besonderem Interesse. Hier soll die Frage aufgeworfen werden, wie die Kader die Verantwortung für die Hungersnot thematisierten. Der Student Wu Wei half mir auch bei dem Interview mit Li Minghu. Wu Wei thematisierte von sich aus die Schuldfrage. „Jetzt sagt man bezüglich des ‚Zwischenfalls von Xinyang', dass der alte Mao davon nichts wusste. Es wurde nicht nach oben Bericht erstattet."[82] Daraufhin stimmte Li gleich zu: „Das Zentralkomitee wusste nichts davon. Es gab den ‚Wind der Übertreibungen'. Sie haben nichts geerntet, aber gemeldet, dass es viel gäbe."[83] Daraufhin sagte Wu Wei: „Dass damals bei uns so viele Menschen verhungert

---

[81] Mein chinesischer Name.

[82] „信阳事件现在有这种说法, 老毛不知道, 没给上级汇报."

[83] „中央不知道, 浮夸风, 没粮食, 报粮食多."

sind, wussten die Führer des Zentralkomitees nicht. Wie bewertest du den Vorsitzenden Mao? Hasst du ihn?“[84] Li antwortete nicht direkt auf die Frage, verwies aber auf die Verantwortung von Lu Xianwen, der den Menschen das Getreide wegnahm, bis sie verhungerten. Diese Einschätzung entspricht dem weit verbreiteten Mythos und der offiziellen Geschichtsschreibung, dass bei allen Problemen immer die lokalen Kader Schuld seien und die Zentrale in guter Absicht handeln würde. Diese Sichtweise wurde in den Dörfern um Luoyang von niemandem vertreten.

An dieser Stelle übernimmt der „Übersetzer“ die Rolle des Interviewers und stellt selber Fragen und sagt seine Meinung. Woher kommt seine Einschätzung, dass Mao nichts von den Toten in Xinyang wusste? Redet Li ihm einfach nur nach oder ist er tatsächlich derselben Ansicht? Bisher gibt es keine offiziell festgelegte Sichtweise, wer für den „Zwischenfall“ verantwortlich ist. Die Erklärung Maos, dass Großgrundbesitzer ihre Macht in Xinyang wiederhergestellt hätten (Gao Hua 2000), wird heute von niemandem mehr vertreten, auch nicht von den Dorfbewohnern in Judong. Die Rolle der Provinzführung thematisierten weder der Kader, noch der Student. Sicher sind sich die Dorfbewohner in ihrer Einschätzung aber nicht, da sie auch Fragen an mich stellten, um mehr über den ‚Zwischenfall‘ zu erfahren. Li wich der Bewertung Maos aus. Ich hätte auch nie die Frage gestellt, ob er Mao gehasst habe. Wu Weis Frage war auch insofern ungeschickt, dass er erst die Behauptung aufstellte, dass Mao nichts gewusst habe und dann nach der Einschätzung fragte.

9.2.3. Der Kampf ums Überleben und die gemeinsame Flucht

So wahllose, passive Opfer, als die sich die Dorfbewohner gerne darstellen, waren sie nicht. Die Zeitzeugen sind zugleich Überlebende, die es geschafft haben dem Hungertod zu entkommen. Wu Tiancheng gestand ein, dass während des Hungers niemand mehr dem anderen half. Die Bauern stahlen auch an diesem Ort, um zu überleben. Wu berichtete, dass er in den Feldern Süßkartoffeln stahl und in der Erde geheime Verstecke anlegte. Da die Woks schon aus den Häusern eingezogen worden waren, machte er einfach ein kleines Feuer und legte die Kartoffeln in die Glut bis sie gar waren.

Der Leiter der Produktionsgruppe, Wu Tiancheng, berichtete, dass 1958 die Unterschlagung von Getreide gegenüber dem Staat durch „Weniger berichten, um heimlich zu verteilen“ nicht möglich war, da sie in ein anderes Dorf umgezogen waren und in den Volksküchen aßen. Nach dem „Großen Sprung“ habe die

---

[84] „我们这儿饿死那么多人，上面中央的领导人都不知道，你怎么评价毛主席，你是不是恨他?“

Produktionsgruppe diese Methode aber angewandt. Manchmal wurde dem Staat die Hälfte der Ernte vorenthalten. Einen Schwarzmarkt scheint es in Judong während des „Großen Sprungs“ nicht gegeben zu haben. Erst 1961 fuhren Bauern nach Zhengzhou um Lebensmittel einzukaufen.

Auf Grund von Beziehungen von Wu Tiancheng kamen die Männer in Qinghai in einer staatlichen Farm unter. Einen Teil der Strecke scheinen sie mit dem Zug gefahren zu sein. Trotz mehrmaligen Nachfragens schilderten die Interviewpartner die Flucht nicht im Detail. Wie wir heute wissen, wurde die Xinyang-Region abgeriegelt. Tausende von Bauern wurden bei ihren Fluchtversuchen totgeschlagen. Wie schafften es die Bauern aus Judong diese Straßenkontrollen und Wachposten zu umgehen? Die zwei Jahre in Qinghai müssen eine sehr äußergewöhnliche Periode im Leben der Bauern dargestellt haben, da sie sich weit weg von zu Hause aufhielten und nicht wussten, ob ihre Angehörigen noch am Leben waren.

Thaxton berichtet, dass in dem von ihm untersuchten Dorf Da Fo in Nordhenan die Kader Kollektivstrafen gegen die Familien anwandten, deren Mitglieder geflohen waren. Auf der anderen Seite organisierte der Staat aber auch die Auswanderungen einiger Familien nach Qinghai (Thaxton 2005). Bei meinen Interviewpartnern ist davon auszugehen, dass es sich um Flucht und nicht um organisierte Auswanderung handelte, da sie immer wieder von „abhauen“ (跑) sprachen. Keiner erwähnte, dass die Familienmitglieder für die Flucht bestraft wurden.

Die gemeinsame Flucht steht im Gegensatz zum Bild des egoistischen Überlebenskampfes Mann gegen Mann. Egoistisch war die Flucht jedoch gegenüber Frauen und Kindern, die alleine zurückgelassen wurden. Die weiblichen Zeitzeugen machten den Männern in den Gruppeninterviews deshalb aber keine Vorwürfe. Die Erinnerungen der Interviewten wurden relativ harmonisch konstruiert. Die Bauern stellten dem Leiter der Produktionsgruppe keine kritischen Fragen und die Frauen beschwerten sich nicht über die Männer. Im Gegensatz dazu kam es bei den Interviews in Baotou häufig zu kritischen Fragen der Bauern an die Kader bezüglich deren Privilegierung. Direkte persönliche Anschuldigungen wurden in Judong nur gegen Personen außerhalb des Dorfes erhoben. Zhu Bin, der während der „Kulturrevolution“ Bürgermeister war, beschwerte sich über einen Mann, der ihn auf Kampfsitzungen misshandelt hatte und heute im Nachbardorf lebt.

Zusammenfassend lässt sich sagen, dass die Schuldfrage bezüglich der lokalen Kader und des Staates in Judong kaum thematisiert wurde. Bauern und Dorfkader fürchteten die Repressionen des Staates und wissen, dass die Hungersnot durch falsche Politik verursacht wurde. Daraus folgen heute aber noch keine

Anschuldigungen oder Forderungen nach Entschädigungen. Die Hungersnot bleibt in den Erinnerungen die schlimmste Zeit ihres Lebens. Die Kader sprachen in ihren Erinnerungen ihre Privilegierung bei der Versorgung zwar offen an, waren sich aber keiner eigenen Schuld gegenüber den Bauern bewusst. Wu Tiancheng erinnerte sich vor allem an den Terror, unter dem er zu leiden hatte, wenn er die Vorgaben der Brigade nicht umsetzte. Die Privilegierung reichte bei Li Minghu nicht aus, um seine eigenen Familienmitglieder zu schützen. Der Hunger spielte vor diesem Hintergrund auch in den Erinnerungen der Kader eine Rolle.

In Thaxtons Buch (2005) stehen sich Bauern und Kader wie zwei feindliche Armeen gegenüber. In den Erinnerungen der Dorfbewohner in Judong scheint es hingegen eine Schicksalsgemeinschaft zwischen den privilegierten Kadern der Produktionsgruppe und den Bauern zu geben. Es ist fraglich, ob die Flucht nach Qinghai ohne die Mithilfe von Wu Tianchen gelungen wäre. In der schwierigen Zeit der ersten Jahre nach der Hungersnot deckte der Leiter der Produktionsgruppe, zumindest nach eigenen Angaben, die Unterschlagung von Getreide, um es aufzuteilen. Die Erinnerungen der Bauern stellten diese Darstellung nicht in Frage. Der drohende Hungertod scheint zumindestens die Männer der Produktionsgruppe zu einer Schicksalsgemeinschaft zusammengeschlossen zu haben, die heute eine Erinnerungsgruppe bildet. Gleich waren Bauern und Kader damals dennoch nicht, da nur in der Familie von Wu Tianchen niemand verhungerte.

Diese Schicksalsgemeinschaft scheint eine örtliche Besonderheit zu sein. Die Interviewpartner in Xin'an und Yiyang griffen die Kader nicht direkt an. Niemand berichtete allerdings davon, dass die Kader den Bauern während der Hungersnot in irgendeiner Form geholfen haben. Im Gegenteil fühlte sich die Bäuerin Wu Peixi von der Frage nach Hilfe durch Kader so sehr provoziert, dass sie von demütigen Folterungen berichtete.

9.3. Erinnerungen „armer" Bauern und Bäuerinnen

An dieser Stelle soll thematisiert werden, wie sich durch die Hungersnot die Haltung der „armen Bauern" zu Mao Zedong verändert hat und wie glaubwürdig Erinnerungen sind. In Judong hatte ich durch die Gruppeninterviews nur im Fall der Waisen Li Xiaoling die Möglichkeit, alleine länger eine Frau zu der Hungersnot zu interviewen.

9.3.1. „Wer nicht gehorcht, der soll auch nicht essen"

Frau Li Xiaoling, die während der Hungersnot beide Eltern verlor, war das Interview am Anfang etwas peinlich, weil sie vielleicht glaubte, sie könne nichts Interessantes erzählen oder sie lieber nicht über das Thema spreche wollte. Frau Li berichtete, dass damals alle Alten, Schwachen, Kranken und Behinderten in

Judong gestorben seien. Sie habe damals keine Angst vor den Kadern gehabt, weil sich niemand um sie als Waisenkind kümmerte und sie kontrollierte. Auf die Frage, was passierte, wenn man den Kadern nicht gehorchte, antwortete sie: „Wenn du nicht gehorchtest, ließen sie dich nichts essen. Wer heimlich etwas stehlen wollte, wurde sehr schlimm verprügelt. Manche wurden auch totgeschlagen.“[85] Bei den Interviews in Xin'an und Yiyang berichtete niemand, dass Bauern während des „Großen Sprungs“ auf Kampfsitzungen erschlagen wurden. In der Xinyang-Region scheint es hingegen relativ weit verbreitet gewesen zu sein. Frau Li nennt jedoch keine Namen der Täter und bringt keine konkreten Anschuldigungen vor. Ihr Schicksal, in der Hungersnot die Eltern zu verlieren und sich alleine durchschlagen zu müssen, teilten zehntausende anderer Kinder in Henan. Ohne Familie war es schwierig einen Ehepartner zu finden. Allein in der Modellkommune Chayashan im Kreis Suiping, die von der Hungersnot weniger schlimm betroffen war als die Volkskommune in Runan, hinterließ die Katastrophe 179 Waisenkinder (Jia Yanming 2004: 106). Die Schicksale der Waisen sind bisher noch unerforscht.

Nicht nur die Erinnerung an den Terror rief historische Assoziationsketten wach, sondern auch die Erinnerung an den Hunger. Der „arme Bauer“ Wu Dajun erinnerte sich: „Niemand hat den Boden bestellt. 1959 war ich hungrig wie noch nie. Damals konnte ich kaum noch gehen. Der Boden lag brach. Es gab kein Getreide (...). Der Boden musste von dem Bauer bearbeitet werden, er konnte aber kaum noch gehen.“[86] Die Zugtiere waren alle schon verhungert und auch die Menschen begannen zu sterben. Wu erzählte, dass während der Hungersnot in der Familie des Nachbarn fünf Menschen verhungert waren. Dann kam er plötzlich auf sich selbst zu sprechen. „Damals waren [wir] wirklich unglaublich arm (...). Erst nach der Befreiung, nachdem der Vorsitzende Mao gekommen war und die Macht umstürzte, ging es uns besser. Damals besaßen wir kaum Boden. Die Familie hatte nur einen halben mu. Damals begleitete ich meine Eltern zum Betteln [nach Xinyang].“[87] Die Erfahrung zu hungern und zu betteln von vor 1949, verbindet er mit der großen Hungersnot in seinen Erinnerungen. Vor der „Befreiung“ konnten hungernde Bauern zumindest noch betteln gehen. Während des „Großen Sprungs“ wurde dies vom Staat gewaltsam unterbunden (Thaxton 2005). Keiner der Bauern berichtete, dass er während der Hungersnot betteln

[85] „不听话，那不叫吃，偷偷摸摸哩，想偷点哩，那打哩可很 (...)., 都打死了.“
[86] „他就没人种了，59年饿哩，那饿哩最狠时候，那走路都走不好，还种啥，那个地整个就荒了，那就没有粮食 (...) 你这一般这土地都靠农民去干哩. 他饿哩走都走不好.“
[87] „那时候穷哩很哪. 那是毛主席来了以后打下了天下, 我们才好. 那时侯没地, 一家半亩. 那时候我哩父母领着我去讨饭.“

konnte. Scham ist sicher nicht die Ursache dafür. Die Bauern berichteten auch über Diebstahl.

Einmal löste ich jedoch bei Wu Dajun eine Entschuldigung aus, als ich sagte, die Dorfbewohner haben viel zu erzählen, was in keinem Buch steht. Zur „Kulturrevolution“ gibt es mehr Literatur als zum „Großen Sprung“, da Intellektuelle leiden mussten, die heute ihre Erfahrungen in Büchern aufarbeiten können. Wu sagte, dass das Fernsehen Filme über die „Kulturrevolution“ sendete, die Kampfsitzungen und Leid zeigten.

„In der Kulturrevolution waren hauptsächlich Intellektuelle betroffen. Sie schreiben Aufsätze darüber, wie sie die Kulturrevolution erlebt haben, ob sie richtig oder falsch war, ob man in Mitleidenschaft gezogen wurde oder Glück hatte, wer dich entmachtet hat und wer wen unterdrückt hat. So ist das. Was weiß schon ein alter Bauer. Ein alter Bauer weiß nur, dass er sich satt essen will. Wenn du Qualen erleidest, dann musst du sie eben erleiden.“[88] Trug Wu Dajun an dieser Stelle seine Philosophie vor, wie er die großen Katastrophen verarbeitet hat? Kann der Einzelne nichts machen, außer sich mit Leid und Elend abzufinden? Oder war er an dieser Stelle nur bescheiden, indem er sagte, ein alter Bauer wüsste sowieso nicht viel, und Leid zu erfahren sei nichts Glorreiches? Der Romanautor Yu Hua (1992) stellt den Umgang der Chinesen mit den Katastrophen so dar, dass sie bereit sind, jedes Unglück als Schicksalsschlag hinzunehmen, solange die männliche Linie der Familie fortgesetzt werden kann. Auch Wu Dajun stellt die Hungersnot als Schicksalsschlag dar, gegen den er ohnehin machtlos war.

Insgesamt liefern die Erinnerungen der Dorfbewohner wenig Anhaltspunkte darüber, wie sie mit dem Massensterben fertig wurden und wie sie es erklären können oder sich trösten. Auch wenn die Hauptschuld von mehreren Interviewpartnern dem Führer der Xinyang-Region, Lu Xianwen, gegeben wurde, scheinen in ihren Augen die Dinge einfach so passiert zu sein, wie sie passiert sind. Der „Große Sprung“ und die Hungersnot erscheinen gleichzeitig sinnlos und nicht erklärungsbedürftig.

Die Erinnerungen an den „Großen Sprung“ machen deutlich, dass Hunger für die armen Bauern, die sich noch an die Zeit vor 1949 erinnern können, keine neue Erfahrung war. Die Tatsache wirft für die Forschung langfristig die Frage auf, wie die Bauern lernten mit Hungersnöten und Verlusten umzugehen.

[88] „文化大革命哩都是知识分子，写一篇文章啊，他哩过如何如何，对不对，受罪哩享福哩，谁叫你打倒哩，谁压着谁，是吧. 老农民他知道啥啊，老农民他知道只要吃饱，你受罪你该受罪.“

9.3.2. Tabu Kannibalismus: Wie glaubwürdig sind Erinnerungen des „armen Bauern" Lu?

Die meisten Dorfbewohner in Judong waren sehr offen mir gegenüber und alle, die gefragt wurden, waren bereit sich interviewen zu lassen. Das am schwierigsten zu analysierende Interview war das mit dem „armen" Bauern Lu Minghui, der über 70 Jahre alt ist. Das Gespräch verlief zu Beginn sehr stockend. Ich hatte den Eindruck, dass er anfangs nicht über den „Großen Sprung" sprechen wollte und unglaubwürdige Dinge sagte. Lu Minghui musste nicht an der Stahlkampagne teilnehmen, da er das Vieh der Volkskommune hüten musste. Auf meine Frage, ob das Vieh verhungert sei, antwortete er, dass die Rinder, Schafe und Esel keine Probleme hatten, da sie Gras und Getreide aßen. Außerdem hätten sich die Menschen während des Hungers nicht getraut, das Vieh zu schlachten. Die Rinder brauchte man schließlich zum Bestellen der Felder „Wenn du keine Rinder mehr gehabt und die Getreideabgaben nicht ablieferst hättest (...), dann hätte dich die Brigade dafür bestraft."[89] Die junge Studentin Zhang Xueli wendet daraufhin ein, dass ihr Großvater schon einmal erzählt habe, dass er ein Rind geschlachtet hat, als er hungrig war.

Die Erinnerungen von Lu Minghui waren an dieser Stelle unglaubwürdig, wenngleich er nicht bestritt, dass es eine Hungersnot gab. Als im Frühjahr 1959 die Hungersnot ausbrach, wurde nach Aussagen mehrerer Zeitzeugen der Boden nicht mehr bearbeitet und nichts mehr angebaut. Wer sollte noch in der Lage gewesen sein, sich um das Vieh zu kümmern? Die Brigade konnte nicht einmal die Flucht der Bauern und der Volksmilizionäre verhindern. Wie sollten die Kader dann noch die Versorgung des Viehs sicherstellen? Henan verlor während des „Großen Sprungs" 740.000 Stück Vieh (Kang Jian 1996: 507). Vor diesem Hintergrund ist es unwahrscheinlich, dass in Judong, wo über die Hälfte der Menschen starb, das Vieh überlebt haben soll. Diese Aussage zieht die Frage nach sich, wie schlimm die Situation schon war, als die Männer flohen.

Über die Flucht nach Qinghai berichtete er, dass er eine Fahrkarte für den Zug gekauft habe. Dort arbeitete er in einer staatlichen Farm und bekam 22 Pfund Getreide im Monat zugeteilt, ca. 360 Gramm pro Tag. Nach Judong zurückgekehrt sei er, nachdem er in Qinghai von anderen Henanern gehört hatte, dass zu Hause die Parzellen zur privaten Nutzung wieder verteilt wurden sowie, dass die Bauern selber anbauen und selber essen konnten (自己种自己吃). Auf die Frage, ob die Alten nicht flüchten konnten, erwartete ich eine Erklärung oder Rechtfertigung, warum die jungen Männer ihre Eltern zum Sterben zu Hause zurückließen. Als Antwort stellte mir Lu nur eine Gegenfrage und lachte: „Wie

---

89 „没有牛, 没公粮上交, 大队要管你."

sollten die Alten denn weglaufen. Ich war damals erst über 20 Jahre alt."[90] Auch auf die Frage, ob in seiner Familie jemand verhungert sei, antwortete Lu nur ausweichend. Die Flucht konnte wahrscheinlich nur gelingen, wenn man die Schwachen, die eine Belastung darstellten, zu Hause ließ. Auch wenn es keiner der Zeitzeugen offen zugab, hätten die Männer, auch wenn alle Frauen und Kinder verhungert wären, eine neue Familie gründen und damit die männliche Linie der Familie fortsetzen können.

In diesem Interview sprach ich auch das Thema Kannibalismus an. Wu Tiancheng, der auch bei dem Gespräch anwesend war, sagte, dass im Kreis Guangshang Menschen Menschen gegessen hätten. Die Studentin Zhang Xueli hatte von ihrem Großvater gehört, dass man rote Augen bekam, wenn man Menschenfleisch aß. Sie fragte: „Sie haben damals Tote gegessen, die vorher verhungert waren, oder?" Wu antwortete: „Ja, Verhungerte. Damals hatten die Menschen keine andere Wahl."[91] In Judong habe es aber keinen Kannibalismus gegeben, sondern in Guangshan. Diese Aussagen können heute noch nicht überprüft werden. Zumindest sind die Zeitzeugen bereit über das Thema überhaupt zu sprechen. Wu Tiancheng spricht über den Kannibalismus ohne jede moralische Verurteilung. Es scheint daher, dass diese Form des Überlebenskampfes in der dörflichen Gesellschaft kein Tabuthema ist.

Wie verbreiteten sich damals Gerüchte über Kannibalismus? Lu Minghui berichtete, dass er in Qinghai von anderen Henanern diese Nachrichten gehört hätte. „Dort ist der Himmel und der Boden groß. Wer soll sich da um dich kümmern?"[92] Zuhause in Judong hätten sie aber Angst gehabt über solche Dinge zu sprechen. „Wann immer man mit dem Sozialismus nicht zufrieden war, hat man sich zu Hause nicht im Detail darüber ausgelassen. So etwas hätte man vor 30 Jahren nicht sagen dürfen. Wenn du über die Geschichte wie die Hungertoten oder aus ‚dem großen Topf essen' ungezwungen gesprochen hättest, wärst du verhaftet worden."[93]

Vielleicht setzt sich die Angst vor den Repressionen des Staates bei Lu Minghui bis heute fort. Nach den unglaubwürdigen Erinnerungen über das Vieh war er im Laufe des Interviews doch noch bereit über Hungertote und Kannibalismus zu sprechen, allerdings nur allgemein und nicht auf seine eigene Familie bezogen. In dem dünn besiedelten Qinghai konnten sich die Männer aus Judong

---

[90] „老人他咋跑? 那时候我才20多岁."

[91] „饿死的人. 那时候的人是没办法了."

[92] „大天大地，在那儿谁管呀."

[93] „在家谁敢? 谁愿意。在家没人愿意理你. 反正对社会主义不满，如何如何，家里没人说 (...). 这要是在 30 年以前呀，都不能说. 你像那历史，饿死人呀，吃大锅呀. 我都不能胡喷，胡喷了就犯了官法了呀."

nicht nur vor dem Hungertod retten, sondern waren auch einer schwächeren politischen Kontrolle unterworfen als zu Hause. Vor dem Hintergrund dieser Erinnerungen wird auch klar, warum die Führung von Xinyang versuchte, die Flucht der hungernden Bauern zu verhindern. Die Flüchtlinge verbreiteten Nachrichten und Gerüchte über Massensterben im ganzen Land.

Wie auch im Falle von sexuellem Missbrauch durch Kader lassen sich die Aussagen der Zeitzeugen bezüglich Kannibalismus nur schwer einordnen. Für Runan liegen mir keine Dokumente vor. She Dehong, ein Kader aus Xinyang, sah angefressene Leichen in seinem Heimatkreis Huaibin, der südlich von Runan liegt, mit eigenen Augen. Nach seiner Aussage kam es in jedem Dorf in diesem Gebiet zu Kannibalismus (She Dehong 2003: 239). Während der Ausrichtungskampagne von Ende 1960 und 1961 muss das Thema in den internen Dokumenten und auf den Kader-Sitzungen angesprochen worden sein. Im Kreis Fengyang in Anhui wurden 63 Fälle von Kannibalismus registriert. Ein Ehepaar kochte den eigenen Sohn (Wang Gengjin 1989, Band 1: 195). Die Öffnung der Kreisarchive würde mehr Klarheit in dieser Frage bringen.

9.3.3. Der verlorene Glaube an Mao durch die Hungersnot

Die „armen Bauern“ gehörten mit der Bodenreform (1949-1952) zunächst zu den Gewinnern der chinesischen Revolution. Sie bekamen nicht nur Land und Häuser der „Großgrundbesitzer“ zugeteilt. Waren sie früher diejenigen im Dorf, auf die man herabblickte, avancierten sie nun zur fortschrittlichen Kraft. Mit der Hungersnot wurden sie von der Vergangenheit wieder eingeholt. Deshalb stellt sich die Frage, ob die Hungersnot ihren Glauben an die Kommunistische Partei und Mao Zedong untergrub.

Die zentralen politischen Führer wurden in den Erinnerungen nur selten erwähnt. Wu Dajun sagte: „Unter dem Vorsitzenden Mao haben die anderen angeordnet, was du machen sollst, und du hast es gemacht. Das ist genauso wie heute. Hu Jintao veranlasst die Reform- und Öffnungspolitik (...). Er besucht andere Länder. Wir reisen ins Ausland. Als Mao noch lebte und aus dem großen Topf gegessen wurde, gab der Vorsitzende Mao die Parole aus: ‚Unabhängig und selbstständig sein und sich auf die eigene Kraft stützen’. Er arbeitete mit anderen nicht zusammen.“[94] Wieder einmal betonte ein Bauer, dass er keine Wahl gehabt und nur Anordnungen ausgeführt habe. Auf die Frage, ob er in der Volksküche essen wollte, antwortete Wu Dajun nur, dass man wollen musste. Zeitlich ist in

[94] „毛主席在时候，人家叫你咋搞，你咋搞，对不对，你跟现在是一样啊，对不对？要是胡锦涛叫你改革开放，是吧？(...) 他上他哩国家，咱也上他哩国家去旅游，那时候，毛主席在世哩时候，那时候吃大锅饭，毛主席提个口号，啥？独立自主，自力更生. 不靠外援，他都不给人家合作.“

den Erinnerungen einiges vertauscht. Die Parole „Sich auf die eigene Kraft stützen“, spielte während des „Großen Sprungs“ noch keine große Rolle, sondern erst nach dem Bruch mit der Sowjetunion und während der „Kulturrevolution“. Den Verweis auf die Zusammenarbeit mit dem Ausland machte Wu Dajun sicher meinetwegen. In seiner Aussage gibt nicht Mao die Anordnungen, sondern die „Anderen“. Als die „Anderen“ werden häufig alle außerhalb der eigenen Familie bezeichnet.

Über Mao sprachen die Zeitzeugen in der Regel erst, wenn sie gefragt wurden. Auf die Frage, ob sie, als sie hungrig nach Qinghai flohen, noch an Mao glaubten, war die Antwort von Wu Dajun zunächst: „Du hast dich nicht um solche Fragen gekümmert. Du wolltest dich nur satt essen.“[95] Dann holte er doch weiter aus: „Früher haben die einfachen Leute an ihn geglaubt. Als der Vorsitzende Mao um die Macht rang und die leidenden armen Bauern dazu aufrief, um die Macht zu kämpfen, haben alle an ihn geglaubt. Als er anordnete, die Grundherren und Despoten zu stürzen, haben wir an ihn geglaubt. In der späten Phase, als wir in den Volksküchen aßen, haben die Massen nicht mehr an ihn geglaubt. Am Anfang war es für mich gut, später als ich unglaublich hungrig war, habe ich nicht mehr an ihn geglaubt.“[96] Meine Interviewpartner in Judong, die fast alle den Klassenstatus „arme Bauern“ besaßen, äußerten sich überwiegend positiv zur Bodenreform. Der Bruch war für sie die Hungersnot.

In Wu Dajuns Aussagen finden sich trotzdem einige Widersprüche. An einer anderen Stelle sagte er zur Politik des „Großen Sprungs“: „Die Kommunistische Partei war korrekt. Die Kader auf der unteren Ebene waren nicht in Ordnung und haben gemacht, was sie wollten. Sie haben nicht auf die Partei gehört.“[97] Ist diese Aussage nur eine Phrase oder ernst gemeint?

Wie auch in Baotou wurde Liu Shaoqi mit der Wiederzulassung der Parzellen zur privaten Nutzung nach 1961 verbunden. In den Erinnerungen von Wu Dajun spielte die Kampagne zur Zerschlagung von Liu Shaoqi, Tao Zhu und Deng Xiaoping (打倒刘邓陶) während der „Kulturrevolution“ eine wichtige Rolle. Als Aktivist nahm er 18 Tage an Schulungen teil. Deng und Liu wurden kritisiert, weil sie den „kapitalistischen Weg“ gingen und an die Bauern nach 1961 drei fen[98] Boden verliehen hatten. So bezeichneten die Bauern in den Dörfern, die ich besuchte, die Wiederzulassung der Parzellen zur privaten Nutzung. Ob-

[95] „你不管这些, 你要吃饱.“

[96] „那时候老百姓相信他呀，毛主席，那时候毛主席主要是叫天下打下来了，从前贫农受罪，毛主席叫天下打下来了，都相信他，他叫地主恶霸都倒了，那时候我们都相信他呀，按最后那阶段，一吃食堂，群众有点不相信他了. 一开始对我不错，以后又叫我饿哩不得了，我都不相信你了.“

[97] „共产党还是正确哩，底下搞哩了，那干部搞哩都不中，那干部糊搞一气，他不听党哩.“

[98] 1 fen=66,666 m2

wohl Wu Dajun stolz auf seine aktive Rolle in dieser Kampagne zu sein scheint, gestand er doch ein, dass sich die einfachen Leute durch die Politik von Liu wieder satt essen konnten. Auch in diesem Fall sind die Erinnerungen widersprüchlich. In den Erinnerungen der Interviewpartner in allen Dörfern scheinen die Probleme mit der Wiederzulassung der Parzellen zur privaten Nutzung gelöst zu sein. Wie Thaxton für das Dorf Da Fo beschreibt, verhungerten auch viele Menschen in der Zeit zwischen der Auflösung der Volksküchen und der ersten Ernte auf den eigenen Parzellen (Thaxton 2005). Wir wissen noch sehr wenig darüber, wie die Bauern in dieser Zwischenperiode überlebten. Wir wissen darüber z.B. nichts, weil die Bauern die Zwischenperiode in ihren Erinnerungen nicht thematisieren, was man verstehen kann, denn im Vordergrund steht, daß die Probleme in einer für sie sinnvollen Weise gelöst wurden.

Von selbst sprachen die Interviewpartner in Judong nicht über die Politik der Provinzführung. Ich fragte Wu Dajun und Liu Wei, den Sohn eines „Großgrundbesitzers", ob sie damals von der Auseinandersetzung zwischen Wu Zhipu und Pan Fusheng gehört und an der Kritikkampagne gegen Pan teilgenommen hatten. Diese Frage ist wichtig, um zu untersuchen, ob Bauern überhaupt ein Bewusstsein dafür besitzen, was auf den höheren Ebenen der Politik passierte. Nach einigem Überlegen fiel Liu Wei ein, dass Pan Fusheng gestürzt wurde und Wu Zhipu der Sekretär des Parteiprovinzkomitees nach der Befreiung war. Xinyang gehörte zu der alten Provinz Henan, die 1952 mit Pingyuan zusammengeschlossen wurde. Wann die Kampagne gegen Pan stattfand, wussten die beiden aber nicht mehr. Wu Dajun sagte: „Er, Pan Fusheng, kämpfte gegen die ‚drei roten Banner' und wurde gestürzt (...). Er stand mit der Generallinie der Kommunistischen Partei nicht auf gutem Fuß."[99]

Wu erinnerte sich hier offensichtlich nicht an die Anti-Pan-Kampagne von 1958. Damals gab es die „Drei roten Banner" noch nicht und Pan wurde für seine gemäßigte Agrarpolitik kritisiert. Die Politik der „drei großen Freiheiten" Liu Shaoqis wurde während der „Kulturrevolution" als Programm zur Restauration des Kapitalismus angegriffen. Es ist durchaus möglich, dass in Judong während dieser Kampagne Pan Fushengs Politik erneut kritisiert wurde, da er 1957 für ein ähnliches Agrarprogramm eingetreten war. Dass auf Provinzebene die Kritik an Pan Fusheng wiederholt wurde, ist unwahrscheinlich, da er während der „Kulturrevolution" hoher Kader in der Provinz Heilongjiang war. Nach eigenen Aussagen wurde der „arme Bauer" Wu Dajun während der Kampagnen gegen Liu, Deng und Tao im Dorf politisch aktiv. Vielleicht ist das der Grund, warum er die Erinnerungen an Pan Fusheng mit der Kritik an Liu Shaoqi vermischte.

---

[99] „潘复生他也是反对三面红旗给他打倒了，他给共产党路线不大对头."

9.4. Ein „Großgrundbesitzer“ versucht seinen Klassenstatuts zu verheimlichen

Welche Rolle spielte Bildung und der ehemalige Klassenstatuts bei den Interviews? Nur einer meiner Interviewpartner in Judong besaß nicht den Klassenstatus „armer Bauer“. Im Gegensatz zu den Zeitzeugen in Baotao, wo einige „Rechtsabweichler“ in den Familien hatten, scheinen die Zeitzeugen in Judong mit der Bodenreform zunächst zu den Gewinnern der Revolution gehört zu haben. Die einzige Ausnahme war Liu Wei, dessen Vater vor der „Befreiung“ über 60 mu besaß und als „Großgrundbesitzer“ eingestuft wurde. Lius Klassenherkunft kam im Laufe des Interviews nur durch Zufall heraus, da er erst so tat, als ob er auch ein armer Bauer gewesen sei. Ich interviewte ihn zusammen mit Wu Dajun, der weder vor, noch nach der kommunistischen Machtübernahme eine Schule besucht hatte. Seine Familie sei zu arm gewesen. Ich wurde stutzig, als Liu Wei ein Zeichen in die Hand malte, um mir ein Wort zu erklären. Im Laufe des Gesprächs stellte sich dann heraus, dass er vor 1949 eine Konfuzius-Schule (四学) besucht und sogar die vier Klassiker gelesen hatte. Mit der Bodenreform wurden seine Eltern enteignet und zunächst festgenommen. Sein Vater starb Anfang der 50er Jahre an einer Krankheit. Er selbst brach den Schulbesuch ab und arbeitete für die „Anderen“ (人家), die Produktionsgruppe, wie er es selbst ausdrückte. Seine Mutter verhungerte 1959.

Liu Wei scheint sich anfangs geschämt zu haben, seine Klassenherkunft preiszugeben. Wu Dajun, der neben ihm saß, wusste natürlich auch davon und sagte nichts. Liu Wei erklärte trotz meines wiederholten Nachfragens, dass er als Sohn eines Großgrundbesitzers nicht häufig bekämpft und kritisiert wurde. „Ich war damals Schüler. Um Schüler kümmerten sie sich nicht.“[100] Auch während der „Kulturrevolution“ sei er nicht an den Pranger gestellt worden, dafür wurden seine „alten Dinge“ in der Kampagne gegen die „Alten Vier“ zerstört.

Dieses Bespiel zeigt, dass ein Interview nur im begrenzten Maß eine Lebensgeschichte rekonstruieren kann. Der Zeitzeuge erzählte nur die Dinge, die er erzählen wollte. Durch die Interaktion im Gespräch fand ich allerdings den Klassenstatus und die Leidensgeschichte der Eltern heraus. Dass Liu Wei heute immer noch seine Herkunft als Stigma ansieht, ist hoch interessant, da die Partei schon seit über 20 Jahren propagiert, dass Reichtum keine Schande sei und im Dorf der ehemalige Klassenstatuts heute keine Rolle mehr zu spielen scheint. Als Kind mit schlechter Herkunft war Liu Wei aber immer noch so weit in die Nachbarschaft integriert, dass er mit ihnen nach Qinghai fliehen konnte und die Hungersnot überlebte.

---

[100] „那时候我是学生, 学生不管.“

Der Klassenstatus spielte für die Zeitzeugen im Allgemeinen keine große Rolle. In Judong konnten sie sich zumindest alle an ihren eigenen erinnern. Im Gegensatz dazu betonten die Interviewpartner des chinesischen Schriftstellers Feng Jicai zur „Kulturrevolution" gerade ihre Herkunft. Einige Interviewpartner konnten nicht verstehen, dass ihnen so viel Leid zugefügt wurde, da sie doch über Generationen eine gute Klassenherkunft vorweisen konnten (Gänßbauer 1996: 554) oder selber Linke waren (ebenda: 509). Liegt diese Betonung der Herkunft daran, dass diese Interviews in den 80er Jahren durchgeführt wurden und damals der Klassenstatus noch eine größere Rolle spielte, oder an der „Kulturrevolution", die viel mehr zwischen den einzelnen Statusgruppen polarisierte als der „Große Sprung nach vorne"? Die Bauern sprachen weder über enttäuschte Hoffnungen, wie es bei den ehemaligen Rotgardisten häufig der Fall war, noch beschwerten sie sich, als ursprüngliche Basis der chinesischen Revolution später schlecht behandelt worden zu sein. Sie betonten nur wiederholt, dass das Leben während der Hungersnot sehr bitter war und sie viel Leid erfahren hatten.

Insgesamt verstanden die Bauern die Absicht meiner Forschung schneller als die städtischen Intellektuellen, die ich für die Magisterarbeit interviewte. Nach einer kurzen Erklärung begriffen die Dorfbewohner, dass ich ihre eigenen Erfahrungen und Lebensgeschichten hören wollte. Die Intellektuellen glaubten am Anfang immer, sie müssten dem „Ausländer" erst einmal China im Allgemeinen und den „Großen Sprung" im Besonderen erklären. Nur die Waise Li Xiaoling schämte sich am Anfang, da sie glaubte, sie habe nichts von Bedeutung zu erzählen. Liu Wei versuchte hingegen seinen schlechten Klassenstatus im Interview zu verbergen. Auch an dieser Stelle wäre interessant systematisch zu erforschen, ob die „schlechten vier Elemente" sich bis heute noch für ihren damaligen Paria-Status schämen.

9.5. Schweigen und Gedächtnislücken

Um Erinnerungen zu analysieren, ist nicht nur wichtig, was gesagt wurde, sondern was nicht angesprochen wurde. Erinnern und Vergessen sowie Thematisieren und Verschweigen gehören immer zum Erinnerungsprozess dazu (Passerini 2003: 249 f.). Hier soll analysiert werden, inwieweit sich die Dorfbewohner an Jahreszahlen erinnern konnten und welche wichtigen Ereignisse verschwiegen wurden.

9.5.1. Die Bedeutung von Jahreszahlen im Gedächtnis

Überraschend ist die Bedeutung der Jahreszahl in den Erinnerungen der Bauern und Kader. 1958, an das sich die Bauern als erstes Jahr des „Großen Sprungs" erinnern konnten, wird abgegrenzt gegenüber dem Hungerjahr 1959.

Die vielen Kampagnen von 1958 scheinen für die Bauern in Judong heute keine große Rolle mehr zu spielen. Keiner meiner Interviewpartner nahm an der Stahlkampagne teil. Mit der Frage, ob sie sich an die Parole vom baldigen Übergang in den Kommunismus erinnern, konnten die Bauern nicht viel anfangen. Wu Tiancheng sagte nur: „Damals hieß es Kommunismus und heute auch."[101] Diese Antwort eines Leiters der Produktionsgruppe bestätigt die Annahme, dass untere Kader oft keinerlei Grundkenntnisse in Marxismus-Leninismus besaßen und die Propaganda der Zentralregierung die Dörfer nicht immer erreichte.

Auch die vermeintlichen Rekordernten wurden von Wu Tiancheng nur beiläufig erwähnt. Der „Wind der Übertreibung" wird interessanterweise mit dem Parteisekretär der Xinyang Region, Lu Xianwen, verbunden. Zum „Wind des Kommunismus" erzählten die Bauern, dass viele Häuser abgerissen und sie zum Umzug ins nächste Dorf gezwungen wurden. Warum sie umziehen mussten, wissen sie nicht.

Insgesamt betrachtet lässt sich sagen, dass die Kampagnen der kommunistischen Offensive von 1958 kaum thematisiert wurden, wenn doch, dann nur als Überleitung zum Hungerjahr 1959. Die Antworten zeigen, dass der Interviewer den Erinnernden nur begrenzt Themen aufzwingen kann, zu denen sie nichts zu sagen haben. Schon im Frühjahr 1959 flüchteten die Männer der Produktionsgruppe von Wu Tiancheng nach Qinghai. In Xin'an und Yiyang brach die Hungersnot wie in vielen anderen Regionen Chinas erst 1960 aus. Von Beginn dieses Gruppeninterviews meinten die Bauern, Ereignisse mit genauer Jahreszahl nennen zu müssen. Nur die Hungersnot konnte mit 1959 klar zugeordnet werden. Bei anderen Ereignissen, wie dem Beginn der „Kulturrevolution" oder der Dekollektivierung, konnten sie sich nicht einig werden. Zum Beispiel wussten die Bauern nicht mehr, ob die Volksküchen 1956, 1957 oder 1958 gegründet worden waren. Diese Tatsache zeigt, dass die Dorfbewohner zwar ein lineares Zeitbewusstsein haben, das aber häufig fehlerhaft ist. Auch bei der Frage nach ihrem Alter bekam ich manchmal keine genauen Angaben wie: „Ich bin über 70."

Ich habe den Eindruck, dass, wenn die Dorfbewohner in Judong vom „Großen Sprung nach vorne" sprachen, nur das Jahr 1958 gemeint war. Das macht aus ihrer Perspektive einen gewissen Sinn, auch wenn diese Politik offiziell erst 1961 beendet wurde. Die Ernte des Jahres 1958 war noch relativ gut. Warum sollte ein Bauer mit gesundem Menschenverstand, der die Politik der Zentrale nicht genau kennt, das Jahr 1959, in dem nichts mehr angebaut wurde, noch als „Großen Sprung nach vorne" bezeichnen?

An der Darstellung von Ralph Thaxton verwundert, dass die Gedächtnisschwäche der Bauern bei Jahreszahlen nicht thematisiert wird (Thaxton 2005).

---

101 „那啥是共产主义呀，对不对，那现在还叫共产主义哩，这啥共产主义呀."

Was jedoch auffällt ist, dass in den Erinnerungen der Dorfbewohner die unterschiedlichen Phasen des „Großen Sprungs“ wie die Ausrichtung im Frühjahr 1959 oder die Radikalisierung nach der Lushan-Konferenz im Sommer 1959 nicht vorkommen. Das Jahreszahlengedächtnis der Bauern orientiert sich nicht an der Regierungspolitik und Konferenzen, sondern an den entscheidenden Veränderungen in ihrem Leben.

9.5.2. Schweigen und Erinnern: Der große Dammbruch

Natürlich stellt sich die Frage, wie man die Erinnerungen der Bauern in Runan bewerten soll, wenn kaum schriftliches Material zugänglich ist. Als Beispiel für das Verschweigen eines wichtigen Ereignisses soll hier die Flutkatastrophe im Zhumadian-Gebiet, die durch mehrere Dammbrüche verursacht wurde, darunter auch des Dammes des Suyahu-Stausees (宿鸭湖) im Kreis Runan, angeführt werden.

Die Dorfbewohner von Judong erzählten mir, dass sich in der Nähe der Suyahu-Stausee befindet, der während des „Großen Sprungs“ errichten worden sei. Wenn ich wolle, könnten sie ihn mir zeigen. Es wäre allerdings etwas umständlich, den Stausee mit dem Bus zu erreichen. Da ich keine Umstände machen wollte, verzichtete ich darauf. Als ich am 25.8.2005 die Wochenzeitung „Nanfang Zhoumo“ las, stellte ich fest, was mir entgangen war. Im August 1975 kam es im Gebiet um Zhumadian zum folgenschwersten Dammbruch in der Menschheitsgeschichte. Die überwiegend während des „Großen Sprungs“ errichteten Dämme der Stauseen hielten dem Unwetter nicht stand. Über 11 Millionen Menschen waren direkt von den Überschwemmungen betroffen und über 26.000 Menschen starben (Nangfang Zhoumo 25.8.2005). Das Ereignis führte zum direkten Eingreifen der Zentralregierung in Beijing.

In der Kreischronik von Runan wird zwar der Bau des Stausees auf ein paar Seiten erwähnt, nicht jedoch die Opferzahl der Katastrophe (rnxz 1997: 397-399). Der Stausee Suyahu erstreckt sich von Nord nach Süd über 35 Kilometer und von Ost nach West über 15 Kilometer. Seine Oberfläche beläuft sich auf 167 Quadratkilometer. Im Frühjahr 1958 mobilisierte die Partei 110.000 Arbeitskräfte aus 5 Kreisen für seinen Ausbau (ebenda: 397). Während die humanitären Folgen der Katastrophe in der Kreischronik ausgeblendet werden, erschienen 1995 in „Henan wenshi ziliao“ (Historische Berichte über vergangene Ereignisse in Henan) mehrere Erinnerungsartikel. Ein lokaler Kader aus Runan schreibt, dass in seinem Kreis von insgesamt 630.000 Bewohnern über 390.399 von den Überschwemmungen schwer betroffen waren. 400.000 Häuser stürzten ein, 303 Menschen und 50.000 Stück Vieh ertranken, 130 Millionen Pfund Getreide gingen verloren und über 430.000 Menschen erkrankten (Yang Baiqing 1995: 19).

Bei diesen Zahlen fällt auf, dass Yang Baiqing äußerst niedrige Zahlen für die Toten nennt. Auch diese Naturkatastrophe hatte menschliche Ursachen. Während des „Großen Sprungs“ wurde die Verantwortung für die Wassersysteme dezentralisiert und mehr auf schnelle Erfolgsmeldungen als auf Sicherheit geachtet (Nangfang Zhoumo 25.8.2005).

Warum erzählten mir die Dorfbewohner vom Stausee, nicht aber von der Flutkatastrophe? War ihr Dorf nicht in einem starken Ausmaß betroffen? Vielleicht reichte es den Dorfbewohnern mit der Hungersnot über ein schmerzhaftes Ereignis reden zu müssen. Wenn ich sie nach der Flutkatastrophe gefragt hätte, wären sie vielleicht bereit gewesen, darüber zu sprechen. Oder sie dachten, das Thema interessiere mich nicht, da ich ablehnte zum Stausee zu fahren. An diesem Beispiel wird klar, dass die Erinnerungen, die der Interviewer durch seine Fragen abruft, sehr stark von seinem eigenen Vorwissen abhängen. Das wirft natürlich die Frage auf, was die Dorfbewohner sonst noch alles verschwiegen haben.

Auf der anderen Seite haben die Dorfbewohner selbst Themen angesprochen, die ich für Tabus hielt. Beispiele dafür sind Kannibalismus und auch die Abgabe der eigenen Kinder an andere Familien. Auch über Gewalt sprechen chinesische Dorfbewohner offener als Akademiker, da gewalttätige Auseinandersetzungen in den menschlichen Beziehungen auf dem Dorf alltäglich sind. Schon öfter erzählten mir Bäuerinnen ohne besonderen Grund, dass sie von ihren Männern geschlagen werden oder sich mit ihnen schlagen. Eine chinesische und westliche Intellektuelle würde in der Regel dies vor einem Fremden nicht zugeben, weil sie sich dadurch als nicht emanzipierte Frau darstellen würde. Die Normalität der dörflichen Gewalt hat den Zeitzeugen vielleicht geholfen, über die Folterungen und Schläge auf den Kritiksitzungen zu sprechen. Die Namen der Täter nicht zu nennen, dient wiederum der Harmonie innerhalb des Dorfes.

Sowohl Interviewer als auch die Interviewten führen eine Selektion von Informationen nach Wichtigkeit durch. Schwierig ist es gerade, mehr über Alltägliches zu erfahren, weil es für die Dorfbewohner selbstverständlich ist. Auf die Frage, was sie gemacht habe, als sie nichts mehr zu essen hatte, antwortete eine alte Bäuerin: „Dann warst du eben hungrig.“ Erst weiteres Nachfragen führte dazu, dass sie über Überlebensstrategien wie Stehlen sprach.

Die Dorfbewohner sprachen auch nicht über die schwierige Zwischenphase zwischen der Auflösung der Volksküchen und der ersten Ernte auf den Parzellen zur privaten Nutzung 1961. Hier könnte die Dankbarkeit gegenüber Liu Shaoqi für die Rettung durch die Wiederherstellung der Parzellen zu einer Idealisierung dieser Phase geführt haben, durch welche die Schwierigkeiten verdrängt oder vergessen wurden.

Eine weitere Rolle bei der Thematisierung von Problemen spielt das politische Klima. Heute sind die Dorfbewohner der Meinung, dass sie über Themen wie Hungertote sprechen können. Gleichzeitig weisen sie darauf hin, dass dies während der „Kulturrevolution" nicht der Fall war. Informationen wie z.B. über den „Zwischenfall von Xinyang" wurden in erster Linie in der Phase zwischen 1961 und 1966 weitergegeben. Die Dezentralisierung und der Rückzug des Staates aus dem Dorf nach 1978 haben auch neue Freiheiten gebracht. Während meiner Aufenthalte traf ich auf keinen heute noch amtierenden Kader oder anderen Beamten. Wie ein Bauer sagte, kommen die Kader ohne bestimmten Anlass kaum auf die Dörfer. Kritik würden die Behörden auch heute nicht gerne hören, wie Chen Lixin sagte, aber die Dorfbewohner haben keine Angst mehr davor, mit Labeln wie „Rechtsabweichler" oder „schlechtes Element" gebrandmarkt und aus der Gemeinschaft ausgeschlossen zu werden. Damit hat der Staat eine seiner wichtigsten Disziplinierungsmethoden aufgegeben.

Die Bewertung, was erinnert, vergessen und was verschwiegen wird, ist vor der Öffnung der Archive nur schwer möglich. Deshalb ist es besonders wichtig, den gesellschaftlichen Rahmen der Vergangenheitsbewältigung miteinzubeziehen, um wenigstens eine Vergleichsmöglichkeit mit den Erinnerungen anderer gesellschaftlicher Gruppen zu besitzen.

9.6. Zusammenfassung und Schlussfolgerungen: Das kollektive Gedächtnis der Dorfbewohner

An dieser Stelle soll wieder an die theoretischen Überlegungen aus den Kapiteln 2. und 7. angeknüpft werden. Haben die Dorfbewohner ein kollektives Gedächtnis, und wie steht es im Verhältnis zu den individuellen Erinnerungen? Haben ihre Erinnerungen sozialen Charakter und unterscheiden sie sich nach ehemaligem Klassenstatus oder Familie? Lässt sich Jan Assmanns Unterscheidung zwischen kulturellem und kommunikativem Gedächtnis anwenden?

Jeder Interviewpartner erzählte seine eigene Geschichte und erinnerte sich an die Hungersnot auf seine Weise. Jedoch gab es in den Erinnerungen der Dorfbewohner in den drei verschiedenen Kreisen Gemeinsamkeiten, sowohl bei Kadern als auch bei einfachen Bauern sowie bei Frauen und bei Männern. Halbwachs' These von einem schichtspezifischen Charakter von Erinnerungen kann für die untersuchten Dörfer Henans nicht bestätigt werden. Die Erinnerungen der Dorfbewohner haben erstaunlich politischen Charakter. Die Dorfbewohner thematisierten nicht nur Hunger und Leid, sondern auch die politischen Machtstrukturen und die Privilegierung der Kader. Sie haben im Gegensatz zu den städtischen Intellektuellen die staatliche Selbstzensur und die offizielle Interpretation des

„Großen Sprungs nach vorne“ nicht verinnerlicht. Die Gemeinsamkeiten der Erinnerungen der Interviewten waren folgende:

9.6.1. Die Grundlagen des kollektiven Gedächtnisses

Die Dorfbewohner haben ein Geschichtsbewusstsein, das weit über das Dorf hinausgeht. Sie hörten alle von dem „Zwischenfall von Xinyang“ und dem Massensterben in diesem Gebiet. Die Bauern in Runan machten für den „Zwischenfall“ hauptsächlich den Parteisekretär der Region Lu Xianwen verantwortlich. Die Zeitzeugen haben ein Bewusstsein dafür, dass die Provinz Henan von der Hungersnot besonders stark betroffen war. Gerüchte über Kannibalismus verbreiteten sich in der Provinz und sogar darüber hinaus. Dieses Wissen wurde durch mündliche Überlieferung weitergeben – nicht durch die Propaganda und Erziehung des Staates. Es ist daher sinnvoll, Jan Assmanns Begriff des kommunikativen Gedächtnisses zu übernehmen. Das kommunikative Gedächtnis der Dorfbewohner beinhaltet wichtige Ereignisse der Provinz und ist nicht auf das eigene Dorf oder die eigene Familie beschränkt. Machtkämpfe innerhalb der Partei scheinen hingegen nicht Teil ihrer Lebenswelt gewesen zu sein.

Erinnerungen an die Hungersnot wurden von den Großeltern an ihre Kinder weitergegeben. Auch die Generation der Kinder meldete sich in den Interviews zu Wort und konnte die Geschichten ergänzen. Hier unterscheiden sich die Dorfbewohner von vielen Intellektuellen, die ihre schmerzhaften Erinnerungen an die Erlebnisse der „Kulturrevolution“ häufig nicht an die Kinder weitergeben. Wie eine ca. 50-jährige chinesische Professorin zu mir sagte, würden ihre Kollegen mit ihren Kindern nicht über diese Ereignisse sprechen, weil sie sonst nicht mehr in die Partei eintreten wollten. Damit meinte sie implizit auch, dass die Kinder dann im Staatsapparat keine Karriere machen könnten und sich nicht genug dem herrschenden System anpassen würden. Die Bauern, die ich interviewte, haben solche Probleme nicht. Sie wissen, dass sie außerhalb des Machtssystems stehen. Einige Kinder der Zeitzeugen haben den Aufstieg in die Stadt durch ihre Tätigkeiten als selbstständige Unternehmer geschafft.

Die Enkelkinder der Zeitzeugen scheinen dagegen nur begrenzt über die Hungersnot Bescheid zu wissen. Gerade wenn mir Studenten oder Oberschüler bei dem Verstehen des lokalen Dialektes halfen, prallte oft der offizielle Kanon, den sie im Geschichtsunterricht gelernt haben, mit dem kommunikativen Gedächtnis des Dorfes zusammen. Ein Student fragte immer wieder nach den Naturkatastrophen, oder eine junge Frau wunderte sich, dass die Großgrundbesitzer nicht alle schlechte Menschen waren. Die Kenntnis von Überlebensstrategien kann im Fall einer Hungersnot das Leben retten. Wenn die Bauern heute noch immer so große Angst vor einer neuen Hungersnot haben, wie Thaxton (2005) behauptet, stellt sich die Frage, warum sie die Erinnerungen nicht an die Enkel weitergegeben haben. Wahrscheinlich braucht die Weitergabe von Erinnerungen immer einen konkreten Anlass. Für die Kinder, die in den 50er und Anfang der 60er Jahre geboren wurden, ist ihre Kindheitsgeschichte mit der Hungersnot verbunden. Ihre Eltern konnten nicht ehrlich mit ihnen über die Kindheit sprechen ohne die Katastrophe zu erwähnen. Ein Gefühl von Sicherheit und Stabilität konnte nach 1961 durch die verschiedenen politischen Kampagnen und Machtkämpfe innerhalb der Partei nicht aufkommen. Da in vielen Teilen Chinas die Ernährungsfrage bis Ende der 70er Jahre nicht gelöst war, konnten die Bauern nicht davon ausgehen, dass es nicht wieder zu einer großen Hungersnot kommen würde. Daher mussten sie ihren Kindern von der Hungersnot erzählen.

Bisher gab es noch keinen wichtigen Anlass, das Wissen über die Hungersnot an die nach 1978 geborenen Enkelkinder weiterzugeben. Seit Beginn der 80er Jahre ist die Versorgung mit Nahrungsmitteln für die große Mehrheit der chinesischen Bauern stabil. Wie die Interviews gezeigt haben, sind die Erinnerungen an das Massensterben bei zwei Generationen aber jederzeit abrufbar. Die in der Erinnerungsforschung weit verbreitete Meinung, dass bei der Weitergabe von Erinnerungen die Generation der Kinder übersprungen werden kann und erst die Enkel die Aufarbeitung einfordern, triff für die „Große Sprung"-Hungersnot nicht zu.

Kader wie Bauern thematisierten die Privilegien der Kader. Durch die Volksküche kontrollierten die Kader die Verwaltung der Lebensmittel und konnten so ihre eigene Ernährung meistens absichern. Der Hunger wurde als Waffe eingesetzt, um die Bauern zu kontrollieren und trotz Krankheiten in die Felder zum Arbeiten zu schicken. Der sozialdemokratische und staatssozialistische Slogan „Wer nicht arbeitet, soll auch nicht essen", der aus der Bibel stammt, diente nicht mehr der Kritik an einem arbeitsfreien Einkommen, sondern einem Terror-Regime, das hungrige Menschen zur Arbeit bis zum Umfallen zwang. Kader und Bauern erinnerten sich an diese Machtstrukturen, aber aus unterschiedlicher Perspektive – von oben und von unten. Der Kader der Konsumgenossenschaft des Marktfleckens Huang Liang fuhr mit dem Traktor nachts die Baumwollernte ein und sah von oben die Lichter an den Gräbern der Hungertoten. In Judong war die Hungersnot allerdings so schlimm, dass Wu Tiancheng als Leiter der Produktionsgruppe die kollektive Flucht nach Qinghai organisierte. Keiner der Kader äußerste Schuldgefühle oder ein schlechtes Gewissen wegen seiner Privilegierung. Nur Li Pengkui, der Parteisekretär der Brigade in Baotou, bedauerte, dass ihn seine Familie für seine harte Haltung als Kader hassen würde und die Partei ihn als treuen Anhänger vergessen habe. Damit steht er heute ohne jegliche Unterstützung dar. Deshalb sagte er, dass er aus heutiger Sicht lieber verhungern würde, als den Posten als Kader noch einmal zu übernehmen.

Die Thematisierung des politischen Terrors und der Kampfsitzungen machten deutlich, dass sich bei allen Zeitzeugen die Erinnerungen nicht nur auf eine Zeitperiode beschränken lassen. Erinnerungen an die Kritiksitzungen während des „Großen Sprungs“ gingen häufig zur „Kulturrevolution“ über. Schmerz und Leid erschienen als Kontinuität in der Lebensgeschichte. Die Erinnerungen waren auch insofern von der „Kulturrevolution“ geprägt, dass alle Zeitzeugen Liu Shaoqi als den Retter der Bauern ansahen, da sie ihn mit der Wiederzulassung der Parzellen zur privaten Nutzung verbanden. Dass die Dorfbewohner schon 1961 die Flügelkämpfe in Beijing durchschauten, ist unwahrscheinlich. Vielmehr führte die ständige Kritik Liu Shaoqis während der „Kulturrevolution“ dazu, ihn mit den rettenden Maßnahmen von 1961 zu verbinden. Hier standen die Erinnerungen im Gegensatz zu Thaxtons These, dass die Bauern die Maßnahmen von 1961 eher als neue Methode der Kontrolle durch den Staat empfanden (Thaxton 2005).

Die Dorfbewohner konnten zu den einzelnen Kampagnen Jahreszahlen nur grob zuordnen. Besonders im Gedächtnis blieb 1958 als Jahr der Einführung der Volksküchen und der Stahlkampagne. Bei den Zeitzeugen in Runan brannte sich 1959 als Jahr des Hungers und des Massensterbens in die Erinnerungen ein. Die Datierung anderer Ereignisse war oft fehlerhaft und eine detaillierte Unterscheidung nach Monaten nicht möglich.

Übereinstimmend berichteten die Dorfbewohner, dass während des Hungers niemand den anderen half. Stehlen während der Hungersnot ist bis heute akzeptiert und führte nicht zu Schamgefühlen, da jeder daran beteiligt war. Meiner Meinung nach sehen sich die Dorfbewohner als aktive Opfer. Sie stellen sich als Objekte der Politik des Staates dar, die keine Wahl gehabt haben als mitzumachen und deren eigene Ansichten keine Rolle spielten. Trotzdem mussten sie aktiv werden, indem sie stahlen, flüchteten oder auf den Schwarzmarkt gingen, um nicht zu verhungern. Sowohl Gao Wangling (2004b) als auch Thaxton (2005) haben die Frage aufgeworfen, inwiefern die Bauern durch den Überlebenskampf zum Widerstand gegen den Staat gezwungen wurden. Die Dorfbewohner, die ich interviewte, thematisierten Regelübertretungen wie Stehlen, die sie jedoch nicht als Akt eines Widerstandes begriffen. Dass die Kader darauf mit politischer Kritik auf den Kampfsitzungen reagierten, war ihnen dennoch bewusst. Niemand stellte sich als besonders mutig dar oder war stolz darauf, den Staat betrogen zu haben.

Die Dorfbewohner waren kaum in der Lage, Gefühle zu thematisieren und ihr Leiden während der Hungersnot zu beschreiben. Krankheiten wie die Wassersucht wurden zwar angesprochen, die damit verbundenen Gefühle und Schmerzen konnten die Dorfbewohner jedoch nicht in Worte fassen. Auch die Hungertoten in der eigenen Familie wurden von den Zeitzeugen zwar selbst zugegeben oder von den Nachbarn mir mitgeteilt. Gerade in Runan, wo so viele verhungerten, fiel es den Zeitzeugen jedoch schwer, ins Detail zu gehen. Den Frauen sah man an, wie schmerzhaft es war, ihre Kinder verloren zu haben. Welche Gefühle sie damit verbanden, sprachen sie jedoch nicht aus. Nietzsche hat sicher Recht, wenn er den Körper als Speicher von Erinnerungen bezeichnet. Wegen des Hungers können sich die Zeitzeugen sicherlich besser an den „Großen Sprung" als an andere Ereignisse erinnern.

Im Bezug auf den Überlebenskampf wurden die Erinnerungen relativ harmonisch konstruiert. In Runan warfen die Frauen den Männern nicht vor, dass sie alleine gelassen wurden. Egoistisches Verhalten, was zum Tod von anderen Familienmitgliedern geführt haben könnte, wurde nicht thematisiert. Kannibalismus gab es zwar, aber nicht im eigenen Dorf. Es wurde zwar offen angesprochen, dass Kader Bauern schlugen, aber in der Regel wurden keine Namen genannt und auch nicht die Kader dafür verantwortlich gemacht, die ich interviewte. Nur in Baotao stellte ein Bauer kritische Fragen an einen Kader und wollte mir dessen Privilegien bei der Lebensmittelversorgung klarmachen. Auf der anderen Seite scheint mir, dass sich Zeitzeugen auch gegenseitig bemitleideten. Der Parteisekretär der Brigade, Li Pengkui, thematisierte die damaligen Ungerechtigkeiten gegenüber den Kindern der „Rechtsabweichler" und Li Zhuru bemitleidete den Kader, weil er nach jahrzehntelanger Arbeit keine Rente bekommt. In Judong präsentierten sich die Bauern und Kader in ihren Erinnerungen sogar als Schicksalsgemeinschaft. Dieses Verhalten kann man auch als reines Harmoniebedürfnis abtun. Es ist jedoch erstaunlich. Wie Weigelin-Schwiedrzik gezeigt hat, sind die Intellektuellen und die diversen Fraktionen der Rotgardisten in ihren Erinnerungen an die „Kulturrevolution" heute nicht in der Lage, Menschen der anderen Gruppen überhaupt als Leidende wahrzunehmen (Weigelin-Schwiedrzik 2005a: 33). Die Dorfbewohner können hingegen Mitleid für andere empfinden. Sie führen die fraktionellen Auseinandersetzungen heute nicht weiter fort. Das schließt aber nicht aus, dass unter anderen gesellschaftlichen Rahmenbedingungen alte politische Konflikte vermischt mit privaten Rivalitäten zu Racheaktionen führen könnten.

Auch die staatliche Geschichtsschreibung will die Fragen nach der persönlichen Schuld und den Tätern der konkreten Verbrechen nicht aufwerfen. Das Zentralkomitee hat die politische Verantwortung für das Scheitern des „Großen Sprungs" übernommen und damit soll es keine weitere Debatte mehr geben. Auch wenn die Dorfbewohner heute noch auf Harmonie bedacht sind, ist es nicht ausgeschlossen, dass bei einer Radikalisierung oder Krise alte Rachegelüste wieder Oberhand gewinnen. Oft sind Demütigungen aus politischen Kampagnen mit Familienfehden oder privaten Streitigkeiten verbunden. Das ergibt in der dörflichen Gesellschaft, wo jeder jeden kennt und der Staat in Form der lokalen Kader ein konkretes Gesicht hat, eine gefährliche Mischung.

Heimo und Peltonen stellen auch bei ihren Untersuchungen zu den Erinnerungen an den finnischen Bürgerkrieg zwischen Kommunisten und „Weißen" von 1918 fest, dass in den Erinnerungen die blutigen Konflikte auf Kräfte außerhalb des Dorfes projiziert und die Spaltung innerhalb des Dorfes nicht thematisiert wurde, um die Gemeinschaft nicht zu beschädigen (Hodgkin / Radstone 2003: 25 f.). Das war bei den chinesischen Dorfbewohnern nicht der Fall. Zwar sahen sie die Hungersnot als Resultat einer falschen Politik, die ihnen von außen aufgezwungen wurde, jedoch sprachen sie auch Terror durch örtliche Kader an. Trotzdem waren sie auf die Sicherung der Harmonie bedacht, da sie z.B. die Namen dieser Kader nicht nannten. Wie Weigelin-Schwiedrzik bezüglich des Umgangs mit der „Kulturrevolution" in den staatlichen Arbeitseinheiten in der Stadt gezeigt hat (Weigelin-Schwiedrzik 2005b: 22), war auch auf den Dörfern ein Weiterleben Tür an Tür nur möglich, wenn die Leidtragenden ihre Wut gegenüber den Tätern unterdrückten und ihnen keine Vorwürfe machten.

Der Zentralstaat spielte in ihren Erinnerungen keine große Rolle. Die Auseinandersetzungen wurden in erster Linie als solche zwischen Kadern und Bauern dargestellt. Die Dorfkader wurden hauptsächlich von der Brigade oder dem Kreis unter Druck gesetzt. Keiner stellte sich als Anhänger der Politik Maos dar. In Judong erinnerten sich meine Interviewpartner, die überwiegend arme Bauern waren, noch positiv an die Befreiung und die Bodenreform. Für sie war der Bruch die Hungersnot, als sie den Glauben an Mao verloren. In Baotou bewerteten einige Interviewpartner, die unter der Verurteilung von Verwandten als „Rechtsabweichler" zu leiden hatten, die gesamte Mao-Ära negativ und sahen sie als eine „Verschwendung von Arbeitskräften und Geld." Der „Große Sprung" erscheint sinnlos und nicht erklärungsbedürftig zugleich. Ralph Thaxton berichtet von einer neuen Mao-Nostalgie in den 90er Jahren auf dem Dorf, das er in Henan untersucht hat – besonders bei Dorfbewohnern, die von den damaligen Machtstrukturen geschützt wurden (Thaxton 2005). Diese Dorfbewohner sehnen sich nach Massenkampagnen um die Korruption der Kader einzudämmen. Bei meinen Interviewpartnern konnte ich sowohl bei Bauern als auch Kadern nicht den Hauch einer Mao-Nostalgie feststellen.

Die Dorfbewohner stellen keine Forderungen an den Staat oder fordern Entschädigungen. Thaxton (2005) stellt die These auf, dass der Staat in China durch die Hungersnot seine Legitimität verloren habe. Da die Bauern in meinen Interviews ungefragt wenig über den Staat sprachen, bleibt für mich diese Frage offen. Gerade wenn sie die heutigen Probleme wie Schulbesuch oder Abgaben ansprachen, hatte ich den Eindruck, dass sie wenig Vertrauen in die chinesische Regierung haben und unzufriedenen mit ihrer Lage sind. Einige zogen Vergleiche mit dem demokratischen System im Westen und drückten damit ihre Unzufriedenheit mit der Einparteienherrschaft der KPCH und den oft zweifelhaften Dorfwahlen aus. Die Legitimität der Herrschaft der Partei hängt an einem seidenen Faden, was sicher das Resultat von einer ganzen Reihe von Ereignissen ist.

Die Erinnerungen der Dorfbewohner sind nur in geringem Maß von der offiziellen Darstellung geprägt. Zentrale Begriffe wie „drei Jahre Naturkatastrophen" oder „linke Fehler" kamen in den Erinnerungen nicht vor. Die Debatte innerhalb der Partei, ob Naturkatastrophen oder menschliches Versagen die Hauptursache für das Scheitern des „Großen Sprungs" war, spielte für die Dorfbewohner überhaupt keine Rolle. Mit dem Schema der Rechts- oder Linksabweichungen konnten sie nichts anfangen. Der „Große Sprung" wurde als endlose Produktionsschlacht und nicht als utopischer Aufbruch zum Kommunismus erinnert. An die zentrale Botschaft der damaligen Propaganda vom baldigen Übergang in den Kommunismus können sich die Zeitzeugen häufig nicht erinnern oder sie haben zu den damaligen Parolen der Partei nicht viel zu sagen. Es scheint, dass Kader auf der Dorfebene nur geringe Kenntnisse der Theorie des Marxismus-Leninismus besaßen. Es ist fraglich, ob die Propaganda der Regierung in Beijing die Dörfer immer erreichte. Ihre Interpretation der Geschichte konnte die Partei weder bei Kadern noch bei Bauern verankern.

Wie die Interviews mit Wu Peixi und Li Xiaoliang zeigten, spielte in den Erinnerungen der Frauen die Kinderbetreuung eine wichtige Rolle. Der Hunger stellte die Mütter oft vor schwerwiegende Entscheidungen wie das eigene Kind an andere Leute abzugeben, um sein Überleben zu sichern. Wu Pexi wurde gefoltert, weil sie für die Kinder der Familie des Bruders klaute. Unpolitischer sind die Erinnerungen der Frauen deshalb aber nicht. Auch sie thematisierten die Machtstrukturen, die Kampfsitzungen und die Privilegierung der Kader. Weder Frauen noch Männer konnten genau ihre Gefühle beschreiben, wie es war, fast zu verhungern. Zwei Frauen weinten jedoch, während einige Männer versuchten, den Schmerz mit einem Lächeln oder Ironie zu überspielen.

Bei Interviews mit Frauen, wo nur eine Übersetzerin für das Hochchinesische anwesend war, erzählten die meisten Frauen sehr viel und offen von ihren Erlebnissen. In Runan meldete sich Liu Chuiyu, die Frau des Leiters der Produktionsgruppe, kaum zu Wort oder wurde unterbrochen. Bei dem Interview mit Zhu Yuhua und dem ehemaligen Dorfbürgermeister Zhu Bin waren die Frauen in der Mehrheit und ergriffen häufig das Wort. Besonders die ca. 40-jährige Schwiegertochter mischte sich als Nachgeborene immer wieder in das Gespräch ein und unterbrach die Zeitzeugen.

Zusammenfassend lässt sich sagen, dass sich die meisten Frauen durchaus als kompetente Gesprächspartnerinnen sahen und auch bei Gruppeninterviews das Wort ergriffen. Unter meinen Interviewpartnern waren mehr Männer als Frauen vertreten. Die Bauern und ihre Kinder suchten ohne besondere Aufforderung auch Frauen als Interviewpartner für mich aus. Um die Frage zu untersuchen, ob Erinnerungen einen geschlechtsspezifischen Charakter haben, müssten noch mehr Interviews durchgeführt werden.

9.6.2. Die dörfliche Nachbarschaft als Erinnerungskollektiv

Insgesamt hatte ich den Eindruck, dass die Bauern bei der Konstruktion ihrer Erinnerungen auf Selbstschutz bedacht waren. In Baotou erinnerten sich ein Kader und der Sohn des „Rechtsabweichlers" gemeinsam daran, dass sein Vater trotz seines negativen Status im Dorf als ehemaliger Rektor der Kreis-Schule noch ein hohes Ansehen hatte. Das Schreckliche kann erinnert werden, aber in einer Form, dass das Leben in den Familien und im Dorf davon nicht negativ beeinflusst wird. Die Frage der eigenen Verantwortung wird umgangen, indem alle sagen, dass man mitmachen musste und keiner sich als Anhänger der Politik Maos zu erkennen gab. Vielleicht lag diese relative Harmonie auch darin begründet, dass die Bauern mir als Interviewpartner nicht ihre Erzfeinde aussuchten, sondern Nachbarn, zu denen sie ein gutes Verhältnis haben. So ist es durchaus möglich, dass ich in allen drei Dörfern Vertreter von jeweils einem Erinnerungskollektiv interviewte.

In diesem Sinn könnte man mit Halbwachs übereinstimmend sagen, dass sich jede Gruppe ihre Erinnerung nach den eigenen Bedürfnissen schafft. Die Trägergruppe der kollektiven Erinnerungen ist in diesem Fall die dörfliche Nachbarschaft, die pensionierte Kader, arme Bauern, aber auch die Kinder der „schlechten Elemente" einschließt. Der ehemalige Klassenstatus spielte bei den Erinnerungen nur eine geringe Rolle. Zwar bewerteten die beiden Söhne des „Rechtsabweichlers" in Baotou die gesamte Mao-Ära negativer als die meisten anderen. Es waren aber der pensionierte Kader Li Pengkui und der ehemalige Rektor der Dorfschule, Chen Lixin, die glauben, die Kommunistische Partei habe sie verraten. Die Partei zeigte sich trotz ihrer Loyalität nicht dankbar genug. Auch die Erinnerungen von Frauen und Männern unterschieden sich nur geringfügig. Frauen thematisierten das Problem der Kinderbetreuung stärker, sprachen aber auch über Politik und Machtstrukturen.

Für mich spricht vieles dafür, die dörfliche Nachbarschaft als Erinnerungskollektiv zu betrachten. Sie besitzt ein kollektives Gedächtnis von der Hungersnot. Um mit Jan Assmans Worten zu sprechen, wurde durch mündliche Weitergabe dieses kommunikative Gedächtnis von den Eltern an die Kinder überliefert. Sollte dieses Wissen nicht an die Enkel weitergegeben werden, so besteht die Gefahr, dass dieses kommunikative Gedächtnis schon nach zwei Generationen verschwindet. Damit wären auch die Erkenntnisse, wie man in einer Hungersnot überleben kann, nicht mehr abrufbar.

Von sozialem oder schichtspezifischem Charakter der Erinnerungen zu sprechen, macht nur Sinn, wenn man die Erinnerungen der Dorfbewohner mit denen der städtischen Intellektuellen vergleicht. Die Erinnerungen der Intellektuellen sind in einem viel größeren Maß von der Parteigeschichtsschreibung geprägt und haben einen starken Fokus auf die Auswirkungen der Parteilinie für sie. Politischer Überlebenskampf, nicht Hunger und körperliches Leid, standen im Vordergrund (Wemheuer 2004: 42 f.). Ihnen ging es oft darum, mir ihre Analyse der großen Politik zu vermitteln, anstatt über ihre persönliche Geschichte zu sprechen.

9.6.3. Selbstdarstellung und individuelle Geschichte

Trotz des Vorhandenseins eines kollektiven Gedächtnisses unterschieden sich die Erinnerungen der Individuen auch voneinander. Jeder hat auch seine eigene Geschichte erlebt. Die Mutter Li Xiaoliang musste ihr Kind weggeben, Chen Lixin konnte wegen seines „rechten“ Onkels nicht studieren und Mitglieder der Produktionsgruppe von Wu Tiancheng flohen nach Qinghai. Neben gemeinsamen Grundmustern bei den Erinnerungen enthalten viele Interviews auch individuelle Selbstdarstellungen. Einen besonderen Drang sich selbst in einem guten Licht darzustellen, hatte Chen Lixin, indem er immer wieder betonte, dass nur er gebildet genug war, um für die Brigade die Buchhaltung zu machen. Er erzählte z.B. die Geschichte, dass er, nachdem er die Getreidekarten verloren hatte, freiwillig hungerte, weil er seine Macht nicht ausnutzen wollte. Im Unterschied zu anderen Kadern hätte er die Wahrheit immer in den Tatsachen gesucht. Der Sekretär der Parteizelle der Brigade, Li Pengkui, verspürte einen solchen Rechtfertigungsdrang nicht und sagte nicht ohne Stolz, dass er in der Volkskommune wie ein Sklavenhalter gewesen sei. Mit Hilfe dieses Kontrastes präsentierte sich Li heute als armer alter Mann, den die Partei im Stich gelassen hat. Der Kader der Konsumgenossenschaft, Huang Liang, betonte mir gegenüber stolz, dass er einen deutschen Traktor fahren kann. Die Bäuerin Li Xiaoliang versuchte in dem Interview zu vermitteln, dass sie und ihr Mann sich von jeder politischen Verantwortung fernhielten, um niemanden zu beleidigen und keinen Ärger zu bekommen.

Die Erinnerungen sind somit immer auch eine Inszenierung der eigenen Identität. Das Individuum ging in den Erinnerungen der Dorfbewohner keinesfalls unter. Auch wenn häufig nicht von „Ich“, sondern von Bauern und wir gesprochen wurde, brachten die Zeitzeugen ihre eigene Rolle in die Interviews ein.

9.6.4. Erzählungen, Erklärung und Trauma

An dieser Stelle möchte ich darlegen, ob meine Interviewpartner die von Haubl beschriebenen posttraumatischen Störungen zeigten bzw., ob sie mir als Sinologe ohne psychologische Ausbildung auffielen. Eine permanente Wachsamkeit durch Überempfindlichkeit zeigte niemand. Ich wurde keinem Loyalitätstest unterzogen oder als Angreifer empfunden. Manche Interviewpartner konnten ihre Gefühle nicht kontrollieren und weinten. Angst oder Panikattacken bekam niemand. Einige Interviewpartner zeigten wenig emotionale Regungen. Ob dies ein Selbstschutz vor einer Retraumatisierung war, kann ich nicht bestimmen. Über Alpträume sprach niemand und ich fragte auch nicht danach. Wie schon erwähnt, waren es oft die Zeitzeugen selbst, die sensible Themen wie Tod oder Folterungen auf Kampfsitzungen ansprachen. Wie Haubl habe ich in den Interviews einen Wechsel zwischen Thematisierung und De-Thematisierung von schmerzhaften Erinnerungen beobachtet. Die Zeitzeugen wechselten oft das Thema, wie zum Beispiel die Abgabe der eigenen Kinder an eine andere Familie, kamen aber im Laufe des Gesprächs wieder darauf zurück.

Natalija Basic stellt bezüglich ihrer Interviews mit serbischen Soldaten fest, dass manchmal sehr viel geredet werden muss, um Dinge verschweigen zu können (Basic 2003: 9). Ich hatte bei meinen Interviews nicht den Eindruck, dass Zeitzeugen geschwätzig versuchten, von den Themen abzulenken. Ich sehe mich außerstande, eine Diagnose zu erstellen, ob die Dorfbewohner traumatisiert sind oder nicht. Dies ist aber auch nicht Ziel dieser Arbeit, die sich mit der Konstruktion von Erinnerungen und kollektivem Gedächtnis befasst.

Basic führte im serbischen Teil Bosniens Interviews mit Männern aus den Spezialeinheiten durch, die an ethnischen „Säuberungen“ beteiligt waren. Ehemalige Soldaten aus diesem Dorf rieten ihr, sich als ihre Cousine auszugeben, um das Vertrauen der Interviewpartner zu gewinnen. Basic musste jedoch feststellen, dass ihre Interviewpartner das Geschehene oft nur sehr knapp und sprunghaft erzählten, da sie bei der „Cousine“ eines Dorfbewohners gruppenspezifisches Wissen voraussetzten. Eine nichtkommunizierbare Insidermoral lässt eine scharf abgegrenzte Gruppe entstehen, die die normative Gültigkeit von allgemeinen moralischen Regel außer Kraft setze (Basic 2003: 12). Man könnte auch sagen, dass sich die Komplizenschaft bei den Verbrechen in der Erinnerungsgruppe vorsetzt.

Durch meine Rolle und meine Fragen mussten die Dorfbewohner gerade über Dinge sprechen, die jeder wusste und sie versuchten, es einem Außerstehenden verständlich zu machen, wie sie die Hungersnot überlebten.

Bei den Interviews mit Merridale wehrten sich die sowjetischen Veteranen energisch dagegen, als traumatisiert bezeichnet zu werden (Merridale 2000a: 47). Der Sieg über Nazideutschland scheint ihrem Leiden einen Sinn gegeben zu haben und könnte sie vor der Traumatisierung geschützt haben. Die chinesischen Bauern können sich hingegen nicht als glorreiche Sieger fühlen. Die Hungersnot ließ das Versprechen der Kommunistischen Partei, niemanden verhungern zu lassen, wie eine Seifenblase zerplatzen. Auch wenn die Bauern durch Formen des alltäglichen Widerstands der Politik der Partei wiederholt Grenzen setzen konnten, müssen sie heute die schwerste Last in der Gesellschaft tragen und haben ihr zuvor gewonnenes soziales Prestige wieder vollständig verloren. Aleida Assmann hat darauf hingewiesen, dass das deutsche Wort „Opfer“ den Unterschied zwischen den englischen Wörtern *„sacrifice“* und *„victim“* nicht wiedergeben kann (A. Assmann 2005). Während die sowjetischen Veteranen sagen können, dass sie für den Sieg im „Großen Vaterländischen Krieg“ ein Opfer (*sacrifice*) gebracht haben, meinen die chinesischen Bauern, dass sie für die sinnlose Politik des „Großen Sprungs nach vorne“ geopfert (*victim*) worden sind.

Denjenigen, die sich für die Revolution und Partei geopfert haben, hat der chinesische Staat hingegen Denkmäler gesetzt. Die Volkshelden werden namentlich in den Kreischroniken aufgelistet, um so nicht in Vergessenheit zu geraten. In den *Soap Operas* zur Revolutionsgeschichte, die täglich im chinesischen Staatsfernsehen (CCTV) gesendet werden, wird ihrem „Heldentod“ für das „Neue China“ ein heroischer Sinn gegeben. Die Angehörigen meiner Interviewpartner starben aber nicht mit dem Gewehr in der Hand im Kampf gegen Japaner oder Guomindang. Sie verhungerten still und leise auf ihren Dörfern. Darin wird niemand etwas Heldenhaftes sehen. Laut Aleida Assmann ist die Idee, dass der Opferstatus ein moralisches Ansehen verleiht, sowieso erst im 20. Jahrhundert in Europa aufgekommen (A. Assmann 2005). Zu untersuchen wäre in Zukunft, welchen gesellschaftlichen Stellenwert der Opferstatuts in China hatte.

Obwohl ich die Hungersnot seit über 5 Jahren erforsche, liegt es immer noch außerhalb meiner Vorstellungskraft, zu begreifen, wie die Bauern in Judong mit dem Wissen, dass die Hälfte der Dorfbewohner verhungerte, in den 60er und 70er Jahren weiterleben konnten – völlig unabhängig von der Frage, ob sie darüber sprachen oder nicht. Der Verlust der Menschen war schließlich täglich sichtbar und konnte nur schwer verdrängt werden. War ihr Leben nach der Hungersnot nur noch eine Art zu überwintern? Nicht auszuschließen ist, dass die

Bauern zum ersten Mal mit dem westlichen Interviewer über bestimmte Fragen im Detail sprachen. Für mich stellt sich die Frage, wie die Dorfbewohner nach 1961 über die Schrecken der Hungersnot sprechen sollten, von denen ohnehin jeder wusste.

Mitscherlich und Mitscherlich meinen, dass die Deutschen nach dem 2. Weltkrieg in Melancholie verfallen wären, wenn sie die Trauer um den Verlust des Führers zugelassen hätten. Haben die Dorfbewohner, die ich interviewte, ihre Trauer um ihre Angehörigen einfach unterdrückt, oder gab es versteckte Möglichkeiten die Toten zu beweinen? Mueggler berichtet, dass in dem von ihm in der Provinz Yunnan untersuchten Dorf die Toten erst nach 1978 gemäß den Ritualen begraben werden konnten (Mueggler 1991: 196). Im Xinyang-Gebiet in Henan sind in vielen Kreisen tausende Tote einfach mit Bulldozern in Massengräbern geworfen worden. In den Bergen des Kreises Guangshan müssen tausende Skelette versteckt sein. Bisher hat noch kein Außenstehender, inklusive meiner selbst, gewagt nach den Orten der Massengräber zu fragen. Weder gaben die Dorfbewohner klare Auskünfte, ob sie während der Hungersnot noch Beerdigungen durchführen konnten, noch zeigten sie mir geheime Gedenksteine. Frau Zhu Yuhua meinte, die Leichen seien einfach zur Seite geschmissen worden. Bisher wissen wir so gut wie nichts über die Formen von Trauer Anfang der 60er Jahre.

Wie schon erwähnt, sank die Bevölkerung Runans im Zuge vom Krieg und Bürgerkrieg von über 700.000 im Jahr 1928 auf 545.718 Menschen im Jahr 1949. Der Kreis verlor damit in 21 Jahren 35,7 Prozent seiner Bevölkerung (rnxz 1997: 161). Bei den Dammbrüchen kamen 1975 im Gebiet von Zhumadian 26.000 Menschen ums Leben (Nangfang Zhoumo 25.8.2005). Aufgabe der Forschung ist es in Zukunft zu analysieren, wie die Dorfbewohner mit dieser Reihe von Katastrophen umgegangen sind und welche Überlebensstrategie sie entwickelt haben. Umgang mit Tod und Trauer innerhalb der Familie, mit der Verwüstung des Dorfes sowie Neuanfänge sollten in diesem Zusammenhang erforscht werden. Die Bauern haben die Erinnerungen an die Hungersnot des „Großen Sprungs“ im kommunikativen Gedächtnis des Dorfes bis heute bewahrt. Vergessen konnte das Massensterben niemand.

Interviews im Kreis Runan
(Alle Namen wurden verändert.)

Name	Geburtsjahr (Alter 1958)	Ehemaliger Klassenstatus	Damalige politische Funktion	Zeit und Ort des Interviews
Bauern				
Liu Wei	1933 (25)	Sohn eines „Großgrundbesitzers“	-	8.8.2005 / Judong
Lu Minghui		Armer Bauer	-	9.8.2005 / Judong
Wu Dajun	1941 (17)	Armer Bauer	-	8.8.2005 / Judong
Frau Zhu Yuhua		Arme Bäuerin	-	8.8.2005 / Judong
Frau Liu Chuiyu		Arme Bäuerin	-	8.8.2005 / Judong
Frau Liu Xinghong		Arme Bäuerin	-	9.8.2005 / Judong
Wu Huilin			-	8.8. und 9.8. 2005 / Judong
Frau Li Xiaolong		Arme Bäuerin	-	8.8.2005 / Judong
Frau Zhang Hongli		Arme Bäuerin	-	8.8.2005 / Judong
Kader				
Wu Tiancheng	1935 (23)	Armer Bauer	Leiter der Produktionsgruppe	8.8.2005 / Judong
Zhu Bin		Armer Bauer	Bürgermeister während der „Kulturrevolution“	8.8.2005 / Judong
Li Minghu		Armer Bauer	Verwalter der Volksküche	9.8. 2005 / Judong

10. Ausblick: Erinnerung an die großen Hungersnöte unter dem Staatssozialismus und die Zukunft Chinas

Keine Gesellschaft kann den Geistern der Erinnerungen an große Katastrophen entkommen, auch wenn sie versucht, sie zu verdrängen. Trotz Einparteienherrschaft und Zensur findet in China schon heute eine Aufarbeitung des „Großen Sprungs“ statt. Welche Debatten könnten erst geführt werden, wenn die KPCh das Thema zur Diskussion freigeben würde und die Bauern eine Möglichkeit bekämen um ihre Toten zu trauern?

Umgelöste gesellschaftliche und ökologische Probleme sowie zunehmende soziale Unruhen in Stadt und Land stellen große Herausforderungen für die Stabilität der Herrschaft der KPCh dar. Heute spielen die Auseinandersetzungen mit der Geschichte bei diesen Unruhen kaum eine Rolle. Nur einige Dissidenten und Intellektuelle fordern die Neubewertung der Demokratiebewegung vom „Platz des himmlischen Friedens“ von 1989 und die Rehabilitierung der Opfer. Die Partei hält bisher weiter an der Vision der „konterrevolutionären Unruhen“ fest. Das Eingeständnis, ein politisches Massaker begangen zu haben, würde nicht nur die Legitimität der Partei in Frage stellen, sondern auch die Gefahr einer Spaltung der KPCh heraufbeschwören. Beispiele aus anderen sozialistischen Staaten zeigen, dass lange verdrängte geschichtliche Ereignisse im Moment von schweren Legitimitätskrisen und Systemwechseln wieder eine neue Bedeutung gewinnen können. Auch wenn sich heute viele jungen Chinesen in Richtung Zukunft orientieren, so können sich die Machthaber keineswegs sicher sein, dass die Themen wie Bodenreform, „Großer Sprung“ und „Kulturrevolution“, die mit Millionen Toten verbunden sind, einfach abgehakt werden können.

An dieser Stelle soll ein Ausblick auf die mögliche Entwicklung der Vergangenheitsbewältigung in China gegeben und ein Vergleich zu der Aufarbeitung der Hungersnot von 1932/33 in der postsozialistischen Ukraine gezogen werden.

10.1. Trauma und Präsentation der Erinnerungen in der Öffentlichkeit

Bisher fehlen den chinesischen Bauern die Intellektuellen, die für sie ihre Erinnerungen in die Öffentlichkeit tragen. Sie selber haben kaum einen Zugang zum öffentlichen Raum, der immer noch sehr stark von der Partei kontrolliert und von der städtischen Gesellschaft dominiert wird. Die Thematisierung des Hungers durch Autoren wie Mo Yan bleibt bisher die Ausnahme. Das liegt nicht zuletzt daran, dass überhaupt wenige chinesische Intellektuelle für die Bauern Partei ergreifen. Trotz ständig wachsender Unruhen auf dem Land fühlen sich bisher wenige Intellektuelle dazu berufen, ihre Fähigkeiten zur Verfügung zustellen, um die Proteste zu koordinieren. Fast niemand ist bereit, auf die Dörfer zu gehen und die eigene Existenz zu gefährden. Sollten die Intellektuellen in Zukunft wieder einmal versuchen, das „revolutionäre" Potential der Bauern zu nutzen, könnten sie auch die Erinnerung der Bauern an die große Hungersnot thematisieren. Kein anderes Ereignis stellt so die Legitimität der KPCh in Frage, wie die Tatsache, dass die Partei Millionen Bauern verhungern ließ und am Überlebenskampf hinderte. Neben dem guten Willen fehlt den meisten chinesischen Intellektuellen heute jeglicher theoretische und moralische Bezugspunkt, um die Hegemonie der Partei anzugreifen. Das Wort „Bauer" wurde stattdessen wieder zu einem Schimpfwort und die ländlichen Arbeitsmigranten werden von nicht wenigen alteingesessenen Stadtbewohnern als Bedrohung empfunden.

Weigelin-Schwiedrzik glaubt, dass das über 30-jährige Schweigen und die Tabuisierung des „Großen Sprungs" nicht nur auf Grund des politischen Systems durchgesetzt werden konnte, sondern auch die Opfer und Täter Zeit brauchten, ihr Trauma zu verarbeiten (Weigelin-Schwiedrzik 2003: 46 f.). Der Vergleich mit anderen Ländern, wie zum Beispiel Westdeutschland, legt nahe, dass man Schweigen mit der Traumatisierung erklären kann. Stutzig macht an Weigelin-Schwiedrziks Aussage jedoch die Zahl 30 Jahre. Schweigen herrschte also nicht seit dem Ende der Hungersnot seit 1961, sondern seit der „Kulturrevolution". Während der Kampagne der „Vier-Säuberungen" (四清运动) wurden sowohl von Bauern als auch von den Untersuchungsgruppen viele Verfehlungen von Kadern angesprochen, die mit der Hungersnot im Zusammenhang standen. Bauern aus Baotou erzählten mir, dass Anfang der 60er Jahre Kader, die Xinyang besuchten, von dem Massensterben berichteten. Meine Interviewpartner, die aus Runan nach Qinghai flüchteten, sagten, dass sie dort von dem Kannibalismus in Südhenan hörten. Erst als sie wieder in ihr eigenes Dorf zurückkehrten, konnten sie nicht mehr über die Hungertoten sprechen, ohne Repressionen fürchten zu müssen.

Wenn die Bauern durch die Hungersnot so stark traumatisiert worden sind, warum konnten sie in den ersten Jahren nach den Ereignissen darüber sprechen? Wiederholt berichteten mir Bauern, dass selbst auf den Sitzungen während der „Kulturrevolution", auf denen das Leid der Vergangenheit geklagt werden sollte, Menschen spontan begannen über die Hungersnot zu sprechen.

Aleida Assmann weist darauf hin, dass die Kriegsverbrechen der Wehrmacht im Gegensatz zu später in den Stammtischgesprächen der ersten Nachkriegsjahre im vertrauten Kreis kein Tabuthema waren, sondern Geschichten über Massenhinrichtungen zum Gruseln oder zur Aufheiterung erzählt wurden (A. Assmann 2005). Das Schweigen der Eltern in den Familien bis in die 60er Jahre, kann also nicht nur mit Traumatisierung erklärt werden.

Interessant ist die Tatsache, dass in der Zwischenphase zwischen „Großem Sprung“ und „Kulturrevolution“ einige Intellektuelle wie Wu Han und Deng Tuo den Mut hatten, die Leiden der Bauern während der Hungersnot, wenn auch in klausulierter Form, öffentlich zu thematisieren. In seinen historischen Parabeln kritisierte Deng Tuo auf dem Boden einer konfuzianischen Ethik die Ausbeutung der Landbevölkerung (Glaubitz 1969: 62-65). Wenn die Tabuisierung auf Grund der Traumatisierung der Bauern so gut funktioniert haben soll, wie ist es dann zu erklären, dass die Kommunistische Partei Deng Tuo und Wu Han in den ersten Jahren der „Kulturrevolution“ ununterbrochen in der Öffentlichkeit kritisierte? Jeder verstand die Botschaft: Wer die Politik Mao Zedongs während des „Großen Sprungs“ kritisiert, ist Feind des Volkes und der Partei. Nicht zufällig wurde an dem schon 1959 abgesetzten Peng Dehuai ein Exempel statuiert und er gehörte wie Wu Han zu den ersten Opfern der „Kulturrevolution“.

Fast alle Zeitzeugen waren bereit, mit Menschen wie Ralph Thaxton, Kimberly Manning oder mir über die Hungersnot zu sprechen. Bei der Lektüre von Dorfuntersuchungen westlicher Wissenschaftler aus den 80er und frühen 90er Jahren ist bei mir der Eindruck entstanden, dass diese noch kein Problembewusstsein für das Ausmaß der Hungernot hatten und die Bauern gar nicht danach fragten. Das vermeintliche Schweigen ist neben möglicher Traumatisierung und politischen Repressionen nicht zuletzt auch darauf zurückzuführen, dass, vielleicht bis auf ein paar aufs Land verschickte Jugendliche, die Bauern niemand nach der Hungersnot fragte. In den drei Dörfern Henans haben die Eltern die Erinnerungen an die Hungersnot an die Kinder weitergegeben. Wie sollte das möglich sein, wenn es über dreißig Jahre ein Tabuthema war?

Heute haben sich die politischen Rahmenbedingungen in China deutlich geändert. Es ist davon auszugehen, dass die Bauern nicht wissen, dass Kader und Intellektuelle angefangen haben, in geschichtlichen Zeitschriften und Erinnerungsbänden die Hungersnot aufzuarbeiten. Trotzdem glaubten meine Interviewpartner, dass sie keine Repressionen zu fürchten haben, wenn sie mit einem „Ausländer“ über das Thema sprechen. Obwohl es heute viel ungefährlicher ist, den Enkelkindern von der Hungersnot zu erzählen als es damals gegenüber den eigenen Kindern war, wurden die Erinnerungen an die dritte Generation kaum weiter gegeben. Auch hier ist nicht das Tabu das eigentliche Problem, sondern das Desinteresse der Enkel auf Grund des nicht vorhandenen Erfahrungshorizonts und der starken Zukunftsorientierung. Weigelin-Schwiedrziks These vom über 30-jährigen Tabu ist meiner Meinung nach richtig bezogen auf die offizielle Geschichtsschreibung. Die Parteihistoriker waren als Kader und Intellektuelle vom Staat geschützt und es wäre unsinnig zu behaupten, dass auch sie durch die Hungersnot traumatisiert wären.

Durch die strikte Trennung der chinesischen Gesellschaft von Stadt und Land bis Anfang der 90er Jahre, hatten sowohl westliche als auch chinesische Intellektuelle auf Grund des politischen Systems, oder auch des eigenen Desinteresses bezüglich der Hungersnot, keine Möglichkeit die Existenz eines kommunikativen Gedächtnisses auf den Dörfern zu entdecken. Weigelin-Schwiedrzik hat durch die von ihr ausgewählten Quellen versucht, die Verarbeitung der Hungersnot der Bauern durch die Analyse von Romanen chinesischer Intellektueller herauszuarbeiten. Es ist nicht auszuschließen, dass selbst Intellektuelle wie Mo Yan oder Yu Hua, die die Leiden der Bauern in der Hungersnot thematisieren, nicht ganz frei von den urbanen Vorurteilen gegenüber dem chinesischen Dorf sind. Hinzu kommt auch, dass wir, die Forscher, die die Hungersnot aufarbeiten wollen, sowohl in Europa als auch in China ständig von Kollegen umgeben sind, die nicht das geringste Interesse an diesem wichtigen Thema zeigen und behaupten, in China würde keine Aufarbeitung der Vergangenheit stattfinden.

Diese Kritik an dem Trauma-Ansatz bedeutet nicht, ihn prinzipiell zu verwerfen und zu behaupten, die Bauern wären auf keinen Fall traumatisiert. Ich finde es zu früh, um hier eine klare Aussage zu treffen.

10.2. Vergleich: Die Hungersnot in der Ukraine

An dieser Stelle soll nicht der Vergleich zur Aufarbeitung des Nationalsozialismus in Deutschland gezogen, sondern die Auseinandersetzung um die Hungersnot in der Ukraine dargestellt werden. Das ist eine andere Möglichkeit, den chinesischen Fall in einen internationalen Kontext zu stellen.

Am Beispiel der politischen Instrumentalisierung der Hungersnot von 1932/1933 in der heutigen Ukraine möchte ich hier zeigen, welche bedeutende Rolle ein über 70 Jahre zurückliegendes Ereignis noch spielen kann. Diese Hungersnot wurde im Rahmen der von Stalin forcierten Kollektivierung der Landwirtschaft ausgelöst und weist einige Parallelen zur „Großen Sprung"-Hungersnot auf. In der Zeitschrift „Osteuropa" wurden 2004 (Heft 12) Beiträge von deutschen, russischen und ukrainischen Wissenschaftlern zur Hungersnot in der Ukraine und Kasachstan veröffentlicht.

Der sowjetische Staat zog während der Kollektivierung der Landwirtschaft zu viele Getreideressourcen von den Dörfern ab. Besonders stark waren die Getreideüberschussregionen von der Hungersnot betroffen (Katzer 2004: 94). Ähnlich wie die KPCh versuchten die Bolschewiki, die traditionellen Rettungsmethoden der Bauern bei einer Hungersnot zu unterbinden. In der Ukraine bemühte sich die Regierung, die hungernden Bauern an der Flucht in die Städte und andere Regionen durch Zwangsmaßnahmen und Terror zu hindern (Simon 2004: 50). Diebstahl von Eigentum der Kolchose, inklusive Diebstahl von Lebensmitteln, konnte seit 1932 gesetzlich mit dem Tod durch Erschießen bestraft werden (Kul'cyc'kyj 2004: 60). Im Unterschied zu China kam es in der UdSSR zu massivem Widerstand gegen Kollektivierung und Getreiderequirierung. Der Staat antwortete mit Zwangsdeportationen. Im Glauben, die Bauern würden das Getreide zurückhalten, wandte die Partei drakonische Strafmaßnahmen an. In der Ukraine wurden ganzen Dörfern alle Lebensmittel entzogen (Lebensmittelblockade). Wie in China schützte der sozialistische Staat die Stadtbewohner, insbesondere privilegierte Gruppen wie Polizei, Armee und Arbeiter der Schwerindustrie (Mark / Simon 2004: 6). In den Städten kam es nicht zum Massensterben. Als Folge des Hungers starben 6 bis 7 Millionen Menschen in der Sowjetunion. Die Zahl der direkten Toten der Hungersnot in der Ukraine des Jahres 1933 wird auf 3 bis 3,5 Millionen geschätzt. Den höchsten Blutzoll, gemessen an der Gesamtbevölkerung, musste aber Kasachstan bezahlen. Es verlor zwischen 1930 und 1933 ca. zwei Millionen Menschen (Mark / Simon 2004: 9f). In der UdSSR exportierte die Führung wie auch in China während der Hungersnot große Mengen an Getreide ins Ausland. Lieber gab Stalin die Bauern einer Hungersnot preis, als das Scheitern der Kollektivierung vor Ausland und Inland einzugestehen (Merl 1993: 162).

1933 leitete die sowjetische Führung Maßnahmen ein, die die Hungersnot beendeten. Das private Hofland der Kolchosenbauern wurde ausgeweitet, ihnen eine bestimmte Menge von Lebensmitteln garantiert und die Quoten des staatlichen Getreideaufkaufs heruntergesetzt. Wie auch die chinesische Führung 1961 wusste die sowjetische Regierung, mit welchen Maßnahmen sie den Hunger stoppen konnte, und beschloss sie mindestens ein Jahr zu spät.

1984 versuchte Thomas Bernstein die Politik der russischen und chinesischen Kommunisten, die zur Hungernot führte, zu vergleichen. Damals glaubte er, dass Mao Zedong und die Elite aufgrund der Erfahrungen der chinesischen Revolution keine Vorurteile gegen die Bauern gehabt hätten. Während in der Sowjetunion die Hungersnot durch eine Strafaktion des Staates gegen die Bauern, die mit den hohen Getreidequoten unzufrieden waren, ausgelöst wurde, führten in China bürokratisches Missmanagement und falsche Erfolgsberichte zur Hungersnot (Bernstein 1984: 345). Diese Ansicht ist auf Grundlage der heutigen Quellen überholt. Der chinesischen Regierung wurde schon im Winter 1958 klar, dass viele Berichte gefälscht waren. Die Politik des „Großen Sprungs" und extrem hoher Aufkaufsquoten von Getreide wurde trotzdem bis Ende 1960 weitergeführt. Die Legende vom großen Bauernfreund Mao ist vor dem Hintergrund der heutigen Erkenntnisse der reinste Zynismus.

10.3. Die Aufarbeitung und Instrumentalisierung der ukrainischen Hungersnot

Die historische Aufarbeitung der Hungersnot durchlief in der Sowjetunion verschiedene Phasen, die stark von den jeweiligen Machtverhältnissen geprägt waren. Zu Stalins Lebzeiten waren die Hungersnöte, die in verschiedenen Regionen der Sowjetunion im Zuge der Kollektivierung ausbrachen, ein Tabuthema. Stalin äußerste sich im Gegensatz zu Mao klar und deutlich zu dem Thema. Im Februar 1933 erklärte er öffentlich, dass die Schwierigkeiten der Kollektivbauern verglichen mit den Entbehrungen der Arbeiter im Bürgerkrieg von 1919-1921 ein „Kinderspiel" seien. Es lohne sich nicht einmal, ernstlich darüber zu sprechen (Stalin, Band 13, 1950: 218 f). Mit der Entstalinisierung fand vor allem zwischen 1956 bis Mitte der 60er Jahre eine erste Thematisierung der Hungersnot statt. Wie auch Conquest aufgefallen ist, wurde in der Breschnew-Ära Stalin wieder positiver bewertet und Kritik an der Kollektivierung sowie der „Liquidierung der Kulaken als Klasse" schwieriger (Conquest 1988: 420). Auf Grund der bis Anfang der 80er Jahre in der Sowjetunion veröffentlichten Bevölkerungsstatistiken errechnete Radziejowski einen demographischen Verlust von über 9,2 Millionen Menschen in der Ukraine zwischen 1927 und 1939 (Radziejowski 1980: 17).

Internationale Bedeutung bekam das Thema Hungersnot in der Ukraine erst Mitte der 80er Jahre. Die Aufarbeitung der Hungersnot in der Ukraine ist von Beginn an einer sehr starken Politisierung und Instrumentalisierung ausgesetzt. Während des Kalten Krieges unter der Reagan-Administration beauftragte der amerikanische Kongress 1985 eine Kommission unter der Leitung von James Mace, die Hungersnot in der Ukraine zu untersuchen. Die amerikanische Regierung erhoffte sich dadurch auch eine Stärkung der ukrainischen Nationalisten als antikommunistische Kraft. Robert Conquest führte die Begriffe „Terror Famine" bzw. „Hunger-Holocaust" in die Debatte ein. Die zentrale These lautete: Stalin habe die Hungersnot bewusst verursacht, um den Widerstandswillen der Ukrainer gegen die sowjetische Unterwerfung zu brechen. Conquest provozierte in der Einführung seines Buches mit einem Holocaustvergleich. Die Ukraine sei damals in ein riesiges Bergen-Belsen verwandelt worden, in dem wohlgenährte Funktionäre die hungernde Bevölkerung überwachten (Conquest 1988: 9). Stalin habe trotz Kenntnis des Leidens der Bauern an den hohen Beschlagnahmungszielen festgehalten und die vorhandenen Vorräte nicht verteilen lassen (ebenda: 401). Conquest warf die Frage auf, ob mit der sowjetischen Politik der völkerrechtliche Tatbestand des Genozids erfüllt sei.

In der Sowjetunion wurde als Reaktion auf die Aktivitäten des amerikanischen Kongresses eine Gegenkommission eingesetzt und die Hungersnot vorsichtig thematisiert. Die Schlüsse, zu denen die meisten sowjetischen Historiker Ende der 80er Jahre kamen, weisen meiner Meinung nach verblüffende Ähnlichkeiten zum Kanon der chinesischen Parteigeschichtsschreibung auf. Als Hauptursache des Hungers wurden die zu überstürzte Kollektivierung, die mangelnde Beachtung der ökonomischen Gesetze, die Getreideaufbringung ohne Rücksicht auf den Zustand der Kolchosen sowie die verantwortungslose Einkommensverteilung unter den Kolchosenmitgliedern genannt. Stalin trage die Hauptverantwortung und sei von den „leninschen Prinzipien" abgewichen (Vasil'ev 2004: 166). Außerdem wurden lokale Funktionäre für grobe Fehler verantwortlich gemacht (Mark 2004: 120).

Die chinesischen Parteihistoriker vertreten unter dem Stichwort der Fehler des „linken Radikalismus" ähnliche Thesen. Besonders Bo Yibo zog noch Anfang der 90er Jahre aus den „Fehlern" der Mao-Ära die Lehre, wieder zum wissenschaftlichen Marxismus-Leninismus zurückzukehren. Die chinesische Parteigeschichtsschreibung kann es sich aber nicht so einfach machen wie die damalige sowjetische, die zwischen der richtigen Politik Lenins und der falschen Politik Stalins trennen konnte: In China stand mit Mao zwischen 1949 und 1976 nur ein Führer an der Spitze der Partei. Die KPCh versucht die „Mao Zedong-Ideen" zu retten, indem sie zwischen den Ideen Maos, die durch die Partei immer wieder neu definiert werden können, und den „linksradikalen" Fehlern der Person Mao in der Phase nach 1953 unterscheidet. Der Gedanke, dass Mao Zedong hauptsächlich Bauern verhungern ließ, ist natürlich weiterhin Tabu und kann vor Öffnung der Archive auch nicht untersucht werden.

10.4. Wie kann das Unaussprechliche ausgesprochen werden?

Nikolaus Katzer weist bezüglich der Erforschung der Hungersnot in der UdSSR darauf hin, dass die Thematisierung des Leidens auch ein sprachliches Problem ist. Weder in China noch in der UdSSR war die Hungersnot das einzige Ereignis mit Millionen Toten. Bisher fehle den Forschern noch die Vorstellung der inneren Zusammenhänge der wiederholten Ausnahmezustände des Katastrophenzyklus. „Worüber öffentlich und offen weder Opfer noch Täter sprachen oder sprechen dürften bzw. was nur in der Sprache und mit den Begriffen der herrschenden Elite zum Ausdruck kam, muss durch die historische und andere Wissenschaft erst dechiffriet werden. In dieser Hinsicht sind nicht die lange unter Verschluss gehaltenen, zudem unzulänglichen Verluststatistiken das Problem (...). Wesentlicher erscheint die Auseinandersetzung mit der sowjetischen Terminologie und Ikonograhie des Todes, des Leidens, der Marginalisierung, Demütigung, Entrechtung und Entmenschlichung großer Teile der Bevölkerung. Bezeichnenderweise kursieren in einer Gesellschaft kaum realitätsnahe Bilder des Todes, für die das vorzeitige und außerordentliche Sterben ein ständiger Begleiter war" (Katzer 2004: 107).

Bei der Erforschung der Hungersnot in China besteht das gleiche Problem: Verfügte die Parteisprache überhaupt über ein Vokabular, um über Massensterben zu berichten? Anstatt Tod, Hunger, Krankheit und Leiden zu benennen, wurde in Berichten häufig über Probleme im Verteilungssystem, Verletzung des Prinzips der Entlohnung nach der Leistung oder mangelnde Motivation der Bauern gesprochen. Mord, Folter und Demütigungen wurden unter dem Begriff Linksabweichung gefasst, sowie bei Machtmissbrauch und Korruption von Kadern von Disziplinlosigkeit und kleinbürgerlichem Verhalten gesprochen. Auch heute wird in den offiziellen Publikationen nicht von Hungertoten, sondern von wörtlich „nicht regulärem Tod" (不正常死亡) oder nur von Bevölkerungsverlust (人口损失) gesprochen. Wenn Produktionsgruppen überhaupt nichts mehr zu essen hatten, hieß es häufig nur, dass sie zu wenig Getreide (缺粮食) oder die Volksküchen die Versorgung eingestellt hatten (停伙). Vor dem Hintergrund dieser Unwörter finde ich es deswegen auch wichtig, nicht von den „drei Jahren der Schwierigkeiten" (三年困难时期), sondern von der Großen Hungersnot (大饥荒) zu sprechen. Der Begriff „Große Sprung"-Hungersnot, zu dem es noch keine passende Übersetzung ins Chinesische gibt, benennt den Zusammenhang zwischen beiden Ereignissen und trägt damit der Katastrophe mehr Rechnung als der Propagandabegriff des „Großen Sprungs nach vorne", der vor dem Hintergrund des heutigen Wissens nur noch zynisch wirkt. Bisher ist noch nicht der Versuch unternommen worden, den Diskurs und die Begriffe der offiziellen Sprache über Hunger und Elend zu entschlüsseln. Diese Aufgabe steht der Forschung noch bevor.

Nicht nur der Staat, sondern auch die Bauern haben Probleme, das Massensterben in Worte zu fassen. Die chinesische Gesellschaft muss erst noch eine Sprache und Bilder finden, um diese traumatische Erfahrung in Worte fassen zu können. Dazu bedarf es eines schmerzhaften Prozesses der historischen, medialen aber auch künstlerischen Aufarbeitung.

10.5. Hungersnot als Kern der Erinnerungspolitik der unabhängigen Ukraine

Doch nun zurück zur historischen Aufarbeitung in der Ukraine: Mit dem Ende der UdSSR nahm die Bedeutung der Aufarbeitung der Hungersnot von 1932/33 noch zu. Auf einem Symposium zur Hungersnot in Kiew verabschiedeten 1990 Politiker, Schriftsteller und Historiker eine Resolution, in der die Hungersnot als Genozid am ukrainischen Volk bewertet wurde (Vasil'ev 2004: 168).

Erstaunlich ist, dass hier Menschen, die sich für Demokraten halten, ganz in der Tradition der offiziellen Parteihistoriographie des Staatssozialismus meinen, die richtige Interpretation der Geschichte per Beschluss festlegen zu können.

Außerdem wurde der Begriff „*Holodomor*" für die Hungersnot eingeführt, der mittlerweile in das kollektive Gedächtnis der Ukrainer eingegangen ist. Er bedeutet Hungersnot, die von der Staatsmacht ausgelöst wurde. Für westliche Ohren erinnern die Wortsilben an Holocaust. Forderungen nach einer Entschuldigung von Russland als Rechtsnachfolger der UdSSR wurden laut und sogar nach einem zweiten Nürnberger-Prozess, der über die Verbrechen der KPdSU richten soll.

2002/2003 startete das ukrainische Außenministerium eine Initiative mit dem Ziel, die Anerkennung des *Holodomor* als Genozid durch die internationale Gemeinschaft zu erreichen. Auch wenn diese Initiative scheiterte, verabschiedeten in der UNO 26 Staaten zum 70. Jahrestag der Hungersnot eine Erklärung, die von einer nationalen Tragödie für das ukrainische Volk mit 7 bis 10 Millionen Toten sprach, aber auch an russische und kasachische Opfer erinnerte. Auch Russland und Kasachstan unterzeichneten dieses erste UN-Dokument, das die Hungersnot thematisiert (Jilge 2004: 162).

Mittlerweile wurden sogar ein nationaler Gedenktag eingerichtet und *Holodomor*-Denkmäler gebaut. Wolfgang Jilge ist der Meinung, dass die Hungersnot das Schlüsselereignis im ukrainischen Geschichtsbild nach 1991 werden konnte, weil so die Legitimität und Einheit des ukrainischen Staates gegenüber Russland legitimiert wird. Ebenso wurde die Hungersnot als wichtiges Argument beim Verbot der KP Ukraine und der Wiedereinführung des Privateigentums angeführt (ebenda: 153). Die Pressefreiheit wird unter anderem damit begründet, dass ein freier Zugang zu Informationen das Volk vor einem solchen Unglück bewahren würde (ebenda: 155). Die Anerkennung der Hungersnot als Genozid gilt sozusagen als patriotische Pflicht.

10.6. Hungersnot als Strafe?

Trotz dieser stark emotionalisierten Erinnerungspolitik in der Ukraine, ist in der wissenschaftlichen Forschung die These, dass Stalin die Hungersnot absichtlich ausgelöst habe, um die Ukrainer zu bestrafen, weiterhin umstritten. Folgende Gegenargumente werden genannt: Die drakonischen Strafmaßnahmen wie komplette Lebensmittelblockade bei Nichterfüllung der Ablieferung von Getreide wurden auch in anderen Gebieten der UdSSR angewandt. Im Vielvölkerstaat Ukraine wurden von diesen Maßnahmen, die Hungertote billigend in Kauf nahmen, nicht nur Ukrainer, sondern auch Russen, Deutsche und andere Minderheiten getroffen (Merl 1993: 157). Für die Ukraine wurden hohe Ablieferungsquoten festgesetzt, weil sie als „Kornkammer“ galt. Im Widerspruch zu der These vom russischen Genozid an den Ukrainern steht sicher auch die Tatsache, dass viele der Kader auf lokaler Ebene, die den Bauern das letzte Getreide wegnahmen, ukrainischer Nationalität waren.

Davies und Wheatcroft (2004) versuchen in ihrer quellenreichen Studie nachzuweisen, dass Stalins Bauernpolitik zwar erbarmungslos war, die Hungersnot und der Niedergang der Agrarproduktion für die sowjetische Führung aber unerwartet kamen und unerwünscht waren, da sie gerade Ressourcen aus der Landwirtschaft für die Industrialisierung freisetzten wollte.

Tauger versucht zu berechnen, dass die Ernte von 1932 wesentlich schlechter war als bis dato angenommen und die Hungersnot nahezu unausweichlich gemacht habe (Tauger 1991: 89). Conquest würde ignorieren, dass die sowjetische Regierung schon 1932 die Getreidequoten senkte und die Getreideexporte ins Ausland deutlich reduzierte (ebenda: 88). 1933 folgten Hilfslieferungen an die Ukraine im großen Ausmaß. Zwar hätte die Versorgung der Bauern für das Regime die letzte Priorität dargestellt, aber auch die Rationen für Arbeiter und Teile der Stadtbevölkerung seien 1931 massiv gekürzt oder ganz eingestellt worden (ebenda: 87). Zusammenfassend stellt Tauger fest, dass die Hungersnot ein Resultat des „Scheiterns der Revolution“ von oben war und nicht eine erfolgreiche Politik zur Unterwerfung der Ukrainer (ebenda: 89).

Davies, Tauger und Wheatcroft meinen, dass die sowjetische Regierung Anfang der 30er Jahre nur über ca. 1,1 Millionen Tonnen Getreidereversen verfügte und nicht über 4,5 Millionen Tonnen wie Conquest behauptet (Davies / Tauger / Wheatcroft 1995: 656). Zwar hätten mit diesem Getreide Hunderttausende oder sogar Millionen gerettet werden können, es reichte aber keinesfalls aus, um die Hungersnot zu eliminieren. Stalin wollte das Risiko von Unruhen in der Armee und den Städten nicht eingehen. Die Politik der Anlegung von großen Getreidereserven und einem Speichersystem sei nicht erfolgreich gewesen (ebenda: 657).

Auch Terry Martin, der mit seinem Buch „The Affirmative Action Empire“ eine interessante Interpretation der sowjetischen Nationalitätenpolitik vorgelegt hat, widerspricht der These, die Hungersnot sei mit Absicht ausgelöst worden, um die Ukrainer zu bestrafen. Vielmehr sei die sowjetische Führung zu der Ansicht gekommen, dass die Getreideablieferung in der Ukraine von nationalistischen Kräften sabotiert würde (Martin 2001: 303). Die Politik der „Ukrainisierung“ sah Stalin daraufhin als gescheitert an. Als Folge setzte ein Terror gegen für unzuverlässig gehaltene Nationalitäten ein, der die Hungersnot ein Jahr überdauerte (ebenda: 307).

Bezüglich der „Großen Sprung“- Hungersnot in China hat bisher niemand behauptet, dass die chinesische Führung sie absichtlich auslöste. Ziel des „Großen Sprungs" war es schließlich, England zu überholen und in den Kommunismus überzugehen. Die Frage stellt sich eher, warum Mao und die chinesische Führung im Zeitraum vom Sommer 1959 bis Herbst 1960 noch einen „zweiten Großen Sprung" starteten, obwohl das Massensterben der Bauern ihnen bekannt war. Warum die Führung so handelte, wird vor der vollständigen Öffnung der Archive nur Gegenstand von Spekulation sein können. Wie viel Getreide lagerte noch in den Speichern und wie viele Millionen Bauern hätten gerettet werden können? Diese Frage ist vor allem deswegen interessant, weil der chinesische Staat traditionell die Aufgabe hat, Getreidespeicher für Hungersnöte anzulegen. Auch China exportierte während der Hungersnot große Mengen an Getreide ins Ausland. Yang Dali meint, dass damit allein 1960 4 Millionen Menschen vor dem Hungertod hätten bewahrt werden können (Yang Dali 1996: 66).

Nachweisen läst sich heute schon anhand von Dokumenten und Erinnerungen, dass im Alltag des „Großen Sprungs" der Hunger als Waffe eingesetzt wurde. Kader kürzten die Essensrationen in der Volksküche oder verordneten „Todesrationen", wenn Bauern nicht gehorchten oder nicht arbeiten wollten.

Die neuen Erkenntnisse des „Zwischenfalls von Xinyang" zeigen, dass neben Hunger auch politischer Terror massenhaft zum Tod führte. Bisher wurde der „Große Sprung" hauptsächlich als Hungersnot wahrgenommen. Zumindest in der Aufarbeitung von regionalen Ereignissen wie dem „Zwischenfall von Xinyang" wird man auf Dauer um eine Debatte der Definition der Verbrechen wie Massaker, Soziozid usw. nicht vorbeikommen.

Der größte Unterschied zwischen der Hungersnot der Ukraine und China ist sicher die nationale Dimension. Da die nun unabhängige Ukraine damals Teil der UdSSR war, ist es möglich, die Katastrophe einer fremden Macht zuzuschieben. In China waren sowohl Täter als auch Opfer in der Regel Hanchinesen. Wird die „Kulturrevolution" von einigen Exil-Tibetern als chinesischer Genozid am tibetischen Volk begriffen, so spielt die Hungersnot in dieser Debatte kaum eine Rolle. Die Gebiete, die von der Hungersnot am schlimmsten betroffenen waren, sind in der großen Mehrheit von Hanchinesen bewohnte Provinzen wie Anhui, Henan und Sichuan. Die Idee, dass diese Provinzen für mangelnde Loyalität gegenüber der Zentrale bestraft wurden, ist absurd, da ihre Führungen zu den fanatischsten Umsetzern des „Großen Sprungs" gehörten.

10.7. Vorteile einer sachlichen Debatte über die Hungersnot

Eine Politisierung und Moralisierung wie in der Ukraine ist für die Erforschung der „Große Sprung"-Hungersnot nicht zu wünschen. Momentan ist es noch möglich, lokale Kader zu interviewen, ohne dabei Rechfertigungsreflexe zu verursachen. Bauern können noch ihre Sichtweise der Ereignisse darstellen, ohne dass die Verurteilung der Hungersnot zur „patriotischen Pflicht" geworden ist. Außerdem können kritische chinesische und westliche Forscher mit unterschiedlichem ideologischem Hintergrund zusammenarbeiten, die ein gemeinsames Interesse haben, die große Katastrophe aufzuarbeiten. Im Falle der Ukraine warfen sich die Historiker schon 1993 Totschlagargumente an den Kopf (siehe z.B. Mace 1993). Eine sachliche Debatte zwischen den Befürwortern der These der „absichtlichen" Hungersnot und ihren Gegnern scheint kaum mehr möglich.

Die Einbeziehung der Debatte um die Hungersnot in der UdSSR in die Aufarbeitung der „Großen Sprung"-Hungersnot ist sinnvoll, da bei allen Unterschieden zwischen beiden Gesellschaften, die unübersehbaren Ähnlichkeiten in der Regierungspolitik und der Interaktion zwischen Staat und Partei sowie der historischen Aufarbeitung in der offiziellen Parteigeschichtsschreibung bestehen. Nahmen die westlichen China-Experten in den 50er Jahren Widersprüche zwischen der UdSSR und China unter dem Paradigma der Totalitarismus-Theorie kaum wahr, so waren die meisten zu blind, die Gemeinsamkeiten der Entwicklungen zu sehen, nachdem sich das Paradigma „Das machen wir anders als Moskau"[102] während der „Kulturrevolution" auch im Westen durchsetzte. Heute kann die Geschichte der Volksrepublik mit dem Vergleich zu den Erfahrungen in Stalins Sowjetunion wieder neu geschrieben werden.

10.8. Hungersnot und Staatssozialismus

Der hier begonnene Vergleich zwischen zwei sozialistischen Ländern könnte der Beginn einer breiteren und interdisziplinären Debatte zum Thema „Hungersnot und Staatssozialismus" sein. Die erste Hungersnot unter sozialistischer Herrschaft brach während des russischen Bürgerkrieges von 1919 bis 1921 aus. Heute wissen wir, dass nicht nur ein Krieg zwischen Roten und Weißen tobte, sondern sich auch die „Grünen", tausende von bäuerlichen Partisanenverbänden, gegen die Bolschewiki erhoben (Beyrau 2001: 50-55). Einer der Hauptgründe für den Unmut der Bauern waren die Getreiderequirierungen.

Brach diese Hungersnot noch in Bürgerkriegszeiten aus, so wurde die Hungersnot 1932/1933 zu Friedenszeiten ausgelöst. Wieder führte ein Angriff auf die Lebensmittelproduzenten zu einem Massensterben auf den Dörfern. Die nächste Hungersnot in Friedenszeiten brach in der Sowjetunion in den Nachkriegsjahren 1946-1948 aus. Nach Angaben von Zubkova litten ca. 100 Millionen Menschen an Unterernährung und 2 Millionen verhungerten (Zubkova 1998: 47). Bisher exstieren zu dieser Hungersnot weder exakte Daten noch eine breite wissen-

[102] Dieser Titel der Übersetzung der Kommentare Maos zu dem sowjetischen Lehrbuch für politische Ökonomie von Helmut Martin (1975) bringt das Paradigma jener Zeit auf den Punkt.

schaftliche Forschung. In den ersten Nachkriegsjahren hatte die sowjetische Regierung trotz Ernteeinbrüchen durch Naturkatastrophen für Millionen Menschen die Getreidekarten abgeschafft, was zur Erhöhung der Preise führte. Allein zwischen 1946 und 1947 wurden 2,5 Millionen Tonnen Getreide ins Ausland exportiert (ebenda: 43). Im Unterschied zur Hungersnot von 1932/33 fand in den Nachkriegsjahren keine radikale Umwälzung der Agrarordnung statt.

Nach drei Erfahrungen mit Hungersnöten in der Sowjetunion, wirft sich die Frage auf, warum Mao Zedong 1958 den nächsten „Sprung ins Blaue" wagte. Im Chaos der sozialen Revolution durch die Einführung der Volkskommune wurde den Bauern in einigen Regionen sogar das Saatgetreide vom Staat weggenommen. Wie detailliert die chinesische Parteiführung von den Hungersnöten in der Sowjetunion wusste, bleibt heute noch offen. In seiner Geheimrede auf dem 20. Parteitag der KPdSU sprach Chruschtschow von einer schwierigen Situation der Landwirtschaft unter Stalin, nicht aber über eine Hungersnot mit Millionen von Toten (Chruschtschow 1956).

Die negativen Folgen der Agrarpolitik Stalins waren Mao Zedong auf jeden Fall bewusst. Er schrieb 1956 in der Schrift „Die zehn großen Beziehungen": „Die Sowjetunion hat mit ihren Maßnahmen die Bauern zu sehr geschröpft. Mit ihrer so genannten Getreideablieferungspflicht und anderen Maßnahmen wird den Bauern zu viel weggenommen und zu wenig dafür bezahlt. Auf diese Weise Geldmittel zu akkumulieren, hat die Begeisterung der Bauern für die Produktion sehr gedämpft. Du willst, dass die Henne mehr Eier legt, willst sie aber nicht füttern (...) Angesichts der schweren Fehler der Sowjetunion in dieser Frage müssen wir noch sorgfältiger sein und die Beziehungen zwischen dem Staat und den Bauern gut regeln" (Mao Zedong, 1977: 68). Nur drei Jahre später löste seine Politik eine noch schlimmere Hungersnot als in der Sowjetunion aus. In den 90er Jahren kam es in Nordkorea, in einem sozialistischen Staat, zu einer weiteren großen Hungersnot.

Die kommunistischen Parteien konnten ihre radikale soziale Umwälzung gegen die Bauern nicht durchsetzen. Lenin erkannte seine Niederlage 1921 mit der Einführung der NÖP (Neu Ökonomische Politik) an, Stalin musste den Bauern Mitte der 30er Jahre privates Hofland innerhalb der Kolchosen und Bauernmärkte zugestehen. Mao stimmte 1961 einer Form der Volkskommune zu, die auf Familien- und traditionellen Dorfstrukturen aufbaute. China wurde von einer Getreideexport- zur Getreideimportnation.

Aufgabe der zukünftigen Forschung ist es, die Interaktion zwischen Bauern und den kommunistischen Parteien, die in die Hungersnöte führte, genauer zu erforschen. Ein interdisziplinärer Zugang konnte die Schranken der nationalen

Analyse durchbrechen und ein neues Licht auf alle Hungersnöte im Staatssozialismus werfen.

10.9. Die Geister der Vergangenheit und Racheengel der Geschichte

Trotz eines Plädoyers für eine sachliche Debatte über die „Große Sprung"-Hungersnot bedeutet das nicht, dass dieses Thema nicht ungeheueren gesellschaftlichen Sprengstoff in China beinhaltet. Die chinesische Führung hat den Umbruch in Osteuropa aufmerksam verfolgt. Der ukrainische Umgang mit dem *Holodomor* deutet an, was auf die KPCh zukommen könnte, wenn sie das Thema zur Debatte freigeben würde. In den Dörfern Chinas verbergen sich Erinnerungen an Leid und Elend der Vergangenheit, die den Stoff für eine alternative Geschichtsschreibung zum offiziellen Kanon bieten. Momentan überwiegt das Bedürfnis, die Harmonie im Dorf zu bewahren. Bei einer Radikalisierung des politischen Klimas könnten auch Rachegefühle wieder hochkommen.

In Osteuropa nutzten Intellektuelle die Erinnerung an Leiden, um den Postsozialismus ethisch-moralisch zu inszenieren gegenüber einem als geschichts-, moral- und ethiklosen Raum verstandenen Sozialismus (Jilge 2004: 148). Was würde passieren, wenn chinesische Intellektuelle sich zum Sprachrohr der Bauern machen und ihre Fähigkeiten dazu nutzen würden, die große Hungersnot aufzuarbeiten? Bisher haben sich die chinesischen Intellektuellen in der Regel weder für die aktuellen Anliegen der Bauern noch für die Thematisierung von deren Leiden der Vergangenheit eingesetzt. Im historischen Diskurs beschäftigen sie sich eher mit ihren eigenen Traumata wie der Anti-Rechtskampagne von 1957 oder der „Kulturrevolution" (Weigelin-Schwiedrzik 2006: 13 f.). In der Ukraine ist es für die Intellektuellen vielleicht auch deswegen naheliegender, sich für die Hungersnot zu interessieren, da sie die Opfer nicht nur als Bauern, sondern auch als Ukrainer sehen.

Solange Chinas Wirtschaft weiter wächst und große Teile der Bevölkerung davon profitieren, wird die Herrschaft der KPCh alleine durch die Erinnerungen an die großen Katastrophen natürlich nicht in Frage gestellt. In Verbindung mit einer allgemeinen Legitimitätskrise könnten jedoch die Erinnerungen an die „Große Sprung"-Hungersnot für die Parteiherrschaft sehr gefährlich werden. Als der Staat durch die Einführung der Volksküchen die komplette Versorgung der Bauern übernahm, war der Tod von Millionen die Folge. Bis heute haben die Bauern ein tief sitzendes Misstrauen gegenüber allen staatlichen Maßnahmen. Während arbeitslose Staatsarbeiter vom Staat verlangen, sie zu versorgen, wollen die Bauern so weit wie möglich vom Staat in Ruhe gelassen werden. Mit den lokalen Repräsentanten des Staates verbinden sie in erste Linie eine hohe Steuerlast und Korruption. Mao Zedong, der den Chinesen Befreiung aus dem Elend versprach, ließ Millionen Bauern verhungern. Meiner Meinung nach ist der Mythos Mao auf den Dörfern Henans längst zerstört.

Am Beispiel der Ukraine wird der Führung des chinesischen Staates auch vor Augen geführt, was ihnen im Falle einer Demokratisierung bevorstehen könnte. Die jüngst in Hongkong veröffentlichte Dokumentensammlung zum „Großen Sprung“ von Yu Xiguang (2005) lässt erahnen, welche Verbrechen durch eine Öffnung der Archive ans Tageslicht kommen würden. Als Folge würde nicht mehr nur über Hunger, sondern auch über Kannibalismus, Massenmord und die persönliche Verantwortung von lokalen, regionalen und nationalen politischen Führern diskutiert werden. Als moralische Genugtuung für die Opfer müsste sich die chinesische Regierung bei ihren Bauern entschuldigen. Um das Gedankenspiel fortzusetzen, könnte auf dem Tian'an men ein Museum für die Große Hungersnot gebaut, ein nationaler Gedenktag eingerichtet und die Massengräber in Xinyang geöffnet werden, um Tausende Leichen von einem forensischen Expertenteam untersuchen zu lassen. Hunderte chinesischer Studenten und Studentinnen könnten dazu ausgebildet werden, mit Hilfe von *Oral History* die Erinnerungen der Bauern aufzuzeichnen.

Auch eine juristische Aufarbeitung ist nicht ausgeschlossen. Millionen chinesischer Bauern könnten Sammelklagen gegen den chinesischen Staat einreichen und Entschädigung für den Tod ihrer Angehörigen fordern. Selbst eine juristische Aufarbeitung einzelner Mordfälle ist, wie auch im Fall der „Kulturrevolution“, noch möglich, da nicht wenige Täter und Angehörige der Opfer noch heute Tür an Tür in den Dörfern leben. Wie auch bezüglich der Ukraine könnte die UNO eine Resolution erlassen, um das Bedauern der Weltgemeinschaft für die Hungersnot auszudrücken.

Nicht nur für die chinesische Regierung ist die Vorstellung der moralischen und juristischen Aufarbeitung der Geschichte ein Horrorszenario, sondern auch für manche Bürger. Von den wichtigen politischen Verantwortlichen der „Großen Sprung“-Hungersnot lebt heute keiner mehr. Auf der unteren Ebene der Gesellschaft sind die Rollen von Opfer und Täter sehr ambivalent. Die Nachforschung, warum X Y erschlagen hat, würden die Konflikte bis in die Familien tragen.

In den Archiven sind so viele Verbrechen und Massensterben aufgezeichnet, dass es nicht anzunehmen ist, dass sie die KPCh jemals öffnen wird. So hält die Führung auch über 20 Jahre nach der „Resolution über einige Fragen zur Geschichte der KP Chinas seit 1949“ noch eisern am staatlichen Kanon fest. Kader und Intellektuelle bekommen die Möglichkeit, in einem gewissen Rahmen in historischen Zeitschriften und Erinnerungsbänden ihre Sicht des „Großen

Sprungs“ darzulegen. Leid und Massensterben können sie thematisieren, solange sie an der Vorgabe festhalten, dass die zentrale Führung durch linksradikale Fehler in guter Absicht die Hungersnot auslöste. Meiner Einschätzung nach wird sich in absehbarer Zeit an dieser Haltung nichts ändern.

Schon in anderen Ländern ist es gescheitert, einen Schlussstrich unter die Geschichte zu ziehen oder auf die „Gnade der späten Geburt“ zu verweisen. Die Geister und Racheengel der Geschichte schlummern weiter in den Dörfern Chinas und warten darauf, geweckt zu werden.

Zusammenfassung: Schlussstrich unmöglich

Mit der „Resolution über einige Fragen zur Geschichte der KP Chinas seit 1949" versuchte die Parteiführung um Deng Xiaoping 1981 einen Schlussstrich unter die Debatte um den „Großen Sprung nach vorne" und die „Kulturrevolution" zu ziehen. Die Kritik am „linken Radikalismus" ist bis heute das Paradigma der offiziellen Geschichtsschreibung, mit dem alle „Fehler" seit der Anti-Rechtskampagne von 1957 erklärt werden sollen. „Linke Fehler" von Parteiführern zu analysieren, die angeblich in bester Absicht handelten, ist Inhalt der Parteigeschichtsschreibung. Das Leiden von Millionen Bauern und ihr Überlebenskampf haben im staatlichen Kanon keinen Platz. Auf der 7000-Kader-Konferenz 1962 hatte Mao Zedong im Namen der Führung für das Scheitern des „Großen Sprungs nach vorne" die politische Verantwortung übernommen. Bis heute hofft die Zentralregierung in Beijing, mit der Übernahme der formellen Verantwortung für „linke Fehler" die Thematisierung der Schuld und Verbrechen von konkreten Kadern auf allen Ebenen der Gesellschaft zu verhindern.

Eine zentrale Erkenntnis dieser Arbeit ist: Das Vorhaben, einen Schlussstrich unter die Aufarbeitung einer Hungersnot mit ca. 40 Millionen Toten auf diese Weise zu ziehen, ist kläglich gescheitert. Das hat die Untersuchung der verschiedenen Ebenen des Staates (Zentralregierung, Provinz, Kreis) und der Erinnerungen von Dorfbewohnern ergeben. Anstelle eines Schlussstriches findet trotz Einparteienherrschaft und Zensur eine kontroverse Debatte um den „Großen Sprung" statt.

In den 90er Jahren gaben offizielle Publikationen in China zu, dass die Hungersnot zu einem Bevölkerungsverlust von 40 Millionen Menschen geführt hat. In der Resolution von 1981 war von der Hungersnot noch keine Rede gewesen. Führende Parteihistoriker wie Bo Yibo (1993) gaben die Theorie von den „drei Jahren Naturkatastrophen" als Ursache für die Hungersnot auf und übernahmen die Analyse des damaligen Staatspräsidenten Liu Shaoqi, der 1962 sagte, das Scheitern des „Großen Sprungs" hätte zu 70 Prozent menschliche und zu 30 Prozent natürliche Ursachen gehabt. Intellektuelle und Kader thematisieren in ihren Erinnerungen die Loyalitätskonflikte mit der Partei während des „Großen Sprungs", als sie mithelfen mussten, die zerstörerische Politik umzusetzen. Bisher beschäftigen sich die urbanen Intellektuellen im Fall des „Großen Sprungs nach vorne" wie auch der „Kulturrevolution" mit ihren eigenen schmerzlichen Erinnerungen. Sie sind nicht bereit, ihren Zugang zur Öffentlichkeit zu nutzen, um für die Bauern, die eigentlichen Opfer der Hungersnot, das Wort zu ergreifen. Die meisten Intellektuellen sind unfähig, das Leid der anderen zu erinnern. Weigelin-Schwiedrzik benutzt deshalb im Zusammenhang der Erinnerungen der diversen Fraktionen der Rotgardisten bezüglich der „Kulturrevolution" den Ausdruck „fragmentierte Erinnerungen“ (Weigelin-Schwiedrzik 2005a: 32). Sowohl in publizierten Erinnerungen von urbanen Intellektuellen zum „Großen Sprung“ (Liu Lian 1999 und Zhang / Liu / Zhang 2001: 141-149) als auch in *Oral History*-Interviews kommen die Bauern nur als gesichtslose Masse vor (Wemheuer 2004:89 f.). Die Intellektuellen der staatlichen Arbeitseinheiten wurden während der Hungersnot vom Staat geschützt. Trotz Demütigungen während der „Kulturrevolution“ empfinden sie noch eine Loyalität gegenüber der Partei. Weil sie keinen Zugang zur dörflichen Gesellschaft haben oder haben wollen, ist ihnen entgangen, dass die Bauern die Erinnerungen an die Hungersnot bewahrt haben und diese Katastrophe für sie kein Tabu-Thema ist. Chinesische Intellektuelle wie westliche Sinologen kommen deshalb häufig zu dem falschen Schluss, dass die Erfahrung der Hungersnot heute keine Rolle mehr spielen würde. Gerade die chinesischen Intellektuellen, die so häufig im 20. Jahrhundert im Namen der Nation ihre Forderungen artikuliert haben, sind nicht in der Lage, die Vergangenheit über ihre eigenen Erfahrungen hinaus zu thematisieren.

Lehrer, Schuldirektoren oder Buchhalter der Brigade auf den Dörfern, die zu den ländlichen Intellektuellen gehören, erinnern sich heute anders an die Hungersnot als ihre urbane Kollegen, da sie und ihre Familien direkt von der Katastrophe betroffen waren. Loyalitätsgefühle gegenüber der KPCh oder Selbstzensur hatten die Dorfintellektuellen, die ich interviewte, nicht verinnerlicht.

Einzelne chinesische Akademiker haben damit begonnen, die Geschichte der Hungersnot und der Volkskommune aus der Sicht der Bauern neu zu schreiben. So zeigt z.B. Gao Wangling (2004b), dass die Bauern nicht als passive Opfer alle Befehle der Partei ausführten, sondern ums Überleben kämpften, indem sie alltägliche Widerstandsstrategien entwickelten wie Stehlen oder kollektive Unterschlagung von Getreide. Diese alternative Geschichtsschreibung kann bisher nur im Internet oder Hongkong veröffentlicht werden und könnte im Fall eines Systemwechsels Grundlage für eine neue Historiographie werden.

Die 1981er Resolution zur Parteigeschichte hat mit ihren wagen Ausführungen viele Fragen unbeantwortet gelassen. Die staatliche Geschichtsschreibung hat nicht festgelegt, wer für lokale Ereignisse wie für das Massensterben in Xinyang im Süden der Provinz Henan mit über 2,4 Millionen Toten die Verantwortung trägt. Seit den 90er Jahren beginnen lokale Kader, häufig kurz vor ihrem Tod, die Lücken des staatlichen Kanons zu nutzen, um ihre Sicht der Dinge darzulegen. In historischen Zeitschriften ist es nun möglich, Themen wie Hungertote, Kannibalismus, Flucht und politischen Terror zu thematisieren, solange die Verantwortung der Zentralregierung ausgeblendet wird (siehe z.B. Zhang Shufan 1998, Liang Zhiyuan 2000 und Zhang / Liu / Zhang 2001: 97-108 und She Dehong 2003). Das persönliche Leiden von Millionen Menschen ist so Teil des

Diskurses geworden. Im Unterschied zu Intellektuellen sind die lokalen Kader in ihren Erinnerungen in der Lage, auch das Leid der Bauern zu thematisieren, da sie das Massensterben mit eigenen Augen sahen und zum Teil sogar ihre Familienmitglieder verhungerten. Indem sie von ihrem Einsatz für die Bauern, z.B. durch die Öffnung von Getreidespeichern, berichten, können sie sich selber als vorbildliche Kader darstellen und von Schuld freisprechen.

Pensionierte Kader aus Xinyang wehren sich dagegen als Sündenböcke für den „Zwischenfall von Xinyang" abgestempelt zu werden und wollen die Geschichte als „Zwischenfall von Henan" umschreiben und damit der damaligen Provinzführung um Wu Zhipu, der zu den radikalsten Vertretern des „Großen Sprungs" gehörte, die Verantwortung zuzuschreiben (Zhang Shufan 1998: 44). Tausende lokaler Kader wurden in Xinyang 1960/61 bestraft, während Mao Wu Zhipu nur nach Beijing versetzen ließ. Da diese Kader nicht, wie die 1958 auf das Land geschickten städtischen Intellektuellen, ihre Dörfer oder Kreise einfach verlassen konnten, mussten sie mit den lokalen Verantwortlichen für die Hungersnot häufig weiter zusammenarbeiten. Einige Kader, die 1961 für ihre Kritik am „Großen Sprung" rehabilitiert wurden, empfanden diese Rehabilitierung auch als ein Sprechverbot, die Hungersnot erneut zu thematisieren. Diese Kader wähnen sich nach der Pensionierung oder kurz vor ihrem Tod in Sicherheit und verleihen ihrem Jahrzehnte lang angestauten Ärger in Form von Erinnerungsartikeln Ausdruck.

Die offizielle Parteigeschichtsschreibung in Henan versucht weiter, Wu Zhipu in Ehren zu halten. Paradoxerweise wird auch der 1958 als „Rechtsabweichler" gestürzte Provinzführer Pan Fusheng in einem positiven Licht dargestellt. Die positive Bewertung beider Kontrahenten wurde als notwendig angesehen, um eine Spaltung der Partei in zwei Fraktionen zu verhindern. Die radikale und öffentliche Kampagne gegen Pan Fusheng von 1958 verband eine umfassende Parteisäuberung gegen „Rechtsopportunisten" mit der Politik des „Großen Sprungs nach vorne". Dadurch wurde die Politik radikaler als in den meisten anderen Provinzen umgesetzt. Die Zentralregierung versuchte den Fraktionalismus in Henan durch die Versetzung von Pan und Wu an andere Orte zu lösen.

Am Beispiel der Aufarbeitung der Hungersnot in der Provinz Henan wird klar, dass es mittlerweile einen gewissen Pluralismus in der Darstellung gibt. Einige Journalisten schreiben nostalgische Bücher über die Besuche Mao Zedongs auf den Henaner Dörfern während des „Großen Sprungs", ohne die Hungersnot überhaupt nur zu erwähnen und um die Volksverbundenheit des „Großen Vorsitzenden" zu demonstrieren (Chen Han 2001). Lokale Kader ließen sogar Gedenkhallen in ihren Kreisen errichten, die an Maos Besuche erinnern. Der Autor Kang Jian (1998) forderte im Gegensatz dazu ein Museum für die

Volkskommune, damit die Chinesen die Hungersnot nie wieder vergessen. Die Partei ist nicht mehr in der Lage und nicht willens, den Diskurs über die Hungersnot in historischen Journalen und Büchern vollständig zu unterdrücken. Heute sind es nicht mehr wie in den 80er Jahren führende Parteihistoriker, die vorsichtig die offizielle Darstellung in Frage stellen, sondern pensionierte lokale Kader und Journalisten. Langfristig kann es nicht im Interesse der Partei sein, dass konkrete Beispiele für Massensterben wie der „Zwischenfall von Xinyang“ einem breiten Publikum bekannt werden. Monographien, die sich speziell mit diesem Thema befassen, werden von den immer noch staatlichen Verlagen nicht gedruckt.

Auf der Kreisebene haben die Verfasser der Lokalchroniken gegenüber historischen Zeitschriften geringere Spielräume. Sie müssen sich an die Vorgaben der Zentralregierung halten und dürfen „Fehler“ und schmerzhafte Perioden nur kurz erwähnen. In den öffentlich zugänglichen Dokumenten der Kreisarchive werden zwar Widerstandsmaßnahmen der Bauern wie Unterschlagung von Getreide deutlich, nicht aber das Massensterben. Alltägliche Überlebensstrategien der Bauern, wie in den Feldern unreifes Gemüse zu stehlen, hielt der Staat nicht für aufzeichnenswert. Viele Dokumente der Volkskommunen wurden nach ihrer Auflösung Anfang der 80er Jahre einfach weggeworfen. Diese Tatsachen werfen ein neues Licht auf die Beziehung zwischen Staat und Dorf in China und die Frage auf, inwiefern die Staatsbürokratie unterhalb der Kreisebene auf den Dörfern verankert war. Die staatlichen Dokumente und die Erinnerungen der Bauern beinhalten andere Themen und sind deshalb schwer zu vergleichen.

Die von der Provinz veröffentlichten Todesstatistiken zeigen, dass das Ausmaß der Hungersnot auf Kreisebene sehr unterschiedlich war. Trotz der Vorgaben des autoritären Zentralstaats hatten lokale Führer einen gewissen Spielraum. In den Kreisen um Luoyang, zu denen Yiyang und Xin'an gehören, setzte der Parteisekretär des Gebietskomitees, Ji Dengkui, die Politik des „Großen Sprungs“ weniger radikal um, als Lu Xianwen, der Führer von Xinyang, der die Region sogar von der Volksmiliz abriegeln und tausende flüchtende Bauern töten ließ. Die Erforschung von Lokalgeschichte wird damit notwendig, um die Gründe für die Hungersnot besser zu verstehen. Die bisherige Forschung kann mit ihrer Fokussierung, entweder auf die Ebene der Zentralregierung oder auf die Geschichte eines Dorfes, keine Antworten geben, warum das Ausmaß der Hungersnot so unterschiedlich war. Yang Dalis (1996) Analyse der Unterschiede auf Provinzebene, kann nicht erklären, warum im Süden Henans viel mehr Bauern verhungerten als im Norden.

Bei den Interviews mit den Dorfbewohner aus drei Kreisen in Henan (Yiyang, Xin'an und Runan) stellte sich heraus, dass es dem Staat nicht gelungen ist, seine Interpretation der Geschichte in den Köpfen der Bauern und lokalen Kader zu verankern. Das kommunikative Gedächtnis der Dorfbewohner, das laut Jan Assmann mündlich von einer Generation zur nächsten weitergeben wird, beinhaltet nicht die Kernbegriffe des kulturellen Gedächtnisses, sprich des offiziellen Kanons, wie „linke Fehler“ oder „drei Jahre Naturkatastrophen“. Die Dorfbewohner wissen, dass die Hungersnot politische Ursachen hatte. Sie selbst stellen sich als aktive Opfer dar, die kämpfen mussten, um zu überleben. Ohne Scham sprechen sie über den alltäglichen Diebstahl, die Hungertoten, oder die Flucht in andere Provinzen. Auch die Privilegierung der Kader und der politische Terror während der Hungersnot werden offen thematisiert, allerdings ohne dem Nachbarn Vorwürfe zu machen. Trotz Erinnerungen an das Massensterben, soll die Harmonie im Dorf vorerst bewahrt werden. Das bedeutet nicht, dass die Demütigungen auf den Kampfsitzungen keine seelischen Verletzungen hinterlassen haben. In der Volkskommune war die körperliche Unversehrtheit der Bauern nicht mehr garantiert. Bei einem Machtverfall der Kommunistischen Partei könnten diese Erinnerungen in Verbindung mit familiären Rivalitäten wieder Bedeutung erlangen und Racheaktionen auslösen.

Niemand gibt sich außerdem als damaliger Anhänger Mao Zedongs zu erkennen. Der Mao-Mythos ist auf den Dörfern Henans, die ich besuchte, trotz großer Unzufriedenheit mit der heutigen Situation, tot. Einigen Bauern erscheint die gesamte Mao-Ära als „Verschwendung von Geld und Arbeitskräften“. Der „Große Sprung“ ist in den Erinnerungen mit der Militarisierung der Arbeit verbunden. In diesem System verloren die Bauern jegliche Entscheidungsfreiheit über Arbeit, Alltag und Ernährung. Die Kader setzten den Hunger als Waffe ein, um hungrige und kranke Menschen zum Arbeiten zu zwingen. Ein Kader einer Brigade beschreibt seine damalige Rolle als „Sklavenhalter“. Niemand spricht von einer utopischen Aufbruchsstimmung, die von der offiziellen Geschichtsschreibung für „linke Fehler“ verantwortlich gemacht wird. Im Gegensatz dazu beschreiben die Bauern das heutige System der Familienverantwortlichkeit als frei, weil sie über eine eigene Subsistenzgrundlage verfügen und ihren Arbeitsalltag selbst organisieren können. Die Hungersnot wird in den Erinnerungen als Schicksalsschlag von oben dargestellt. Die Abschaffung der Volksküchen und Wiederzulassung der Parzellen zur privaten Nutzung 1961, die zum Ende des Hungers führten, verbinden die Dorfbewohner mit dem damaligen Staatspräsidenten Liu Shaoqi und sehen ihn deshalb als Retter an.

Meiner Meinung nach ist die dörfliche Nachbarschaft ein Erinnerungskollektiv, das sowohl Frauen und Männer als auch Kader und Kinder der ehemaligen „schlechten Elemente“ umfasst. Die These von Maurice Halbswachs vom schichtspezifischen Charakter von Erinnerungen konnte innerhalb der Dörfer nicht bestätigt werden. In dem Dorf Judong im Kreis Runan, wo die Männer der Produktionsgruppe während der Hungersnot gemeinsam in die Provinz Qinghai flohen, präsentieren sich die Dorfbewohner als eine Schicksalsgemeinschaft, trotz der Privilegierung der Kader. Runan gehörte damals zur Xinyang-Region und war viel stärker von der Hungersnot betroffen als die Kreise Yiyang und Xin'an. Den Dorfbewohnern in Runan fällt es schwerer über die Katastrophe zu sprechen und ihre Antworten sind wesentlich kürzer. Sexueller Missbrauch von hungernden Bäuerinnen durch Kader wird in den Erinnerungen nicht thematisiert, obwohl dieses Phänomen während des „Großen Sprungs" weit verbreitet war. Von Kannibalismus hat jeder gehört, aber niemand gibt zu, persönlich involviert gewesen zu sein. Diese Form des Überlebenskampfes wird von den Zeitzeugen allerdings nicht moralisch verurteilt.

Das kommunikative Gedächtnis der Dorfbewohner umfasst auch Ereignisse in der Provinz Henan. Es ist ihnen klar, dass die Hungersnot ein landesweites Phänomen und Henan besonders betroffen war. Vom „Zwischenfall von Xinyang" haben die Dorfbewohner alle gehört. Der heftige Machtkampf in der Provinz zwischen Wu Zhipu und Pan Fusheng spielt, wie der Austausch von Kreissekretären, in den Erinnerungen keine große Rolle, da die Dorfbewohner keinen Bezug zu ihrem eigenen Leben sehen. Auf der anderen Seite verstehen sich schon Kader der Marktflecken nicht mehr als Teil der dörflichen Gesellschaft. Auch dies weist auf die große Kluft zwischen Staat und Dorf hin.

Trotz großer Gemeinsamkeiten im kollektiven Gedächtnis der Dorfbewohner, nutzen Zeitzeugen die Interviews zur individuellen Selbstdarstellung. Sie präsentieren sich als vorbildliche Kader oder beschweren sich über die Undankbarkeit der Kommunistischen Partei ihren eigenen Anhängern gegenüber. Gerade örtliche Kader, die von der Partei keine Rente bekommen, nutzen die Interviews um ihr Leid zu klagen. Halbwachs' These, dass Erinnerungen immer vor dem Hintergrund der heutigen Lebenssituation rekonstruiert werden, kann voll bestätigt werden.

Durch mündliche Erzählungen wurden die Erinnerungen an Hunger und Leid an die Kinder weitergeben. Die Hungersnot war kein Tabu-Thema und wurde in den Kampagnen der frühen 60er Jahre häufig thematisiert. Heute besteht die Gefahr, dass der Generation der Enkel der Erfahrungshorizont fehlt, um die Überlebensstrategie während einer Hungersnot im kollektiven Gedächtnis zu bewahren. Die Generation der Enkel ist außerdem im stärkeren Maße von der offiziellen Geschichtsdarstellung des Schulunterrichts geprägt als von den Erinnerungen des Dorfes. Sollte mit einer neuen drohenden Hungersnot ein konkreter Anlass zur Weitergabe dieser Erfahrungen bestehen, sind die Erinnerungen von zwei Generationen jederzeit abrufbar.

Die „Große Sprung"-Hungersnot war nicht die erste, die ein sozialistischer Staat durch falsche Politik auslöste. Am Beispiel der heutigen Aufarbeitung der Hungersnot von 1932/1933 in der Ukraine wird deutlich, welchen Sprengstoff Erinnerungen bei einem Systemwechsel und dem Übergang zu einer postsozialistischen Gesellschaft haben können. In der Sowjetunion versuchte die offizielle Parteigeschichtsschreibung wie auch in China, die Hungersnot mit Millionen Toten mit dem Verweis auf „linke Fehler" von lokalen Kadern zu bagatellisieren. Nach dem Ende des Staatssozialismus ist der neu gegründete ukrainische Staat bemüht, durch Feiertage und Denkmäler die Hungersnot (*Holodomor*) im nationalen Gedächtnis zu etablieren, um die Unabhängigkeit von Russland zu untermauern. Auf internationaler Ebene strebt die ukrainische Regierung eine offizielle Verurteilung der damaligen sowjetischen Politik als Genozid an. Die Intellektuellen konnten sich leichter als in China mit den Bauern identifizieren und ihre Leiden thematisieren, weil sie die Opfer in erster Linie als Ukrainer wahrnahmen. In China fehlt diese nationalstaatliche Dimension der Hungersnot völlig. Während in der postsozialistischen Ukraine die Verurteilung der Hungersnot als Genozid von den nationalistischen Kräften zur patriotischen Pflicht erklärt und durch diese Moralisierung eine konstruktive Debatte enorm erschwert wird, ringen unter der Einparteienherrschaft in China verschiedene gesellschaftliche Gruppen wie lokale Kader, offizielle Parteihistoriker, Journalisten, oder städtische Intellektuelle um die Durchsetzung ihrer Interpretation der Geschichte.

Auf die Kommunistische Partei Chinas könnten im Falle eines Systemwechsels trotzdem juristische Konsequenzen wegen der Hungersnot zukommen. Für die weitere Erforschung der Hungersnot bietet sich ein Vergleich der verschiedenen Hungersnöte unter dem Staatssozialismus an (Ukraine 1932/33, Sowjetunion 1945/47, China 1959-1961, Nordkorea in den 90er Jahren), um das Verhältnis und die Interaktion zwischen Kommunistischer Partei und Bauernschaft grundsätzlich verstehen zu können sowie nationale Unterschiede herauszuarbeiten.

Zusammenfassend lässt sich sagen, dass in China eine Aufarbeitung der Vergangenheit, der Hungersnot und eine Auseinandersetzung um ihre Interpretation stattfinden. Im Gegensatz zur bisherigen Forschung hat diese Arbeit in der Analyse die verschiedenen Ebenen des Staates und die Erinnerungen der Zeitzeugen zusammengeführt und damit die Grenzen der staatlichen Gedächtnispolitik, aber auch der ländlichen Erinnerungen aufgezeigt. Vor dem Hintergrund des gesellschaftlichen Klimas ist es auch den Zeitzeugen möglich, sich an die Hungersnot zu erinnern und darüber zu sprechen. Die offizielle Interpretation kann die Regierung nur noch auf der Ebene der offiziellen Parteigeschichtsschreibung verteidigen. Besonders auf der Provinzebene ist die Frage der Schuld für Millionen Tote offen und wird offensiv thematisiert. Auf den Dörfern wurde ein kommunikatives Gedächtnis an die Hungersnot bewahrt, das für die Legitimität des Parteienstaates eine Herausforderung darstellt.

Als Erbe der strikten Trennung von Stadt und Land in der Mao-Ära durch das *Hukou*-System sowie der starken hierarchischen Gliederung der Partei, existieren heute die kritischen Diskurse von lokalen Kadern und Journalisten sowie das kollektive Gedächtnis der Erinnerungsgruppen auf den Dörfern unabhängig voneinander. Für die Kommunistische Partei könnten diese gestreuten Erinnerungen gefährlich werden, wenn sie sich verbinden und gesammelt werden. Wie die Interviews mit den Dorfbewohnern zeigen, sind die Erinnerungen an vergangenes und heutiges Leid oft fließend. Die unterschiedlichen alternativen Erinnerungen existieren genauso unabhängig und unverbunden nebeneinander wie Unruhen, Aufstände und Streiks. Heute ist in China noch keine Kraft in Sicht, die diese Unruhen zu einem landesweiten Widerstand vernetzen und die inoffiziellen Erinnerungen zu einer neuen Historiographie verbinden kann.

Für die Herrschaft der Kommunistischen Partei China gilt auch heute, was der damalige Parteiführer der Provinz Henan, Pan Fusheng, schon 1957 während einer der gefährlichsten Krisen des Systems sagte: Diese Partei sitzt auf einem Vulkan (zzpl 1.8.1958, Nr.2: 5).

Abkürzungen

GMD	Guomindang
GNN	Gesellschaft für Nachrichtenerfassung und Nachrichtenverbreitung
hq	Hongqi (*Rote Fahne*) Theorieorgan der KPCh seit 1958
hnsz	Henan shengzhi (*Chroniken der Provinz Henan*) siehe „Literatur: Henansheng difangshizhi bianzuan weiyuanhui (Hrsg.)
jgyl	Jianguo yilai zhongyao wenjian xuanbian (*Eine Auswahl wichtiger Dokumente seit der Staatsgründung*), siehe „Literatur": Zhonggong zhongyang wenxian yanjiushi (Hrsg.) (1992-1998)
KPCh	Kommunistische Partei Chinas
mzdwg	Jianguo yilai Mao Zedong wengao (*Manuskripte und Entwürfe von Mao Zedong seit der Staatsgründung*), siehe „Literatur": Zhonggong zhongyang wenxian yanjiushi (Hrsg.) (1987-1996)
rmrb	Renmin Ribao (*Volkszeitung*) Zentralorgan der KPCh
rnxz	Runan xianzhi (*Chronik des Kreises Runan*), siehe „Literatur": Henansheng Runan xianzhi bianzuan weiyuanhui (Hrsg.) (1997)
VR	Volksrepublik
xaxz	Xin'an xianzhi (*Chronik des Kreises Xin'an*), siehe „Literatur": Xin'an difangshizhi bianzuan weiyuanhui (Hrsg.) (1989)
yyxz	Yiyang xianzhi (*Chronik des Kreises Yiyang*), siehe „Literatur": Yiyang xianzhi bianzuan weiyuanhui (Hrsg.) (1996):
ZK	Zentralkomitee
zzpl	Zhongzhou pinlun (*Kommentare aus Zhongzhou*) Theorieorgan der Provinzregierung Henans von 1.7.1958 bis 1961

Zeichenliste führender Kader

Bo Yibo	薄一波
Deng Tuo	邓拓
Deng Xiaoping	邓小平
Deng Zihui	邓子恢
Fu Liangtai	傅良太
Hu Jintao	胡锦涛
Hu Yaobang	胡耀邦
Hua Guofeng	华国锋
Ji Dengkui	纪登奎
Jiang Zemin	江泽民
Li Rui	李锐
Li Youjiu	李友九
Li Xiannian	李宪念
Lin Biao	林彪
Liu Shaoqi	刘少奇
Lu Xianwen	路宪文
Mao Zedong	毛泽东
Pan Fusheng	潘复生
Peng Dehuai	彭德怀
Shi Xiangsheng	史向生
Tan Zhenlin	谭震林
Tao Zhu	陶铸
Wang Renzhong	王任重
Wang Tingdong	王庭栋
Wu Han	吴晗
Wu Zhipu	吴芝圃
Yang Jue	杨珏
Yao Wenyuan	姚文元
Zhang Chunqiao	张春桥
Zhao Guang	赵光
Zhang Wentian	张闻天
Zhou Enlai	周恩来
Zhu De	朱德

Zeichenliste erwähnter Kreise und geographischer Orte

Bo (Anhui)	亳
Chayashan (Henan)	嵖岈山
Dabieshan (Henan)	大别山
Dancheng (Henan)	郸城
Dongguan (Guandong)	东莞
Fengyang (Anhui)	凤阳
Funiushan (Henan)	伏牛山
Guangshan (Henan)	光山
Huangchuan (Henan)	潢川
Huanjiang (Guangxi)	环江
Jinggangshan (Jiangxi)	井冈山
Li (Hunan)	澧
Macheng (Hebei)	麻城
Mengjin (Henan)	孟津
Mianchi (Henan)	渑池
Minquan (Henan)	民权
Nanle (Henan)	南乐
Nanjiecun (Henan)	南街村
Ningxiang (Hunan)	宁乡
Pingyu (Henan)	平舆
Pingyuan	平原
Rangcheng (Henan)	襄城
Runan (Henan)	汝南
Shanqiu (Henan)	商丘
Shangcheng (Henan)	商城
Song (Henan)	嵩
Suiping (Henan)	遂平
Taigu (Shanxi)	太谷
Taihangshan (Henan)	太行山
Xiayi (Henan)	夏邑
Xin (Henan)	新
Xin'an (Henan)	新安
Xincha (Henan)	新察
Xinxiang (Henan)	新乡
Xinyang (Henan)	信阳
Xuchang (Henan)	许昌

Xushui (Hebei)	徐水
Yanshi (Henan)	偃师
Yichuan (Henan)	伊川
Yiyang (Henan)	宜阳
Yongcheng (Henan)	永城
Zhengyang (Henan)	正阳
Zhumadian (Henan)	驻马店
Huaibin (Henan)	淮滨

Literatur

- Alexander, Jeffrey C. / Eyerman, Ron (Ed.) (2004): Cultural Trauma and Collective Identity, University of California Press, Berkeley.
- Allen, Jon G. (1995): Coping with Trauma – A Guide to Selfunderstanding, American Psychiatric Press, Washington.
- Ashton, Basil / Hill, Kenneth (1984): Famine in China, 1958-1961, in: Population and Development Review 10, Nr. 4, S. 613-645.
- Assmann, Aleida (2003): Erinnerungsräume – Formen und Wandlungen des kulturellen Gedächtnisses, C. H. Beck Verlag, München.
- Assmann, Aleida (2005): Vorlesung an der Universität Wien „Geschichte, Gedächtnis und Identität", unveröffentlichtes Manuskript.
- Assmann, Jan (1997): Das kulturelle Gedächtnis – Schrift, Erinnerung und politische Identität in frühen Hochkulturen, Verlag C.H. Beck, München.
- Assmann, Jan / Hölscher, Tonio (Hrsg.) (1988): Kultur und Gedächtnis, Suhrkamp, Frankfurt (M).
- Bachman, David (1991): Bureaucracy, Economy and Leadership in China – The Institutional Origins of the Great Leap Forward, Cambridge University Press, Cambridge.
- Barnett, A. Doak (1967): Cadres, Bureaucracy, and Political Power in Communist China, Columbia University Press, New York.
- Basic, Natalija (2003): Vom Ansprechen und Auf-sich-beruhen-lassen – Biographische Interviews mit ehemaligen Kombattanten der postjugoslawischen Kriege 1991-1995, in: psychosozial, 26.Jg, Heft 1, Nr. 91, S.7-26.
- Becker, Jasper (1996): Hungry Ghosts – China's Secret Famine, Murray, London.
- Benjamin, Walter (1982): Gesammelte Schriften, Suhrkamp Verlag, Frankfurt (M).
- Benjamin, Walter (1969): Illuminationen, Suhrkamp Verlag, Franfurt (M).
- Bernstein, Thomas (1984): Stalinism, Famine, and Chinese Peasants, in: Theory and Society, Nr. 13, S. 339-377.
- Beyrau, Dietrich (2001): Petrograd, 25. Oktober 1917 – Die russische Revolution und der Aufstieg des Kommunismus, dtv, München.
- Biehl, Max (1965): Die chinesische Volkskommune im „Großen Sprung" und danach, Verlag Weltarchiv, Hamburg.

- Bo, Yibo 薄一波 (1993): 若干重大决策与事件的回顾 (*Ein Rückblick auf einige wichtige Entscheidungen und Ereignisse*), zwei Bände, 中共中央党校出版社, 北京.
- Bogner, Alexander (Hrsg.) (2002): Das Experteninterview – Theorie, Methode, Anwendung, Leske und Budrich, Opladen.
- Boland-Crewe, Tara (Ed) (2002): The Territories of PRC, Europe Publications, London.
- Borchmeyer, Dieter (Hrsg.) (1996): „Vom Nutzen und Nachteil der Historie für das Leben" – Nietzsche und die Erinnerungen in der Moderne, Suhrkamp, Franfurt (M).
- Botz, Gerhard / Weidenholzer, Josef (1984): Mündliche Geschichte und Arbeiterbewegung – Eine Einführung in Arbeitsweisen und Themenbereiche der Geschichte „geschichtsloser" Sozialgruppen, Hermann Böhlaus Nachf., Köln.
- Cao, Jinqing (2005): China along the Yellow River – Reflections on Rural Society, Routledge Curzon, London.
- Cao, Jinqing 曹锦清 (2000): 黄河边的中国 (*Das China am gelben Fluss*), 上海文艺出版社, 上海.
- Cao, Shuji 曹树基 (2005): 大饥荒: 1959-1961 年的中国人口 (*Die große Hungersnot: Die Bevölkerung Chinas von 1959-1961*), 当代国际出版社有限公司, 香港.
- Chan, Alfred L. (2001): Mao's Crusade – Politics and Implementations in China's Great Leap Forward, Oxford University Press, New York.
- Chan, Anita / Madsen, Richard / Unger, Jonathan (1992): Chen Village under Mao and Deng, University of California Press, Berkeley.
- Chang, Jung / Halliday, Jon (2005): Mao – Das Leben eines Mannes und Schicksal eines Volkes, Blessing, München.
- Chao, Mingmo 朝明谟 (2001): 农村社会学 (*Agrarsoziologie*), 北京大学出版, 北京.
- Chen, Han 陈汉 (2001): 八月的足迹 – 毛泽东 1958 年河南农村视察纪实 (*Die Fußspuren des Augusts – Augenzeugenberichte über die Insepektion der Dörfer Henans durch Mao Zedong 1958*),中央文献出版社, 北京.
- Climo, Jacob J. / Cattell, Maria G. (2002): Social Memory and History – Anthropological Perspectives, Altamira Press, New York.
- Connerton, Paul (1989): How Societies Remember, Cambridge University Press, Cambridge.
- Conquest, Robert (1988): Ernte des Todes – Stalins Holocaust in der Ukraine 1929-1933, Langen Müller, München.

- Chruschtschow, Nikita (1956): Über den Personenkult und seine Folgen. Rede des Ersten Sekretärs des ZK der KPdSU, Gen. N. S. Chruschtschow, auf dem XX. Parteitag der Kommunistischen Partei der Sowjetunion, in: http://www.zeitgeschichteonline.de/zol/portals/_ungarn1956/documents/chrustschow_geheimrede.pdf (Stand 12.4.2006).
- Davies, R.W. / Wheatcroft, Stephen G. (2004): The Years of Hunger – Soviet Agriculture 1931-1933, Macmillan, London.
- Davies, R.W. / Tauger, M.B. / Wheatcroft, Stephen G. (1995): Stalin, Grain Stocks and the Famine of 1932-1933, in: Slavic Review, Vol. 54, No. 3, S. 642-657.
- Deleuze, Gilles (2002): Nietzsche und die Philosophie, Europäische Verlagsanstalt, Hamburg.
- Deng, Liqun 邓力群 / An, Pingsheng 安平生 (1999): 当代河南简史 (*Kurze Geschichte des modernen Henan*), 当代中国出版社, 北京.
- Ding, Shu 丁抒 (1996): 人祸 – 大跃进与大饥荒 (*Die von Menschen gemachte Katastrophe – Der „Große Sprung nach vorne" und die große Hungersnot*), The Nineties Monthly / Going Fine LTD., Hongkong.
- Domenach, Jean-Luc (1995): The Origins of the Great Leap Forward – The Case of One Province, Westminster Press, Oxford.
- Domes, Jürgen (1977): Sozialismus in Chinas Dörfern, Schriftenreihe der Niedersächsischen Landeszentrale für Politische Bildung, Hannover.
- Domes, Jürgen (1964): Von der Volkskommune zur Krise in China, Selbstverlag der Studiengesellschaft für Zeitprobleme, Duisdorf bei Bonn.
- Douglass, Ana / Vogler, Thomas A. (2003): Witness and Memory – The Discourse of Trauma, Routledge, New York.
- Ecker, Alois (1997): Übertragung und Gegenüberstellung beim offenen Erinnerungsinterview – Methodische und erkenntnistheoretische Probleme der Oral-History-Forschung, Diss. Wien.
- Ehlert-Balzer, Martin (2000): Trauma, in: Mertens, Wolfgang / Waldvogel, Bruno (Hrsg.): Handbuch psychoanalytischer Grundbegriffe, Kohlhammer, Stuttgart.
- Engels, Friedrich (1988): Die Entwicklung des Sozialismus von der Utopie zur Wissenschaft, Dietz Verlag, Berlin (Ost).
- Eyerman, Ron (2004): Cultural Trauma – Slavery and the Formation of African American Identity, in: Alexander, Jeffrey C. / Eyerman, Ron

(Ed.): Cultural Trauma and Collective Identity, University of California Press, Berkeley, S. 60-111.

- Fang, Huirong 方慧容 (2001): „无事件境"与生活世界的"真实" – 西村农民土改时期生活的记忆 (*Die Grenze der Ereignislosigkeit und die „Wahrhaftigkeit" der Lebenswelt – Die Erinnerungen der Bauern aus Xicun an das Leben in der Periode der Bodenreform*), in: Yang, Nianqun 杨念群: 空间, 记忆, 社会典型 (*Freiräume, Erinnerung und Gesellschaftsmodelle*), 上海人民出版社, 上海.
- Friedman, Edward / Pickowicz, Paul G. / Selden, Mark (1991): Chinese Village, Socialist State, Yale University Press, New Haven.
- Froschauer, Ulrike / Lueger, Manfred (2003): Das qualitative Interview, WUV, Wien.
- Gadamer, Hans-Georg (1960): Wahrheit und Methode: Grundzüge einer philosophischen Hermeneutik, Mohr, Tübingen.
- Gao, Hua 高华 (1998): 大跃进运动与国家权力的扩张: 以江苏省为例 (*Die Bewegung des Großen Sprungs nach vorne und die Ausdehnung der Macht des Staates am Beispiel der Provinz Jiangsu*), in: 二十一时期, Nr. 48, http://www.chinafamine.org/famine/Research/gaohua02.html (Stand 1.11.03).
- Gao, Hua 高华 (2000): 大灾荒与四清运动的起源 (*Die Große Hungersnot und die Ursprünge der Bewegung der 4 .Säuberungen*), in: http://www.usc.cuhk.edu.hk/wkgb.asp (Stand 1.5.2006).
- Gao, Mobo C.F. (1999): Gao Village – Rural Life in Modern China, Hurst & Company, London.
- Gao, Wangling 高王凌 (2003): 1956 的小跃进 (*Der „Kleine Sprung nach vorne" des Jahres 1956*), unveröffentlichtes Manuskript.
- Gao, Wangling 高王凌 (2004a): 大梦初觉 – 大跃进和农民行为 (*Das Gefühl des großen Traums – Das Verhalten der Bauern und der „Große Sprung nach vorne"*), in: http://www.usc.cuhk.edu.hk/wkgb.asp (Stand 12.4.2006).
- Gao, Wangling 高王凌 (2004b): 偷与瞒产私分– 集体时代中国农民反行为的调查与思考 (*„Diebstahl" und „Weniger berichten, um heimlich zu verteilen" - Untersuchungen und Überlegungen zu alltäglichen Widerstandsformen der chinesischen Bauern in der Epoche der Kollektivierung*), Paper presented on the International Conference "As China meets the World", Vienna 17-19 May 2004.

- Gänßbauer, Monika (1996): Trauma der Vergangenheit – Die Rezeption der Kulturrevolution und der Schriftsteller Feng Jicai, projekt Verlag, Dortmund.
- Giesen, Bernhard (2003): Generation und Trauma, in: Reulecke, J. (Hrsg.): Generationalität und Lebensgeschichte im 20. Jahrhundert, Oldenbourg, München.
- Glaubitz, Joachim (1969): Opposition gegen Mao – Abendgespräche am Yenshan und andere politische Dokumente, Walter-Verlag, Freiburg.
- Goldman, Merle (1970): Party Policies towards the Intellectuals: The unique Blooming and Contending of 1961-1962, in: Lewis, John Wilson: Party Leadership and Revolutionary Power in China, Cambridge University Press, London.
- Halbwachs, Maurice (1985): Das Gedächtnis und seine sozialen Bedingungen, Suhrkamp, Frankfurt (M).
- Halbwachs, Maurice (2003): Stätten der Verkündigungen im Heiligen Land, UVK Verlagsgesellschaft, Konstanz.
- Halbwachs, Maurice (1967): Das kollektive Gedächtnis, Enke, Stuttgart.
- Haubl, Rolf (2003): Riskante Worte – Forschungsinterviews mit Traumatisierten, in: psychosozial, Heft 1 (Nr. 91), S. 63-78.
- Heberer, Thomas / Jackobi, Sabine (2002): Henan as a model – From Hegemonism to Fragmentism, in: Fitzgerald, John (Ed.): Rethinking China's Provinces, Routledge, London.
- Henansheng difangshizhi bianzuan weiyuanhui 河南省地方史志编纂委员会 (Hrsg.) (1991 /1993 / 1994 /1995): 河南省志 (*Chroniken der Provinz Henan*), 河南人民出版社, 郑州.
- Henansheng tongjiju 河南省统计局 (Ed.) (1989): 河南省人口统计资料汇编 (*Statistische Materialsammlung zur Bevölkerung der Provinz Henan*), 郑州.
- Henansheng Runan xianzhi bianzuan weiyuanhui 河南省汝南县志编纂委员会(1997): 汝南县志 (*Chronik des Kreises Runan*), 中州古籍出版社, 郑州.
- Hershatter, Gail (2002): The Gender of Memory: Rural Chinese Women and the 1950s, in: Journal of Women in Culture and Society, vol. 28, p. 43-70.
- Hockerts, Hans Günter (2001): Zugänge zur Zeitgeschichte: Primärerfahrung, Erinnerungskultur, Geschichtswissenschaft, in: Politik und Zeitgeschichte B 28/2001, S. 15-30.

- Hodgkin, Katharine / Radstone, Susannah (2003): Contested Pasts: The Politics of Memory, Routledge, London.
- Hua'nan Gongxueyuan Jianzhuxi 华南工学院建筑系 (1958): 规划设计 – 河南省遂平公社第一基层社 (*Planungsentwurf der unteren Einheit der Sputnik-Volkskommune, Provinz Henan, Kreis Suiping)*, o.O.
- Huang, Jun 黄骏 (2005): 60 年代初粮食匮乏困境下的城镇精简人口 : 以江苏省为个案 (*Die Reduzierung der Stadtbevölkerung vor dem Hintergrund der Getreideprobleme zu Beginn der 60er Jahre am Beispiel der Provinz Jiangsu*), Paper presented on the Second Annual Graduate Seminar on China, Chinese University of Hong Kong, 5-9 January 2006.
- Huang, Liangyi 黄亮宜 (Ed.) (2004): 河南经济社会发展与改革问题研究 (*Forschungen zu den Problemen der Reform und Entwicklung der Wirtschaft und Gesellschaft in Henan*), 河南人民出版社, 郑州 (内部).
- Hodgkin, Katharine / Radstone, Susannah (Ed.) (2003): Contested Pasts – The Politics of Memory, Routledge, London.
- Jia, Yanmin 贾艳敏 (2004): "大跃进"时期乡村政治的典型 – 河南嵖岈山人民公社研究 (*Ländliche politische Modelle während der Zeit des "Großen Sprung nach vorne" – Forschung zur Volkskommune Chayashan in Henan*), unpublished master thesis, University of Nanjing.
- Jiang, Pei 江沛 / Zhou, Dexi 周德喜 / Shen, Jiuquan 沈久泉 (1998): 老新闻 1959-1961 *(Alte Nachrichten)*, 天津人民出版社, 天津.
- Jiao, Jinmiao 焦锦淼 (Ed.) (2005): 河南社会蓝皮书 2005 年: 河南社会趋势分析与预测 (*Blaubuch für die Henaner Gesellschaft – Prognosen und Tendenzanalysen der Henaner Gesellschaft*), 社会科学文献出版社, 北京.
- Jilge, Wilfried (2004): Holodomor und Nation – Der Hunger im ukrainischen Geschichtsbild, in: Osteuropa, Heft 12, S. 147-164.
- Johnson, Gale D. (1998): China's Great Famine: Introductory Remarks, in: China Economic Review, Vol. 9 Nr. 2, S. 103-109.
- Joseph, William A. (1984): The Critique of Ultra-Leftism in China, 1958-1981, Stanford University Press, Stanford.
- Joseph, William A. (1986): A Tragedy of Good Intentions – Post-Mao Views of the Great Leap Forward, in: Modern China, Vol. 12 , Nr. 4, S. 419-457.
- Kane, Penny (1988): Famine in China, 1959-61, St. Martin's Press, London.

- Kang, Jian 康建 (1998) 辉煌的幻灭 – 人民公社警示录 (*Glorreiche Desillusionierung: Warnende Worte zur Volkskommune*), 中国社会出版社, 北京.
- Katzer, Nikolaus (2004): Brot und Herrschaft – Die Hungersnot in der RSFSR, in: Osteuropa, Heft 12, S. 90-110.
- Klee, Nemo (2005): Kollektives Gedächtnis, Herrschaft und Befreiung: Theoretische und persönliche Überlegungen, in: Grundrisse, Nr.16, S. 32-40.
- Kraus, Willy (1979): Wirtschaftliche Entwicklung und sozialer Wandel in der Volksrepublik China, Springer, Berlin (West).
- Kul'cyc'kyj, Stanislav (2004): Terror als Methode – Der Hungergenozid in der Ukraine 1933, in: Osteuropa, Heft 12, S. 57-70.
- Kundera, Milan (1992): Das Buch vom Lachen und Vergessen, Hanser, München.
- Kvale, Steinar (1996): InterViews – An Introduction to Qualitative Research Interviewing, Sage Publications, London.
- Lamott, Franziska (2003): Das Trauma als symbolisches Kapital – Zu Risiken und Nebenwirkungen des Trauma-Diskurses, in: psychosozial, 26 Jg., Heft 1 (Nr. 91), S. 53-62.
- Landwehr, Achim (2001): Geschichte des Sagbaren – Eine Einführung in die Historische Diskursanalyse, edition discord, Tübingen.
- Leh, Almut (2000): Forschungsethnische Probleme in der Zeitzeugenforschung, in: BIOS, Jg.13, Heft 1, S. 65-76.
- Lenin, W.I. (1984): Ausgewählte Werke in drei Bänden, Dietz Verlag Berlin (Ost).
- Lenin, W.I (1970): Der ‚Linke Radikalismus' – Die Kinderkrankheit des Kommunismus, Dietz Verlag, Berlin (Ost).
- Leys, Simon (1972): Maos neue Kleider – Hinter den Kulissen der Weltmacht China, Kurt Desch Verlag, München.
- Li, Lin 李琳 / Ma, Guangyao 马光耀 (2000) (Ed.): 河南农村经济体制改革史 (*Die Geschichte der Reformen der Landwirtschaft in Henan*), 中共党史出版社, 北京.
- Li, Rui 李 锐 (1989): 庐山会议实录 (*Tatsachenbericht der Lushan-Konferenz*), 春秋出版 社, 北京.
- Li, Rui 李锐 (1999): 大跃进亲历记 (*Der „Große Sprung nach vorne" – Erlebte Geschichte*), zwei Bände, 南方出版社, 海口.
- Li, Rui 李锐 (2002): „信阳事件"及其教训 (*Die Lehren aus dem „Zwischenfall von Xinyang"*), in: 炎黄春秋, No.4. S. 19-22.

- Li, Weimin 李为民 (1960): 公共食堂手册 (*Handbuch für die Volksküche*), 山西出版社，太原.
- Liang, Zhiyuan 梁志远 (2000): „大跃进“在安徽亳县 (*Der „Große Sprung nach vorne“ im Kreis Bo in Anhui*) in: 中共党史资料, Nr.75, S. 5-31.
- Lieberthal, Kenneth (1993): The Great Leap Foward and the Split in the Yan'an Leadership 1958-1965, in: MacFarquhar, Roderick (Hrsg.): Politics of China 1949-1989, Cambridge University Press, Cambridge.
- Lin, Justin Yifu / Yang, Dennis Tao (1998): On the Causes of China's Agricultural Crisis, in: China Economic Review, Vol. 9 Nr. 2, S. 125-140, http://www.chinafamine.org/famine/Research/lin_yang02.html (Stand 1.11.03).
- Lin, Justin Yifu (1990): The Collectivization and China's Agricultural Crisis 1959-1961, in: Journal for Political Economy, Vol. 98. Nr. 6, http://www.chinafamine.org/famine/Research/lin90.pdf (Stand 1.11.03).
- Liu, Lian 刘连 (1999): 徐水大跃进亲历记 (*Der „Große Sprung nach vorne“ in Xushui – Erlebte Geschichte*), in: 百年潮, Nr. 7, S. 53-59.
- Lorenz, Maren (2000): Leibhaftige Vergangenheit – Einführung in die Körpergeschichte, edition diskord, Tübingen.
- Lucuis-Hoene, Gabriele / Deppermann, Arnulf (2002): Rekonstruktion narrativer Identität, Leske und Budrich, Opladen.
- Luo, Pinghan 罗平汉 (2001): „大锅饭“ – 公共食堂始末 (*„Aus dem großen Topf essen“ – Anfang und Ende der Volksküchen*), 广西人民出版社，南宁.
- Luo, Pinghan 罗平汉 (2003): 公社! 公社! 农村人民公社史 (*Kommune! Kommune! Geschichte der ländlichen Volkskommunen*), 福建人民出版社，福州.
- Lü, Xiaobo (2000): Cadres and Corruption – The Organizational Involution of the Chinese Communist Party, Stanford University Press, Stanford.
- Ma, Qi 马起 (1959): 中国革命与婚姻家庭 (*Die chinesische Revolution, die Ehe und die Familie*), 辽宁人民出版社，沈阳.
- Ma, Shuo 马说 (2002): 河南人惹谁了? (*Wen haben die Henaner belästigt?*), 海南出版社, 海口.
- Mace, James E. (1993): Zur aktuellen Diskussion über die ukrainische Hungersnot von 1932/33, in: Hausmann, Guido / Kappeler, Andreas (Hrsg.): Ukraine: Gegenwart und Geschichte eines neuen Staates, Nomos, Baden-Baden.

- MacFarquhar, Roderick (1983): The Origins of the Cultural Revolution 2 – The Great Leap Forward 1958-1960, Oxford University Press, New York.
- MacFarquhar, Roderick (1997): The Origins of the Cultural Revolution 3 – The Coming of the Cataclysm 1961-1966, Oxford University Press, New York.
- Manning, Kimberley Ens (2004): Disorder in the Dining Halls – The Gendered Politics of Remembering the Great Leap Forward, Paper presented on the International Conference "As China meets the World", Vienna 17-19 May 2004.
- Manning, Kimberley Ens (2005a): Marxist Maternalism, Memory, and the Mobilization of Women in the Great Leap Forward, in: The China Review, Vol. 5, No. 1 (Spring 2005), S. 81–108.
- Manning, Kimberley Ens (2005b): The Gendered Politics of Woman-Work: Re-thinking Radicalism in the Great Leap Forward, unpublished paper.
- Mao zhuxi de geming luxian shengli wansui 毛主席的革命路线胜利万岁 (*Lang lebe der Sieg der revolutionären Linie des Voristzenden Maos*) (1969), Verlag unbekannt, 北京.
- Mao Zedong (1977): „Band V", Verlag J. Reents, Hamburg.
- Mao Zedong (1990): 早年文稿 (*Frühe Manuskripte*), 湖南人民出版社, 长沙.
- Mark, Rudolf A. (2004): Die Hungersnot in Kazachstan – Historiographische Aufarbeitung im Wandel, in: Osteuropa, Heft 12, S. 112-130.
- Mark, Rudolf A. / Simon, Gerhard (2004): Die Hungersnot in der Ukraine und anderen Regionen der Sowjetunion 1932 und 1933: in: Osteuropa, Heft 12, S. 5-12.
- Martin, Helmut (Hrsg.) (1975): Mao Tse-tung: Das machen wir anders als Moskau – Kritik an der sowjetischen Politikökonomie, Rowohlt, Reinbek bei Hamburg.
- Martin, Helmut (Hrsg.) (1982): Mao Zedong – Texte, sieben Bände, Hanser, München.
- Martin, Helmut (1974): Mao intern, Hanser, München.
- Martin, Terry (2001): The Affirmative Action Empire – Nations and Nationalism in the Soviet Union 1923-1939, Cornell University Press, London.
- Marx, Karl / Engels, Friedrich (1974): Gesammelte Werke, Dietz Verlag, Berlin (Ost).

- Meisner, Maurice (1982): Marxism, Maoism and Utopianism, The University of Wisconsin Press.
- Merl, Stephan (1993): War die Hungersnot von 1932-1933 eine Folge der Zwangskollektivierung der Landwirtschaft oder wurde sie bewusst im Rahmen der Nationalitätenpolitik herbeigeführt?, in: Hausmann, Guido / Kappeler, Andreas (Hrsg.): Ukraine: Gegenwart und Geschichte eines neuen Staates, Nomos, Baden-Baden.
- Merridale, Catherine (2000): Night of Stone – Death and Memory in Russia, Granta Books, London.
- Merridale, Catherine (2000a): Trauma and Shell-shock in Twentieth-century Russia, in: Journal of Contemporary History, Vol. 35 (1), p. 39-55.
- Mitscherlich, Alexander / Mitscherlich, Margarete (1968): Die Unfähigkeit zu trauern – Grundlagen kollektiven Verhaltens, Piper, München.
- Mo, Yan (2001): Das rote Kernfeld, Rowohlt, Reinbek bei Hamburg.
- Mucchielli, Roger (1973): Das Gruppeninterview – I. Theoretische Einführung, Otto Müller Verlag, Salzburg.
- Mueggler, Erik (2001): The Age of the Wild Ghosts – Memory, Violence and Place in Southwest China, University of California Press, Berkeley.
- Niethammer, Lutz (1977): Oral History in USA, o.O.
- Niethammer, Lutz (Hrsg.) (1985): Lebenserfahrung und kollektives Gedächtnis – Die Praxis der „Oral History", Suhrkamp, Frankfurt (M).
- Niethammer, Lutz / Plato, Alexander von (1991): Die volkseigene Erfahrung – Eine Archäologie des Lebens in der Industrieprovinz der DDR, Rowohlt, Berlin.
- Niethammer, Lutz (2000): Kollektive Identität – Heimliche Quellen einer unheimlichen Konjunktur, Rowohlt Taschenbuch Verlag, Reinbek bei Hamburg.
- Niethammer, Lutz (2002): Ego-Historie? und andere Erinnerungs-Versuche, Böhlau Verlag, Wien.
- Nietzsche, Friedrich (1999): Jenseits von Gut und Böse, Zur Genealogie der Moral, Deutscher Taschenbuch Verlag, München.
- Nietzsche, Friedrich (2000): Unzeitgemäße Betrachtungen, Insel Verlag, Frankfurt (M).
- Nietzsche, Friedrich (2003): Zarathustra, Magnus Verlag, Essen.
- Nora, Pierre (1998): Zwischen Geschichte und Gedächtnis, Fischer, Frankfurt (M).

- Olick, Jeffrey (Ed.) (2003): States of Memory – Continuities, Conflict and Transformation in National Retrospection, Duke University Press, London.
- Optiz, Michael / Wizisla, Erdmut (Hrsg.) (2000): Benjamins Begriffe, zwei Bände, Suhrkamp, Frankfurt (M).
- Pam, Anton (2005): Kriegskommunismus in Russland und China: Gemeinsamkeiten und Unterschiede, in: Grundrisse, Nr.13, S. 11-22.
- Passerini, Luisa (2003): Memories between silence and oblivion, in: Hodgkin, Katharine / Radstone, Susannah: Contested Pasts: The Politics of Memory, Routledge, London, p. 238-254.
- Peng, Xizhe (1987): Demographic Consequences of the Great Leap Forward in China's Provinces, in: Population and Development Review 13, Nr. 4, S. 639-670, http://www.chinafamine.org/famine/Research/Peng87.pdf (Stand 1.11.03).
- Perks, Robert / Thomson, Alistair (1998) (Ed.): The Oral History Reader, Routledge, London.
- Pethes, Nicolas / Ruchatz, Jens (Hrsg.) (2001): Gedächtnis und Erinnerungen – Ein interdisziplinäres Lexikon, Rowohlt Taschenbuchverlag, Reinbek bei Hamburg.
- Plato, Alexander von (1991): Oral History als Erfahrungswissenschaft – Zum Stand der „Mündlichen Geschichte" in Deutschland, in: Jarausch, Konrad H. / Rüsen, Jörn: Geschichtswissenschaft vor 2000, Margit Rottmann Medienverlag, Hagen.
- Platt, Kristin / Dabag, Mihran (1995) (Hrsg.): Generation und Gedächtnis – Erinnerungen und kollektive Identitäten, Leske und Budrich, Opladen.
- Pipes, Richard (1993): Die russische Revolution, Band 3, Rowohlt, Berlin.
- Potter, Jack / Potter, Sulamith H. (1990): China's Peasants: The Anthropology of a Revolution, Cambridge University Press, Cambridge.
- Qiao, Peihua / Zhao, Shihong 乔培华 / 赵士红 (2004): 红流调查 (*Untersuchung des roten Niederlassens*), 中共中央党校出版社, 北京.
- Qiao, Peihua 乔培华 / Gao, Quanyu 高全余 (1998): 六十年代初刘少奇对河南工作的指导 (*Die Anleitungen von Liu Shaoqi bezüglich der Arbeit in Henan in den frühen 60er Jahren*), in: 刘少奇经济思想研究 (*Forschung zu den Wirtschaftsideen Liu Shaoqis*), 九州图书出版社, 郑州.

- Radziejowski, Janusz (1980): Collectivization in Ukraine in Light of Soviet Historiography, in: Journal of Ukrainian Studies, Vol. 5, No. 2, p. 3-17.
- Rüsen, Jörn (Hrsg.) (1998): Die dunkle Spur der Vergangenheit – Psychoanalytische Zugänge zum Geschichtsbewusstsein – Erinnerungen, Geschichte und Identität 2, Suhrkamp, Frankfurt (M).
- Oi, Jean (1995): The Role of the Local State in China's Transitional Economy, in: China Quarterly, No. 114, p.1132-1173.
- Schoenhals, Michael (1987): Saltationist Socialism – Mao Zedong and the Great Leap Forward 1958, Skrifter utgivna Föreningen for Orientaliska Studier, Stockholm.
- Schurmann, Franz (1968): Ideology and Organization in Communist China, second Edition, University of California Press, Berkeley.
- Schwarcz, Vera (1998): Bridge across broken time – Chinese and Jewish cultural memory, Yale University Press, New Haven.
- Scott, James (1998): Seeing like the State – How Certain Schemes to Improve the Human Condition have failed, Yale University Press, New Haven and London.
- Seidler, Günter H. (2005): „Die Traumasymptome können verschwinden, die Narben bleiben ...", in: http://www.arte-tv.com/de/geschichtegeselschaft/Trauma_2020Wenn_20die_20Erinnerung_20schmerzt/935372.html (Stand 1.Mai 2006).
- She, Dehong 佘德鸿 (2003): 关于„信阳事件"的忆述 (*Erinnerungen und Bericht zum „Zwischenfall vom Xinyang"*), in: „中国农村研究"编辑委员会 (Ed.): 中国农村研究 2002 券 (*Forschungen zum chinesischen Dorf 2002*), 中国社会科学出版社, 北京.
- Shue, Vivian (1988): The Reach of the State – Sketches of Chinese Body Policies, Stanford University Press, Stanford.
- Simon, Gerhard (2004): Holodomor als Waffe – Stalinismus, Hunger und der ukrainische Nationalismus, in: Osteuropa, Heft 12, S. 37-56.
- Stagl, Gitta (1989): Alltagsgeschichte – Möglichkeiten und Grenzen in der Arbeit mit Lebensgeschichte, Österreichischer Bundesverlag, Wien
- Stalin, Josef (1950): Gesammelte Werke, 13 Bände, Dietz Verlag, Berlin (Ost).
- Steinbach, Lothar (1995): Bewußtseinsgeschichte und Geschichtsbewusstsein – Reflexionen über das Verhältnis von autobiographischer Geschichtserfahrung und Oral History, in: Bios, Jg.8, Nr.1., S. 89-106.
- Straub, Jürgen (Hrsg.) (1998): Erzählung, Identität und historisches Bewusstsein – Die psychologische Konstruktion von Zeit und Ge-

schichte: Erinnerung, Geschichte und Identität 1, Suhrkamp Frankfurt (M).

- Strauss, Anselm / Corbin, Juliet (1996): Grounded Theory – Grundlagen qualitativer Sozialforschung, Beltz, Weinheim.
- Struve, Lynn A. (Ed.) (2004): Special Issue: Traumatic Memory in Chinese History, in: History and Memory, Vol. 16, No. 2.
- Sun, Jian 孙健 (1992): 中华人民共和国经济史 (*Wirtschaftsgeschichte der Volksrepublik China*), 中国人民大学出版社, 北京.
- Sun, Likun 孙立坤 (2004): 河南当代家庭变迁 (*Der Wandel der modernen Familie in Henan*), 人民出版社, 北京.
- Tauger, Mark B. (1991): The 1932 Harvest and the Famine of 1933, in: Slavic Review 50 No.1, S. 70-89.
- Tai, Hongtao 泰闳韬 (2004): 走进难以忘却的时代 – 中国第一人民公社诞生纪实 (*Sich in eine schwer zu vergessende Epoche begeben – Tatsachenbericht zur Geburt von Chinas erster Volkskommune*), in: 往事, S. 51-56.
- Teiwes, Frederick (1993): Politics and Purges in China – Rectification and the Decline of Party Norms 1950-1965, Sharpe, London.
- Teiwes, Frederick (1997): Interviews on Party History, in: Cheek, Timothy / Saich, Tony: New Perspectives on State Socialism in China, Sharpe, New York.
- Teiwes, Frederick / Sun, Warren (1999): China's Road to Disaster – Mao, Central Politicians, and Provincial Leaders in the Unfolding of the Great Leap Forward 1955-1959, Sharpe, London.
- Teiwes, Frederick (2003): Der Große Sprung nach vorne, in: Staiger, Brunhild / Friedrich, Stefan / Schütte, Hans-Wilm (Hrsg.): Das Große China-Lexikon, Darmstadt, Primus Verlag, S. 274-276.
- Thaxton, Ralph (2004): Corruption, Coercion, and the Loss of Core Entitlements under the People's Commune: Revisiting the Causality of Deprivation, Starvation, and Death in Mao's Great Leap Forward Famine, with Special Reference to Da Fo Village, Paper presented on the International Conference "As China meets the World", Vienna 17-19 May 2004.
- Thaxton, Ralph (2005): China's Hidden Crisis: Memory, Voice and Contention in the Aftermath of the Catastrophe of Maoist Rule, unpublished book.
- Thompson, Edward P. (1980): Plebeische Kultur und moralische Ökonomie – Aufsätze zur englischen Sozialgeschichte im 18. und 19. Jahrhundert, Ullstein, Wien.

- Thompson, Paul (1978): The Voice of the Past – Oral History, Oxford University Press, London.
- U, Eddy (2003): The Making of Zhishifenzi: The Critical Impact of the Registration of Unemployed Intellectuals in the Early PRC, in: China Quarterly, Nr. 173, p. 100-121.
- Vasil'ev, Valerij (2004): Zwischen Politisierung und Historisierung – Der Holodomor in der ukrainischen Historiographie, in: Osteuropa, Heft 12, S.165-182.
- Vansina, Jan (1985): Oral History as Tradition, Heinemann Kenya, London.
- Verlag für fremdsprachige Literatur (Hrsg.) (1981): Resolution über einige Fragen in unserer Parteigeschichte seit Gründung der Volksrepublik, Verlag für fremdsprachige Literatur, Beijing.
- Vorländer, Herwart (1990): Oral History – Mündlich erfragte Geschichte, Vandenhoeck & Ruprecht, Göttingen.
- Wagner, Vivian (2003): Erinnerungsverwaltung: Die politische Instrumentalisierung von Staatsarchiven in der VR China (unveröffentlichte Diss., Universität Heidelberg).
- Walker, Kenneth R. (1984): Food Grain Procurement and Consumption in China, Cambridge University Press, Cambridge.
- Wang, Gengjin 王耕今 (1989): 乡村三十年 – 凤阳农村社会经济实录 1949-1983 (*30 Jahre Dorf – Tatsachenbericht über Wirtschaft und ländliche Gesellschaft in Fengyang 1949-1983*), 北京.
- Wang, Wenzhe 王文哲 (1959): 略论家务劳动社会化的意义 (*Eine kurze Abhandlung über die Bedeutung der Vergesellschaftung der Hausarbeit*), 河南人民出版社, 郑州.
- Wang, Yanyi 王燕妮 (2004): 从麻城县看公社化的 ABC (*Das ABC der Etablierung der Volkskommune betrachtet vom Kreis Macheng aus*), unveröffentlichte Magisterarbeit, Renmin Daxue, Beijing.
- Watson, Rubie S. (Ed.) (1994): Memory, History and Opposition under State Socialism, School of American Research Press, Houston.
- Weigelin-Schwiedrzik, Susanne (1984): Parteigeschichtsschreibung in der VR China – Typen, Methoden, Themen und Funktionen, Otto Harrassowitz, Wiesbaden.
- Weigelin-Schwiedrzik, Susanne (1993): Party Historiography, in: Unger, Jonathan (Ed.): Using the Past to Serve the Present – Historiography and Politics in Contemporary China, M.E. Sharpe, London.

- Weigelin-Schwiedrzik, Susanne (2003): Trauma and Memory: The Case of the Great Famine in the People's Republic of China (1959-1961), in: Historiography East and West, Nr. 1.
- Weigelin-Schwiedrzik, Susanne (2003a): State and Rural Society in the PRC – Between Autonomy and Authority, in: Kaminski, Gerd (Ed.): China's Traditions, ÖGCF, Vienna.
- Weigelin-Schwiedrzik, Susanne (2003b): Producing Cultural Memory in the PRC – On the Role of Historiography, Literature and Film in the Context of Writing China's 20th Century History, Paper prepared for the International Convention of Asian Scholars (ICAS3), Singapore 19-22 August 2003.
- Weigelin-Schwiedrzik, Susanne (2005b): Coping with the Trauma: Official and Unofficial Histories of the Cultural Revolution, unpublished paper.
- Weigelin-Schwiedrzik, Susanne (2005a): Vergangenheitsbewältigung in der VR China: Erkundungen zur Moral des Erinnerns, unveröffentlichter Artikel.
- Weigelin-Schwiedrzik, Susanne (2006): In Search of a Master Narrative for 20th Century Chinese History – Intellectuals and the Re-Writing of Chinese History, unpublished paper.
- Welzer, Harald (2000): Das Interview als Artefakt – Zur Kritik der Zeitzeugenforschung, in BIOS, Jg.13, Heft 1., S. 51-63.
- Wemheuer, Felix (2004a): A Policy of Destruction – Memories of Chinese Intellectuals on the rural Great Leap Forward (1958-1961), Paper presented on the International Conference "As China meets the World", Vienna 17-19 May 2004.
- Wemheuer, Felix (2004): Chinas „Großer Sprung nach vorne" (1958-1961) Von der kommunistischen Offensive in die Hungersnot – Intellektuelle erinnern sich, Lit-Verlag, Münster.
- Wen, Guanzhong James / Chang, Gene (1997): Communal Dining and the Chinese Famine of 1958-1961, in: Economic and Cultural Change, Nr. 46, S. 2-34.
- Wischermann, Clemens (Hrsg.) (1996): Die Legitimität der Erinnerungen und die Geschichtswissenschaften – Studien zur Geschichte des Alltags, Franz Steiner Verlag, Stuttgart.
- Wischermann, Clemens (Hrsg.) (2002): Vom kollektiven Gedächtnis zur Individualisierung der Erinnerungen – Studien zu Geschichte des Alltags, Franz Steiner Verlag, Stuttgart.

- Wou, Odoric Y.K. (1994): Mobilizing the Masses – Building Revolution in Henan, Stanford University Press, Stanford, California.
- Wu, Zhipu 吴芝圃 (1958): Lun renmin gongshe (*Über die Volkskommune*), in: 宣传简报, 25.8.1958.
- Xin'an difangshi zhi bianzuan weiyuanhui 新安地方史志编纂委员会 (Hrsg.) (1989): 新安县志 (*Chronik des Kreises Xin'an*), 河南人民出版社, 郑州.
- Xu, Ming 徐明 (1998): 吴芝圃与河南大跃进运动 (*Wu Zhipu und die Bewegung des „Großen Sprungs nach vorne" in Henan*), in: 二十一世纪, No. 48. S. 37-47.
- Yang, Baiqing 杨柏青 (1995): 汝南抗洪灾记 (*Notizen zur Bekämpfung der Überschwemmung in Runan*), in: 河南文史资料, Nr. 15, S. 14-22.
- Yang, Dali L. (1996): Calamity and Reform in China, Stanford University Press, Stanford.
- Yiyang xianzhi bianzuan weiyuanhui 宜阳县志编纂委员会 (Hrsg.) (1996): 宜阳县志 (*Chronik des Kreises Yiyang*), 三联书店, 北京.
- Young, Allen (1997): Suffering and the Origins of Traumatic Memory, in: Kleinman, Arthur / (Ed.): Social Suffering, University Press of California, Berkeley.
- Yu, Hua 余华 (1992): 活着 (*Leben*) in: 余华作品集 (*Gesammelte Werke von Yuhua*), Band III, 中国社会科学出版社, 北京.
- Yu, Xiguang 余习广 (2005): 大跃进: 苦日子 (*Der Große Sprung nach vorne: Bitteres Leben*), vol.1, 时代潮流出版社有限公司, 香港.
- Zentralkommitee der KPdSU (B) (Hrsg.) (1952): Geschichte der Kommunistischen Partei der Sowjetunion (Bolschewiki) – Kurzer Lehrgang, Dietz Verlag, Berlin (Ost).
- Zhang, Linnan 张林南 (1993): 关于 "反潘杨王事件" (*Über den Anti-Pan, Yang, Wang-Zwischenfall*) in: Zhonggong Henan shengwei dangshi gongzuo weiyuanhui 中共河南省委党史工作委员会 (Ed.): 风雨春秋 – 潘复生诗文纪念集, 河南人民出版社，郑州.
- Zhang, Shufan 张树藩 (1998): 信阳事件: 一个沉痛的历史教训 (*Der Zwischenfall: Eine bittere geschichtliche Erfahrung von Xinyang*), in: 百年潮, Nr. 12, S. 39-44.
- Zhang, Yihe 章诒和 (2004): 往事并不如烟 (*Die Vergangenheit wiegt nicht so viel wie Rauch*), 人民文学出版 社, 北京.
- Zhang, Zhanbin 张湛彬/ Liu, Jiehui 刘杰辉/ Zhang, Guohua 张国华 (Hrsg.) (2001): „大跃进"和三年困难时期的中国 (*Das China des*

Großen Sprungs nach vorne und der drei bitteren Jahre), 中国商业出版社，北京.
- Zhi, Liang 智量 (1994): 饥饿的山村 (*Das verhungernde Bergdorf*), 漓江出版社, 桂林.
- Zhonggong Henan shengwei dangshi gongzuo weiyuanhui 中共河南省委党史工作委员会 (Ed.) (1993): 风雨春秋 – 潘复生诗文纪念集 (*Wind, Regen, Frühling und Herbst – Gesammelte Andecken, Gedichte und Artikel von Pan Fusheng*), 河南人民出版社，郑州.
- Zhonggong Henan shengwei dangshi gongzuo weiyuanhui 中共河南省委党史工作委员会 (Ed.) (1995): 纪念吴芝圃文集 (*Gesammelte Werke zur Erinnerung an Wu Zhipu*), 中共党史出版社, 北京.
- Zhonggong Henan shengwei dangshi yanjiushi 中共河南省委党史研究室 (Ed.) (2003): 回忆 思考 研究 (*Erinnerung, Überlegungen und Forschung*), 河南人民出版社，郑州.
- Zhongguo nongcun yanjiu bianji weiyuanhui 中国农村研究编辑委员会 (2002): 中国农村研 2002 年券 (*China Rural Studies 2002*), 中国社会科学出版社, 北京.
- Zhongguo renmin daxue 中国人民大学 (*Chinesische Volksuniversität*) (Ed.) (1958): 人民公社参考资料选集 (*Ausgewähltes Informationsmaterial zu den Volkskommunen*), 北京.
- Zhongguo renmin daxue zhengzhixi jiaojiushi 中国人民大学政治系教究室(*Forschungsbüro der Fakultät für Politik der Chinesischen Volksuniversität*) (Ed.) (1958): 人民公社问题资料选 (*Ausgewählte Materialien zu den Volkskommunen*), 北京.
- Zhonghua renmin gongheguo guojia nongye weiyuanhui bangongting 中华人民共和国国家农业委员会办公厅 (*Staatliches Büro des Komitees für Landwirtschaft der Volksrepublik China*) (Hrsg.) (1981): 农业集体化重要文件汇编 *(Sammlung wichtiger Dokumente zur Kollektivierung der Landwirtschaft*), 中央党校出版社, 北京.
- Zhonghua renmin gongheguo guojia tongjiju 中华人民共和国国家统计局 (*Staatliches Statistikamt der Volksrepublik China*) (Ed.) (1995): 中国灾情报告 (*Bericht zur Katastrophenlage*), 中国统计出版社, 北京
- Zhongguo renmin jiefangjun guofang daxue dangshi dangjianshe zhenggong jiaojiushi 中国人民解放军国防大学党史党建设政工教究室 (*Lehr- und Forschungsbüro für Parteigeschichte, Parteiaufbau und politische Arbeit der Chinesischen Universität für Landesverteidigung der Volksbefreiungsarmee*) (Ed.) (1996): 中共党史教学参考资料 (*Unterrichts- und Informationsmaterial zur Geschichte der KPCh*), Beijing.

- Zhonggong zhongyang wenxian yanjiushi 中共中央文献研究室 (*Forschungsbüro des ZK der KPCh für Dokumente*) (Ed.) (1987-1996): 建国以来毛泽东文稿 *(Mansukripte und Entwürfe von Mao Zedong seit der Staatsgründung)*, 中共中央文献出版社，北京.
- Zhonggong zhongyang wenxian yanjiushi 中共中央文献研究室 (*Forschungsbüro des ZK der KPCh für Dokumente*) (Ed.) (1992-1998): 建国以来重要文献选编 (*Eine Auswahl wichtiger Dokumente seit der Staatsgründung*), 中共中央文献出版社，北京.
- Zlepko, Dmytro (Hsrg.) (1988): Der ukrainische Hungerholocaust – Aus den Beständen des Politischen Archivs im Auswärtigen Amt, Verlag Helmut Wild, Sonnenbühl.
- Zubkova, Elena (1998): Russia after War – Hopes, Illusions, and Disappointments 1945-1957, M.E. Sharpe, London.

Clarissa Ruge

Versöhnung durch Vergangenheitsbewältigung?

Die südafrikanische Wahrheits- und Versöhnungskommission und ihr Versuch zur Friedenssicherung

Frankfurt am Main, Berlin, Bern, Bruxelles, New York, Oxford, Wien, 2004.
270 S.
Europäische Hochschulschriften: Reihe 31, Politikwissenschaft. Bd. 504
ISBN 978-3-631-53164-8 · br. € 45.50*

Südafrika ist für viele Staaten ein Vorbild geworden. Die Welt blickt nicht nur wegen der erfolgreichen Demokratisierung auf dieses Land, sondern auch auf Südafrikas einzigartigen Weg, mit der eigenen Vergangenheit umzugehen. Kurz nach den ersten demokratischen Wahlen in Südafrika begann man, sich mit den Verbrechen während der Zeit der Apartheid auseinander zu setzen. Das Motto *Wahrheit gegen Amnestie* wird zum wichtigsten Kompromiss zwischen dem abtretenden weißen Regime und der Nachfolgeregierung. Die Kommission zielt weniger auf die Bestrafung der Täter als auf die Versöhnung zwischen Tätern und Opfern. Eine Wahrheitskommission entsteht: die Truth and Reconciliation Commission. Über zwei Jahre hat dieses Verfahren Täter und Opfer zusammengebracht und Verbrechen aufgedeckt. Hat dies wirklich zur Versöhnung beigetragen? Dieses Buch untersucht den 3500 Seiten dicken Abschlussbericht dieser Wahrheitskommission und analysiert die Ergebnisse. Im Vordergrund stehen dabei Opfer und Täter.

Aus dem Inhalt: Die südafrikanische Wahrheits- und Versöhnungskommission (TRC) und ihr Versuch zur Friedenssicherung · Analyse des Abschlussberichts der TRC · Untersuchung und Erklärungsversuche über Opfer und Täter · Weltweiter Vergleich mit anderen Wahrheitskommissionen · Hilfestellung über Karl Jaspers' Nachkriegsaufsatz *Schuldfrage* über die Schuld der Deutschen

FSC
www.fsc.org
MIX
Papier | Fördert
gute Waldnutzung
FSC® C083411

Kolibri 360 GmbH
Ferdinand-Jühlke-Straße 7
99095 Erfurt, Deutschland
produktsicherheit@kolibri360.de

Druck:
CPI Druckdienstleistungen GmbH
im Auftrag der
Kolibri 360 GmbH
Ferdinand-Jühlke-Str. 7
99095 Erfurt